외국문학
연구회와
『해외문학』

저자

김욱동(金旭東, Kim Wook-dong)

한국외국어대학교 영문과 및 동 대학원을 졸업한 뒤 미국 미시시피대학교에서 영문학 문학석사 학위를, 뉴욕주립대학교에서 영문학 문학박사를 받았다. 포스트모더니즘을 비롯한 서구 이론을 국내 학계와 문단에 소개하는 한편, 이러한 방법론을 바탕으로 한국문학과 문화 현상을 새롭게 해석하여 주목을 받았다. 현재 서강대학교 인문대학 명예교수이며 울산과학기술원(UNIST) 초빙교수로 재직 중이다. 저서로는 『모더니즘과 포스트모더니즘』, 『포스트모더니즘』, 『번역의 미로』, 『소설가 서재필』, 『오역의 문화』, 『번역과 한국의 근대』, 『시인은 숲을 지킨다』, 『문학을 위한 변명』, 『지구촌 시대의 문학』, 『적색에서 녹색으로』, 『부조리의 포도주와 무관심의 빵』, 『문학이 미래다』 등이 있다.

외국문학연구회와 『해외문학』

초판 인쇄 2020년 5월 20일 **초판 발행** 2020년 6월 1일
지은이 김욱동 **펴낸이** 박성모 **펴낸곳** 소명출판
출판등록 제13-522호 **주소** 서울시 서초구 서초중앙로6길 15, 1층
전화 02-585-7840 **팩스** 02-585-7848
전자우편 somyungbooks@daum.net **홈페이지** www.somyong.co.kr

값 27,000원
ISBN 979-11-5905-508-9 93810

이 저서는 2016년 정부(교육부)의 재원으로 한국연구재단의 지원을 받아 수행된 연구임 (NRF-2016S1A6A4A01017143).

외국문학 연구회와 『해외문학』

The Society for Research in Foreign Literature and the *Foreign Literature*

김욱동 지음

소명출판

무릇 신문학의 창설은 외국문학 수입으로 그 기록을 비롯한다.
우리가 외국문학을 연구하는 것은 결코 외국문학 연구 그것만이 목적이 아니오
첫재에 우리 문학의 건설, 둘재로 세계문학의 호상(互相) 범위를 넓히는 데 잇다.

『해외문학』 창간 권두사

책머리에

흔히 '시대를 앞선 천재 작가'로 일컫는 이상李箱은 「날개」 첫머리에서 "육신이 흐느적흐느적하도록 피로했을 때만 정신이 은화처럼 맑소"라고 말한다. 이 작품에서 작가는 일제 강점기 한 지식인의 고뇌와 정신적 분열을 상징적으로 그려 내어 큰 관심을 불러일으켰다. 그러나 이 작품은 자의식이 강한 한 개인의 문제로 읽을 수 있지만 좀 더 차원을 넓혀 보면 일제 강점기 조선 지식인 계층의 정신 상태로 읽어도 크게 무리가 되지 않는다. 이 무렵 일제의 온갖 탄압과 압박을 받고 있던 조선 지식인들의 육신은 '흐느적흐느적' 피로했지만 그 정신만은 그야말로 '은화처럼' 밝은 빛을 내뿜었기 때문이다. 일제 강점기 식민지 지식인으로서 일본에 유학한 조선인 학생들의 눈부신 활약을 생각할 때마다 「날개」의 이 유명한 첫 구절이 새삼 떠오른다. 몇 해 전 작고한 작가 최인훈崔仁勳이 "현실이 고단하면 고단할수록 꿈은 그만큼 커진다"고 말한 까닭도 이와 무관하지 않을 것이다.

일제 강점기 식민지 지식인 중에서도 1920년대 중엽에서 1930년대 초엽에 걸쳐 식민지 종주국의 수도 도쿄를 중심으로 활약한 '외국문학연구회' 회원들의 활동은 특별히 눈여겨볼 만하다. 와세다早稻田대학과 호세이法政대학을 비롯한 도쿄 소재 대학에서 주로 외국문학을 전공하던 조선인 유학생들은 '외국문학연구회'라는 단체를 결성하고 그 기관지 『해외문학』을 간행하였다. 그들의 목표는 외국문학 전공 학도로서 단순히 외국문학을 제대로 소개하는 것에 그치지 않았다. 그들은 한발 더 나아가 식민주의의 굴레에서 벗어난 이후 조국의 문화 건설이라는 원대한 목표를 염두에 두고 있었다. 다시 말해서 조국이 광복한 이후 조선문학과 조선문화가 나아가야 할 길을 미리 모색하였다. 독립군들이 만주 벌판에서 칼과 총으로써 일제에 저항했다면, 외국문학연구회 회원들은 일본 제국주의의 심장부에서 펜과 붓으로써 민족 해방을 앞당기고 앞으로 다가올 조국의 문화 창달을 준비하려고 하였다.

물론 1930년대부터 외국문학연구회에 대한 시선은 그다지 곱지 않았다. 계급주의 기치를 높이 쳐든 카프문학 계열의 작가나 비평가들에게는 더더욱 그러하였다. 궁핍한 시대에 일본의 심장부인 도쿄에 유학하여 외국문학을 전공한다는 것 그 자체만으로 부러움의 대상이라기보다는 비난의 대상이었다. 팔봉 김기진金基鎭이 「백수白手의 탄식」에서 "너희들의 손이 너무도 희구나!"라고 노래할 때 외국문학연구회는 잉태되고 있었다. 정지용鄭芝溶이 「카페 프란스」에서 "나는 자작의 아들도 아무것도 아니란다. / 남달리 손이 희여서 슬프구나!"라고 노래할 즈음 외국문학연구회는 막 고고呱呱의 성聲을 지르고 있었다. 지금 돌이켜 생각해보면 김기진이 말하는 '너희들'은 외국문학연구회 회원들을 두고 하는 말로 읽힌다. 「카페 프란스」의 시적 화자도 외국문학연구회 회원을 포함하여 자신에 대한 자기반성이나 자기비하처럼 들린다. 누가 뭐래도 외국문학연구회 회원들은 임화林和의 표현을 빌리면 '도련님'과 같은 존재들이었다. 그러므로 그 어느 때보다 민중 해방을 부르짖던 무렵 '도련님들'에 대한 시선이 고울 리 없다.

1930년대에 시작된 외국문학연구회에 대한 이러한 곱지 않은 시선은 21세기를 맞은 지 벌써 20년 가까운 지금에 이르러서도 여전히 계속되고 있다. 한 연구가는 우리가 '해외문학파라는 허상' 속에서 살고 있다고 주장한다. 그들이 '마땅한 성과'를 내놓지 못했는데도 연구회 회원들의 '신화'가 소급되어 창조되고 과장되었다는 것이다. 그 연구자에 따르면 이러한 신화 창조와 과장은 식민지에서 해방된 뒤 그들이 직접 주요 대학에 외국어 전공 문학과를 창설하고 교수직을 차지하면서 이루어졌다. 그러나 식민지 종주국에서 외국문학을 전공하였고 학업을 마치고 귀국한 뒤 젊은 지식인들이 벌인 작업이 과연 '허상'이고 '신화'이고 '과장'에 지나지 않을까? '해외문학파'라는 용어를 사용하는 것에서부터 외국문학연구회에 대한 부정적 시각을 엿볼 수 있다. '해외문학파'란 외국문학연구회를 깎아내리기 위하여 프로문학 이론가들이 처음 붙인 이름이었다. 이 무렵 일본을 통하여 들어온 박래품처럼 '해외문학파'라는 용어에는 늘 선망과 함께 경멸과 비하의 어두운 그림자가 짙게 드리워져 있다.

외국문학이나 외국문학 연구자들에 대한 이런 뿌리 깊은 부정적 견해나 태도는 그렇게 바람직하지 않다. 일제 강점기 일본 근대에 대한 동경을 '현해탄 콤플렉스'라고 부른다면, 나는 해방 후 북아메리카를 포함한 서유럽에 대한 동경을 '태평양 콤플렉스'라고 부른다. 현해탄 콤플렉스건 태평양 콤플렉스건 인류의 보편적 가치를 지향하는 세계화 시대에는 청산해야 할 유산이다. 일본에서는 더더욱 두드러지게 드러나지만 한국에서도 근대적 의미의 학문이라는 집을 짓는 데 외국문학 전공가들의 역할이 적지 않았다. 그런데도 우리는 무의식적으로 외국이나 외국 것에 알레르기 반응을 보이기 일쑤다. 이 책이 그러한 편견과 오해를 불식

시키는 데 조금이라도 도움이 된다면 저자로서는 더 바랄 것이 없을 것이다.

이 무렵 외국문학연구회 회원들은 겨우 20대 초중반의 젊은이들에 지나지 않았다. 그들의 나이는 스무 살을 갓 넘겼거나 아무리 많아도 기껏 스물대여섯 살밖에 되지 않았다. 이렇게 젊은 나이에 역사적 소명의식을 깊이 깨닫고 있었다는 것이 참으로 대견스럽다. 민족의 비극적 운명 탓에 정신적으로 일찍 성숙한 면도 있지만 비교적 젊은 나이에 이렇게 조국의 문화 창달에 관심을 기울였다는 사실이 여간 놀랍지 않다. 좀처럼 책을 가까이하지 않고 디지털 기기에 정신이 팔린 오늘날의 젊은이들과 비교해 보면 그들은 '지적 거인'으로 불러 마땅할 것 같다. 그들의 학문적 열정, 가슴에 품고 있던 원대한 포부, 그 포부를 실천에 옮기려는 열망과 비교해 보면 오늘날의 젊은 지식인들은 차라리 '지적 난쟁이'에 가깝다.

내가 이 책을 처음 구상한 것은 꽤 오래되었다. 외국문학을 전공하는 사람, 특히 그동안 외국문학과 한국문학의 경계에서 연구해 온 사람으로서 일제 강점기 식민지 종주국에 유학하여 외국문학을 전공한 대선배들의 활동에 관심을 기울이는 것은 어찌 보면 당연한 일이다. 그래서 일찍부터 외국문학연구회에 관한 단행본을 집필하고 싶었다. 그러나 여러 가지 다른 일 때문에 차일피일 미루면서 이 일은 뒷전으로 밀릴 수밖에 없었다. 이 계획이 좀 더 구체적인 모습을 갖추기 시작한 것은 비로소 번역 연구에 깊은 관심을 두고부터다. 한국번역사를 연구하다 보니 자연스럽게 일제 강점기 조선의 외국문학도들이 벌인 활동과 성과를 살피지 않을 수 없었다. 그중에서도 외국문학연구회와 그 기관지 『해외문학』은 반드시 넘어야 할 높은 산이었다. 이 산을 넘지 않고서는 일제 강점기에 이루어진 서양문학의 번역사를 제대로 다룰 수 없었다. 그러므로 지금 펴내는 이 책은 졸저 『번역과 한국의 근대』(소명출판, 2010), 『근대의 세 번역가』(소명출판, 2010), 『오역의 문화』(소명출판, 2014) 같은 저서의 연장선에 놓여 있는 셈이다.

이 책을 집필하는 동안 언제나 나는 균형 감각이나 객관성을 잃지 않도록 경계의 고삐를 늦추지 않았다. "팔이 안으로 굽는다"는 우리네 속담도 있듯이 외국문학을 전공한 나는 자칫 외국문학연구회를 지나치게 긍정적으로 평가할 위험성을 안고 있었기 때문이다. 그러나 나는 연구회의 업적을 될수록 객관적으로 평가하려고 애썼다. 그래서 그런지는 몰라도 어떤 곳에서는 연구회 회원들의 업적을 지나치게 깎아내리지 않았나 하는 느낌마저 든다.

더구나 외국문학연구회에 관한 연구는 나의 개인적 차원에서도 그 의미가 적지 않다. 이 연구회에서 활약한 회원 중에는 대학 시절의 은사 한 분도 들어 있기 때문이다. 눈솔 정인섭鄭寅燮이 바로 그다. 대학 시절 눈솔에게서 운율학과 셰익스피어를 배울 때만 하여도 일본 유학 시절 그렇게 놀라운 일을 하셨는지 미처 깨닫지 못하고 있었다. 그러나 지금 돌이켜보면 그분의 지적 호기심이 얼마나 컸는지, 여러 분야에 걸쳐 얼마나 약방의 감초 같은 역할을 했는지 새삼 깨닫고는 놀라면서 감탄하게 된다. 지금 내가 정년퇴임 후 눈솔이 태어나 자란 경상남도 언양에 위치한 울산과학기술원(UNIST)에 근무하는 것도 어찌 보면 큰 우연이라고 할 수 있다. 어쩌다 가끔 언양의 서부리에 있는 그의 생가 터나 그가 어린 시절을 보낸 어음리, 정 씨 집안의 흔적이 곳곳에 남아 있는 작천정酌

川亭에 들릴 때마다 스승에 대한 감회가 무척 새롭다. 미국에서 연구하던 시절에는 눈솔의 둘째 딸 정미옥 여사를 자주 만나 아버지에 대한 추억담을 들을 수 있었던 것도 우연치고는 큰 우연이었다.

이 책은 한국연구재단의 저술출판지원사업의 지원이 없었더라면 아마 끝내 마무리 짓지 못하고 여전히 구상 단계에 머물러 있었을 것이다. 그러던 중 2016년도 저술출판지원사업의 연구비를 받아 나는 이 연구를 수행할 수 있었다. 한국연구재단은 나에게 두 번째로 저술출판을 지원해 주었다. 2008년도 첫 번째 연구 지원의 결과물로 나온 단행본 저서가 『한국계 미국 이민 자서전 작가』(소명출판, 2012)다. 이렇게 두 차례에 걸쳐 연구비를 지원해 준 한국연구재단에 감사한다. 끝으로 어려운 출판 사정에도 불구하고 이 책의 출간을 흔쾌히 허락해 주신 소명출판의 사장님, 그리고 이 책이 햇빛을 보게 되기까지 여러모로 애써 주신 편집부 여러분께도 깊은 감사를 드린다.

2020년 봄

해운대에서

김욱동

차례

제1장

외국문학연구회의 전사前史

모든 역사에는 하나같이 전사라는 것이 있게 마련이다. 원인 없는 결과가 없듯이 전사 없이는 그 이후의 역사도 없다. 당면한 역사의 원인을 설명하기 위해서는 반드시 그 이전의 역사를 알아야 하는 까닭이 바로 여기에 있다. 예를 들어 고려 왕조의 성립을 좀 더 잘 이해하기 위해서는 그 전사로서 후삼국의 혼란을 이해하는 것이 유리하다. 1925년과 1926년에 걸쳐 '외국문학연구회外國文學硏究會'가 어떠한 역사적 배경과 상황에서 성립되었는지 알기 위해서도 바로 그 앞에서 일어난 일련의 역사적 사건을 이해하는 것이 무엇보다 중요하다. 외국문학연구회가 성립하는 데는 1919년 3월의 기미독립운동과 1923년 9월 1일의 간토關東 대지진을 비롯한 크고 작은 역사적 사건이 넓은 의미에서 그 전사 역할을 하였다.

기미독립운동과 간토 대지진은 그동안 잠들어 있던 것과 다름없던 조선 지식인들의 의식을 일깨우는 각성제 역할을 하였다. 20세기 초엽 조선과 일본의 역사에 굵직한 획을 그은 이 두 사건은 1920년대 중반 이후 식민지 조선의 젊은 지식인들의 지적 활동에 분수령이 되었다. 특히 기미독립운동은 1920년대 일본 제국주의 강점기 문예 운동과 깊이 연관되어 있다. 일본 제국주의는 조선 민족이 한 마음으로 들고 일어난 독립운동에 엄청난 타격을 받고 그에 대한 대책 마련에 무척 부심하였다. 그러한 대책 중 하나가 이른바 '문화 정치'로 일컫는 회유 정책이었다. 일본 제국주의는 문화 정책을 표방하면서 조선에서 일간신문의 발행과 잡지의 출간을 허용하는 한편, 조선인들에게 고등교육의 기회를 확대함으로써 그동안 옥죄었던 조선인의 숨통을 조금 터 주려고 하였다. 물론 일본 제국주의는 이러한 유화적 몸짓을 빌려 조선 민족의 독립운동 전선을 분열시키고 가혹한 식민지 통치를 은폐하려는 데 그 속셈이 있었다. 어찌 되었던 이렇게 일본 제국주의가 문화적 유화 정책을 펴면서 그동안 언론과 출판의 자유를 옥죄던 고삐가 조금 풀리고 굳게 닫혀 있다시피 한 해외 유학의 빗장이 조금 열리기 시작하였다.

궁핍한 시대의 지식인

조선의 젊은이들은 그들대로 기미독립운동을 목도하면서 민족의 저력을 다시 한 번 확인하였다. 일본 제국주의로부터 독립을 쟁취하기 위해서는 군사적 무장 못지않게 정신적 무장이 필요하다는 사실을 뼈저리게 깨달았다. 이 무렵 적지 않은 젊은이들이 일본을 비롯한 외국으로 유학을 떠난 것은 바로 그 때문이다. 이 점과 관련하여 외국문학연구회에서 주도적인 역할을 한 눈솔 정인섭鄭寅燮은 1922년 3월에 제일와세다早稻

田고등학원에 입학한 것을 두고 "내게는 어릴 적부터 1919년의 3·1운동의 경험도 있고 해서 무언가 민족적인 꿈이 있었기에 처음 지망한 것이 정경과政經科였다"[1] 고 회고한 적이 있다. 물론 대학 본과에 가서 영문학으로 전공을 바꾸었지만 그는 이 무렵 정치와 경제를 제대로 배워 일본 제국주의의 굴레에 갇혀 실의에 빠져 있던 민족을 정치-경제적으로 소생하려고 했던 것이다. 한 통계 자료에 따르면 일제 강점기 일제의 문화 정책에 따라 한반도에서 일본으로 유학을 떠난 젊은이들은 1910년대에 약 500~700명에 이르렀고, 1920년대에 급증하기 시작하여 1930년대 중반까지 3~5천 명에 이르렀다. 1938년에 1만 명을 돌파하였고, 1942년에는 무려 3만여 명에 육박할 정도였다.[2]

한편 일본에서 일어난 간토 대지진도 식민지 조선의 젊은 지식인들의 의식을 일깨우는 데 큰 몫을 하였다. 도쿄東京와 요코하마橫浜 지역, 지바千葉현, 가나가와神奈川현, 시즈오카静岡県현 등지에서 무려 10만 명에서 14

1 정인섭, 「나의 유학 시절」, 『못 다한 이야기』, 휘문출판사, 1989, 45면(이하 제목만 기재함). 정인섭은 학급 친목 다과회 자리에서 〈아리랑〉을 불렀다는 이유로 일본인 동료 학생한테서 뺨을 맞고 난 뒤 전공 분야에 관련하여 심경의 변화를 일으켰다고 고백하였다. "일본 사람과 政經으로 싸울 수 없으니 語學으로 이기자는 것이었다. 그래서 2학년부터는 영문과로 전과했다"고 밝혔다. 또한 정인섭은 이 무렵 아일랜드 문예부흥 운동에 관한 책을 읽고 식민지 조선과 영국의 지배를 받는 아일랜드 사이에 유사적이 적지 않다는 사실을 발견하여 조선에도 문예부흥을 일으켜야 한다는 각오로 전과하였다.

2 김성학, 「일제시대 해외 유학생 집단의 교육연구 활동과 서구 교육학 도입」, 『교육학연구』 34, 한국교육학회, 1996, 1면. 한편 일본 유학생과 비교하여 미국에 유학한 조선인 학생의 수는 아주 적었다. 1882년의 조미수호통상조약 이후 1884년부터 1910년 사이 미국으로 건너간 유학생의 수는 줄잡아 60명에서 70명에 이른다. 1910년대에 189명에 지나지 않던 재미 유학생이 일본 제국주의의 문화 정책에 힘입어 1920년대부터 급격히 늘어나기 시작하였다. 1925년에 재미 조선인 유학생들이 발간된 잡지 『우라키』에는 미국 유학생의 총수를 193명으로 집계하면서 누락된 학생들을 포함한다면 200명이 넘을 것으로 보았다. 1920년대 미국 유학생의 수는 줄잡아 300명으로 추산할 수 있다. 홍선표, 「일제하 미국유학 연구」, 『國史館論叢』 96, 진단학회, 2001, 151~181면.

만 명에 이르는 사람들이 사망하고 4만 명 가까운 사람들이 실종된 간토 대지진은 일본인들뿐만 아니라 조선인들에게도 크나큰 영향을 끼쳤다. 지진으로 흉흉해진 민심을 수습하려고 일본 정부는 조선인들이 폭도로 돌변해 우물에 독을 풀고 방화 약탈을 하며 일본인들을 습격하고 있다는 등의 헛소문을 퍼트렸다. 집단 히스테리에 빠진 일본 민간인들은 정부의 묵인 아래 자경단을 조직하여 곳곳에서 불시검문을 하면서 조선인으로 확인되면 가차 없이 살해하는 만행을 저질렀다. 비단 일본 민간인뿐만 아니라 일본 군인과 경찰도 조선 민간인들과 유학생들을 무차별적으로 살해하였다. 지금까지 희생자 수는 줄잡아 6,000여 명에서 6,600여 명에 이르는 것으로 집계되었다. 일본 현지에서 이러한 비인간적인 만행을 목도한 조선 유학생들은 조국의 동포를 보호하기 위해서는 무엇보다도 먼저 힘을 합쳐 대동단결해야 한다는 사실을 깊이 깨닫기 시작하였다. 그러므로 이 무렵 일본 유학생들의 의식은 말하자면 일종의 자기보호나 자기보존 본능과 같은 것이었다고 할 수 있다.

이 무렵 조선인의 민족정신을 진작하고 실의에 빠진 민족을 소생시키려는 열망은 일본의 어느 지역보다도 도쿄에 유학 중인 조선인 학생들 사이에서 가장 첨예하게 드러났다. 그도 그럴 것이 보더라도 다른 지역보다 도쿄 지역에 거주하는 유학생들의 수가 가장 많았을 뿐만 아니라 도쿄는 서구 사상이 가장 먼저 들어오는 교통로와 거점의 역할을 했기 때문이다. 에도 시대에 란가쿠蘭学가 주로 나가사키長崎를 거쳐 들어왔다면, 다이쇼大正와 쇼와昭和 시대에 이르러 양학은 주로 도쿄를 거쳐 들어왔다. 다시 말해서 이 무렵 도쿄는 서양 학문의 메카와 다름없었다. 더구나 도쿄 유학생들 중에는 간토 대지진을 몸소 겪고 가까스로 살아남은 사람들이 적지 않았다. 대지진이 일어난 9월 1일은 일본 학제에서 새 학기가 시작하는 때로, 여름방학을 이용하여 귀국했던 유학생들이 거의 대부분 학업을 계속하기 위하여 도쿄에 돌아가 있었다.

이렇게 민족정신의 진작과 민족 갱생의 열망과 함께 궁극적으로 일본 식민주의의 굴레에서 조국을 해방하려는 독립운동은 도쿄 지역 대학 중에서도 특히 와세다대학을 중심으로 깊이 뿌리를 내렸다. 이 무렵 와세다대학은 게이오慶應대학과 함께 '2대 사학 명문'으로 쌍벽을 이루면서 경쟁 관계에 있었다. 실제로 이 두 사립대학은 교육 이념에서 크게 달랐다. 게이오대학은 메이지明治유신 시대의 사상가이자 교육가인 후쿠자와 유키치福澤諭吉가 1858년 설립한 교육 기관이다. 후쿠자와는 그의 저서 『학문의 권장』에서 "하늘 아래에는 사람 위에 사람 없고 사람 밑에 사람 없다. 그러나 현자우자賢者愚者, 부자빈자富者貧者, 신분이 높은 자와 낮은 자가 생긴다. 이는 배우느냐 안 배우느냐의 차이에 달렸다"[3]고 역설하였다. 그래서 게이오대학은 "상위 1퍼센트가 나머지 99퍼센트를 먹여 살린다"는 엘리트주의를 교육 이념으로 삼았다. 한편 와세다대학은 "평등하게 모두를 가르쳐 전체의 수준을 끌어올리자"는 평등주의를 교육 이념으로 삼았다. 게이오대학이 귀족적인 태도를 취했다면 와세다대학은 좀 더 소탈하고 서민적인 분위기를 고수해 왔다. 그래서 좀 더 진보적인 조선 유학생들은 게이오대학보다는 와세다대학에 더 많이 진학하였다. 이 무렵 와세다대학은 조선 유학생들의 사상적 요람과 같은 역할을 하였다. 그러므로 1920년대 조선인 유학생들이 만든 비밀결사 조

3 후쿠자와 유키치, 남영신 역, 『학문의 권장』(일본학총서 70), 소화, 2003, 21면.

직이나 단체 또는 연구회 등이 주로 와세다대학을 중심으로 결성되었다는 사실은 그렇게 놀라운 일이 아니다.

이 무렵 와세다대학 영문과에 재학하던 정인섭은 도쿄의 여러 대학에 유학 온 조선인 학생들이 서로 가까이 지내면서 일본 제국주의의 압제에서 신음하고 있는 식민지 조국의 미래에 고민하고 있었다고 밝혔다. 와세다대학 유학생들은 소속 대학의 조선인 유학생들과 친교를 맺는 한편, 다른 대학의 유학생들과도 친밀한 관계를 유지하였다. 뒷날 정인섭은 도쿄 유학생들 사이에서는 이렇게 종적으로 뿐만 아니라 "밖으로는 횡적으로 다른 대학에도 동지들을 규합하여 비밀히 민족중흥의 저력을 양성하자는 의견이 짙어 갔다"[4]고 회고하였다.

한빛회의 탄생

1925년 초엽 일본 도쿄에서 외국문학을 전공하는 조선인 유학생들이 중심이 되어 조직한 '외국문학연구회'가 태어나는 데는 크고 작은 여러 모임이 직접 또는 간접 큰 영향을 끼쳤다. 외국문학연구회의 뿌리를 거슬러 올라가다 보면 '한빛회'라는 모임을 만나게 된다. 외국문학연구회에서 주도적인 역할을 한 정인섭은 외국문학연구회의 기원을 바로 이 한빛회에서 찾는다. 그는 "이 운동의 원천은 그 당시 도쿄 유학생 중, 각 대학의 정치 · 경제 · 문학 · 과학 등 엘리트들이 모여서 장래 민족 갱생의 저력이 될 비밀결사 '한빛회'를 조직한 데 기인된 것이라고 할 수 있다"[5]고 밝혔다. 또 다른 글에서도 정인섭은 "민족의 앞날을 위해 뿌리 깊

4 정인섭, 「나의 유학 시절」, 47면.

5 정인섭, 「해외문학파를 전후한 외국문학의 수용」, 『이렇게 살다가』, 가리출판사, 1982,

은 저력으로 정치 · 경제 · 문화의 세 갈래에서 공통분모를 찾아 비밀결사 '한빛' 모임을 구체적으로 마련한 것이 1925년 초였다"[6]고 말하였다.

정인섭의 지적대로 한빛회는 외국문학연구회가 태어나는 데 산파 역할을 맡았다. 어떤 면에서는 산파 역할보다는 차라리 부모의 역할을 맡았다고 말하는 쪽이 더 정확할지 모른다. 말하자면 한빛회는 외국문학연구회의 전사前史에 해당한다. 조금 과장해서 말한다면 만약 한빛회가 없었더라면 외국문학연구회도 발족되지 않았을 것이라고 하여도 크게 틀리지 않을 것이다. 비록 발족되었다고 하여도 아마 뒤늦게 발족되었거나 그 성격도 지금 우리가 알고 있는 외국문학연구회와는 조금 달라졌을 것이다. 그만큼 1920년대 이 두 모임은 서로 밀접한 관련을 맺고 있었다. 그러므로 외국문학연구회의 성립 과정을 좀 더 정확히 파악하기 위해서는 무엇보다도 먼저 한빛회를 자세히 살펴볼 필요가 있다.

한빛회는 와세다대학에 유학 중인 조선인 학생들을 중심으로 결성된 비밀결사 조직 중의 하나다. 한빛회를 결성하는 데 가장 주도적인 역할을 한 유학생은 와세다대학의 정치경제학부에서 경제학을 전공하던 우촌牛村 전진한錢鎭漢이었다. 경상북도 문경의 극빈 가정에서 태어난 그는 어린 시절 온갖 고생을 하며 성장하여 열일곱 살 때 서울로 고학을 와 인촌仁村 김성수金性洙와 고하古下 송진우宋鎭禹 등이 머물던 하숙집에서 사환 노릇을 하면서 독학한 뒤 미육영회의 동경 유학생으로 선발되어 와세다대학에 입학한 것으로 알려져 있다.[7] 구멍 뚫린 양말을 신지 않은

240면.

6 정인섭, 「나의 유학 시절」, 57면.

7 전진한의 초기 삶과 그의 사상에 관해서는 이흥재, 「이익 균점권의 보장과 우촌 전진한의 사상 및 역할」, 『서울대학교 법학』 46-1, 서울대 법학연구회, 2005.3, 258~281면 참고.

'한빛회' 조직에 앞장선 우촌 전진한. 뒷날 그는 대한민국 정부 수립 때 초대 사회부 장관과 제헌국회 의원을 역임하였다.

것을 한 번도 본 적이 없다고 정인섭이 회고할 만큼 전진한은 늘 궁핍하게 유학 생활을 하였다. 이 무렵 전진한은 동창이며 같은 고향 상주 출신인 박원희朴元熙의 도움을 받고 공부하고 있었다. 이렇게 가난한 집안에서 태어나 성장한 만큼 전진한이 어느 누구보다도 사회의식이 철두철미했음은 두말할 나위가 없다.

1922년 와세다대학 정경학부에 입학한 전진한은 1923년 9월 간토 대지진이 일어나면서 일본 정부가 곤경에서 벗어나기 위하여 많은 조선인을 희생시킨 것에 분개하여 비밀결사를 조직할 필요성을 절감하였다. 더구나 전진한은 이 무렵 일본 제국주의의 정치적 · 경제적 침탈에 분개하는 한편, 반제국주의적 경제 조직에도 깊은 관심을 기울였다. 그는 그러한 조직의 결정체라고 할 한빛회를 조직하여 항일운동은 말할 것도 없고 노동 운동과 협동조합 운동, 대중 운동 등의 발판으로 삼으려 하였다.

한빛회를 조직하는 데는 전진한의 역할이 가장 핵심적이었지만 와세다대학의 이선근李瑄根의 역할도 적지 않았다. 러시아문학을 전공하다 역사학과로 전과한 이선근은 고등학교 시절부터 의협심에 불타던 인물이었다. 1919년 3 · 1운동의 영향으로 휘문徽文보통고등학교에서 동맹휴학이 일어났을 때 이선근은 뒷날 시인으로 활약하는 정지용鄭芝溶과 함께 주동자 역할을 하였다. 이 일로 두 사람은 무기정학 처분을 받았지만 선배들의 구명 운동으로 가까스로 졸업할 수 있었다. 정인섭은 "이선근은 박력이 있었다. 그가 중심이 되어 도쿄 진화東京震災 뒤에 민족 사상이 투철한 사람들을 모아 '한빛회'를 만들었다"[8]고 잘라 말하는 것을 보면 한빛회 조직에 그의 역할이 적지 않았다는 것을 알 수 있다. 그러나 한빛회를 조직하는 데 누구보다도 가장 적극적으로 활약한 사람은 역시 전진한이었다.

그런데 정인섭에 따르면 한빛회는 기존의 다른 모임들과는 여러모로 차이가 나는 그야말로 '신비로운 단체'였다. 기미독립운동 이후 일제의 감시가 전보다 훨씬 삼엄한 만큼 재일 유학생들은 이 비밀결사가 노출되지 않도록 더더욱 경계하고 주의를 기울이지 않을 수 없었다.

> '한빛' 모임은 회칙도 없고, 임원 조직도 없고, 회비 납부의 의무도 없었다. 그 이유는 그런 것이 있으면 그것이 또렷한 조직체로서의 윤곽이 드러나기 쉽고, 또 그 때문에 파벌이 생기기 쉬울 뿐 아니라 거북한 부담을 느끼게 되기 때문에 잘 모이지 않을지도 모른다는 데 유인한 것이었다. 이러한 까다로운 형식이 없는 희미한 조직이었지만 그 정신적 단결은 형식 이상으로 서로 믿고, 서로 협조하는 신비로운 단체였다.[9]

위 인용문에서 찬찬히 눈여겨보아야 할 것은 마지막 구절 "까다로운

8 정인섭, 「나의 교우록」, 『이제는 하고 싶은 이야기』, 신원문화사, 1980, 156면.(이하 이 책을 인용하는 경우 제목과 면수만 표기함) 정인섭, 「해외문학파를 전후한 외국문학의 수용」에서도 거의 같은 내용을 적었다. 『이렇게 살다가』, 가리온출판사, 1982, 240~241면.

9 정인섭, 「나의 유학시절」, 55면.

형식이 없는 희미한 조직"이면서도 "서로 믿고, 서로 협조하는 신비로운 단체였다"는 구절이다. 이렇게 한빛회를 '희미한 조직'으로 만든 것은 다분히 의도적이었다. 어느 단체건 조직체로서 윤곽이 뚜렷하면 뚜렷할수록 밖에 노출되기 쉬울 뿐만 아니라 파벌이 생기기도 쉽다. 일본 제국주의의 감시를 피하기 위해서는 조직이 희미하면 희미할수록 도움이 될 것이다. 또한 회원들에게서 회비를 받게 되면 부담을 느끼게 되어 참석하지 않는 회원들도 있을 것이다. 특히 학자금도 마련하기 어려울 만큼 경제적으로 궁핍한 유학생들이 회비를 납부하기란 여간 어렵지 않을 것이다. 그런가 하면 한빛회 회원들은 다른 대학 소속의 회원들과 테니스를 치는 등 비밀결사 조직을 짐짓 친교 모임으로 가장하여 일제의 눈을 피하려고 노력하였다.

이렇듯 한빛회 회원들에게는 외형적 형식보다 중요한 것이 실질적인 내용, 즉 '정신적 단결'이었다. 정인섭은 회원들이 서로 만나도 "뚜렷한 목적의식을 강요하거나 역설하지 않지만 무언無言 중에 무언가 서로 약속한 바가 있는 듯한 의형제 같았다"[10]고 회고하였다. 한빛회 회원들은 한 부모한테서 같은 피를 물려받은 형제는 아니지만 『삼국지연의三國志演義』의 도원결의 장면에 등장하는 세 영웅처럼 의義로써 맺은 형제들과 같았다는 말이다. 출신과 성분, 학교는 서로 다르지만 그들은 마치 한 부모에서 태어난 형제처럼 조국 해방과 민족 갱생이라는 이념의 깃발 아래에서 똘똘 뭉쳤던 것이다.

한빛회에서 핵심적인 역할을 한 유학생으로는 전진한과 이선근을 비

10 위의 글, 56면.

롯하여 와세다대학의 함상훈咸尙勳, 김원석金源錫, 메이지明治대학의 정치경제학과에 재학 중인 박준섭朴俊燮, 도요東洋대학 문학부의 이시목李時穆, 릿쿄立敎대학의 김용채金容采, 도쿄제국대학 상과대의 권오익權五翼 등이 있었다. 모두 100여 명에 이르는 회원들은 하나같이 정치와 경제 방면에 깊은 관심을 기울이고 있었다. 그중에서도 평안남도 진남포 출신인 박준섭은 의협심이 강하여 배재培栽학당 재학 시절 총독부 학무국장 아들의 앞니를 부러뜨려 학교가 폐교 위기를 맞은 적도 있었다. 그는 한빛회 모임에서 1923년 간토 대지진 때 일본인의 조선인 학살 사건을 추도하는 연설을 하기도 하였다.

그런데 한빛회에 가담한 회원들은 비단 정치와 경제를 전공하는 사회과학도들에 그치지 않고 인문학과 자연과학의 여러 분야를 두루 망라하고 있었다. 가령 자연과학 분야에서는 와세다대학 이공학부의 김봉집金鳳集, 김윤기金允基, 김노수金魯洙, 유한상柳漢相, 그리고 도쿄고등공업학교의 유동진柳東璡, 임일식林日植, 농업대학의 이세한李世煥, 지케이慈惠 의과대학의 박용하朴龍河 등이 한빛회 회원으로 참여하였다. 한편 문학 전공 유학생들로는 와세다대학 문학부의 이선근과 정인섭을 비롯하여 서원출徐元出, 임태호林泰虎, 진태완陣泰琬, 호세이法政대학 문학부의 이하윤異河潤과 홍재범洪在範, 도쿄고등사범학의 강재호姜在鎬와 김명엽金明燁, 아오야마 학원靑山學院의 장용하張龍河, 그리고 도쿄외국어학의 함대훈咸大勳 등이 한빛회에 참여하였다. 이밖에도 1923년 와세다대학 영문과를 졸업하고 영국으로 건너가 1924년 런던대학 경제과에서 수업한 뒤 다시 프랑스로 가서 유학하고 있던 공진환孔鎭恒도 한빛회의 멤버로 활약하였다.

이렇게 다양한 회원 명단에서도 볼 수 있듯이 한빛회는 조국의 자력

갱생과 민족 해방이라는 깃발 아래에 한데 모였을 뿐 이 모임의 목표를 어떤 특정 분야에 국한시키지는 않았다. 물론 이 모임을 결성한 핵심 멤버들이 주로 정치경제학부에 적을 두고 있는 유학생이었던 만큼 아무래도 정치와 경제 그리고 사회 분야에 초점을 두고 있었던 것은 부정할 수 없는 사실이다. 그러나 한빛회에서는 문학을 비롯한 인문학과 과학과 기술 분야에도 관심을 게을리하지 않았다. 정인섭의 지적대로 한빛회 회원들은 "전공은 각각 달라도 그 공통분모는 민족 소생의 실질적 선구자가 되겠다"[11]고 다짐하고 있었기 때문이다. 한마디로 한빛회는 근대 학문의 모든 분야를 총망라하고 있었다고 할 수 있다.

회원들이 추구하던 한빛회의 목표는 그 이름에서도 뚜렷이 엿볼 수 있다. '한빛'이란 두말할 나위 없이 조국의 앞날을 밝힐 크고 넓은 빛을 뜻하는 한편, 일본 제국주의에 맞서는 한민족의 밝은 빛을 뜻하기도 한다. 그런가 하면 '한빛'에는 하나의 빛, 유일한 광명이라는 뜻도 있다. 이때 '한'은 '한마음'이나 '한겨레'의 '한'과 비슷하다고 할 수 있다. 한마디로 한빛회는 도쿄에서 공부하는 유학생들을 중심으로 조국이나 한민족을 크게 하나로 묶어 조국이 해방한 뒤 20세기 세계 역사의 대열에 동참하려는 야심찬 운동이었던 것이다.

한빛회가 좀 더 구체적인 윤곽과 체계를 잡기 시작한 것은 1925년 초엽이었다. 그 이전만 하여도 뜻을 같이하는 친구들이 모여 조국의 장래를 걱정하고 해결책을 토론하는 동호인 모임 수준에 지나지 않았다. 그러다가 같은 해 10월 도쿄 시내에서 조금 벗어나 있던 김윤기의 집에서

11 위의 글, 55면.

회원들이 모두 한자리에 모여 동호인적인 모임에서 벗어나 좀 더 체계적인 조직으로 만들려고 하였다. 앞에서 언급했듯이 이 무렵 김윤기는 와세다대학 이공학부에서 건축학을 전공하고 있었다. 뜻을 같이하는 100여 명의 회원 중 몇 명이 참석했는지는 지금으로서는 알 수 없지만 참석한 회원들은 이 모임을 좀 더 체계적으로 조직해야 한다는 데 뜻을 같이하였다.

이 자리에서 한빛회는 좀 더 효율적으로 활동하기 위하여 ① 정치와 경제, ② 과학과 기술, ③ 어학과 문학의 세 분야로 나누었다. 정치 분야에 관심 있는 회원들은 이 무렵 대학생들을 중심으로 관심을 끌던 후쿠모도 가즈오福本和夫의 공산주의 이론을 연구하면서 그 이론의 허구성을 지적하는 데 관심을 기울였다. 그들의 활동은 한림韓林과 송언필宋彦弼 등이 '일월회一月會'를 조직하여 도쿄에 한글 인쇄소 동성사同聲社를 경영하면서 공산주의를 선전하던 시도를 막으려는 일종의 방어책이기도 하였다. 와세다대학을 다니던 한림은 1923년부터 공산주의 사상을 전파하는 일련의 강연을 하였다. 1926년에는 고려공산청년회 중앙후보위원, 조선공산당 일본지부 선전부원 및 고려공산청년회 일본지부 초대 책임비서 등을 지냈다. 그해 신간회新幹會 동경지회 책임을 맡기도 하였다. 송언필도 1926년에 ML그룹이 장악한 '제3차 조선공산당'에 참가하여 고려공산청년회 중앙집행위원으로 활동하였다.

한빛회 회원들은 우파적 입장에서 자칫 개인의 자유를 억압하고 독재의 도구로 악용될 수 있다는 점에서 공산주의를 반대하였다. 그러나 그들은 일본 제국주의처럼 자본가에 의한 일당의 사회 지배 또한 크게 우려하였다. 말하자면 그들은 자본주의와 공산주의 사이에서 조화와 균형을 꾀하려 하였다. 이를 이론화하고 실천하기 위하여 회원들은 기관지를 만들려 하였고, 이러한 노력의 결과가 바로 1926년 봄 발간된 『한빛』이라는 잡지다. 회원들은 이 잡지를 발판으로 삼아 한편으로는 공산주의의 전파를 차단하고 다른 한편으로는 제국주의를 경계하였다. 그러면서 민족갱생과 조국의 자주독립을 도모하려고 하였다.

한편 전진한을 비롯한 경제 문제에 관심 있는 한빛회 회원들은 일본 제국주의의 착취를 막고 말살되어 가고 있던 민족 경제를 소생시키기 위하여 '협동조합운동사協同組合運動社'라는 하부 단체를 만들었다. 이 단체의 결성에는 전진한의 친형인 전준한錢俊漢도 함께 참여하여 일본 제국주의의 착취로 고통받고 있는 노동자와 농민을 위한 활동을 전개하였다. 이 무렵 도쿄 유학생들은 ML당을 중심으로 한 사회주의자들과 협동조합운동사를 중심으로 한 민족주의자들의 두 부류로 나누어져 있었다. 그런데 신간회운동이 일어나 일본 지부를 설치할 때 ML당과 협동조합운동사가 서로 경쟁을 벌였다. 이때 이론적 체계가 탄탄한 협동조합운동사가 ML당을 누르고 주도적인 역할을 하여 관심을 끌었다.

전진한은 와세다대학을 졸업한 후 곧바로 귀국하여 협동조합운동사의 본부를 서울로 옮겨 전국에 수백 개의 조합을 조직하는 등 항일운동을 전개하던 중 치안유지법 위반의 죄목으로 체포되어 감옥에 투옥되어 2년 동안 수감 생활을 하였다. 일제 제국주의의 굴레에서 벗어나 대한민국 정부가 수립될 때 전진한은 초대 사회부 장관이자 제헌국회 국회의원, 노동부 장관 등 정부와 정당의 요직을 두루 거치면서 대한민국이 탄생하는 데 큰 획을 그었다. 대한노동조합총연맹 대표로 1956년 제3대 정부통령 선거에 부통령 후보로 입후보하였다. 그를 흔히 '노동자의 대변인' 또는 '노동자의 아버지'라고 부르는 것은 어찌 보면 당연하다고 할 수 있다.

한빛회 회원들은 협동조합운동사를 통하여 개인과 사회, 자유와 협동, 노동과 자본 사이의 대립적 관계를 조화롭게 화해시키려는 데 온갖 노력을 기울였다. 뒷날 전진한은 "협동이 없는 자유는 방종과 탐욕으로 흐르며, 자유가 없는 협동은 전체주의와 파시즘으로 귀결된다"는 유명한 말을 남기기도 하였다. 또 그는 "협동에서 오지 않은 자유는 진정한 자유가 아니다. 이러한 자유는 자유가 아니라 방종이다. 각자의 자유는 상호 충돌되고 만다. 자유에서 오지 않은 협동은 진정한 협동이 아니다. 이러한 협동은 협동이 아니라 굴종이다"[12]라고 말하기도 하였다. 그의 말에서도 엿볼 수 있듯이 협동조합운동사는 협동을 통하여 진정한 자유 민주주의를 실현하려는 데 온갖 노력을 아끼지 않았다.

전진한을 중심으로 전개된 협동조합운동사가 경제 분야에서 자유 민주주의를 실현하려고 했다면, 농업대학의 이세환을 중심으로 일부 회원들은 '농우연맹農友聯盟'을 결성하여 농업 분야에서 개혁을 시도하였다. 이 무렵 이세환은 일본 최초의 사립 도쿄농업학교로 설립되어 1925년에 도쿄농업대학으로 승격한 이 대학에서 농학을 전공하고 있었다. 전공에 걸맞게 그는 이 무렵 일제에 수탈당하고 있던 식민지 조국의 농민들의 생활을 개선하는 데 온힘을 쏟았다.

한편 한빛회 회원 중에서 과학과 기술 분야를 전공하던 유학생들은 그들 나름대로 '민족 소생의 실질적 선구자'로서의 역할을 하려고 노력하였다. 정치와 경제와 농업에 관심 있는 회원들이 한빛회의 하부 조직

12 전진한, 『이렇게 싸웠다』, 무역연구원, 1996, 201~202면.

으로 협동조합운동사와 농우연맹을 만든 것처럼, 과학과 기술에 관심 있는 회원들은 '고려사이언스클럽'이라는 하부 조직을 만들었다. 그들은 이러한 조직을 통하여 일본 식민주의의 굴레에 묶여 서구 근대화에서 뒤쳐진 조국의 과학과 기술을 발전시키려고 노력하였다. 이 클럽의 회원들은 방학이 되면 귀국하여 '고려공업회'라는 이름으로 전국을 순회하며 강연을 하여 아직 과학과 기술에 대한 지식이 부족한 일반인들에게 과학 지식을 보급하는 데 앞장섰다.

고려사이언스클럽 회원 중에서도 김윤기의 활약은 가장 눈길을 끈다. 1차 세계 대전 직후 프랑스의 한 장군이 조선을 방문하여 기차를 타고 여행하던 중 창 밖에 펼쳐진 시골 농가 풍경을 바라보며 옆에 앉아 있던 일본인 기자에게 "조선은 목축이 상당히 발달했나 보군요"라고 말하였다. 이 말을 들은 일본인 기자는 "저건 소·돼지 기르는 축사가 아니라 민가입니다"라고 대답했다는 것이다. 일본 신문에서 이 기사를 읽은 김윤기는 정신이 번쩍 들며 의사로서의 꿈을 접고 건축가가 되기로 결심하였다. 그래서 그는 조선인으로서는 최초로 와세다대학에서 건축학을 전공하였다. 뒷날 그는 신문을 읽다가 받은 충격에 대하여 "건축이다. 건축을 공부해서 조국 동포를 위해 주거 상향책向上策을 세우자. 정치는 도쿄제대東京帝大의 김준연金俊淵 같은 쟁쟁한 사람들에게 맡기고, 나는 기술자로 조국 광복에 힘쓰자!"[13]라고 결심했다고 회고한 적이 있다.

대학을 졸업한 뒤 김윤기는 조선인으로서는 최초로 조선총독부 철도

13 김윤기, 「남기고 싶은 이야기」, 『대한건축학회지』 19, 대한건축학회, 1975.7, 17면.

국 공무과에 취직하였다. 그는 철도국에 입사한 뒤에도 민가와 주택 개량을 위하여 계속 연구하였고, 「조선과 건축」을 비롯한 논문을 『조선일보』와 『동아일보』 등에 잇달아 발표하였다. 1930년에 『동아일보』에 연재한 글에서는 위생과 경제와 쾌적함에 초점을 둔 '건강 주택'을 거론하며 여러 계획안을 소개하기도 하였다. 해방 후 그는 조국의 건설 분야에서 크게 이바지하였다. 뒷날 무려 다섯 차례에 걸쳐 건설부와 교통부 등에서 장관직을 역임한 것만 보아도 이론과 실무 모두에서 그가 얼마나 탁월한 능력을 발휘했는지 가늠해 볼 수 있다.

한빛회와 외국문학연구회

한빛회가 세 번째 하부 조직으로 결성한 단체가 다름 아닌 1925년과 1926년에 걸쳐 창립한 외국문학연구회다. 앞에서 언급한 회원 명단에서 볼 수 있듯이 와세다대학 문학부에서 외국문학을 전공하던 이선근과 정인섭을 비롯하여 서원출, 임태호, 진태완, 그리고 호세이대학 문학부에서 외국문학을 전공하던 이하윤과 김진섭을 비롯하여 홍재범 등이 하나같이 한빛회의 회원으로 활약하였다. 이밖에도 도쿄고등사범학교의 강재호와 김명엽, 아오야마 학원의 장용하, 그리고 도쿄외국어학교의 함대훈 등도 마찬가지였다. 이렇듯 한빛회를 구성하는 회원 중 상당수가 외국문학 전공자들이었다는 것은 이 모임이 단순히 사회과학이나 자연과학 분야에 국한된 단체가 아니었다는 사실을 뒷받침한다. 한빛회는 협동조합운동사나 고려사이언스클럽 못지않게 조국의 문화 창달과 발전에 깊은 관심을 기울였다.

정치와 경제, 과학과 기술, 그리고 문학과 예술은 마치 삼각형의 세

모서리와 같아서 어느 한두 모서리만 가지고서는 기능을 발휘할 수 없다. 세 모서리가 모두 있을 때 비로소 삼각형은 삼각형으로서의 기능을 제대로 발휘할 수 있다. 외국문학연구회와 관련하여 이 모임에서 주도적인 역할을 한 정인섭은 "어문학을 연구하던 회원들은 1925년 초 '외국문학연구회'를 조직하여 각각 그들이 전공하는 외국어와 외국문학을 충실히 연구하고 소개함으로써 한국에 새롭고 진정한 국제적 수준의 문학적 양식을 제공하려고 했다"[14]고 밝힌 적이 있다. 한빛회가 이 무렵에 활약한 다른 단체들과 차이가 있다면 특정한 한 분야에 얽매이지 않고 이렇게 다양한 분야를 함께 아울리려고 했다는 점일 것이다.

그런데 여기에서 한 가지 주목해야 할 것은 한빛회에 참여한 문학 전공자들이 모두 뒷날 좀 더 체계를 갖춰 창립한 외국문학연구회에서 활약한 것은 아니라는 점이다. 그들 중 몇 사람은 비밀결사 조직 한빛회에는 속해 있었지만 외국문학연구회에서는 이렇다 하게 활약하지 않았다. 이와 마찬가지로 외국문학연구회에서 활약한 회원 중에는 한빛회에 관계하지 않은 유학생들도 더러 있었다. 더구나 서원출, 임태호, 진태완처럼 처음에는 이 외국문학연구회 창립에 뜻을 같이했을지 모르지만 연구회에서 아무런 활동을 하지 않아 정식 회원으로 볼 수 없는 사람들도 더러 있었다.

어찌 되었던 외국문학연구회 회원들은 1927년 1월 기관지 『해외문학海外文學』 창간호를 출간하여 조국의 문화 창달에 박차를 가하였다. 이

14 정인섭, 「나의 유학 시절」, 56면. 외국문학연구회는 일정한 형식을 갖춘 조직체가 아니었기 때문에 창설된 연도가 정확하지 않다. 여러 회원들의 기록이나 회고에 따르면 이 연구회는 한빛회의 하부 조직으로 1924년 말엽의 준비 기간을 거쳐 1925년 초엽부터 모이기 시작하고 1926년도 초엽에 이르러 좀 더 체계적인 모임으로 조직된 듯하다. 1926년 9월부터 『해외문학』을 준비했다고 말하는 것을 보면 그 활동은 이미 그 전에 시작됐다고 볼 수 있다.

잡지는 일제의 식민지 문화정책에 따라 이 무렵에 조선과 일본에서 우후죽순처럼 쏟아져 나온 잡지 중에서도 여러모로 눈길을 끌기에 충분하였다. 같은 해 7월 제2호를 마지막으로 아쉽게도 종간하고 말았지만 외국문학연구회와 『해외문학』이 한국문학사와 번역사에 끼친 영향은 참으로 대단하다. 이 모임과 그 기관지는 뒷날 근대기 한국 번역문학사에서 이정표 역할을 맡았다. 만약 그 암울하던 일제 강점기에 외국문학연구회가 없었더라면 번역문학, 더 나아가 한국문학은 그만큼 초라하고 빈약했을 것이다.

한빛회는 회원들이 유학을 마치고 잇달아 귀국하면서 그 힘이 약화되었지만 회원들의 유대 관계는 여전히 계속 되었다. 그들은 조국이 해방된 뒤에도 가끔 만나 교류하면서 유학 시절의 회포를 푸는 한편 해방 조국의 건설에 관심을 기울인 것 같다. 정인섭에 따르면 한빛회 회원들은 가족들과 함께 서울 수락산 기슭에 있는 덕성여자대학의 별장에서 야유회를 연 적이 있다. 굳이 이곳을 야유회 장소로 택한 것은 아마 이 별장이 한빛회 회원이었던 박준섭의 소유였기 때문일 것이다. 그때는 이미 그가 사망했지만 그의 아내 송금선宋今璇이 회원들과 가족들을 융숭히 대접하였다. 더구나 한빛회 회원 중 이미 사망한 회원들을 위한 합동 추모식도 덕성학원 안에서 개최하였다. 이때 송금선은 음악 교사에게 정인섭의 시에 현재명玄濟明이 곡을 붙인 〈산들바람〉을 독창하도록 했다는 것이다.[15]

15 정인섭, 「모란꽃 같은 여왕 송금선 여사」, 『이제는 하고 싶은 이야기』, 133~135면.

문학회와 『학지광』과 외국문학연구회

외국문학연구회가 탄생하는 데는 한빛회와 함께 '문학회'라는 또 다른 모임이 산파 역할을 맡았다. 한빛회가 창립될 무렵인 1925년에 도쿄에서 외국문학을 전공하는 조선 유학생들 몇 명이 모여 '문학회'를 조직하여 외국문학 작품을 한글로 번역하여 출간할 계획을 세웠다. 이 모임에 참여한 이하윤에 따르면 "1925년 여름방학의 귀국에 앞서 우리들에겐 이미 '해외문학 명작선'의 원고가 준비되어 있었으며 서울 어느 출판사와의 출판 교섭도 진행되고 있었다"[16]고 밝힌다. 1925년 여름에 귀국하기에 앞서 단행본으로 출판할 만큼 이미 '해외문학 명작선'의 원고가 준비되어 있었다고 언급하는 것을 보면 이하윤이 말하는 문학회는 1923년이나 1924년에 시작되었다고 볼 수 있다. 또 '우리들'이란 두말할 나위 없이 도쿄에서 외국문학을 공부하던 젊은 유학생들로 거의 대부분 한빛회에 참여하고 있던 사람들이었을 것이다.

그런데 이하윤에 따르면 이 무렵 문학회에 속한 유학생들은 외국문학에 관한 논문이나 번역을 조선에서 발행하는 신문에 개별적으로 발표하기 시작하고 있었다. 그러다 보니 외국문학 연구나 소개가 자칫 산만하고 개인 취향에 흐를 수밖에 없었다. 그래서 이하윤을 비롯한 뜻있는 몇몇 외국문학도를 중심으로 외국문학의 연구와 소개 그리고 번역을 개인적 차원에서 벗어나 좀 더 체계적이고 조직적으로 하려는 시도가 있었다.

16 이하윤, 「해외문학 시대의 문우들」, 『소천 이헌구 선생 송수기념논총』, 소천 이헌구 선생 송수기념논총 편찬위원회, 1970, 495면.

문단에서 활약하던 염상섭, 이은상, 나도향 제씨가 동경에 와 있었고 양주동은 역시 조대(早大) 학생이긴 하였으나 『금성(金星)』의 동인으로 이미 문단에 '데뷔'한 인사(人士). 마해송(馬海松)은 일본의 인기작가 기쿠치 간(菊池寬)이 경영하던 『문예춘추(文藝春秋)』 사원이었는데 상지(上智)대학 예과에 적을 둔 이태준(李泰俊)의 알선과 연락으로 그때 동경고사(東京高師) 영문과에 다니던 진장섭(秦長燮)의 하숙에서 자칭 '문학회'의 첫 모임을 가졌으나 이윽고 유산(流産)되고 말았다.[17]

마해송이 『문예춘추』의 사원으로 근무했다고 말하는 것을 보면 1921년 이후의 일임에 틀림없다. 그가 니혼日本대학 예술학과에 다니다가 휴학한 것이 바로 그 해기 때문이다. 또 양주동이 이미 『금성』의 동인으로 문단에 데뷔했다고 언급하는 것을 보면 문학회의 설립은 아무리 일찍 잡아도 1923년 이후가 될 것이다. 이 잡지는 바로 이 해 가을에 창간되었기 때문이다. 어찌 되었든 문학회는 첫 모임을 마지막으로 미처 세상에 태어나지 못한 채 '유산되고' 말았다. 이렇게 문학회가 유산된 데는 모르긴 몰라도 아마 이 모임이 참여한 사람의 수가 너무 적어 조직이나 단체로 결성하기 어려웠기 때문일 것이다. 이하윤이 언급하는 사람들은 대부분 앞으로 문학을 본격적으로 연구하는 학자보다는 시나 소설 같은 문학 작품을 창작하는 작가로서의 활약에 더 관심을 두고 있었던 것 같다.

그런데 여기에서 한 가지 찬찬히 눈여겨볼 것은 이 모임의 명칭이 단순히 '문학회'라는 점이다. 문학회는 비록 '회'라는 용어를 붙이기는 했

17 위의 책, 495면.

지만 본격적인 단체나 조직체라기보다는 문학을 좋아하는 몇몇 사람이 모인 동호인 모임과 비슷했을 것이다. 명칭으로 미루어보면 조선문학과 외국문학, 당대의 문학과 그 이전의 문학, 창작문학과 번역문학 등을 굳이 구별하지 않고 '문학'이라는 이름 아래 모든 유형의 문학을 수렴하려고 한 것 같다. 그러다 보니 구심점이 약할 뿐만 아니라 모임의 성격이나 지향점이 너무 포괄적일 수밖에 없었을 것이다. 한빛회나 외국문학연구회와 비교해 보면 문학회의 성격이 어떠했는지 쉽게 미루어볼 수 있다.

그러나 문학회는 비록 세상 빛을 보지 못하고 유산되고 말았지만 외국문학연구회가 태어나는 데는 그 나름대로 이바지했다고 할 수 있다. 문학회에 가담한 사람들 중에는 외국문학을 전공하는 사람들이 많았다. 가령 이하윤은 호세이대학에서 영문학과 불문학을 전공하고 있었고, 양주동은 와세다대학에서 불문학과 영문학을 전공하고 있었으며, 진장섭도 도쿄고등사범학교에서 영문학을 전공하고 있었다. 물론 이 모임에 가담한 사람 중에서 곧 태어나게 될 외국문학연구회에 직접 참여하여 활약한 사람은 오직 이하윤 한 사람뿐이다. 다른 유학생들은 이런저런 이유로 외국문학연구회에 참여하지 않았다. 그러나 마해송과 진장섭은 몇 해 전 1923년 3월 소파小派 방정환方定煥을 중심으로 설립된 어린이 운동 단체 '색동회'에서 이미 활약하고 있었다. 또한 그들이 출간하기로 했다가 미완으로 끝난 '해외문학 명작선'은 뒷날 태어날 외국문학연구회의 기관지 『해외문학』과 여러모로 비슷한 역할을 맡았을 것으로 미루어볼 수 있다. 비유적으로 말하자면 외국문학연구회는 문학회라는 형이 미처 세상의 빛을 보지 못한 채 유산되고 난 뒤에 바로 태어난 자식이라고 하여도 크게 틀리지 않을 것 같다.

외국문학연구회의 기관지 『해외문학』과 관련하여 이 무렵 조선인 유학생들이 도쿄에서 발행한 잡지 『학지광學之光』도 짚고 넘어가야 한다. 정인섭은 "1920년대 동경 유학생에게는 두 가지 마음의 본향이 있었다. 그 하나는 간다 구神田區에 있는 YMCA고, 또 하나는 동경 유학생 학우회 잡지 『학지광』이었다"[18]고 밝힌 적이 있다. 이렇듯 도쿄 유학생들에게 이 잡지는 무척 큰 의미가 있었다. YMCA가 이 무렵 유학생들에게 육체적 고향의 역할을 했다면, 학우회 잡지는 정신적 고향의 역할을 했기 때문이다. 조선유학생학우회의 기관지로 1914년 4월 창간되어 1930년 4월 폐간될 때까지 『학지광』은 도쿄 유학생들에게 지적 토론의 장場의 역할을 충실히 하였다. 이 잡지가 지향하는 목표는 그 제호에서도 뚜렷이 엿볼 수 있다. '학지광'이란 두말할 나위 없이 학문이나 지식 또는 진리의 빛이라는 뜻이다. 미국 최초의 고등교육 기관인 하버드대학의 모토가 '진리vertias'고, 그 뒤를 이어 문을 연 예일대학의 모토가 '빛과 진리lux et veritas'인 것과 궤를 같이한다. 이렇듯 '학지광'이라는 한자 제호 위쪽 중앙에는 '지식의 빛'을 뜻하는 라틴

재일본조선유학생회에서 발행한 기관지 『학지광』. '학문의 빛'을 뜻하는 제호의 이 잡지는 1914년에 창간되어 1930년 폐간될 때까지 조선 유학생들에게 토론의 광장 역할을 하였다.

18 정인섭, 「나의 유학 시절」, 65면.

어 'Lux Scientiae'라는 외국어 제호가 큼직하게 적혀 있다. 한빛회의 그 '빛'처럼 학지광의 '광'도 일본 제국주의의 어둠에 갇혀 한치 앞도 내다볼 수 없던 그 암울하고 궁핍한 식민지 시대에 어두운 조국을 밝힐 횃불의 역할을 맡겠다는 의지를 천명한 것이다. 이 잡지에는 편집위원 제도가 있어 엄격하게 심사를 거쳐 글을 실었다. 그래서 이 잡지에 글이 실린다는 것은 유학생으로서는 더없이 큰 영광이었다.

이 무렵 일본에서 공부하고 있던 조선유학생학우회 소속 회원은 400여 명이었고, 전공이 다양했기 때문에 『학지광』은 문학잡지보다는 종합학술지의 성격을 띠고 있었다. 이 잡지에서는 학우회의 소식을 비롯하여 여러 분야에 걸친 연구 논문을 비롯하여 수필, 소설, 기행문, 외국 작품의 번역 등 다양한 글을 실었다. 이 잡지에 글을 발표한 유학생 중에는 송진우, 현상윤玄相允, 신익희申翼熙, 장덕수張德秀, 최팔용崔八鎔, 나혜석羅蕙錫, 최승구崔承九, 이병도李丙燾, 김윤경金允經, 안확安廓, 이광수李光洙, 김동인金東仁, 주요한朱曜翰, 김억金億, 전영택田榮澤, 최학송崔鶴松, 홍영후洪永厚, 변영로卞榮魯, 민태원閔泰瑗, 이헌구李軒求, 정인섭 등이 있다. 그들은 하나같이 뒷날 조선의 정치계와 문화계 그리고 학계에서 괄목할 만한 활동을 한 지식인들이었다. 『학지광』은 신문화의 보급과 학술 연구 등 조선의 학술계와 사상계에 크게 기여했을 뿐만 아니라 신문학 사조의 도입과 창작과 번역에도 큰 영향을 끼쳤다는 평가를 받는다. 또한 1910년대에서 1920년대에 이르는 조선 근대문학 연구에도 소중한 자료가 된다.

그런데 『학지광』은 외국문학 작품에 관한 논문과 외국문학 작품의 번역을 실었다는 점에서 뒷날 창간될 『해외문학』과 여러모로 비슷하다. 예를 들어 이하윤과 함께 외국문학연구회에서 크게 활약한 정인섭은

1926년 5월에 「최근 영국 시단」이라는 논문을, 같은 해 겨울에는 「쇼오 작의 대표극 Man and Superman에 표현된 Life Force에 대하여」[19]라는 논문을 발표하였다. 정인섭은 화장산인華藏山人이라는 필명으로 『해외문학』 창간호에 「포오를 논하여 외국문학 연구의 필요에 급及하고 『해외문학』 창간을 축祝함」이라는 논문을 발표하였다. 또한 그는 『해외문학』 제2호에 「'쇼오' 극의 작품과 사상」이라는 논문을 발표하였다. 논문 제목만 놓고 보면 두 잡지 중 어느 잡지에 실린 글인지 서로 구분 짓기 무척 어렵다. 이헌구도 정인섭처럼 『해외문학』의 회원으로 이 잡지에 글을 실기에 앞서 『학지광』에 글을 발표하였다.

이밖에도 『학지광』은 일본과 서양의 문학 작품과 이론을 번역하여 소개하고 창작에 활용하는 등 적극적으로 신문학을 수용하였다. 가령 프랑스 상징주의를 처음 소개하고 이 무렵 조선문단에는 낯선 자유시 형식을 실험한 곳도 바로 이 『학지광』이었다. '안서岸曙'라는 아호로 더욱 잘 알려진 김억은 1913년에 게이오의숙慶應義塾 영문과에 입학하여 『학지광』에 창작시 「이별」 등을 발표하는 한편, 프랑스 상징주의 시인 폴 베를렌의 작품 「내 가슴에 내리는 비」와 샤를 보들레르의 작품을 여러 편 번역하여 소개하였다. 1916년에 김억이 발표한 「요구와 회한」은 조선 문학사에서 프랑스 상징주의 시를 처음 소개한 글로 평가받는다. 백

19 원래 제목은 「'쇼오'의 代表作 *Man and Superman*의 표현된 Funipe Poree에 就하야」로 되어 있다. 'Funipe Poree'가 과연 무엇을 뜻하는지 분명하지 않지만 정인섭은 뒷날 쓴 글에서 'Life Force'라는 말로 바꾸어 놓았다. 낯선 외국어라기보다는 영어 'Life Force'의 오식일 가능이 크다. 이 무렵의 인쇄소 사정과 『해외문학』이 편집은 도쿄에서 하고 인쇄는 서울에서 한 탓에 곳곳에서 오식과 탈자 등을 엿볼 수 있다. 이 점과 관련하여 이하윤은 "원고만 우송하고 按配와 校訂이 소홀하였으며……"라고 말한 적이 있다. 이하윤, 「해외문학 시대의 문우들」, 앞의 책, 498면.

대진白大鎭 역시 「20세기 초두初頭 구주歐洲 제대문학가諸大文學家를 추억함」이라는 글에서 프랑스 상징주의를 포함한 서유럽의 문학을 소개하였다. 이렇게 문학의 비중이 점차 늘어나던 터에 육당六堂 최남선崔南善이 틈틈이 도쿄에 들러 편집과 관련한 조언을 해 줌으로써 『학지광』은 종합지에서 점차 문예지의 성격을 띠기 시작하였다.

『해외문학』의 창간호 목차 뒷면에는 『학지광』 1926년 겨울호의 주요 목차와 함께 광고가 크게 실려 있는 것이 무척 흥미롭다. 이 광고에는 '특고特告'라고 하여 "『해외문학』 독자에 한하여 특히 이할二割 인引하여 드립니다"라는 문구가 적혀 있어 눈길을 끈다. 또 광고 한 모퉁이에는 '해외문학 독자증'이라는 오늘날의 쿠폰과 비슷한 것이 찍혀 있다. 그것을 오려내어 보내면 아마 『학지광』을 20퍼센트 활인된 가격으로 구입할 수 있었던 모양이다. 『해외문학』 창간호에는 『학지광』뿐만 아니라 『조선문단朝鮮文壇』과 『문예시대文藝時代』의 광고도 같이 실려 있지만 이 두 잡지에는 『해외문학』 독자들을 위한 어떠한 혜택도 찾아볼 수 없다. 『해외문학』과 『학지광』이 서로 깊이 연관되어 있음을 단적으로 보여주는 대목이다.

이 무렵 『학지광』처럼 큰 영향력은 없었지만 『삼광三光』이나 『여자계女子界』 같은 잡지도 외국문학연구회가 탄생하는 데 간접적일망정 영향을 끼쳤다고 볼 수 있다. 『삼광』은 1919년 2월 도쿄에서 음악을 전공하던 유학생들의 모임 '악우회樂友會'가 기관지로 발행하던 잡지였다. 이 잡지는 1919년에서 1920년에 걸쳐 '홍난파洪蘭坡'라는 이름으로 더욱 잘 알려진 작곡가 홍영후가 편집인 겸 발행인으로 도쿄에서 발간되었다. '도례미생'이라는 필명으로 그는 음악에 관한 글 말고도 외국문학 작품을 번역하여 소개하기도 하였다. 외국문학연구회가 『해외문학』에 외국문학을 소개하고 번역하여 조국의 문예에 활력을 불어넣으려고 했다면, 홍영후는 『삼광』에서 음악 예술을 매개로 이러한 역할을 수행하려고 하였다. 이 두 잡지는 궁극적으로는 문학과 예술의 힘을 빌려 조국의 해방과 민족 소생을 목표로 두고 있었다. 『삼광』은 기본적으로 음악을 전공하는 사람들을 위한 예술 잡지였지만, 창작 소설과 함께 번역 소설을 실어 문학과 예술의 지평을 넓히려고 한 점도 눈에 띈다.

한편 『여자계』는 재일 조선여성 유학생들이 1917년에 창간하여 1921년에 종간한 친목회지 겸 잡지다. 『삼광』이 음악 예술을 통하여 조국 근대화에 이바지하고 했다면, 『여자계』는 신여성 담론에 초점을 맞추어 조국 근대화에 이바지하려고 하였다. 『여자계』는 그 제호와는 달리 남성들이 주로 편집과 집필을 맡았지만 몇몇 신여성 지식인들도 편집인과 필자로 참여하였다. 그러나 이 잡지의 주요 독자는 주로 도쿄 지역에서 유학하던 조선 여자 유학생들이었다. 잡지의 제호에 걸맞게 가부장 질서에 반기를 들면서 남녀평등을 부르짖는 한편, 여성의 자아 각성과 행복 추구라는 문제에 관심을 기울였다. 적어도 외국문학에 관심을 두고 외국문학 작품을 번역하여 게재했다는 점에서 『여성계』는 『삼광』과 마찬가지로 외국문학연구회의 『해외문학』이 발간되는 데 길을 닦아 놓았다고 볼 수 있다.

이 무렵 도쿄에서 발행된 유학생 잡지와 관련하여 제일와세다고등학원에 재학 중이던 조선인 유학생들의 동창회지 『알』도 여기에서 잠깐 언급하고 넘어갈 필요가 있다. 1923년에 제일고등학원에 재학 중인 조선인 학생들이 친목을 겸한 모임을 몇 차례에 갖으면서 동창회지를 발

1925년 3월 제일와세다고등학원에 재학 중인 조선 유학생들. 뒷날 '한빛회'와 '외국문학연구회'에서 활약할 정인섭, 이선근, 이헌구, 김한용, 이병호 등의 얼굴이 보인다.

간하는 것이 좋겠다는 데 의견을 모았다. 이러한 의견을 모은 유학생들은 손진태孫晋泰, 김한용金翰容, 한림韓林, 조헌영趙憲泳, 김윤기, 전진한, 이선근 등이었다. 첫해는 불문학을 공부하던 양주동이 동창회지 이름을 『알』이라고 하자고 제안하며 직접 편집을 맡았다. 그가 정인섭에게 밝힌 바에 따르면 "알은 순수한 생명의 근원이고, 또 거기서 새로운 세대가 부활한다"[20]는 상징적 의미가 있기 때문에 그렇게 이름을 붙이기로 했다는 것이다. 양주동에 이어 정인섭이 『알』의 편집을 맡아 발행하였

20 정인섭, 「나의 유학 시절」, 48면.

다. 이 두 사람이 서로 상의하여 조선 유학생들의 소식과 함께 그들이 쓴 글을 실었다. 비용 문제 때문에 다른 잡지처럼 활자로 찍어내지는 못하고 등사지에 철필로 직접 글씨를 써서 등사기로 찍어내었다. 그래서 그런지 지금 이 동창회지는 한 부도 찾아볼 수 없다.

이 『알』은 뒷날 1937년 2월 『동창회회지』라는 이름으로 다시 태어나게 되었다. 와세다대학 우리 동창회에서 발행한 이 잡지는 이상돈李相敦이 편집인 겸 발행인을 맡았다. 이 잡지의 창간호에 실린 창간사는 "우리 동창회 회지 창간호는 사백여 명 회원 제군의 전체적 요구와 갈망 밋헤서 나오게 되엿다. 현대와 갓튼 비상시적 특수 단계에서 우리동창회 회지 창간호가 나오게 되엿다는 것은 우리동창회의 질적 발전과 아울너 회원 제군의 양심적 의식생활의 통일적 반영이라고 확신한다"[21]는 긴 문장으로 시작한다. 이 창간사에는 『알』에 대한 언급이 전혀 없는 것으로 보아 1920년대 초엽에 나온 동창회지에 대해서는 잘 모르고 있었던 것 같다. 물론 『알』은 어디까지나 제일와세다고등학원에 재학 중인 유학생들을 중심으로 나온 잡지인 반면, 『동창회회지』는 메이지대학에 재학 중인 조선 유학생들이 펴낸 『조선유학생동지회』나 교토京都제국대학 조선 유학생들이 펴낸 『조선유학생동창회보』처럼 와세다대학 유학생들이 펴낸 공식 잡지였다.

21 안남일, 「재일본 한국유학생 잡지 연구」, 『한국학연구』 55, 고려대 한국학연구소, 2015, 258면. 안남일이 지적하듯이 이 무렵 일본에 유학 중인 조선인 유학생들은 거의 학교마다 회지나 회보 또는 잡지를 발행하였다. 예를 들어 대조선인일본유학생친목회의 『친목회지』(1895~1897)를 비롯하여 재일본동경대한유학생회의 『대한유학생회학보』(1907~1907), 재동경조선인학생친목회의 『학계보』(1912), 동경조선기독청년회의 『현대』(1920), 재경도조선학우회의 『학조』(1926) 등이 우후죽순처럼 쏟아져 나왔다.

『태서문예신보』와 『금성』과 『해외문학』

외국문학연구회가 창립되고 그 기관지 『해외문학』이 창간되는 데는 일본 도쿄에서 결성된 단체나 잡지 못지않게 식민지 조선에서 결성된 단체나 잡지도 큰 역할을 하였다. 외국문학연구회가 창설되기 6~7년쯤 앞서 1918년 9월 경성에서는 일찍이 문예주간지 『태서문예신보』가 창간되었다. 순한글 타블로이드판 8면으로 발행한 이 주간지는 장두철張斗澈이 주간을 맡고 김억과 이일李一, 황석우黃錫禹가 편집에 참여하였다. 그런데 장두철 한 사람을 제외한 나머지 세 사람은 하나같이 일본에서 유학하며 서구 문학을 공부하였다. 장두철은 대한황성기독교청년회YMCA의 4년제 영어 전수과를 졸업하였다. 1917년에는 『무선생영어자통無先生英語自通』이라는 영어 독학 교재를 펴낼 만큼 영어 실력이 뛰어났다. 김억은 이미 앞에서 밝혔듯이 게이오의숙 영문과에 다니다가 중퇴하고 귀국하였다. 이일은 일본 아오야마 학원 중학부를 거쳐 메이지대학 전문부를 졸업하였다. 일본 와세다대학 정치경제과를 졸업한 황석우는 정치나 경제 쪽보다는 문학 쪽에 더 관심을 기울여 『폐허廢墟』, 『장미촌薔薇村』, 『조선시단朝鮮詩壇』 등의 동인으로도 참여하였다.

한국 최초의 주간 문예지라고 할 『태서문예신보』는 그 제호부터가 외국문학연구회와 그 기관지 『해외문학』과 아주 비슷하다. '태서'란 다름 아닌 서양을 뜻하며, '문예신보'는 새로운 문학과 예술을 소개하는 매체라는 뜻이다. 그러므로 '태서문학'이나 '해외문학'은 거의 같은 의미라고 하여도 크게 틀리지 않다. 『태서문예신보』는 『해외문학』처럼 중역重譯을 피하고 직역直譯의 깃발을 높이 내걸고 한국 번역사에 새로운 지평을 열겠다는 야심찬 포부를 품고 있었다. 창간호의 권두언에서 "본

보난 져 틔셔의 유명흔 소셜 시됴 산문 가곡 음악 미숄 각본 등 일반 문예에 관한 기사를 문학 대가의 붓으로 직접 본문으로부터 충실흐게 번역흐여 발행홀 목젹이온 바 다년 계획히 오든 바이 오날에 뎨일호 발간을 보게 되엿슙니다"[22]라고 야심찬 포부를 밝혔다. 그러나 1919년 2월 통권 16호로 종간될 때까지 이 주간지에 발표한 번역은 '문학대가의 붓으로' 원천 텍스트에서 '직접 충실하게' 번역한 것과는 거리가 조금 멀었다. 한마디로 의욕만 앞섰지 막상 기대에는 크게 미치지 못했던 것이 사실이다.

『태서문예신보』는 창간사에서 천명하듯이 서구 문학 작품과 문예사조에 관한 글을 주로 게재하였다. 예를 들어 코넌 도일의 「충복」 같은 대중문학에서, 이반 투르게네프의 「밀회」 같은 러시아 소설, 그리고 폴 베를렌이나 레미 드 구르몽 같은 프랑스 상징주의 시에 이르기까지 서유럽의 문학을 광범위하게 소개하였다. 한편 백대진의 「뉘우침」, 김억의 「봄은 간다」 같은 창작시와 「최근 태서문단」이나 「시형詩形의 음률과 호흡」 같은 시론이나 문학 평론도 싣기도 하였다. 이 주간지에 실린 번역시들은 한국시가 신체시의 알을 깨고 비로소 근대시로 태어나는 데 크게 이바지하였다.

한국에서 서구의 문학 작품을 좀 더 본격적으로 번역하여 소개한 것은 『태서문예신보』보다는 1923년에 창간된 문예지 『금성』이었다. 양주동을 비롯하여 손진태, 백기만白基萬, 유춘섭柳春燮(일명 柳葉) 등이 참여

22 「창간사」, 『태서문예신보』, 1918.9.26, 1면. 이 주간지의 성격과 의의에 대해서는 김욱동, 『번역과 한국의 근대』, 소명출판, 2010, 323~331면; 『근대의 세 번역가—서재필·최남선·김억』, 소명출판, 2010, 171~175면 참고.

한 시 중심의 문예 동인지인 『금성』은 이해 11월에 창간호가 나온 뒤 1925년 5월 통권 제3호로 종간될 때까지 몇 해 뒤 『해외문학』이 맡게 될 역할을 담당하였다. 이 무렵 일본 와세다대학 문과에서 외국문학을 전공하던 문예 동인들이 여름방학을 맞이하여 귀국했다가 마침 간토 대지진이 일어나는 바람에 일본으로 건너가지 못하자 경성에 모여 『금성』을 발간한 것으로 알려져 있다. 뒤에 이상백李相佰과 이장희李章熙가 새로 동인으로 가담하였다. 이 잡지는 창작과 번역을 겸한 동인지로 『창조創造』와 『폐허』와 『백조白潮』에 이어 그 다음 세대의 문학적 관심을 집약했다고 볼 수 있다.

외국문학연구회와 그 기관지 『해외문학』이 태어나기까지는 이렇게 일본과 조선에서 일어난 크고 작은 일련의 여러 모임과 잡지들이 직접 간접으로 큰 영향을 끼쳤다. 일본에서는 한빛회와 문학회 같은 모임과 그들의 기관지가, 조선에서는 외국문학을 전공했거나 외국문학에 관심을 둔 문인들이 만든 동인지나 문학잡지가 외국문학연구회를 위하여 미리 길을 닦아 놓았다. 분명한 목표를 염두에 두고 만든 조직이나 단체가 흔히 그러하듯이 외국문학연구회와 『해외문학』도 만약 이러한 단체들과 잡지들이 없었다면 탄생할 수 없었을 것이고, 비록 탄생할 수 있었다고 하여도 아마 뒤늦게 태어날 수밖에 없었을 것이다.

제2장

외국문학연구회의 창립 과정

일제 강점기 도쿄에서 외국문학을 전공하던 조선 유학생들이 조직한 외국문학연구회는 처음에는 친목을 도모하고 문학을 주제로 자유롭게 토론하고 허심탄회하게 좌담을 나누는 동호인적인 모임으로 출발하였다. 이 모임이 맨 처음 시작된 것은 1924년 12월에서 1925년 1월 사이 겨울방학 때였다. 이 무렵 여러 대학에서 외국어와 외국문학을 전공하던 조선인 유학생들은 하숙집이나 자취방에 자주 모여 문학을 두고 열띤 토론을 벌이기도 하였고, 작품 품평회를 갖기도 하였으며, 또한 연구 발표를 열기도 하였다. 이러한 모임이 있을 때면 유학생들은 서로 돌아가면서 장소와 음식을 제공했을 뿐 이렇다 할 회칙 같은 규정이나 회비를 납부해야 할 의무 같은 제약도 없었다. 한마디로 연구회는 외국문학 전공자들이 자유롭게 모여 문학 담론을 나누는 비공식 모임이었다.

비록 창립 회원은 아니었지만 곧 외국문학연구회에 가입하여 크게 활약한 이헌구李軒求는 뒷날 「해외문학과 조선에 잇서서 해외문학인의 임무와 장래」라는 글에서 이 연구회는 "이렇다 할 자기네의 주의주장을 세간世間에 공표한 것은 아니다"[1]라고 잘라 말하였다. 그러면서 그는 "결코 해외문학파는 어떤 중심을 가진 한 조직체라고 보기 보담도 자유로운 각자의 입장에서 외국문학을 사적史的으로 또는 학구적으로 또는 조선 현실 문단에 가장 현대적인, 가장 진보된 문학의 소개를 목적으로 하는 우의적友誼的 그룹이라고 볼 것이다"[2]라고 밝혔다. 여기서 '우의적'이라는 형용사를 눈여겨볼 필요가 있다. 이 말은 두말할 나위 없이 친구 사이에 정이 있다는 뜻으로 이 연구회는 어디까지나 이해관계와는 비교적 무관한 친목 단체의 성격을 띠고 있었다는 말이다. 한편 프롤레타리아 문학을 주창하는 카프KAPF 계열의 문학가들이 이 무렵 외국문학연구회를 '우익적右翼的'이라고 몰아세우는 것에 대한 일종의 패러디로 볼 수도 있을 것이다. 시각적으로 보나 발음으로 보나 두 형용사는 서로 비슷한 데가 많기 때문이다.

외국문학연구회는 이헌구의 지적처럼 처음에는 이렇게 식민지 종주국 일본의 수도 도쿄에서 외국어와 외국문학을 전공하는 조선인 유학생들이 동호인적인 친교와 우의를 목적으로 결성했을지 모른다. 그러나 기미독립운동과 간토 대지진 이후 그들은 단순히 동호인적인 친교 목적에 만족할 수만은 없었다. 그들의 어깨 위에는 식민지 조국의 해방과 민족 갱생이라는 시대적 소명이 놓여 있었다. 외국문학연구회에서 핵심적

1 이헌구, 「해외문학과 조선에 잇서서 해외문학인의 임무와 장래」, 『조선일보』, 1932.1.1~1.13; 김준현 편, 『이헌구 선집』, 현대문학사, 2011, 44면(이하 제목과 면수만 기재한다).

2 『이헌구 선집』, 51면.

역할을 한 정인섭鄭寅燮은 이 무렵 일제 강점기 조선 유학생들이 가슴 속에 "민족 소생의 실질적 선구자가 되겠다"[3]는 원대한 포부를 품고 있었다고 밝혔다. 일본에서 유학하던 젊은 식민지 지식인들은 그 나름대로 민족의 앞날을 생각하면서 식민주의의 굴레에서 벗어나 새로운 시대를 맞이할 조국 광복의 날을 준비를 하고 있었던 것이다.

외국문학연구회의 발족

이렇게 시대적 소명을 첨예하게 깨닫고 있던 도쿄의 외국문학 전공 유학생들은 그들 나름대로 조국 해방과 민족 갱생의 선구자로서의 길을 모색하고 있었다. 그들은 하나같이 전공이 외국어나 외국문학인 만큼 정치나 경제 또는 사회 분야가 아닌 문학과 예술을 비롯한 문화 분야에서 그들의 역할을 모색하였다. 정인섭에 따르면 외국문학연구회 회원들은 "그들의 전공을 연구하여 한국문단의 새로운 거름이 되려고 노력했다"고 할 수 있다. 새로운 거름이 되는 방법에는 여러 가지가 있을 터지만 그들은 무엇보다도 "한국문학을 세계적인 국제적 수준에까지 높이려면 한국문학의 전통적 바탕에 만족하지 말고, 그와 동시에 세계 각국의 문학을 올바르게 수입시켜 일반에게 이것을 이해시켜야 한다"[4]고 생각하였다. 외국문학을 전공하던 그들로서는 자신들의 전공 영역 안에서 이러한 역할을 충실히 하는 것이 곧 조국 해방을 앞당기고 민족 소생의 실질적 선구자가 되는 길이었다.

이 무렵의 활동과 관련하여 외국문학연구회에서 정인섭과 더불어 핵

3 정인섭, 「나의 유학 시절」, 『못 다한 인생』, 휘문출판사, 1989, 55면.
4 위의 글, 57면.

심적인 역할을 한 이하윤異河潤은 "강의를 듣고, 책을 읽고 그리고는 잠을 자는 그런 단조로운 생활이었지만, 우리들에겐 원대한 포부와 부푸는 희망과 찬란한 꿈이 이었다"[5]고 회고한 적이 있다. 그러면서 이하윤은 이 무렵 그들이 "빈번히 회동하여 연구 발표와 합평좌담合評座談에 밤이 깊어가는 줄도 모르고 기염을 토吐하기 시작, 이른바 '외국문학연구회'가 발족하게 되었다"[6]고 밝혔다. 이렇게 한낱 동호인 모임으로 출발한 씨앗이 싹을 터 마침내 1925년 봄 외국문학연구회라는 한 떨기 식물로 태어나기에 이르렀다. 뒷날 이하윤이 회고하듯이 외국문학연회는 그야말로 "대학 문학부에서 영英·불佛·독獨·노어露語와 외국문학을 전공하는 동지들의 정열과 과단果斷의 결실"[7]이었다. 『해외문학』 제2호의 '집필 제씨 최근 소식' 난에는 "이하윤 씨는 한발을 불문학에 두고 또 한발을 영문학에 두어서 (…중략…) 장래 조선문학 건설에 감춤힘을 발휘할 줄 밋는다"[8]고 적혀 있다. 이 소식 난의 필자는 비단 이하윤 한 사람을 언급하고 있지만 실제로는 외국문학연구회에 속한 모든 회원에게 해당하는 말로 받아들여도 크게 틀리지 않다.

외국문학연구회를 결성하는 데는 와세다대학에서 영문학을 전공하

5 이하윤, 「나와 『해외문학』 시대」, 『이하윤 선집－평론·수필』, 한샘, 1982, 185면(이하 책 제목과 면수만 기재한다). 이 글은 본디 그가 「해외문학 시대의 문우들」이라는 제목으로 『소천 이헌구 선생 송수기념논총』, 소천 이헌구 선생 송수기념논총 편집위원회, 1970에 기고한 것이다.

6 이하윤, 「해외문학 시대의 문우들」, 『소천 이헌구 선생 송수기념논총』, 소천 이헌구 선생 송수기념논총 편찬위원회, 1970, 495~496면.

7 위의 글, 495면.

8 『해외문학』 2, 1927.7, 67면. '감춤힘'이 무엇을 뜻하는지 애매하다. 겉으로 드러내지 않고 속으로 감추는 힘, 즉 '저력'을 뜻하는 것 같지만 다른 어휘의 오자나 오식일 가능성도 없지 않다.

던 정인섭과 역시 같은 와세다대학에서 러시아문학을 전공하던 이선근李瑄根, 그리고 호세이대학에서 영문학과 불문학을 전공하던 이하윤 세 사람이 주축이 되었다. 이 세 사람이 도쿄에서 외국문학을 전공하던 유학생들을 골라 연구회에 가입하도록 종용하고 설득하였다. 일곱 명이 동의하자 그들은 마침내 연구회를 조직하고 창립하기에 이르렀다. 창립 회원으로는 위에 언급한 세 사람 말고도 호세이대학에서 독문학을 전공하던 김진섭金晉燮, 불문학을 전공하던 손우성孫宇聲이 참여하였고, 도쿄고등사범학교에서 영문학을 전공하던 김명엽金明燁, 그의 동생으로 도쿄외국어대학에서 러시아문학을 전공하던 김준엽金晙燁이 참여하였다.

이렇게 1925년 봄 외국문학연구회는 창립 회원 일곱 명으로 정식 출범하였다. 이 연구회는 한 달에 한 번씩 정기적으로 모임을 갖고 문학에 대하여 폭넓게 토론하고 좌담회를 열기로 하였다. 그런데 여기서 한 가지 주목해 볼 것은 외국문학연구회에는 일정한 회칙도, 회비 납부의 의무도, 임원의 선정 같은 것도 전혀 없었다는 점이다. 앞장에서 이미 언급한 한빛회처럼 이렇게 조직을 느슨하게 만든 것은 외형적인 형식보다는 실질적인 내용에 좀 더 무게를 싣기 위해서였을 것이다. 조직의 규정이 까다로우면 까다로울수록 파벌과 계파가 생기기 쉽고 부담을 느껴 잘 모이지 않기 때문이다. 다만 월례회 소집을 책임 맡을 간사를 한 사람 두기로 했을 뿐이고, 그 간사로는 이하윤과 정인섭이 교대로 맡았다. 또한 외국문학연구회는 일정한 주소를 둘 필요가 있어 '도쿄시외 가미오치아이上落合 884번지'로 정하였다. 뒷날 정인섭은 아마 이곳이 이하윤의 하숙집 주소였던 것 같다고 회고한 적이 있다.[9]

1930년 12월 연말을 맞아 경성에서 모인 외국문학연구회 회원. 왼쪽 앞줄부터 감상용, 정규창, 김온, 이선근, 유동석, 이하윤, 홍일오. 뒷줄 왼쪽부터 정인섭, 김한용, 김진섭, 이형우, 장기제.

외국문학연구회가 발족한 지 몇 달 뒤 창립 회원 일곱 명은 모임을 확대하고 활성화하기 위하여 좀 더 회원을 보강하기로 하였다. 그래서 기존 회원 3인 이상의 추천을 거쳐 ① 와세다대학 영문과의 김한용金翰容, ② 와세다대학 불문과의 이헌구, ③ 호세이대학 영문과의 장기제張起悌, ④ 호세이대학 철학과의 홍재범洪在範, ⑤ 호세이대학 러시아문학과의 이홍종李弘鍾, ⑥ 도쿄제국대학 일본어과 함일돈咸逸敦, ⑦ 와세다대학 영문과의 유석동柳錫東 등을 제2차 회원으로 영입하였다. 1927년 1월 외국문학연구회가 기관지 『해외문학』을 발간하면서 제3차로 영입한 회원은 ① 와세다대학 영문과의 정규창丁奎昶, ② 와세다대학 영문과의 이병호李

9 정인섭, 「나의 유학 시절」, 58면.

炳虎, ③ 와세다대학 영문과의 김광섭金珖燮, ④ 도쿄외국어대학의 러시아문학과의 함대훈咸大勳, ⑤ 도쿄외국어대학의 러시아문학과의 이홍진李洪鎭 등이다. 이밖에도 ① 도쿄제국대학 독문과의 서항석徐恒錫, ② 도쿄제국대학 독문과의 조희순曺希醇, ③ 릿쿄入教대학 영문과의 유치진柳致眞, ④ 도쿄제국대학 독문과의 김삼규金三奎, ⑤ 릿쿄대학 영문과의 김상용金尙鎔, ⑥ 아오야마靑山학원 영문과의 박용철朴龍喆, ⑦ 도쿄제국대학 일본문학과의 함병업咸秉業, ⑧ 와세다대학 독문과의 이동석李東碩, ⑨ 경성제국대학 영문과의 조용만趙容萬, ⑩ 중국 베이징 민궈대학民國大學 영문과의 정래동丁來東 등도 직접 또는 간접 외국문학연구회와 인연을 맺었다.

창립회원을 비롯하여 두 번째로 가입한 회원들은 회원 자격이 비교적 확실하지만 세 번째 영입한 회원들은 그 자격이 그다지 명확하지 않다. 또 세 번째로 영입을 시도한 회원부터는 정식 회원으로 가입은 하지 않았지만 외국문학연구회의 설립 취지에 적극적으로 동감하거나 뒷날 귀국한 뒤 극예술연구회 등에서 참여하여 활약한 사람들도 더러 있어 회원의 자격이나 성격이 상당히 유동적이었다. 그러므로 3차 영입 회원 중에는 정식 회원이라기보다는 차라리 '동반자' 회원으로 부를 만한 사람들이 적지 않았다. 『해외문학』 창간호를 출간할 무렵 외국문학연구회의 회원 수는 무려 스물대여섯 명이 넘는다. 이로써 외국문학연구회는 점차 동호인 모임의 성격에서 벗어나 이름 그대로 '연구회'의 성격을 띠게 되었다. 외국문학연구회 회원의 명단을 가입 순서에 따라 일목요연하게 표를 만들어 보면 다음과 같다.

창립 회원

정인섭(1905~1983) : 와세다대학 영문과. 경상남도 울주

이하윤(1906~1974) : 호세이대학 영문과 및 불문과. 강원도 이천

김진섭(1903~?) : 호세이대학 독문과. 전라남도 목포

손우성(1904~2006) : 호세이대학 불문과. 충청북도 청주

이선근(1905~1983) : 와세다대학 러시아과. 경기도 개성

김명엽(김석향, ?~?) : 도쿄고등사범학교대학 영문과

김준엽(김온, ?~?) : 도쿄외국어대학 러시아어과

제2차 가입 회원

정규창(?~?) : 와세다대학 영문과

이헌구(1905~1983) : 와세다대학 불문과. 함경북도 명천

홍재범(?~?) : 호세이대학 철학과. 경상남도 부산

김한용(?~?) : 와세다대학 영문과

장기제(?~?) : 호세이대학 영문과. 평안북도 의주

이홍종(이근세, ?~?) : 호세이대학 러시아문학

함일돈(1907~1949) : 도쿄제국대학 일본문학과

유석동(?~?) : 와세다대학 영문과

제3차 가입 회원

이병호(?~?) : 와세다대학 영문과

함대훈(1907~1949) : 도쿄외국어대학 러시아 문학. 황해도 송화

김광섭(1905~1977) : 와세다대학 영문과. 함경북도 경성

이홍진(?~?) : 도쿄외국어대학 노문학과. 경기도 개성

'동반자' 회원

함병업(?~?) : 도쿄제국대학 일본문학과

서항석(1900~1985) : 도쿄제국대학 독문과. 함경남도 홍원

조희순(1905~?) : 도쿄제국대학 독문과. 경상남도 김해

김삼규(1908~1989) : 도쿄제국대학 독문과. 전라남도 영암

유치진(1905~1974) : 릿쿄대학 영문과. 경상남도 통영

조용만(1909~1995) : 경성제국대학 영문과. 서울

정래동(1903~1985) : 중국 베이징 민궈대학 영문과. 전라남도 곡성

김상용(1902~1951) : 릿쿄대학 영문과. 경기도 연천

박용철(1904~1938) : 아오야마 학원 영문과. 전라남도 광산

이동석(이재원, 1887~1975) : 와세다대학 독문과. 경상남도 울산

최정우(1907~1968) : 도쿄제국대학 영문과. 강원도 철원

이형우 : (?~?) : 릿교대학 영문과

회원들의 나이 분포를 보면 줄잡아 1900년대 초엽에 태어난 사람들이 거의 대부분이다. 이하윤이 『해외문학』 시대를 회고하는 글에서 홍재범을 '노인 학생'이라고 부르고 있는 것으로 보아 아마 그의 나이가 가장 많은 듯하다. 학교 연배로 보면 홍재범은 김진섭보다 한 학년 아래고 손우성과는 같은 학년이었다. 이하윤에 따르면 이 무렵 홍재범은 도쿄의 조그마한 사찰의 뒷방에서 살면서 친구들을 불러 술을 마시며 문학 담론을 나누는 것을 즐겨하였다. 여러 정황으로 미루어보아 홍재범은 1900년 전후에 태어난 것 같다. 홍재범 다음으로는 김진섭이 다른 회원들보다 두서너 살 많았고, 그중 나이가 가장 어린 회원은 바로 이하

윤이었다. 그래서 궂은일은 이하윤과 그보다 한 살 위인 정인섭이 도맡아 하였다.

위 명단 중에서 '동반자' 회원이라고 한 것은 정인섭이 「해외문학파와 다방 카카듀」에서 그들을 '해외문학파의 동반자'라고 불렀기 때문이다.[10] 그들은 외국문학연구회의 정식 회원은 아니었지만 연구회의 취지에 동감하는 외국문학도였다. 일제 강점기에 비록 정식 카프의 맹원盟員은 아니었지만 프로문학을 동정적으로 이해하여 경향적인 이론과 작품을 발표한 유진오俞鎭五 · 이효석李孝錫 · 채만식蔡萬植 같은 작가들을 '동반자 작가'라고 부른 것과 비슷하다. 외국문학연구회의 동반자 중에서도 조용만과 정래동은 특별히 관심을 끈다. 그들은 다른 외국문학연구회 회원들과는 달리 일본 도쿄에서 공부하고 있던 유학생들이 아니었기 때문이다. 조용만은 경성제국대학 영문과에 다녔고, 정래동은 중국 베이징 민궈대학에서 영문학을 전공하면서 중국문학에 깊은 관심을 보였다.

여기서 잠깐 외국문학연구회에서 이하윤과 함께 가장 활발하게 활동한 정인섭과 이헌구의 관계를 살펴보는 것이 좋을 것 같다. 함경북도 명천 출신인 이헌구는 정인섭과 동갑이지만 와세다대학 2년 후배다. 정인섭은 영문학을 전공하고 이헌구는 불문학을 전공했지만 문학관은 서로 비슷하여 친밀한 관계를 유지하였다. 두 사람은 와세다대학 근처 쓰루초鶴町에 방을 얻어 오랫동안 같이 자취를 하여 더욱 더 친분이 두터워졌다. 한편 함경북도 경성 출신인 김광섭은 역시 정인섭 · 이헌구와 동갑

10 정인섭, 「해외문학파와 다방 카카듀」, 『이제는 하고 싶은 이야기』, 55면. 본디 '동반자 작가'란 공산주의 운동에 직접 참가하지는 않으면서도 그에 동조적인 경향의 작품을 쓰는 일군의 소비에트 작가들을 가리켰다. 러시아 혁명 후 소련에서 쓰이기 시작한 말로, 일리야 에렌부르크 · 레이니드 레오노프 · 이삭 바벨 등이 이러한 작가에 속한다.

이었지만 와세다대학 영문과를 정인섭보다는 3년, 이헌구보다는 1년 늦게 다녔다. 이 세 사람은 뒷날 외국문학연구회는 말할 것도 없고 색동회, 극예술연구회, 국제펜클럽 한국본부 등에서도 함께 활약하면서 친분 관계를 이어나갔다. 정인섭은 "우리 3인은 학년은 다르지만 나이는 꼭같은 동갑이어서 의형제같이 지냈다"[11]고 회고한 적이 있을 만큼 세 사람의 관계은 유독 돈독하였다.

외국문학연구회의 성격과 범주를 어떻게 규정 짓느냐에 따라 그 회원 수는 이보다 훨씬 더 많다고 할 수 있다. 외국문학연구회는 비단 외국문학 연구와 소개에 그치지 않고 원심적으로 활동을 계속 넓혀 나갔다. 그들의 활동을 좁게는 월례회 발표와 토론 그리고 『해외문학』 발행에 국한시키는 것이 보통이다. 그러나 좀 더 범위를 넓힌다면 회원들이 유학을 마치고 귀국한 뒤 벌인 다양한 활동까지 넣을 수 있다. 뒷장에서 자세히 다루겠지만 가령 극예술연구회도, 『시문학』과 『월간문예』, 『문학』을 중심으로 벌인 시문학파 운동도, 심지어 국제펜클럽대회 한국본부 결성까지도 넓은 의미에서는 외국문학연구회의 활동으로 간주할 수 있다. 그러므로 외국문학연구회의 활동은 유학 중 일본에서 벌인 활동과 유학을 마치고 귀국하여 조선에서 벌인 활동의 두 영역으로 크게 나누어 다루어야 할 것이다.

그런데 여기서 한 가지 주목해 볼 것은 외국문학연구회 회원 중에는 러시아문학 전공자가 유난히 많다는 점이다. 창립 회원인 이선근과 김온을 비롯하여 이홍종, 함대훈, 이홍진 등이 하나같이 러시아어나 러시

11 정인섭, 「詩神과 死神의 갈등」, 『이제는 하고 싶은 이야기』, 169면.

아문학을 전공하였다. 지금은 미국이나 서유럽 국가들이 문학과 문화의 메카처럼 받아들여지고 있지만 20세기 초엽만 하여도 러시아가 그 역할을 맡았다. 이 무렵 흔히 시베리아로 표상되는 러시아는 조선 지식인에게 마음을 쉬게 하는 고향이요 꿈을 실현시키고 싶은 이상향이었다. 예를 들어 표트르 대제를 흠모한 최남선이 그러하였고, 레프 톨스토이를 숭배한 이광수가 그러하였다. 김진영은 『시베리아의 향수』에서 "근대 조선의 '러시아 드림'은 실재하는 꿈이었던 셈인데, 애초 그 꿈을 싹 틔운 토양이 바로 러시아문학이었다. (…중략…) 시베리아로 대표된 러시아는 진입이 수월한 이국땅이었을 뿐 아니라 문학을 통해 익히 친숙해진 선험의 공간이었다"[12]고 밝힌다.

또한 최남선과 이광수한테서 볼 수 있듯이 조선 지식인들의 러시아에 대한 관심은 러시아문학과 문화가 일본에서 큰 인기를 끌고 있었다는 사실과도 깊이 연관되어 있다. 개화기부터 일제 강점기에 이르기까지 서양 문물을 직접 받아들이는 데 한계가 있던 이 무렵 조선 지식인들은 일본을 통하여 러시아를 만날 수밖에 없었다. 메이지 시대에 이미 러시아를 주목하기 시작한 일본에서는 유신 직후 도쿄와 홋카이도 하코다테函館에 러시아어를 가르치는 관립 외국어학교를 설립하기에 이르렀고, 그 뒤 다른 외국어와 함께 러시아를 전공하는 도쿄 외국어학교를 설립하였다. 그 뒤 와세다대학에 러시아문학과가 창설되면서 러시아에 대한 관심은 어학의 범위를 뛰어넘어 좀 더 문학과 문화로 옮겨가기 시작하였다. 나는 『번역과 한국의 근대』에서 한국의 근대가 리디아 H. 류가 말

12 김진영, 『시베리아의 향수—근대 한국과 러시아문학, 1896~1946』, 이숲, 2017, 7면.

하는 '번역된 근대'가 아니라 일본어 번역을 통한 '중역된 근대'라는 사실을 지적한 적이 있다.[13] 러시아문학에 대한 관심도 처음에는 일본 번역을 통한 간접 수입 방식이었지만 조선인 유학생 중에 러시아문학 전공자가 계속 늘어나면서 점차 원문에서 직접 한국어로 번역하기에 이르렀다.

이은송, 양주동, 진학문

외국문학연구회의 정식 회원은 아니었지만 『해외문학』의 발행인 겸 편집인이었던 이은송도 넓은 의미에서는 연구회의 회원으로 간주해야 한다. 서울에 체류하고 있었기 때문에 비록 도쿄에서 열린 토론회나 좌담회 같은 모임에는 참석하지 못했지만 외국문학에 관심이 많은 그는 『해외문학』 창간호에 러시아 작가 바실리 예로센코의 단편소설을 번역하여 소개하였다. 이은송에 관해서는 이하윤처럼 강원도 이천 출신이라는 사실과 러시아문학에 관심이 있다는 사실밖에는 지금까지 별로 알려진 것이 없다. 처음에는 문학에 뜻을 두었지만 1927년 여름 아나키즘 운동에서 활약하면서 관심이 점차 문학보다는 정치 쪽으로 옮겨간 듯하다. 『해외문학』이 간행되는 데 주도적 역할을 한 이은송에 관해서는 뒤에 가서 좀 더 자세히 다룰 것이다.

와세다대학에서 불문학과 영문학을 전공하며 외국문학과 한국문학 모두에 관심이 많던 양주동이 외국문학연구회에 가담하지 않은 것이 조금 의외라면 의외다. 여러 정황으로 미루어보아 그는 이 모임에 가장 적

13 김욱동, 『번역과 한국의 근대』, 소명출판, 2010, 54~66면.

합한 인물 중의 한 사람이기 때문이다. 이 무렵 양주동의 활동은 여러모로 외국문학연구회의 활동과 아주 비슷하였다. 1932년 1월 1일 『조선일보』에 기고한 「해외문학과 조선에 잇서서 해외문학인의 임무와 장래」라는 글에서 이헌구는 양주동의 업적을 인정하면서도 한낱 낭만적인 개인행동에 지나지 않았다고 지적하였다.

> 양주동(梁柱東) 군이 『금성』 잡지를 통해서 외국 시인 또는 문학을 전공적으로 체계적으로 섭렵하지 않고는 위대한 창작가가 될 수 없다는 다소 독단적 — 그는 조선 문단인의 해외문학을 경시 또는 등한해 가지고 대가로 하는 데 대한 반항이었다 — 용감을 보여주었으나 그 역시 하등 구체적 중심을 가진 집단적 행동이 아니고 개인적 낭만적 일개 화화(火花)에 불과한 감(感)이 있어 곧 명멸하고 말았다.[14]

이헌구는 양주동의 활동이 외국문학이 한국문단에 '수입'되거나 소개되는 단계에서 제2시기에 속한다고 지적하였다. 제2시기란 외국문학연구회가 창립되기 바로 앞 단계에 해당한다. 바로 앞뒤 시기에 속하는 만큼 양주동은 외국문학연구회와 어떤 식으로든지 서로 관련을 맺지 않을 수 없었다. 물론 양주동은 외국문학연구회의 정식 회원은 아니었지만 이 모임에 몇 차례 참석하였고, 이 모임을 그다지 탐탐하게 여기지 않은 것 같다. 양주동은 『문주반생기文酒半生記』에서 외국문학연구회와 그 회원들에 대하여 이렇게 언급하였다.

14 이헌구, 「해외문학과 조선에 있어서 해외문학인의 임무와 장래」, 『이헌구 선집』, 42~43면.

『해외문학』 몇몇 동인들과 당시 재도쿄(在東京) 각 대학의 문학 동호 제군(諸君)들이 무슨 문학연구회인가를 조직하여, 한 달에 한 번씩 어느 회원의 하숙에 모여 술잔을 나누면서 외국문학을 담론하고 국내에서 발표되는 작품들을 합평한 일이 있었다. 나도 도향 나빈(稻香 羅彬)과 함께 거기 몇 번 참석하였는데, 술은 흠뻑 그들과 함께 취하였으나, 내가 하도 선배연・초연하는 서슬에 좌중의 분위기가 피차에 그리 어울리지 않았다.[15]

이 모임에 참석한 양주동은 한번은 연구회 회원들로부터 이 무렵 조선에서 발표한 시 작품에 대한 월평을 해 달라는 부탁을 받았다. 그러자 마침 『개벽開闢』에 실린 이상화李相和의 「빼앗긴 들에도 봄은 오는가?」와 또 다른 작품 한 편을 낭송한 뒤 "이 달의 시로는 이 두 편뿐, 다른 것은 볼 것도 없다"고 잘라 말하였다. 그러면서 그 자리에 모인 회원이 발표한 작품에 대해서는 일언반구의 언급도 하지 않았다. 뒷날 양주동은 "좌중座中이 나의 방약무인傍若無人하고 오연傲然한 태도와 신진新進을 너무나 무시하는 듯한 '편견'에 모두 무연해하던 것을 기억한다"[16]고 회고한 적이 있다. 위 인용문에서 볼 수 있듯이 양주동은 논지는 말할 것도 없고 어조에서도 외국문학연구회와 회원들을 적잖이 무시하는 듯한 태도를 취하였다. 그는 자기 자신과 나도향 두 사람만을 문학의 '대가'로 생각하는 한편, 외국문학연구회 회원들을 한낱 '풋내기 후배'로 간주했을 뿐이다.

이렇게 양주동이 대가처럼 행동한 것은 아마 그의 나이보다는 업적

15 양주동, 『양주동전집』 4, 동국대 출판부, 1998, 106면.
16 위의 책.

때문이었을 것이다. 나이로 보자면 1903년에 태어난 양주동은 김진섭과는 동갑으로 손우성보다는 한 살 많았으며 외국문학연구회의 다른 회원들보다 겨우 두세 살 더 많았을 뿐이다. 그러나 양주동은 이미 1919년에 염상섭廉想燮과 함께 『문예공론』을 발간하여 문학 평론을 발표하였고, 1923년에는 동인지 『금성』을 발간하여 시인과 평론가 그리고 번역가로서의 입지를 굳혔다. 이러한 상황에서 양주동이 외국문학연구회에 참여하여 '풋내기' 회원들과 활동을 같이하기란 조금 어려웠을 것이다.

양주동과 함께 외국문학연구회 회원이 될 법한데도 되지 않은 조선인 유학생이 또 사람이 있었다. 조선 최초의 러시아문학도라고 할 진학문이 바로 그 사람이다. 그는 와세다대학 예과를 거쳐 도쿄외국어대학 전수과 과정에서 러시아어와 러시아문학을 전공하였다. 그는 일찍이 1914년에서 1916년 사이 조선유학생 학우회 잡지 『학지광』에 러시아문학 작품을 무려 여섯 편이나 번역하여 발표한 것을 보면 이 무렵 번역에 꽤 깊은 관심을 기울이고 있었음을 알 수 있다. 진학문은 일찍이 표도르 도스토옙스키, 이반 투르게네프, 막심 고리키에 심취해 있었다. 그래서 모스크바에 유학하려는 생각으로 블라디보스토크에 갔지만 그곳에서 이시영李始榮을 만난 뒤 그의 만류로 러시아문학의 꿈을 접고 언론인과 관료로서의 길을 걸었다.[17] 더구나 진학문은 1894년 생으로 외국문학연구회의 다른 회원들과 같이 어울리기에는 나이가 조금 많을지도 모른다. 회원 중 나이가 제일 많은 김진섭보다 무려 아홉 살이나 많기 때문

17 진학문, 「나의 문화사적 교류기」, 『순성 진학문 추모문집』, 순성추모문집발간위원회, 1975, 72~83면; 최승만, 「순성 진학문 형을 추모함」, 『순성 진학문 추모문집』, 순성추모문집발간위원회, 1975, 28~31면; 김진영, 「일본 유학생과 러시아문학—조선의 1세대 노문학도를 찾아서」, 『러시아 연구』 25-1, 서울대 러시아연구소, 2015, 8~14면.

이다. 한편 같은 대학에서 러시아문학을 전공한 김온, 이홍종, 함대훈은 진학문과는 달리 외국문학연구회에서 크게 활약하였다.

외국문학연구회와 해외문학파

여기서 '외국문학연구회'와 '해외문학파'라는 용어의 차이점을 짚고 넘어가는 것이 좋을 것 같다. 외국문학연구회를 흔히 '해외문학파'라고 부르지만 두 명칭은 엄밀한 의미에서 서로 구별하여 사용하는 것이 옳다. '해외문학파'라는 호칭은 본디 카프, 즉 '조선프롤레타리아예술가동맹'에 속한 문학인들이 이 연구회를 짐짓 경멸하여 부르기 시작하면서 널리 사용되기 시작하였다. 이 점과 관련하여 이헌구는 일찍이 『조선일보』에 기고한 「해외문학과 조선에 잇서서 해외문학인의 임무와 장래」에서 "세칭 해외문학파와 외국문학연구회를 혼동시하는 이가 많으나 요컨대 해외문학파란 말은 외국문학을 전공한 사람을 가리키는 것이요 결코 외국문학연구회 동인을 지칭함은 아닐 것이다"[18]라고 못 박아 말하였다.

이렇게 '해외문학파'라는 명칭을 못마땅하게 생각하는 것은 이헌구 못지않게 이하윤도 마찬가지였다. 이하윤도 "'해외문학파'니 '해외문학인'이니 하는 어색하고 마땅치 않은 이름으로 신문사와 좌・우에서 호칭한 것인데 지금도 '해외문학연구회' '해외문학파' 운운하는 따위의 사가史家와 평객評客이 있음을 나는 자못 유감스럽게 여기는 터이다"[19]라고 밝혔다. 그러면서 그는 "문단의 유파流派는 그 작인作人의 작품 행동에

18 이헌구, 「해외문학과 조선에 있어서 해외문학인의 임무와 장래」, 『이헌구 선집』, 44면.
19 이하윤, 「나와 『해외문학』 시대」, 『이하윤 선집-평론・수필』, 185면.

따라 논의할 문제이니 오늘날까지 이 잡지의 외형적 명칭을 따서 잘못 명명된 이 일파를 문단 중간에 엄연히 존립시켜 놓고 경원함에 그칠 필요가 어디 있는가"[20]라고 반문하였다. 이하윤은 1925년이나 1926년에 도쿄에서 외국문학을 전공하던 유학생이 결성한 단체는 '외국문학연구회'라고 불러야 마땅하고, 외국문학을 연구하는 일반 사람들은 '해외문학파'라고 불러야 마땅하다고 지적하였다. 다시 말해서 전자는 특정 집단을 가리키는 고유명사인 반면, 후자는 외국문학 전공자를 두루 일컫는 보통명사라는 것이다.

외국문학연구회가 이렇게 '해외문학회'니 '해외문학파'니 하고 잘못 알려진 데는 좌파 문학과 신문과 잡지 같은 매스 미디어 쪽의 책임이 크지만, 그렇다고 외국문학연구회도 그 책임의 일부를 피할 수는 없다. 『해외문학』 창간호 표지 맨 아래쪽에 이 잡지를 편집한 장소로 '東京'을 표기한 뒤 그 밑에 '海外文學硏究會編'라고 표기해 놓았기 때문이다. 그런데 '해외문학연구회'라는 표현은 실수로 '외국문학연구회'를 잘못 표기한 것이다. 정인섭은 "잡지 이름이 『해외문학』이기 때문이었는지 표지를 만드는 김온이 착각을 일으켜 '해외문학연구회편'이라고 한 것은 잘못된 것이다"[21]라고 지적한 적이 있다. 외국문학연구회 창립 때부터 참여한 김온은 미술에 관심이 많아 창간호의 표지와 장정 책임을 맡았다. 김온은 잡지의 표지와 장정에 신경을 쓰다 보니 연구회의 명칭을 소홀이 했던 것 같다. 그러나 이러한 사정을 잘 알지 못하는 좌파 문학인들이나 평론가들 그리고 언론사에서는 잡지 표지에 표기된 명칭에 따라

20 이하윤, 「세계문학과 조선의 번역문학」, 『이하윤 선집—평론・수필』, 79면.
21 정인섭, 「나의 유학 시절」, 68면.

'해외문학연구회'로 표기하기 시작하였다. 물론 제2호에서는 '해외문학연구회' 대신 '외국문학연구회'로 바로잡아 표기하였다.

외국문학연구회라는 명칭 못지않게 '외국문학'의 범주를 어떻게 규정지을 것인가 하는 문제도 과제로 남는다. 『해외문학』에 실린 작품을 기준으로 삼는다면 '외국문학'이란 서유럽과 미국의 문학 작품을 말한다. 그것도 19세기 중엽에서 20세기 초엽의 작품에 국한되어 있다. 적어도 이렇게 서유럽과 미국의 작품에 한정되어 있다는 점에서는 유럽중심주의의 틀에 갇혀 있다는 비판을 면하기 어렵다. 가령 동유럽이나 라틴아메리카의 작품은 제외되어 있기 때문이다. 더구나 한국 연구가들에게는 중국문학이나 일본문학 같은 동아시아 문학을 비롯한 아시아 문학도 외국문학임에는 틀림없다. 그래서 외국문학연구회 회원들이 이 문제를 두고 고심한 흔적이 보인다.

> 외국문학연구회의 주창(主唱)은 세계 각국의 문학을 다 망라하려고 했기 때문에 각국 어학의 분야를 생각 아니 할 수가 없었다. 그래서 그때까지 영(英)·불(佛)·독(獨)·노(露)까지는 전문가를 망라했으되, 중국문학은 정래동(丁來東)에게 교섭하기로 하고, 그동안 문제시하지 않던 일본문학의 분야를 가입시키느냐 하는 데는 동인(同人)들 가운데 의견이 서로 엇갈려 있었다. 그 시절은 한국 민족이 일본 정치하에 압박을 받고 있었고, 또 일본어를 모든 교육에서 강요당했을 뿐만 아니라 지식인이나 문단인이 일본 말과 글에 능했다.
>
> 그러니 그 분야를 새삼스럽게 가담시킬 필요가 없다는 것이 지배적이었다. 그러나 나중에는 그들의 의견이 좀 달라져서 그럴수록 일본문학은 철저

히 연구할 필요가 있다는 것을 깨닫고, 동경제국대학교에서 일본문학을 전공하던 함일돈(咸逸頓)을 권유해서 동인으로 가담시켰다.[22]

위 인용문에서 정인섭이 말하는 정래동은 1918년에 일본 메이지明治학원 중학에 입학하였고, 1923년에 도쿄의 다이세이大成중학교를 졸업한 뒤 1924년에 중국으로 건너갔다. 베이징의 민궈대학 영문과에 입학한 그는 영문학을 배우면서도 개인적으로는 중국문학에 깊은 관심을 갖기 시작하였다. 이 무렵 중국에는 백화문학白話文學 운동이 일어나고 있었고, 정래동은 『흑암黑暗 중의 홍광紅光』의 작가 상페이량向培良한테서 백화문학을 배웠다. 이것이 계기가 되어 뒷날 그는 상페이량의 작품을 한국에 처음으로 번역하여 소개하기도 하였다. 1920년대 중국문학의 현대문학을 섭렵한 사람은 아마 정래동이 유일하기 때문에 외국문학연구회에서 그를 중국문학 쪽 회원으로 영입하기로 한 것이다. 그러나 이 무렵 중국에 체류하고 있던 정래동은 외국문학연구회에 토론회에 참석할 수 없었고, 『해외문학』에 한 편의 글도 싣지 않았다. 다만 이 잡지에 이 무렵 중국 문단의 대표적 시인인 후쓰胡適의 작품이 소개되어 있는 것으로 보아 정래동은 후쓰의 작품을 소개해 주었을 가능성이 크다. 1917년 후스는 잡지 『신청년新青年』에 「문학개량추의文學改良芻議」라는 글을 발표하여 난해한 문어 문학을 배격하고 대신 구어문에 기초한 백화문학을 제창하였다. 정래동이 후스에 이어 백화문학 운동을 발전시킨 루쉰魯迅의 작품을 소개하지 않은 것이 아쉽다고 할 수 있다.

22 위의 글, 59면.

한편 함일돈은 정인섭의 언급대로 도쿄제국대학에서 조선인 유학생으로는 보기 드물게 일본문학을 전공하였다. 본디 함일돈은 미국 정치사상과 문학에 관심이 깊어 이름조차 '하밀톤', 즉 '해밀턴Hamilton'으로 바꿀 정도였다. 두말할 나위 없이 앨릭샌더 해밀턴은 18세기 미국에서 활약한 법률가이자 정치인, 정치사상가로 '미국 건국의 아버지' 중 한 명으로 꼽히는 사람이다. 조선의 구비문학과 비교언어학에도 조예가 깊은 함일돈은 『해외문학』 제2호에 「메이지문학明治文學의 사적史的 고찰」이라는 논문을 발표하여 외국문학연구회의 회원으로서 활약하였다. 유학을 마치고 귀국한 뒤 그는 뒷날 평론가로 활약하였다.

외국문학연구회 회원과 관련한 문제 가운데 또 한 가지 주목해야 할 것은 여성 회원이 완전히 배제되어 있다는 점이다. 물론 이 무렵 일본에 유학한 조선인 여성들은 남성들에 비하여 그 수가 훨씬 적었다. 얼마 안 되는 여성 유학생들은 외국문학을 전공하기보다는 교사가 되려고 도쿄를 비롯한 나라奈良, 히로시마廣島 등에 있는 고등사범학교에서 공부하고 있었다. 또 여성 유학생들 중에는 미술이나 음악 같은 예술 분야나 의학을 전공하는 학생들이 많았다. 이 무렵 도쿄에서 유학하던 여학생들로는 한빛회에서 활약한 메이지대학 정치경제학과의 박준섭朴俊燮과 결혼하여 뒷날 덕성여자대학 초대 학장을 지낸 송금선宋今璇, 적십자사에서 활약하다 최두선崔斗善과 결혼한 김순영金順英, 수필가로 활약하는 조경희趙慶熙 등이 있었을 뿐이다. 도쿄여자사범학교에서 공부한 그들은 다른 5명과 함께 자신들을 '팔선녀'라고 부르며 긴밀한 관계를 유지하였다. 비록 이 점을 고려한다고 하여도 스물다섯이 넘는 회원 중에 여성이 단 한 사람도 없다는 것은 자못 의외라고 아니 할 수 없다. 1917년부터 1921

년에 걸쳐 도쿄여자유학생 친목회에서는 『여성계』라는 잡지를 출간하였고, 이 잡지는 외국문학 작품을 번역하여 실었다. 사정이 이러하다면 적어도 여성 회원이 몇 명쯤은 있어서야 할 것이다. 그렇지 않고서는 외국문학연구회는 가부장적인 남성주의의 늪에서 크게 벗어나지 못했다고 하여도 그다지 틀리지 않을 것이다.

그런가 하면 외국문학연구회에는 도쿄제국대학에서 공부하던 유학생들이 거의 참여하지 않았다는 점도 눈길을 끌기에 충분하다. 물론 방금 언급했듯이 함일돈이 이 대학에 유학하고 있었지만 그는 어디까지나 창립 회원이 아니라 2차로 영입된 회원이었다. 또한 '동반자' 회원 중에는 함일돈처럼 일본문학을 전공하는 함병업을 비롯하여 독문학을 전공하던 서항석과 조희순과 김삼규, 그리고 영문학을 전공하던 최정우가 있었다. 그러나 그들은 창립 회원이나 2차로 영입된 회원들처럼 외국문학연구회에 직접 관여하지는 않았다. 손우성이나 정인섭과 거의 나이가 같은 이양하李敭河나 권중휘權重輝 등도 이 무렵 도쿄제국대학에서 영문학을 전공하고 있었지만 외국문학연구회와는 이렇다 할 관련이 없었다. 그렇다면 그러한 이유를 어디에서 찾을 수 있을까? 첫째, 지금도 크게 다르지 않지만 1920년대에 도쿄제국대학은 "제국 아카데미즘의 중추였으며 지식-권력의 최정점에 있는 제도"[23]였다. 이러한 제도와 학풍에서 공부하던 유학생들은 엘리트 의식에 사로잡혀 있어 외국문학 연구 같은 활동에 이렇다 할 관심을 두지 않았을지도 모른다. 둘째, 제국대학의 유학생들은 사립대학에 재학 중인 학생들과 비교하여 교외 활동에서

23 정종현, 「동경제국대학의 조선유학생 연구」, 『한국학연구』 42, 인하대 한국학연구소, 2016, 454면.

직접 또는 간접 제한을 받았을 가능성도 상정해 볼 수 있다. 셋째, 와세다대학과 호세이대학이 비교적 가까운 거리에 인접해 있던 반면, 도쿄제국대학은 지리적으로 조금 떨어져 있었다는 것도 한 이유가 될 수 있을 것이다.[24]

1920년대 중엽과 외국문학연구회

외국문학연구회가 창립된 1925년 말과 1926년 초는 조선 사회에서나 일본 사회에서 역사적으로 자못 중요한 시기였다. 『해외문학』 지 발간을 준비하던 이 시기와 관련하여 이헌구는 "1926년이라는 시대는 조선朝鮮 사회사상사社會思想史가[나] 문예사상사상文藝思想史上에 가장 중대한 '모멘트'였다"[25]고 밝힌다. 그는 이 무렵 조선 사회가 '사상적 전환기'를 맞고 있었기 때문에 외국문학연구회와 『해외문학』이 이 무렵의 시대적 소명과 깊이 연관되어 있었다고 지적하였다. 문학으로 범위를 좁혀보면 국민주의 문학과 사회주의 문학의 대두를 들 수 있다.

> 이때까지 『창조』나 『백조』나 『조선문단』 지(誌) 등을 통해서 다소 문예상 이론으로 낭만파, 자연주의적 사실파 또는 상징적・악마적・탐미적 회의파의 정립(鼎立)은 있었을지언정 그들은 한 울타리 안에서 사이좋게 제 살림살이를 해 왔었다. 서로 담 너머로 이야기도 했고 서로 구차한 살림을 도와주기도 하여 왔으나 1924년 이후 1925년을 비롯하여 계급적 전위문학(前

24 이 무렵 도쿄제국대학은 도쿄 도쿄 분쿄구(文京区) 혼고(本郷)에 위치해 있는 반면, 와세다대학과 호세이대학은 각각 신주쿠구(新宿区) 니시와세다(西早稲田)와 지요다구(千代田区) 이치가야(市ヶ谷)에 위치해 있었다.

25 이헌구, 「海外文學 창간호 전후」, 『문화와 자유』, 청춘사, 1958, 49면.

衛文學)이라는 새로운 기치(旗幟)가 한집안에서 불쑥 힘차게 솟아나왔다. 다소 방관적 미소로 맞이하던 그 세력이 점차 팽대(膨大)하였다. 그리하여 드디어 국민주의 문학이라는 것과 사회주의 문학이라는 것이 서로 다른[다른] 진영 속에서 서로의 세력을 부식(扶植)하랴 하였다.[26]

이헌구가 지적하듯이 외국문학연구회의 발족과 『해외문학』의 출간은 다분히 시대적 요청에 부응하기 위한 것이었다. 단순히 딜레탕트적으로 외국문학을 좋아하는 유학생들이 모인 동호인적인 친목 단체 이상의 큰 의미가 있었다. 이 무렵 조선 반도에서 전개되고 있는 문예운동에 대한 대응이요 반작용이라고 할 수 있다. 젊은 외국문학도들은 문학과 예술을 둘러싼 두 축, 즉 국민주의 문학과 사회주의 문학이 서로 대립하는 상황에서 그 대안을 찾기 위하여 외국문학연구회를 발족하였다. 소명의식을 품고 외국문학을 전공하는 젊은 학도로서 이헌구의 말대로 그저 '방관적 미소'를 짓고 사태를 가만히 지켜볼 수만은 없었다. 이 문제는 뒷장에 가서 좀 더 상세히 다루게 될 것이다.

외국문학연구회와 관련하여 1920년대 중엽이라는 시대적 상황뿐만 아니라 도쿄라는 공간도 무척 중요한 의미를 지닌다. 이 무렵 도쿄는 단순히 지리적 공간의 의미를 뛰어넘어 서구 사상을 수입하여 동아시아 여러 나라에 전달하는 가교의 역할을 맡고 있었다. 말하자면 동아시아에서 지적·사상적 교두보와 크게 다름없었다. 그러므로 도쿄는 일본문학의 중심지일 뿐만 아니라 더 나아가 조선문학과 중국문학에서도 큰 영향을 끼쳤다.

26 위의 글, 49면.

이헌구가 이 무렵의 도쿄를 "조선문학의 제2 산모요 온상"이라고 부른 까닭을 알 수 있다.[27] 그의 지적대로 도쿄는 조선문학이라는 자식을 낳는 두 번째 어머니요, 조선문학이라는 식물이 자랄 수 있게 해 주는 온상 같은 구실을 하였다. 한마디로 외국문학연구회와 『해외문학』은 1920년대 중엽이라는 시간의 씨줄과 도쿄라는 공간의 날줄로 짜인 직물과 같았던 것이다.

외국문학연구회와 신흥문학연구회

어느 조직이나 단체가 세력을 얻으면 그 내부에서 반드시 그에 대한 반작용이나 반동이 나타나게 마련이다. 이 점에서는 외국문학연구회도 예외가 아닌 듯하다. 외국문학연구회 회원의 출신과 취향 그리고 성격이 다양한 만큼 그들 사이에서 연구회의 목적이나 지향점을 두고 얼마든지 서로 의견을 달리할 수 있었다. 특히 문학처럼 어떤 중심이나 권위를 싫어하는 영역에서는 더더욱 그러할 수밖에 없을 것이다. 그동안 외국문학연구회에서 주도적인 역할을 하던 회원들은 1928년과 1929년에 걸쳐 거의 대부분 도쿄에서 학업을 마치고 잇달아 귀국하였다.

이제 도쿄에는 이헌구를 비롯하여 이홍종, 김삼규, 함대훈, 이동석 등 겨우 몇 명밖에는 남아 있지 않았다. 지금 남아 있는 회원마저도 한두 해 뒤면 귀국할 사람들이었다. 그런데 이헌구에 따르면 이 무렵 도쿄에 남아 있는 회원들을 중심으로 외국문학연구회와는 조금 성격이 다른 '신흥문학연구회'라는 새로운 연구회 설립을 모색하고 있었다.

27 위의 글, 50면.

그런데 동경에 잔류된 1929년대의 세칭(世稱) 해외문학파 멤버들은 외국문학연구회의 종래의 행동 조류(潮流)에 대하여 하나의 발전적 비판을 갖는 일면 우리들끼리 새로운 문학 서클을 갖기로 했다. 1929년 5월이라고 기억되며, 회(會)의 명칭도 '신흥문학연구회'라고 고치고 서울에 있는 귀국 멤버들에게도 이 뜻을 전달하였다.

새로운 멤버로 김광섭 등 수인(數人)이 이에 가담했다. 우리들은 정례적인 회합을 각 동인(同人) 숙소로 순례하며 가져왔다. 새로운 예술론의 독서회와 또는 현실적인 문학 활동에 대한 종합 비판회도 가졌다. 그러나 회(會)를 거듭하는 중 우리들 자신은 하나의 딜레마에 빠져 버리고 말았다.[28]

적어도 운영 방식에서 보면 신흥문학연구회는 외국문학연구회와 크게 다르지 않았다. 새로운 회원으로 수혈을 받았을 뿐 기존 연구회처럼 돌아가면서 회원들의 숙소에서 정례적인 모임을 가졌다. 이러한 정례적 모임에서는 외국문학연구회처럼 새로운 예술론을 함께 읽고 현실적인 문학 활동을 두고 종합적으로 비판회를 가졌다. 다만 외국문학연구회와 차이가 있다면 신흥문학연구회에서는 『해외문학』 같은 기관지를 발간하지 않았다는 점이다. 두말할 나위 없이 그들로서는 잡지를 발간할 인적 자원이나 재정적 능력이 없었기 때문이다.

1919년 기미독립운동이 외국문학연구회의 창립 회원들에게 큰 영향을 끼쳤다면, 1929년 11월 광주학생 사건은 아직 도쿄에 남아 있던 회원들에게 엄청난 영향을 끼쳤다. 이 사건은 그해 12월 초엽이 되어서야

28 이헌구, 「산주편편」, 『이헌구 선집』, 430면.

비로소 도쿄 유학생들에 알려졌다. 이헌구는 이 사건과 관련하여 "동경 유학생들에게 커다란 충격을 주어 삼엄한 일제의 내선계內鮮係 형사들의 혈안된 경계 속에서도 학생들의 움직임은 초조하게 서둘러졌다"[29]고 회고하였다. 마침내 이해 12월 24일 밤 일본 내무성 습격이라는 어마어마한 거짓 혐의로 이헌구를 포함한 조선인 유학생 200여 명이 검거되었다. 재정적인 문제도 문제였지만 이러한 긴박한 상황에서 도쿄 유학생들이 잡지를 간행한다는 것은 불가능할 것이다.

신흥문학연구회와 관련하여 한 가지 눈여겨볼 것은 이 무렵 도쿄에는 외국문학연구회의 창립 회원들이 단 한 사람도 남아 있지 않다는 점이다. 도쿄에는 이 연구회를 창립한 선배 유학생들은 거의 모두 귀국하고 아직 학업을 마치지 못한 후배 유학생들만이 남아 있었다. 후배 유학생들은 주로 두 번째 영입 단계나 세 번째 영입 단계 때 들어온 회원들이 대부분이었다. 그들은 선배 회원들의 창립 목표나 지향점을 좀 더 비판적으로 바라볼 수 있었다. 이헌구가 위 인용문에서 "하나의 발전적 비판"이라고 말하는 까닭이 바로 여기에 있다. 그들이 속해 있는 외국문학연구회를 비판하되 단순히 비판을 위한 비판이 아니라 어디까지나 외국문학연구회를 질적으로 향상시킬 건설적인 비판이라는 뜻이다.

그렇다면 1929년 시점에서 외국문학연구회 회원들이 발전적 비판의 대상으로 삼고 있는 "외국문학연구회의 종래의 행동 조류"란 과연 무엇일까? 다시 말해서 1925년에서 1926년에 걸쳐 창립 회원들이 처음 지향하던 연구회의 행동 방침은 무엇이었는가? 이헌구를 비롯한 회원들

29 위의 책, 431면.

은 이 질문에 명확히 답하지 않고 있다. 그러나 「미명未明을 가는 길손」이라는 글에서 이헌구는 "나 자신 당시 해외문학파의 문학적 성분에 대하여 일종의 불만과 반발도 갖고 있었던 것이다. 즉 일부 멤버의 지나친 자존망대自尊妄大와 때로는 언어유희로 자기를 호도糊塗하려는 태도에는 불만이 있어서 그러한 글을 썼던 것이다"[30]라고 밝혔다. 이 문장에서 신흥문학연구회의 '불만과 반발'의 실마리를 찾을 수 있다. 여기서 이헌구가 말하는 '그러한 글'이란 뒷날 그가 『조선일보』에 기고한 「해외문학과 조선에 잇서서 해외문학인의 임무와 장래」라는 글을 가리킨다. 이 글에서 그는 그러한 불만과 반발을 좀 더 자세하게 피력하였다.

이헌구는 일부 외국문학연구회 창립 회원들의 '자존망대'와 '언어유희'에 불만을 품고 있었다고 언급하였다. '자존망대'란 앞뒤를 가리지 않고 또는 아무런 생각도 없이 함부로 잘난 체하는 것을 말한다. 앞에서 이미 밝혔듯이 외국문학연구회를 결성할 때 회원들의 나이는 겨우 스무 살을 갓 넘기고 있었다. 홍재범이 아마 스물너댓 살이고 김진섭이 스물두세 살로 그중 나이가 가장 많은 편에 속했고, 제일 나이가 어린 이하윤은 겨우 열아홉, 정인섭은 스물 살밖에 되지 않았다. 20대 초반의 식민지 지식인들로서 지적으로 조숙하기도 했지만 다른 한편으로는 치기어린 언행도 서슴지 않았을 것이다. 일부 회원들의 이러한 행동이 성격이 과묵하고 진중한 이헌구의 마음에 들지 않았을 수도 있다.

한편 이헌구는 외국문학연구회 몇몇 회원들의 언어유희를 문제 삼기도 하였다. 여기서 굳이 러시아 형식주의 이론을 거론하지 않는다고 하

30 위의 책, 436면.

여도 문학이란 일상생활에서 사용하는 언어를 규범에서 일탈하여 특수하게 사용하는 분야다. 이 운동을 이끈 이론가 중 하나인 로만 야콥슨의 표현을 빌린다면 문학이란 '일상어에 가한 조직 폭력'에 지나지 않는다.[31] 다시 말해서 일상어를 비틀고 왜곡하여 사용하는 것이 곧 문학어라고 할 수 있다. 외국문학을 전공하는 젊은 학도로서 언어의 유희, 즉 말장난에 관심을 느끼는 것은 어찌 보면 당연하다. 더구나 몇몇 연구회 회원 중에는 문체가 매우 독특하여 이 무렵 다른 문인들한테서도 비판을 받기도 하였다. 이헌구를 비롯한 몇몇 회원들로서는 이러한 언어유희에서 벗어나 좀 더 상식적인 언어를 구사하여 외국문학을 올바로 소개하기를 바랐을 수도 있다.

그러나 이헌구를 비롯한 회원들이 외국문학연구회의 기존 노선을 새롭게 정립할 필요성을 느낀 좀 더 근본적인 이유를 자존망대나 언어유희가 아닌 다른 데서 찾아야 할 것 같다. 외국문학연구회에 대한 이헌구의 불만은 "그들[초기 회원들]은 문학의 세계적 호흡을 같이한다는 자부를 갖고 한국적 문학 상황에 불만을 갖거나 또 도외시하는 경향도 없지 않았다"는 말에서 단적으로 엿볼 수 있다. 이헌구의 관점에서 보면 외국문학을 전공하는 학도로서 세계와 호흡을 같이하는 것에 자부심을 느끼는 것은 어찌 보면 당연할 일이다. 다만 문제는 한국적 상황에 불만을 느끼거나 도외시하는 것은 바람직하지 않을 수도 있다. 전통 문학의 낡은 껍질을 벗고 갓 태어나다시피 한 한국문학에 단순히 방관적인 태도나 우월한 입장을 취하는 대신 좀 더 적극적으로 발전시킬 방안을 모색해

31 Roman Jakobson, "A Postscript to the Discussion on Grammar of Poetry", *Diacrtics* 10-1, 1980, pp. 21~35.

야 할 것이다. 말하자면 이헌구는 외국문학연구회 창립 회원들이 한국적 문학 상황에 느끼는 '불만'에 그 나름대로의 '불만'을 느끼고 있었던 셈이다.

이와 관련하여 '신흥문학연구회'라는 새로운 명칭을 좀 더 자세히 주목해 볼 필요가 있다. 그동안 외국문학연구회가 무엇보다도 '외국'에 초점을 맞췄다면 신흥문학연구회에서는 '외국'보다는 '신흥' 쪽에 초점을 맞추려고 하였다. 외국문학연구회 회원들은 이 연구회의 선언문이라고 할 『해외문학』 창간호 창간 권두사에서 "무릇 신문학의 창설은 외국문학 수입으로 그 기록을 비롯한다"[32]고 천명하였다. 이렇듯 연구회에 속한 초기 회원들은 무엇보다도 먼저 외국문학을 전면에 내세웠다. 그러나 이헌구를 비롯한 신흥문학연구회 회원들은 아마 창립 회원들이 외국문학에 지나치게 무게를 싣는 태도에 불만을 품은 듯하다. 그들은 외국문학의 올바른 '수입'이나 소개가 필요하다는 것을 절감하면서도 그것 못지않게 중요한 것이 이 무렵 조선문단에서 벌어지고 있는 상황에 적극적으로 대처할 길을 모색하는 것이라고 생각하였다. 이 무렵 일본의 영향을 받은 조선문단은 민족주의 문학과 사회주의 문학의 두 진영으로 나뉘어 서로 용호상박龍虎相搏하고 있었다. 이헌구를 비롯한 회원들은 이렇게 새로운 대안을 찾으려는 모임을 종래의 '외국문학연구회'와 구별짓기 위하여 '신흥문학연구회'라고 불렀던 것이다.

그러나 신흥문학연구회는 이렇다 할 성과를 보지 못하고 무산되고 말았다. 이 새로운 연구회가 뿌리를 내리기도 전에 회원들이 학업을 마치

32 『해외문학』 창간호, 1927.1, 1면.

고 귀국하기 시작했기 때문이다. 이 연구회에서 주도적인 역할을 한 이헌구는 1931년 봄에 졸업을 하고 그 해 6월에 귀국하였고, 다른 회원들도 잇달아 귀국하였다. 이로써 신흥문학연구회는 포부와 야망은 컸지만 결국에는 유명무실하게 될 수밖에 없었다. 이렇다 할 활동을 하지 못한 데는 회원들이 귀국하면서 그 수가 급격하게 줄어든 것도 중요한 이유였지만 그보다 더 중요한 이유는 회원들이 이론적인 딜레마에 부딪쳤기 때문이었다.

이 점과 관련하여 방금 위에서 인용한 글에서 "회를 거듭하는 중 우리들 자신은 하나의 딜레마에 빠져 버리고 말았다"는 마지막 구절을 다시 한 번 좀 더 찬찬히 눈여겨보아야 한다. 신흥문학연구회 회원들은 과연 어떤 딜레마에 빠져 있었던 것일까? 그들은 조선문단에서 첨예하게 대립하고 있는 두 축, 즉 민족주의 문학과 사회주의 문학, 순수 문학과 계급주의 문학 사이에서 적잖이 갈등을 겪은 듯하다. 이헌구는 "소위 '카프'가 한국문단을 독점하다시피 하여 그들의 이론 투쟁장으로 화化한 신문 잡지들, 그리고 춘원春園을 비롯한 몇몇 민족진영 문인들의 산발적인 고루한 무변蕪辨들뿐이어서 '한국엔 문단도 논조도 없다'는 성급한 결론을 내릴 수도 있을 형편이었다"[33]고 지적하였다. 이헌구가 판단하기에는 이 무렵 한국에는 문단도 없고 논조도 없는 가히 무정부 상태에 놓여 있다시피 하였다. 여기에 바로 그가 느끼는 고뇌가 있었다. 신흥문학연구회에게는 이러한 무정부 상태를 타개하여 조선문단에 새로운 이정표를 세워야 할 임무가 있었다.

33 이헌구, 「산주편편散珠片片」, 『이헌구 선집』, 431면.

이러한 임무를 깨닫고 있던 신흥문학연구회는 처음에는 대립적인 노선을 절충하고 타협시킬 수 있는 제3의 대안을 모색하였다. 그러나 시간이 지나면 지날수록 점차 중립적 입장을 취하기란 여간 어렵지 않다는 사실을 깨닫기 시작하였다. 이러한 사실은 이헌구의 고백에서도 쉽게 엿볼 수 있다. 그는 "그것[딜레마]은 민족과 예술, 계급과 예술, 문학 즉 사회주의적 사조에서 오는 강한 침투력에 대한 올바른 객관적 비판이 잘 세워지지 않는 점이었다. 즉 사회주의적 예술 이론을 완강히 거부하는 입장에 선다는 이른바 반동적 사고를 완전히 불식拂拭할 수 없는 점이었다"[34]고 밝혔다. 적어도 이 무렵 신흥문학회로서는 외국문학연구회와 마찬가지로 임화林和나 김남천金南天 또는 송영宋影을 비롯한 사회주의 문학을 부르짖는 청년 지식인들을 이론적으로 반격할 수 없다는 한계에 이르렀던 것이다.

이헌구가 말하는 신흥문학연구회가 지향하던 목표를 좀 더 잘 이해하기 위해서는 앞에서 언급한 이헌구의 「해외문학과 조선에 잇서서 해외문학인의 임무와 장래」를 자세히 살펴볼 필요가 있다. 이 글에 그가 외국문학연구회에 느끼던 '불만과 반발'이 비교적 자세히 피력되어 있기 때문이다. 이헌구는 외국문학연구회가 가치중립적인 입장에서 외국문학 작품이나 사조 등을 번역하고 소개하는 태도를 못마땅하게 생각하였다. 그래서 객관적 차원을 뛰어넘어 좀 더 적극적으로 확고한 주관적 입장에서 외국문학을 번역하고 소개할 것을 부르짖었다.

34 위의 책, 430면.

> 그러한 객관적 소개 또는 번역이 전연(全然) 가능할 수 있을까? 만일 무입장(無立場)(즉 공허한 심흉(心胸)을 가지고)에서, 즉 백지(白紙)로써 외국문학을 소개한다는 것은 일종 언어의 유희에 불과할 것이다. 무입장적(無立場的) 입장은 곧 현실도피적 또는 현실타협 추종(追從) 그것일 것이다. 그러므로 연구 소개하는 그 자신이 그 어떤 입장에서 한 가지 문학 현상 또는 그 경향을 소개 논평할 것이다.[35]

이헌구는 수사적 의문으로 이 인용문을 시작한다. 외국문학을 객관적으로 소개하거나 번역한다는 것은 불가능하다는 점을 힘주어 말하기 위하여 이러한 수사적 의문을 사용한다. 그는 인간이란 객관적으로 사물을 인식할 수 없다고 굳게 믿고 있었다. 이러한 전제 아래 이헌구는 문학가가 사회 현실을 대하는 태도를 크게 네 가지로 분류하였다. ① 지배 계급을 적극적으로 지지하는 태도, ② 소극적으로 지배계급을 동반자적으로 찬동하는 태도, ③ 지배계급을 적극적으로 적대시하는 태도, 그리고 ④ 마음으로만 적극적으로 지배계급을 적대시하되 그 행동에서는 소극적으로 행동하는 태도 등이다. 그리고 이헌구는 이 네 가지 태도에 각각 ① 민족주의 문학 또는 부르주아 문학, ② 부르주아 리얼리즘 중에서도 대중문학 또는 통속문학, ③ 프롤레타리아 문학, ④ 데카당스주의나 모더니즘, 초현실주의 같은 각각 문학 사조를 대입하였다.[36] 그런데 이헌구의 입장에서 보면 외국문학연구회 회원들은 지금까지 이 네 가지 태도 중 어느 하나를 선택하여 그 관점에서 외국문학을 소개해 왔다기보

35 이헌구, 「해외문학과 조선에 잇서서 해외문학인의 임무와 장래」, 『이헌구 선집』, 47면.
36 위의 책, 45~47면.

다는 모든 태도를 두루 포용하려고 하였다. 이러한 '무입장의 입장'은 그의 말대로 한낱 언어의 유희에 지나지 않는다. 여기서 이헌구가 「미명을 가는 길손」에서 "일부 멤버의 지나친 자존망대와 때로는 언어유희로 자기를 호도하려는 태도에는 불만이 있어서……"라고 한 말을 다시 한 번 떠올릴 필요가 있다.

외국문학연구회에 이헌구가 느낀 또 다른 불만은 그동안 외국문학의 소개가 연구회가 주장해 온 것처럼 그렇게 체계적으로 이루어지지 못했다는 점이다. 이헌구는 조선처럼 신문학이 아직 발전 단계에 있는 상황에서는 외국문학을 더더욱 체계적으로 소개해야 한다고 지적하였다. 이 점과 관련하여 그는 "조선과 같이 신문학 운동이 극히 연천年淺하고 또 전통을 가지지 못한 사회에 있어서는 외국문예의 사적史的 조류潮流와 그 대표적 작품을 감상하지 않으면 안 되고 이에 대한 체계적 논평을 절대로 필요로 한다"[37]고 지적하였다. 실제로 『해외문학』 창간호와 제2호를 보면 이헌구의 지적에 일리가 있다는 사실을 깨닫게 된다. 외국문학연구회 회원들은 그동안 19세기 서유럽 작품에 치중해 소개하였고, 그것마저도 상징주의나 표현주의 전통에 서 있는 작품이 주류를 이루고 있었다. 적어도 이헌구가 보기에는 외국문학연구회는 외국문학을 균형 있게 '체계적'으로 소개하는 데 실패하였다.

더구나 이헌구는 외국문학을 연구하고 소개할 때 연구자나 번역자는 해당 작품이 동시대의 상황과 어떠한 유기적 관련성을 맺고 있는지 한 순간도 잊어서는 안 된다고 지적하였다. 그가 확고한 주관적 입장에서

37 위의 책, 48면.

외국문학을 소개해야 한다고 주장하는 까닭도 바로 여기에 있다. 이헌구는 진정한 외국문학 연구가라면 "어떠한 태도와 입장에서 과거의 외국문학(자국문학에 있어서도 동일하다)을 감상, 비판할 것인가" 깊이 있게 생각해야 한다고 지적하였다. 그러면서 이헌구는 훌륭한 외국문학 연구가라면 "그 자신이 그 작품 또는 그 사조를 감상 비평하는 데 있어서 항상 자기의 생활하는 사회와의 관련을 망각하지 않는 인간이어야 할 것이다"[38]라고 밝혔다. 외국문학이건 자국의 문학이건 현재를 망각한 문학은 곧 죽은 문학과 다름없기 때문이다. 영국의 역사가 E. H. 카는 이제는 이 분야의 고전이 되다시피 한 책 『역사란 무엇인가?』에서 "역사가는 현재의 일부이고 사실은 과거에 속하기 때문에 이 상호작용은 현재와 과거의 상호관계도 포함하고 있다. (…중략…) 역사란 역사가와 사실 사이의 부단한 상호작용의 과정이며, 현재와 과거 사이의 끊임없는 대화다"[39]라고 잘라 말하였다. 이렇게 현재와 과거가 끊임없이 대화를 나누는 것은 비단 역사에 그치지 않고 문학도 마찬가지일 것이다.

어찌 되었든 신흥문학연구회는 그 뒤 외국문학연구회 회원 사이에서 이렇다 할 언급이 없는 것으로 보아 아마 도쿄에 남은 몇몇 회원들이 몇 번 회합을 갖은 것으로 끝나고 말았던 것 같다. 외국문학연구회를 창립하기에 앞서 이하윤이 잠시 주도했던 '문학회'와 마찬가지로 신흥문학연구회 역시 같은 운명을 맞이하였다. 더구나 프로문학의 도전을 받던 때라 이헌구를 비롯한 몇몇 신흥문학연구회 회원들은 '불만과 반발'을 잠시 접어둔 채 아마 하나로 다시 결집하였다. 외국문학연구회는 프로

38 위의 책 48면.

39 E. H. Carr, *What Is History?*, London : Penguin, 1961 · 1987, p. 30.

문학이라는 강력한 적수를 만나자 내부의 갈등을 잠시 접어두고 힘을 합쳐 공동의 적을 대적할 필요를 느꼈을 것이다.

외국문학연구회와 그 기관지 『해외문학』은 20세기 전반기 한국문학사에 굵직한 획을 그은 사건이었다. 비록 기관지 출간은 제2호를 마지막으로 중단되었어도 연구회 소속 회원들은 유학을 마치고 모두 귀국한 뒤 조선의 문화계에서 그야말로 눈부신 활동을 전개하였다. 외국문학회의 활동은 가히 원심적이라고 할 만하다. 호수에 돌을 던지면 파문이 일면서 점차 중심에서 벗어나 바깥쪽으로 퍼져나가듯이 외국문학연구회도 외국문학 번역에서 점차 벗어나 그 활동 범위를 계속 늘려나갔다. 한마디로 외국문학연구회와 그 기관지는 외국문학 연구에 이정표를 세웠을 뿐만 아니라, 앞으로 일제 강점기 한국문학 르네상스의 선구자로서 한국 현대문학사에 크게 이바지했던 것이다.

제3장

외국문학연구회와 『해외문학』

1924년 말엽과 1925년 초엽의 준비 기간을 거쳐 1926년 봄 정식으로 발족한 외국문학연구회 회원들은 처음에는 월례 토론이나 작품 평을 중심으로 모임을 가졌다. 그러던 중 그들은 토론회나 좌담회에 그치지 않고 외국문학을 좀 더 체계적으로 연구하고 소개하기 위해서는 무엇보다도 기관지를 발행해야 할 필요성을 절실히 느꼈다. 외국문학연구회처럼 뚜렷한 목적과 임무를 염두에 두고 설립된 모임이나 단체에서 기관지의 발간은 가히 필수적이라고 할 수밖에 없다. 일찍이 조선문학가동맹을 결성하여 좌익 문인들의 구심점 역할을 담당하고 월북한 뒤에는 조선문학예술총동맹 서기장을 역임한 김남천은 「신단계에 처한 문화운동」이라는 글에서 문화 단체와 관련하여 "기관지가 없는 단체도 과연 단체인가?"[1]라고 수사적 의문을 던진 적이 있다. 비록 김남천이 이끄는 프로문학과 목적과 지향점은 서로 달라도 외국문학연구회 회원들도 자신들의 입장을 일반대중에게 효과적으로 전달할 매체를 가지고 싶은 것은 지극히 당연한 일일 것이다. 그래서 연구회·회원들은 기관지의 발행이 필수적이라는 데 의견을 모았다.

그러나 유학생 신분인 외국문학회연구회 회원들이 막상 연구회의 기관지를 간행한다는 것은 여러모로 무척 힘에 부치는 일이었다. 무엇보다도 그들은 학업에 전념해야 하는 유학생 신분이었다. 이 무렵 도쿄 소재 대학들의 학비가 비싸 아르바이트 일로 학비를 벌지 못하거나 고국에서 제때에 학비를 마련해 주지 못하면 휴학을 할 수밖에 없었다. 이 무렵 와세다대학에서 영문학을 전공하면서 외국문학연구회에서 활발하게 활동한 정인섭은 고국에서 등록금이 마련되지 않아 휴학을 결심한 적도 있었다고 술회한 적이 있다. 그러나 다행히 고국에서 등록금을 마련하여 휴학하지 않고 학업을 계속할 수 있었다. 이러한 상황에서 학업에 전념하는 것이 그들의 일차적인 목표였다. 등록금과 생활비를 마련하기에도 힘든 상황에서 유학생들이 기관지 발간을 위하여 돈을 모은다는 것은 그렇게 쉬운 일이 아니었다.

어떤 면에서는 학업보다도 재정 문제가 기관지 발간을 가로막는 가장 큰 장애물이었을 것이다. 이밖에도 1920년대 일제 강점기의 열약한 인쇄 기술도 한몫 하였다. 지금처럼 컴퓨터나 워드프로세서로 작업하는 것도 아니고 식자공이 활자를 하나하나 손으로 뽑아 조판한 뒤 인쇄하는 일은 오늘날에는 상상하기조차 어려운 일이었다. 한글로 인쇄를 해야 하는데 이 무렵 한글 인쇄소는 도쿄에는 한두 곳밖에는 없었기 때문

1 김남천, 『김남편 문학 평론집』 4, 키메이커, 2005.

에 번거롭게 편집은 도쿄에서 하고 인쇄는 경성에서 해야 하였다.

그나마 한 가지 다행인 것은 일본 제국주의가 식민주의 종주국 일본은 말할 것도 없고 식민지 조선에서도 신문과 잡지 같은 출판물 간행을 허용했다는 점이다. 그래서 1920년대에 식민지 조선에서 신문이나 잡지 같은 출판물이 우후죽순처럼 한꺼번에 쏟아져 나오기 시작하였다. 이렇게 이 무렵 식민지 조선에서도 출판물이 많이 쏟아져 나오기 시작한 것은 1919년 기미독립운동 이후 일본이 식민지 통치정책을 바꾸었기 때문이다. 3·1운동을 계기로 군사와 경찰에 의한 무단 통치를 하던 조선총독부는 문화 통치로 노선을 바꾸기 시작하였다. 경기도 경찰부 경찰부장을 지낸 지바 료千葉了가 『조선 독립운동 비화』에서 주장하듯이 기미독립운동은 말하자면 "[조선] 민족 본능의 지하수의 분출"과 크게 다름없었다. 이러한 상황에서 일본 정부나 총독부에서는 기존의 통치 방식을 심각하게 재검토하지 않을 수 없었다. 일본 정부는 해군 대장과 해군 대신을 지낸 사이토 마코토齋藤實를 새 총독으로 파견함으로써 종래의 강압적 통치에서 회유적 문화 통치로 그 방향을 선회하였다. 물론 식민 통치를 철저히 은폐하기 위한 통치 방식에 지나지 않았지만, 단체 활동과 언론 활동에 숨이 트인 것만은 부정할 수 없는 사실이다.

『해외문학』 발간 계획

외국문학연구회 회원들이 기관지를 발행하기로 처음 의견을 모은 것은 1925년 후반이었다. 정인섭은 『해외문학』을 발간 계획과 관련하여 "1926년부터 외국문학연구회의 동인들은 그 기관지를 발간하기로 작정하고 이름을 『해외문학』이라고 하여 월간잡지를 출판할 계획을 세웠다"[2]고 말하였다. 여기서 '1926년'이 잡지를 발간하기로 '작정한' 연도인지, 창간호를 '출판할' 연도인지 조금 헷갈린다. 여러 정황으로 미루어보아 아무래도 전자를 가리키는 것으로 보는 쪽이 옳을 것 같다. 그러나 호세이대학에서 영문학과 불문학을 전공하던 이하윤은 좀 더 명시적으로 1925년 가을에 이 계획을 처음 세웠다고 지적하였다.

> 1925년 가을 우리들의 무대는 다시 도쿄로 옮겨진다. 『해외문학선집(海外文學選集)』의 출판이 지연되는데 도리어 고무된 동인들은 대담하게도 월간 『해외문학(海外文學)』의 창간을 꿈꾸기 시작, 마침 우리 고향의 착실한 문학청년이 잡지 발행에 뜻을 두고 귀성 중의 나를 찾아와서 어느 정도의 합의를 본 바 있었으므로 이 사실을 '외국문학연구회'에 보고하여 그 편집에 착수하기로 결정, 편집은 도쿄에 있는 '외국문학연구회', 발행은 서울에 있는 '해외문학사', 이렇게 해서 내가 편집의 책임을 맡고 서울에 와 있는 발행인 이은송(李殷松)과 연락하여 1926년 1월에 발행된 것이 『해외문학』 창간호다.[3]

인용문 첫머리에서 외국문학연구회의 무대가 다시 도쿄로 옮겨졌다는 것은 여름 방학을 맞아 경성에서 『해외문학선집』을 출간하려 노력했

2 정인섭, 「나의 유학 시절」, 68면.

3 이하윤, 「해외문학 시대의 문우들」, 『소천 이헌구 선생 송수기념논총』, 소천 이헌구 선생 송수기념논총 편찬위원회, 1970, 498면. 이 인용문에서 이하윤이 말하는 『해외문학선집』은 같은 글 앞부분에서 언급하는 『해외문학명작선』과 동일한 책인 듯하다. 이 책에 대하여 그는 1925년 여름방학에 귀국하기에 앞서 이미 원고가 완성되어 서울의 출판사와 출판을 교섭하고 있었지만 끝내 빛을 보지 못했다고 밝혔다. 1931년에 이하윤은 조선일보에 「세계명작단편선역」을 연재하기 시작하는데 『해외문학선집』 또는 『해외문학명작선』의 일부가 포함되었을 것이다.

지만 이런저런 사정으로 출간이 늦어진 데다 개학이 가까워 다시 학교로 돌아왔다는 뜻이다. 여기서 이하윤이 말하는 선집은 외국문학연구회의 전신이라고 할 '문학회'의 회원들이 외국의 문학 작품을 번역하여 출간하려고 한 단행본을 말한다. 이 무렵 열악한 출판사 사정을 감안해 보면 이러한 단행본을 간행한다는 것이 그렇게 녹록하지 않았을 것이다. 그런데 이 책의 출간이 늦어지자 회원들은 '대담하게도' 외국문학연구회의 기관지 『해외문학』 간행을, 그것도 월간 잡지로 출간할 것을 꿈꾸기 시작했다는 것이다. 이 무렵 경성에서는 단행본을 발간하는 것보다는 오히려 잡지를 발간하는 것이 더 용이했는지도 모른다. 일제의 식민지 문화 정책에 따라 신문과 잡지가 우후죽순처럼 쏟아져 나왔다는 점은 이를 뒷받침한다.

위 인용문에서 이하윤이 말하는 "우리 고향의 착실한 문학청년"이란 그가 바로 뒤에서 언급하는 이은송을 말한다. 그러나 이하윤의 언급 중에서 이은송을 '문학청년'이라고 말하는 것은 맞지만 '우리 고향'이라고 말하는 실제 사실에는 조금 어긋난다. 이하윤은 강원도 이천 출신이지만 이은송은 1907년에 충청남도 연기에서 태어났기 때문이다. 이은송의 후손이 아직도 연기에 살고 있는 것으로 보아 그의 고향은 이천이 아니라 연기임에 틀림없다. 그러나 국가보훈처의 독립유공자 공훈록을 보면 이은성의 출신지로 '강원도 이천'으로 잘못 표기되어 있다. 다만 이은송이 동아일보 이천 지국 기자로 근무하면서 이 지역에서 농촌 계몽 운동과 항일운동을 전개한 것은 사실이다. 정부에서는 고인의 공훈을 기리어 1980년에 대통령 표창, 1990년에 건국훈장 애족장을 추서하였다.

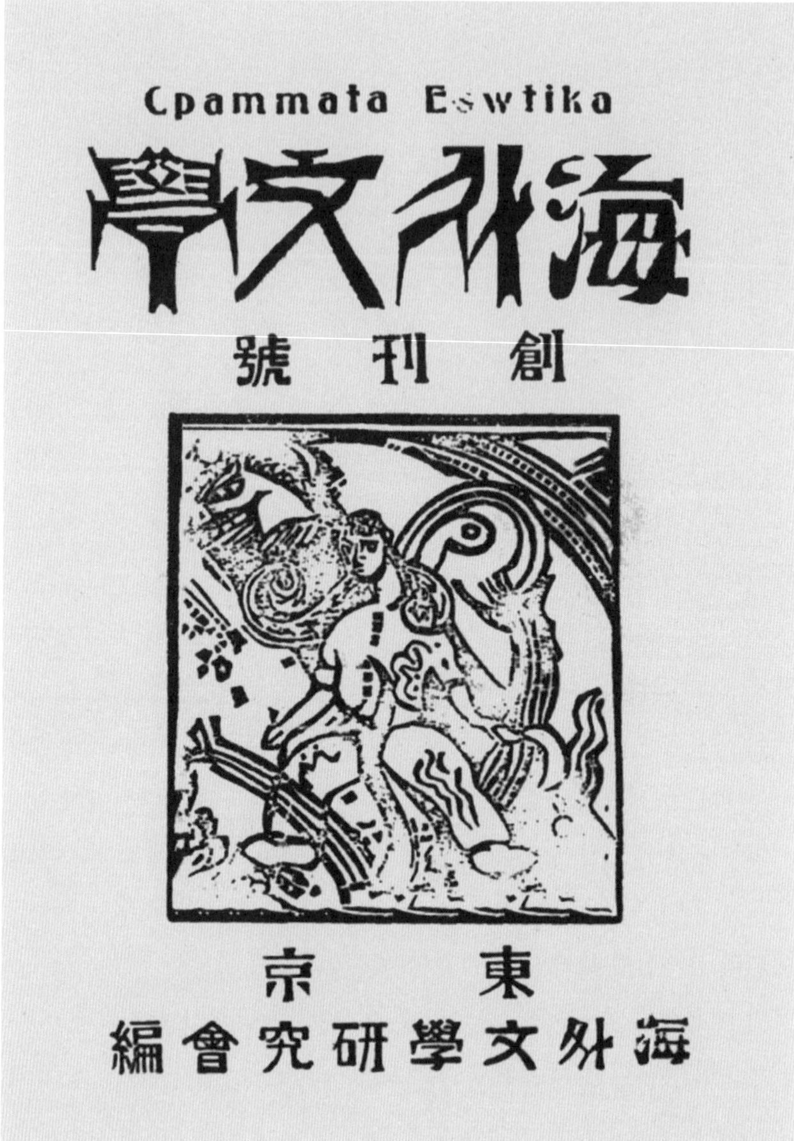

1927년 1월 17일에 간행한 외국문학연구회 기관지 『해외문학』 창간호. 편집인 겸 발행인은 이은송이었다.

기관지 발간 계획을 세우고 있었으면서도 재정 문제로 잡지 발행에 선뜻 나설 수 없는 외국문학연구회 회원들에게 이은송의 제안은 가뭄의 단비처럼 여간 반가운 소식이 아닐 수 없었다. 정인섭이 이은송을 '이하윤의 친지'라고 말하는 것을 보면 비록 같은 고향 출신은 아닐지 모르지만, 이하윤과 이은송은 이천에서 가깝게 지내던 사람임에는 틀림없다. 그런데 여기에서 이하윤은 『해외문학』 창간호가 1926년 1월 발행되었다고 잘못 기억하고 있지만 시간이 오래되어 아마 착오를 일으킨 것 같다. 이렇게 착오를 일으킨 것은 정인섭도 마찬가지였다. 창간호가 발행된 정확한 날짜는 정인섭의 말처럼 1926년 1월이 아니라 쇼와昭和 2년, 그러니까 1927년 1월 2일이다. 이하윤의 보고를 듣고 외국문학연구회 회원들이 『해외문학』 발간을 처음 계획한 것은 1925년 가을이었다. 그러나 본격적으로 발행을 계획을 세우고 원고를 모으기 시작한 것은 이하윤의 기억대로 1926년 초엽일 것이다. 창간호 '편집여언編輯餘言'에서 이은송은 "멧々 동지가 모혀 '외국문학연구회'라는 것을 조직한 지가 임이 1년이 갓가워온다"[4]고 밝히는 것만 보아도 잘 알 수 있다.

『해외문학』 창간호는 무엇보다도 표지가 눈길을 끈다. 맨 위쪽에 '해외문학'을 뜻하는 에스페란토 'Cpammata eswtika'라는 외국어가 적혀 있다. 그 밑에 '해외문학'이라는 제호가 제법 큼직하게 적혀 있고, 바로 그 아래에 작은 글씨로 '창간호'라고 적혀 있다. 표지 한 중앙에는 도쿄외국어학교에서 러시아문학을 전공하던 김온이 고안한, 목마를 타고 있는 듯한 젊은이를 새긴 판화가 그려져 있다. 본명이 김준엽인 김온은

4 『해외문학』 창간호, 1927.1, 201면.

이 무렵 영문학 못지않게 미술에도 관심이 많았다. 판화 밑에는 '東京', 그리고 그 밑에는 '海外文學硏究會編'이라는 글자가 적혀 있다.

위 인용문에서 이하윤은 자신이 창간호의 편집을 맡았다고 말하였다. 한편 정인섭은 「나의 유학 시절」에서 "편집은 이하윤과 내가 그 책임을 맡았다"[5]고 밝혔다. 『해외문학』 창간호에는 이은송이 '발행인 겸 편집인'으로 분명히 기재되어 있고 편집자가 집필하게 마련인 '편집여언'도 이은송이 쓴 것으로 되어 있다. 그러나 외국문학연구회 회원들이 모두 도쿄에 있는 까닭에 실질적인 편집은 이하윤이 주로 맡고 정인섭이 보조적인 역할을 맡았다고 볼 수 있다. 정인섭은 『해외문학』 발간을 회고하는 글에서 창간호를 발행하면서 원고를 모으는 데 무척 힘이 들었다고 밝힌 적이 있다. 그러나 '편집여언'에서도 볼 수 있듯이 최종적인 편집 마무리 작업은 아무래도 경성에 있는 이은송의 몫으로 돌아갈 수밖에 없었을 것이다.

이 잡지의 발행소는 이은송의 주소인 '경성부 냉동 112번지 해외문학사'로 하고, 도쿄의 총위탁 판매소는 정인섭이 『영문 세계동화집』을 출간한 출판사 산세이도三省堂의 주소 '도쿄시 간다구神田區 진보초神保町 1번지 소매부'로 하였다. 국판 크기에 모두 202쪽으로 이 무렵에 발간된 잡지치고는 꽤 분량이 많다. 그도 그럴 것이 목차에서 밝힌 대로 창간호는 '특대호'로 마련했기 때문이다. 외국문학연구회에서는 『해외문학』을 정기 간행물로, 그것도 야심차게 계간지가 아닌 월간지로 발행할 계획을 세우고 있었다.

5 정인섭, 「나의 유학시절」, 89면.

『해외문학』의 정가는 세 달치 3권에 85전錢에 우편료 6전, 반 년 치 6권에 1원圓 60전에 우편료 12전, 그리고 일 년 치 12권은 3원에 우편료 24전으로 되어 있다. 한 호 가격은 아마 30전으로 장기 구독할수록 요금을 조금씩 깎아 준 것 같다. 이렇게 일 년치 구독료까지 미리 책정해 놓은 것을 보면 외국문학연구회에서는 이 잡지를 월간으로 발행할 계획에는 추호의 의심도 없었던 것 같다. 물론 이 계획은 이런저런 이유로 안타깝게 무산되고 말았다.

창간호의 목차는 두 쪽으로 날개처럼 넓게 펼치게 되어 있어 한눈에 전체를 조감할 수 있게 하였다. 그러니까 목차가 무려 4쪽 가까운 면수를 차지하고 있는 셈이다. 제목도 큼직한 활자로 되어 있어 금방 눈에 띈다. 목차 두 쪽 모두 위쪽에는 도서관 서가인 듯 한 곳에 두 젊은이가 책을 가득 안고 걸어가는 모습이 그려 있다. 물론 이 삽화도 표지처럼 김온이 고안한 것이다. 그런데 넓게 펼치는 목차 뒷면 두 쪽에는 문예지의 광고가 실려 있어 『해외문학』 창간호가 발행되던 해에 어떤 다른 잡지들이 출간되었는지 알 수 있다. 앞쪽에는 『문예시대』 1927년 신년 특대호의 목차가 실려 있다. 정지용의 「갑판 우」, 박세영朴世永의 「농부 아들의 탄식」, 양주동의 「수상록」, 김안서의 「계몽편」, 채만식의 「무직」 같은 시 작품이 실려 있다. 창작 소설로는 송영宋影의 「석공조합 대표」, 최독견崔獨鵑의 「단발미인의 사死」, 조중곤趙重滾의 「아이스크림」, 김엽金葉의 「단장斷腸」, 최서해崔曙海의 「낙백불우落魄不遇」, 김동환金東煥의 「바지저고리」, 김영팔金永八의 「부음訃音」 등이 실려 있다. 이밖에도 「한문 글자를 업시 하자」라는 논문을 기고한 주요한朱耀翰을 비롯하여 박종화朴鍾和, 심훈沈熏, 최학송崔鶴松, 방인근方仁根, 현철玄哲, 홍해성洪海星, 홍기문洪基文, 홍난파, 안종화安鍾和, 최승일崔承一, 진장섭秦長燮, 이경손李慶孫 등 앞으로 한국문단과 예술계에서 크게 활약할 인물들의 이름을 볼 수 있다.

뒤쪽 광고 난에는 『조선문단』 1927년 2월호와 『학지광』 1927년 동계호의 주요 목차가 실려 있다. 『조선문단』은 창작시 작품으로 이은상李殷相의 「북행北行」을 비롯하여 유춘섭柳春燮의 「해 실너 가는 나의 생명의 배」, 조운曹雲의 「춘향이는」 외 1편, 김해강金海剛의 「문허진 녯 성터에서」가 실려 있다. 한편 창작 소설로는 염상섭의 「밥」, 조중곤의 「산파역」, 김화산金華山의 「악마도惡魔道」, 현진건의 「해 쓰는 지평선」, 주요섭의 「첫 사랑값」이 실렸다. 그리고 희곡 작품으로는 러시아 작가 레온 고부린의 「생명의 비밀」이 한글로 번역되어 실려 있다.

한편 도쿄유학생 학우회에서 발간하던 잡지인 『학지광』에는 홍순혁洪淳赫의 「우리글의 사적史的 고찰」을 비롯하여 홍익봉洪翼鳳의 「시성 '타고어'와 동방의 지혜」, 최석순崔錫淳의 「근대사회에 대한 무산 노동자의 지위」, 김준성金俊星의 「전세계관」, 김상필金相弼의 「모방론」, 김종모李鐘模의 「'맑쓰'학의 근본 사상 개론」, 홍양명洪陽明의 「사회과학의 기초 개론」, 이두섭李斗燮의 「청년기의 양성兩性의 차이」 등 굵직한 논문이 실려 있다. 이밖에도 '여대생'이라는 익명 필자가 쓴 「가정부인에 대한 관견管見」과 오성午星의 「여성 운동의 근본의根本意와 조선 여성의 진로」라는 논문이 실려 있다. 이 잡지에 실린 논문의 주제만 보아도 이 무렵 젊은 조선 유학생들의 지적 수준이 얼마나 높았는지 가늠해 볼 수 있다.

그런데 여기서 한 가지 흥미로운 것은 외국문학연구회에서 핵심적으로 활약하던 정인섭이 『학지광』에 「'쇼오' 작作의 대표극 Man and Superman의 표현된 Funipe Poree에 취就하야」라는 논문을 기고했다는 점이다. 그가 조지 버너드 쇼에 관한 글을 기고한 것은 쇼가 1925년 노벨 문학상 수상자로 선정되어 전 세계에 걸쳐 큰 관심을 받고 있었기 때문이다. 정인섭은 『해외문학』 제2호에도 쇼에 관한 논문을 기고하였다. 한편 이 잡지의 『학지광』 광고에는 "『해외문학』 독자에 한해서 특히 2할인割引하여 드립니다"라는 광고가 들어 있어 눈길을 끈다. 이 무렵 도쿄 유학생들이 발간하는 이 두 잡지는 서로 긴밀하게 협조하면서 출간되었음을 알 수 있다.

『해외문학』에는 목차 뒤쪽 날개 말고도 '편집여언' 다음 잡지의 맨 끝장에도 광고가 실려 있다. 우선 눈에 띄는 것은 『조선일보』, 『동아일보』, 『중외일보』 같은 일간신문 광고가 전면으로 실려 있다는 점이다. 앞의 두 신문에서는 '위해외문학발전爲海外文學發展'이라는 축하 문구가 적혀 있을 뿐이지만, 『중외일보』에서는 "민중의 친우"라는 구절과 함께 "최량最良한 신문, 최렴最廉한 신문"이라는 구절이 적혀 있다. 일본 산세이도 출판사에서는 오늘날까지도 절판되지 않고 발행되고 있는 『コンサイス英和辭典』의 전면 광고가 실려 있다. 또 서적과 문구를 취급하는 경성 공평동의 '글벗집'이라는 상점과 와세다대학에서 러시아문학과 역사를 전공하던 이선근의 누이가 경영하는 '조선부인기예사'의 광고가 한 면을 반씩 나누어 차지하고 있다. 서적과 문구를 파는 경성 교남동의 '조선문명사朝鮮文明社'의 광고가 경원선 복계역전에 위치한 '동일운부東一運部'라는 운송회사인 듯한 회사의 광고, '강원도 유지 김성진金聲振'이라는 한 개인의 광고와 함께 한 면을 장식하고 있다.

그러나 이러한 광고에서 가장 관심을 끄는 것은 앞에서 이미 지적했듯이 창간호의 발행인 겸 편집인인 이은송이 알고 지내던 지인들과 그가 관여하던 단체, 그리고 그 단체에 속한 회원 이름으로 낸 일련의 개인 광고들이다. 가령 강원도 평강平康공립학교의 이종덕李鍾德과 강원도 이천 실업가 이배근李培根이라는 사람의 광고가 눈에 띈다. 이와 같은 면에는 강원도 이천 자유회自由會, 유진소년회幼進少年會의 박창욱朴昌旭, 의용소년회義勇少年會의 김진각金振珏, 최동규崔東圭, 이예섭李禮燮 세 회원, 자유회 위원 일동 다섯 사람의 이름이 나란히 적혀 있다. 그리고 성호소년회星湖少年會의 이영하李寧夏의 이름이 눈에 띈다. 그들은 이 무렵 이은송이 관여하고 있던 아나키즘 운동과 직접 간접으로 관련이 있던 단체거나 개인이다.

『해외문학』 목차 다음에는 이 잡지의 선언문이나 미션스테이트먼트라고 할 창간 권두사가 실려 있다. 이 권두사의 활자 크기는 겨우 8포인트밖에 되지 않아 큼직한 목차의 활자와는 큰 대조를 이룬다. 이 권두사 위쪽에는 화려한 판화 삽화가 그려져 있다. 화투 2월 열 끝자리처럼 매화나무에 휘파람새나 꾀꼬리인 듯한 새 한 마리가 앉아 있는 삽화다. 이 삽화도 두말할 나위 없이 김온이 그린 것이다.

『해외문학』 창간 권두사 다음에는 이 무렵 와세다대학에서 영문학을 강의한 영국인 교수 레이먼드 밴토크의 창간 격려사가 영문과 한글 번역문으로 나란히 실려 있어 관심을 끈다. 시인이자 작가인 그는 영국 작곡가 그랜빌 밴토크의 아들로 세계 곳곳을 여행하는 딜레탕트였다. 『해외문학』 제2호에 실린 '필자 제씨 최근 소식' 난에는 "'헤른' 2세의 명名으로도 통해 오든 바 그 얼굴이 야소耶蘇에 비슷해서 일부 문학가들은 '레이먼드 크라이스트'라고 불너 왓섯다"[6]고 적혀 있다. 여기서 '헤른'이란 바로 라프카디오 헌을 말한다. 고이즈미 야쿠모小泉八雲라는 일본 이름으로 더욱 널리 알려진 그는 아일랜드계 아버지와 그리스계 어머니 사이에서 태어났다. 열아홉의 나이로 혈혈단신 더블린에서 미국 신시내티로 이주한 그는 기자 생활을 하다가 뒷날 일본으로 건너가 사무라이 집안의 딸과 결혼하고 일본에 정착하여 살면서 문필가로 활약하였다. 특히 헌은 밴토크와 마찬가지로 일본의 설화와 민담을 연구한 것으로 유명하다. 또한 '야소'란 예수 그리스도를 말하는데 밴토크의 얼굴 모습이 그리스도를 닮아 그에게는 '레이먼드 크라이스트'라는 별명이 붙어 있었다.

레이먼드 밴토크와 관련하여 '집필자 제씨의 최근 소식' 난을 쓴 필자는 계속하여 "씨氏의 음악 천분天分은 산문시와 극작과 소설에도 낫하나……"[7]라고 말하면서 그의 아버지로부터 물려받은 음악적 재능이 그의 문학 작품에도 잘 나타나 있다고 지적하였다. 그는 『해외문학』에 두 차례에 걸쳐 산문시를 기고하였다. 이렇게 밴토크가 외국문학연구회와 관련을 맺고 있었던 것은 이 무렵 정인섭과는 여러모로 각별한 친분을 유지하고 있었기 때문이다. 그는 정인섭이 와세다대학 예과 시절부터 결성한 영어회화 클럽과 연극 클럽에도 관여하는 등 직접 간접으로 그에게 도움을 주었다. 그런데 밴토크가 이렇게 정인섭과 친밀한 관계를 유지한 것은 아마 관심 분야가 서로 비슷했기 때문일 것이다. 그런데 밴토크는 『해외문학』과 인연을 맺기 2년 전인 1925년 5월에 이미 한국문단과도 관련을 맺고 있었다. 가령 김형원金炯元이 편집인과 발행인으로 있으면서 경성에서 발행하던 잡지 『생장生長』에 그는 「티끗에 부치는 노

6 「집필자 제씨 최근 소식」, 『해외문학』 2, 1917.7, 66면.
7 위의 글, 66면.

래」라는 창작시를 실었다. 한편 일본에 관한 밴토크의 관심은 그의 아들에게로 계속 이어져 개빈 밴토크도 옥스퍼드대학에서 영문학을 전공한 뒤 일본에 살면서 오랫동안 일본 학생들에게 연극을 가르쳤다.

『해외문학』 창간호 발간

『해외문학』 창간호의 내용은 그 주제나 내용이 무척 광범위하다. 정인섭과 이하윤을 비롯하여 호세이대학에서 독문학을 전공하던 김진섭, 역시 호세이대학에서 불문학을 전공하던 손우성, 도쿄고등사범학교대학에서 영문학을 전공하던 김명엽, 앞에 언급한 이선근, 김온 등 창립 동인 일곱 명에 발행인 겸 편집인인 이은성 등이 외국문학에 관한 논문이나 평론 그리고 외국 작품의 번역을 기고하였다. 한 사람이 한 편 이상 기고하다 보니 이름이 중복되는 것을 피하기 위하여 정인섭은 '화장산인華藏山人', 김명엽은 '김석향金石香', 손우성은 '려재비驢再鼻' 등의 필명을 사용하였다. 그중에서도 정인섭과 손우성의 필명은 눈길을 끈다. 정인섭은 와세다대학 조선인 유학생 동창회지 『알』에 글을 발표할 때만 하여도 새벽 배를 뜻하는 '효주曉舟'라는 필명을 사용하였다. 뒷날에는 눈덮인 소나무라는 뜻의 '설송雪松'이나 그것을 한글로 표기한 '눈솔'이라는 필명을 자주 사용하였다. 한편 정인섭에 따르면 손우성은 평소 "외국 작가 로코코를 좋아했기 때문에 필명을 성姓은 '로盧'로 하고 이름은 코가 둘이니까 '재비再鼻'로 했다"[8]고 한다. 엄밀히 말해서 '로코코'는 외국

8 정인섭, 「나의 유학 시절」, 71면. 『해외문학』 창간호와 2호에 일관되게 '盧'가 아닌 '驢'로 표기되어 있어 아마 정인섭이 잘못 알고 있는 듯하다. '로코코'는 외국 작가의 이름이 아니라 18세기에 프랑스에 풍미한 건축 양식이다. 바로크 양식이 크고 풍성한 이미지라면, 로코코 양식은 작고 섬세한 이미지라고 할 수 있다. 로코코는 이 무렵 유행하던 귀족

작가의 이름이 아니라 18세기 프랑스에서 생겨난 예술 형식을 말한다. 조개무늬 장식에 나왔다 하여 그러한 이름이 붙은 것이다.

『해외문학』에 실린 내용을 좀 더 좁혀 보면 외국문학에 관한 평론, 외국 단편소설의 번역, 외국 시의 번역, 외국 희곡의 번역, 외국 창작시 등을 실었다. 우선 문학 평론에는 김진섭의 「표현주의 문학론」, 정인섭의 「포오를 논하여 외국문학 연구의 필요에 급及하고 『해외문학』 창간을 축祝함」, 김석향(김명엽)의 「최근 영시단의 추세」, 이선근의 「노서아 문학의 창시자 푸슈킨의 생애와 그의 예술」 등 네 편이 실렸다. 언어권으로 보면 영어권, 독일어권, 러시아권 세 권역에 국한되어 있다는 아쉬움이 남는다. 『해외문학』 창간호에 실린 외국문학에 대한 논문에 대해서는 뒷장에서 좀 더 상세하게 다룰 것이다.

번역 소설로는 미국 작가 에드거 앨런 포, 프랑스 작가 아나톨 프랑스, 역시 프랑스 작가 빌리에르 릴아당, 독일 작가 하인리히 만, 러시아 작가 바실리 예로센코 등을 다루었다. 번역시로는 프랑스 시인 폴 베를렌와 알프레 드 뮛세, 러시아 시인 푸슈킨, 영국 시인 로버트 브리지스, 독일 시인 K. F. 메이야 등의 작품을 실었다. 그런가 하면 레이먼드 밴토크의 창작 산문시, '노래 3편'이라는 항목에 벨기에의 시인 모리스 마테르링크, 프랑스 시인 알베르 사맹, 중국의 현대 문필가 후스의 「十一月二十四日夜」라는 자유시가 원문 그대로 실렸다. 중국문학 전공자 정래동을 회원으로 영입하여 중국 현대시를 실은 것은 외국문학의 범주에 동아시아 작품을 포함하려는 의도인 것 같다. 한편 희극 번역 작품으로는 러시

들의 살롱 문화와 함께 사치 문화로서 유행하였다.

아 작가 안톤 체홉과 미래파 운동의 선구자인 이탈리아 극작가 F. T. 마리네티의 단막극을 실었다.

한마디로 『해외문학』은 거의 모든 문학 장르로 총망라하려고 노력한 흔적이 눈에 띈다. 물론 미국과 서유럽 작가에 치중한 나머지 유럽중심적일 뿐만 아니라 시기적으로도 19세기와 20세기 초엽의 작품에 치우쳐 있다는 비난을 받을 만하다. 그러나 달리 생각해 보면 200쪽 남짓한 지면에 모든 작가를 망라할 수는 없고, 어쩔 수 없이 작가와 작품을 취사선택할 수밖에 없었을 것이다. 번역 작품의 성격과 질에 대해서는 평론이나 논문과 마찬가지로 별도의 장章에서 상세하게 다룰 것이다.

이밖에도 『해외문학』 창간호에서 눈길을 끄는 대목은 '소전小傳'이라는 형식으로 외국 시인이나 작가의 삶과 문학을 간략하게 소개하는 칼럼이다. 창간호에서는 포와 베를렌의 소전이 실려 있다. 그런가 하면 '문예한담文藝閑談', '독서여록讀書餘錄', '번역고십' 같은 칼럼과 함께 '편집여언' 등을 싣고 있어 외국문학 테두리를 벗어나 문학 일반에 관한 관심을 보여 주기도 하였다. 특히 '번역고십'은 비록 한담이나 촌평의 형식을 취하고는 있지만 외국문학연구회 회원들의 번역에 대한 태도나 번역이론 등을 엿볼 수 있는 아주 소중한 칼럼이다. 특히 '번역고십'은 이 무렵 번역에 관심 있던 독자들에게 각별한 관심을 받았던 것으로 알려져 있다.

『해외문학』 창간호 발간과 이은송

앞에서 이미 밝혔듯이 외국문학연구회 회원들이 『해외문학』을 처음 발간할 계획을 세울 때만 하여도 월간잡지로 만들 예정이었다. 창간호에는 '독자제[씨]께'라는 사고社告 비슷한 것이 실려 있다. 편집자는 창간호가 편집자의 신병身病과 검열 문제로 예정보다 늦게 출간된 것에 사과하면서 "래이월호來二月號는 자신잇게 말하여둔다. 이월二月 일일一日 전前으로 독자 제씨께 내노아드릴 것을 고告하여 둔다"[9]고 밝혔다. 정인섭도 창간호에 실린 평론 「포오를 논하야 외국문학 연구의 필요에 급及하고 『해외문학』의 창간함을 축祝함」에서 "월간잡지 『외국문학』을 위하야 묵좌默坐할 수 업서……"[10]라고 말하는 것을 보면 이를 뒷받침한다. 독자들에게 이렇게 '자신 있게' 약속하는 것을 보면 제2호는 창간호가 발행되자마자 곧바로 그 다음 달에 제2호를 발간할 계획을 세우고 있었던 같다.

그러나 외국문학연구회 회원들이 학업에 전념하면서 한 달에 한 번씩 잡지를 낸다는 것은 무척 힘에 부치는 일이 아닐 수 없었다. 원고를 모으는 것은 말할 것도 없거니와 재정적으로도 감당하기 어려웠을 것이다. 제2호 '여언'을 보면 독자들에게 "이제야 나오게 되어서 퍽 미안하다"고 사과한 뒤 "여러 가지 상의의 결과 차호此號를 위시하여 본지의 발행을 격월로 하게 되엿다"[11]고 적혀 있다. 그러나 격월마저 여의치 않았던지 『해외문학』 제2호는 반격년 형태가 되어서 1927년 7월 4일에 이르러

9 『해외문학』 창간호, 1927.1, 96면.

10 위의 책, 21면.

11 위의 책, 69면. 쪽수는 적혀 있지 않지만 68면이 끝나고 바로 광고 다음에 '여언'이 나오기 때문에 69면으로 표기하였다. 이 글을 쓴 사람은 끝에 괄호와 함께 '瑄'이라고 적혀 있는 것으로 보아 이선근이 쓴 것 같다. 이헌구도 "그들이 아직 학창 시대라는 것과 또 朝鮮文 인쇄가 東京에 있어서 완전 또 신속히 할 수 없는 관계상 최초의 月刊 발행 계획은 隔月로 하여 제2호까지 내고 3호를 준비해 놓고 출판을 못했다"고 밝혔다. 이헌구, 「해외문학 창간 전후」, 『이헌구 선집』, 55면.

서야 비로소 간행되었다.

이렇듯 외국문학연구회는 『해외문학』 제2호 발간부터는 심각한 재정난에 부딪쳤다. 그동안 사비를 들여 『해외문학』의 간행을 후원하던 발행인 이은송이 더 이상 재정적 뒷받침을 할 수 없게 되었기 때문이다. 그렇다면 발행인 이은송은 왜 더 이상 『해외문학』 발간에 재정적 후원을 할 수 없었던 것일까? 한마디로 이하윤이 “착실한 문학청년”이라고 칭찬한 이은송은 점차 문학보다는 정치 쪽에 관심을 기울이기 시작했기 때문이다. 1927년부터 그는 아나키즘 운동에 깊이 관여하고 있었다. 이은송은 문학의 힘을 빌려 사회 변혁을 꾀하기보다는 실천적 행동으로 직접 사회를 변혁시키는 쪽으로 생각을 바꾼 것 같다. 실제로 그는 이 무렵 강원도 이천과 철원 지역을 중심으로 아나키즘 운동을 전개하였다. 국가보훈처 독립유공자 공훈록에는 이은송에 대하여 다음과 같이 기록되어 있다.

> 그는 동아일보 이천지국 기자로 있으면서 1927년 여름 강원도 이천군에서 윤용화(尹龍化)·이인하(李寅夏)·김순희(金淳熙) 등과 함께 이천자유회(伊川自由會)를 조직하였다. 동회는 신문·잡지를 공동 구독하여 농촌 문화를 향상시키고 농촌 청년의 지식을 계발한다는 목적을 표방하였으며 조직에 있어서도 이 지역의 청소년 운동 단체의 간부들을 거의 망라하고 있었다. 그러나 실제로는 농민들에게 일제의 탄압과 농민 착취상을 폭로하고 친일 부호의 횡포를 규탄하는 등 항일운동을 전개하였다. 동회는 1927년 8월 간부들을 중심으로 하여 무정부주의의 사회 건설을 표방하는 비밀결사로 그 목적을 변경하였다. 그러던 중 1929년 그를 비롯한 동회의 간부들은 일

경에 피체되었다. 그는 이 일로 인하여 소위 치안유지법 위반으로 징역 3년 형을 언도받고 옥고를 치렀다. 정부에서는 고인의 공훈을 기리어 1990년에 건국훈장 애족장(1980년 대통령표창)을 추서하였다.[12]

이 기록에 따르면 이은송은 강원도 이천에서 '자유회'라는 단체를 조직하여 항일운동을 벌여 오던 중 아나키즘에 입각한 사회를 건설하려 시도하다 일본 경찰에 체포되어 3년 징역형을 언도받았다. 위 인용문에서 농촌계몽 운동을 표방했지만 실제로는 항일운동을 전개했다는 구절을 주목할 필요가 있다. 다른 항일운동이나 아나키즘 운동과는 달리 이천자유회의 활동은 아주 정교했던 것으로 알려져 있다. 이 무렵 『동아일보』는 「무정부주의 비사秘社 이은송 등等 예심 종결」이라는 제호의 기사를 실었다. 이 기사에는 "됴리정연한 그 조직 내용의 주도함은 사건을 담당한 예심판사도 경탄하기 마지 않는 바 사건의 피고는 단지 네 명에 지나지 못하나 사건의 관계자가 백여 명에 달한 중대 사건인 만치 사건 긔록은 근 일만 매에 달한다더라"[13]는 문장이 나온다. 이천 자유회를 이끈 이은송의 조직력이 아주 정교했음을 알 수 있다. 그동안 아나키즘을 연구해 온 김호룡도 연도와 인물의 한자어 표기를 비롯한 몇몇 세부 사항에서는 차이가 나지만 이은송에 대하여 국가보훈처와 거의 같은 내용을 밝힌다.

강원도 철원과 이천 등지에서는 1927년 여름 이은송 외 수 명의 청년이

12 www.mpva.go.kr/narasarang/gonghun_view.asp?id=6000&ipp=10

13 『동아일보』, 1929.8.24.

밀의하여 청소년 운동 단체의 간부를 망라한 자유회를 조직하여 활동하였다. 자유회는 표면적으로는 신문・잡지를 공동으로 구독하고 농촌 문화를 향상시키는 것을 목적으로 표방하였다. 자유회 회원들은 강원도 각지에 산재해 있던 자유노동조합 및 소년회와 연락하여 자유회를 개편하였다. 즉 1927년 8월 8일 김형(金瀅)의 집에 모여 국가의 존재 또는 사유재단제도 실시를 부인하고 공산주의적 아나키스트 사회 건설을 목적으로 하는 비밀결사로 개편했던 것이다. 그들은 아나키즘을 고취하는 한편, 이상적 사회를 실현하기 위해 노력하였지만, 1928년 봄 조직이 발각되어 일대 검거 선풍이 불었다. 관계자는 백여 명에 달하였지만 그중 이은송・윤용화・이영하(이인하)・김순희(김순조金淳照) 등 4명이 기소되었다. 윤용화와 이영하는 각각 징역 4년, 이은송과 김순조는 각각 징역 3년에 처해졌다.[14]

여기서 이은송을 비롯한 회원들이 징역형을 받은 죄목을 눈여겨볼 필요가 있다. 일제는 네 명에게 치안유지법 말고도 출판법 위반으로 기소하였다. 일제 강점기의 악법 중의 악법으로 손꼽히는 치안유지법을 적용한 것은 충분히 이해가 가지만 그들에게 도대체 왜 출판법을 적용하였을까? 이천자유회 회원들이 신문과 잡지를 공동으로 구매하여 구독한 것을 출판법 위반으로 판단했을지 모른다. 한편 이은송이 『해외문

14 이호룡, 「일제 강점기 국내 아나키스트들의 선전 활동」, 『역사와 현실』 44, 한국역사학회, 2002, 141면. 이호룡은 『조선일보』와 『동아일보』에 실린 기사를 종합하여 위 인용문을 썼다고 밝힌다. 하기락(河岐洛)이 집필한 『한국민족문화대백과사전』에는 '李寧夏'와 '金淳照'의 이름이 국가보훈처의 기록처럼 각각 '李寅夏'와 '金淳熙'로 표기되어 있다. 하기락은 이은송을 중심으로 한 활약과 관련하여 "이 사건에서 아나키스트 운동이 단순한 사상적 계몽 운동의 범위를 벗어나 대중의 조직적 실천 운동으로 발전되고 있는 것을 볼 수 있다"고 그 의의를 평가한다.

학』의 발행인과 더불어 편집인(적어도 잡지에 따르면)으로도 활약한 것을 출판법 위반으로 보았을 가능성을 배제할 수 없다. 그가 일제가 규정한 절차를 거치지 않고 이 잡지의 발행인과 편집인 역할을 했다면 일제가 그를 출판법 위반으로 기소할 근거가 충분하다. 더구나 일제의 관점에서 보면 '불법으로' 잡지 발간에 참여한 것은 농촌 계몽운동을 위하여 신문과 잡지를 공동으로 구매한 것보다 훨씬 더 엄중한 행위일 것이다. 그가 주로 독립운동가들을 투옥하던 서대문 형무소에 수감되었다는 것은 이 점을 뒷받침한다.

이은송이 강원도 지역에서 '자유회'를 조직하여 활동한 1927년 여름은 바로 『해외문학』 제2호가 발간된 시점이다. 이 무렵 그는 아마 재정적인 면뿐만 아니라 정신적·육체적으로도 이 잡지에 관심을 쏟을 만한 여유가 없었을지 모른다. 이러한 상황에서 이은송이 계속 『해외문학』을 발행하기란 거의 불가능했을 것이다. 그런데 이호룡의 지적과는 달리 자유회는 1927년 여름 이전에 이미 결성되어 있었던 것 같다. 앞에서 언급했듯이 『해외문학』 창간호에는 『조선일보』, 『동아일보』, 『중외일보』 같은 이 무렵 조선에서 발행되던 일간신문 광고와 함께 다른 『해외문학』 발간을 축하하고 격려하는 광고가 여러 개 실려 있다. 그중에는 '위해외문학발전爲海外文學發展'이라는 제호 아래 '강원도 이천伊川 자유회', '유진소년회 내內 박창욱', '자유회 위원일동' '성호소년회 내 이영하'라는 기관이나 그 기관에 속한 위원들의 이름이 언급되어 있다. 이 광고에 등장하는 '자유회'나 '소년회'는 이은송이 책임 맡고 있던 조직이었다. 실제로 1928년 봄 이영하는 이은송과 함께 체포되어 징역을 선고받은 인물이다. 그렇다면 1927년 여름 이은송은 강원도 지역에 산재해 있던 자유회와 소년회를 확대하고 개편하는 작업을 맡았다고 볼 수 있다. 『해외문학』 창간호에 실린 이은송이 번역한 맹인 시인 바실리 예로센코의 작품 「고귀의 설음」에서 이미 그의 아나키즘적인 정치관이나 세계관을 엿볼 수 있다.

더구나 이 무렵 이은송이 아나키즘에 심취해 있었다는 것은 『해외문학』 창간호 '신간 예고' 광고란에 그가 표트르 크로프트킨의 『크로의 기독교관』이라는 책을 번역하여 해외문학사에서 출간할 예정이라고 밝힌 데서도 엿볼 수 있다. "본서는 크로프트킨의 백조의 노래라고 하는 저著 윤리학과 기其 발달과 기원이란 책의 제6장 기독교―중세기―루너쌍스―라는 소부분小部分을 초역抄譯한 것"[15]이라고 말하는 것을 보면 크로프트킨의 미완성 저서 『혁명의 윤리학』의 일부를 초역한 것 같다. 광고에는 "우리 조선에 반기독교反基督教 운동이 맹렬히 일코 잇난 이때 저 위대한 혁명가의 관찰, 특히 고대 중세 근대 등으로 난오아 기독교를 논하였다"[16]고 밝힌다. 절대적 권위를 모두 부정하는 아나키스트들은 그동안 기독교를 신랄하게 비판해 왔다. 크로포트킨은 잘 알려진 것처럼 러시아 출신의 지리학자이자 아나키스트 운동가요 철학자였다. '보로딘'이라는 가명으로 활동하기도 한 그는 흔히 세계 5대 자서전 중 하나로 꼽히는 『한 혁명가의 회상』으로 잘 알려져 있다. 이은송의 번역서가 과연 출간되었는지 지금으로서는 알 수 없지만 '정가 15전錢'이라는 가격까지 밝혀 놓은 것을 보면 번역이나 인쇄가 상당 부분 진척된 듯하다.

한편 『해외문학』 창간호에는 이은송의 또 다른 번역서가 해외문학사

15 『해외문학』 창간호, 1927.1, 40면.
16 위의 책, 40면.

에서 곧 출간될 것이라고 예고하는 광고가 실려 있다. 『생生의 철학』이라는 이 책은 미국 학자 레미 마시가 발간한 팸플릿을 번역한 것이다. 이 번역서에 대하여 광고에서는 "본서는 미국의 팜푸렛트 노동자의 경제학을 정역精譯한 것이다. 노동자야 보라 무산자야 보라"[17]고 밝힌다. 마시는 미국의 저명한 여성 사회주의 저술가요 시인이자 잡지 편집자이기도 하다. 그녀는 잡지에 시카고의 육류 산업을 폭로하는 일련의 논문을 발표하여 주목을 받은 인물이다. 이 팸플릿을 번역한 것만 보아도 이 무렵 이은송이 얼마나 진보 정치에 관심을 기울이고 있었는지 여실히 엿볼 수 있다.

『해외문학』 제2호 발간

이은송이 이렇게 아나키즘 운동에 몰두하면서 이제 더 『해외문학』 간행에 재정적 후원자 노릇을 하지 못하자 외국문학연구회는 제2호를 발간하는 데 난관에 봉착하였다. 연구회 회원들이 등록금과 생활비를 마련하기도 빠듯한 상황에서 주머니를 털어 잡지를 내는 데는 한계가 있었다. 그러나 이렇게 재정 문제에 부딪쳤지만 연구회 회원들의 원대한 포부와 야망을 쉽게 포기할 수 없었다. 이하윤의 지적대로 비록 재정적으로는 압박을 받았지만 회원들의 열정은 수그러들기는커녕 오히려 더욱 커졌다. 회원들이 지혜를 모아 계획하고 어렵게 시작한 일을 그렇게 쉽게 포기하기란 여간 어렵지 않았을 것이다. 이러한 재정적 어려움에도 『해외문학』의 제2호 발간을 계속 추진할 것을 주장한 회원은 다름 아닌 정인섭이었다.

17 위의 책, 44면.

> 창간호의 인수부터 발행인이 재정난에 봉착하여 결국 치밀하지 못했던 우리들의 계획은 중단되고 말았다. 그러나 우리들의 열성과 의욕은 변함이 없었다. 정인섭의 발의에 따라 동인(同人)들의 응분의 출자로 여름방학이 되기 전까지 제2호를 내기로 하고 새 동인의 추천, 좌담회 개최 등 눈부신 활동을 전개하였는데, 새로 얻은 동인이 조대(早大)의 정규창 · 김한용 · 이병호, 法大의 장기제—모두 영어영문학을 전공하는 학우들이었다.[18]

외국문학연구회 회원들은 정인섭의 제안으로 "동인들의 응분의 출자"로 『해외문학』을 계속 발간하기로 결정하였다. 그는 한국의 민담과 전설을 모아 1927년 3월 일본 동경 니혼서원日本書院에서 『온돌야화溫突夜話』를 출간하였다. 그는 이 책의 인세로 받은 100원 중 절반을 잡지 제2호 발간에 기증하였다. 그리하여 정인섭을 비롯한 외국문학연구회 회원들은 1927년 4월부터 제2호의 편집에 들어갔다. 이렇게 정인섭은 제2호 발간을 위하여 적지 않은 돈을 기부했을 뿐만 아니라 편집에서도 주도적인 역할을 하였다. 제2호 발간을 위하여 서둘러 원고를 모았고, 이렇게 모은 원고는 이번에는 서울이 아닌 도쿄에 있는 한글 인쇄소 동성사同聲社에 인쇄를 의뢰하였다. 그러나 한글 인쇄소가 일본에 있다 보니 활자가 부족하여 책을 내는 데 적잖이 어려움을 겪을 수밖에 없었다. 이 점과 관련하여 이선근은 제2호의 '여언餘言'에서 "제일 인쇄에 만흔 불편을 늣겨서 활자 부족으로 여의如意한 표기와 철자를 넛치 못하게 되엿슴은 자玆에 여러분의 양해를 걸乞하는 바이다"[19]라고 밝혔다.

18 이하윤, 앞의 글, 498~499면.
19 「여언」, 『해외문학』 2, 1927.7.

『해외문학』 제2호는 창간호가 간행된 지 여섯 달 뒤 정인섭을 편집인 겸 발행인으로 하여 마침내 1927년 7월 4일에 간행되었다. 발행소의 주소도 '경성부 냉동 112번지'에서 정인섭의 하숙집 주소인 '도쿄시 가미도쓰카外上戶塚 이세가하라伊勢ケ原 831번지'로 변경되었다. 이렇게 도쿄에서 편집하고 발행할 수밖에 없던 사정과 관련하여 이하윤은 "편집부와 발행소 인쇄소가 썰어저 잇든 관계로 이러나는 모든 불편을 덜긔 위하야 고난苦難을 무릅쓰고 도쿄에서 편집 발행케 된 것이다"[20]라고 밝혔다. 경성의 총판매소도 이선근의 누이 이경지李瓊芝가 경영하던 '공평동 114번지 조선부인 기예사'로 바뀌었다. 제2호의 표지는 김온의 삽화 대신에 정인섭이 개인적으로 좋아하던 19세기 말엽 영국에서 활약한 화가 오브리 비어즐리의 흑백 그림을 그대로 사용하였다. 재정과 편집에서 크게 기여한 만큼 제2호 곳곳에서 정인섭의 영향력을 쉽게 엿볼 수 있다.

『해외문학』 제2호는 69쪽으로 그 분량이 겨우 창간호의 3분의 1밖 정도밖에는 되지 않는다. 제작비를 최대한으로 줄이려고 줄과 줄 사이의 행간도 줄이고 활자체도 창간호보다 작은 것을 사용하였다. 또한 '문단 소식' 난도 별도로 지면을 할애하는 대신 조판을 하고 난 뒤 지면에 여유가 있는 곳에 적당히 채워 넣었다. 독자들이 읽기 쉽도록 넉넉하게 편집한 창간호와 비교해 볼 때 제2호는 비용을 줄이려고 애쓴 흔적이 곳곳에서 눈에 띈다. 이 무렵 외국문학연구회가 재정적으로 얼마나 어려움을 겪었는지 쉽게 짐작할 수 있다. 『해외문학』 제2호의 가격은 창간

20 위의 글.

호보다 5전이 비싼 35전에 우편 송료 11전으로 되어 있다. 잡지 대금은 진체구좌 이용하여 선금으로 지불하고, 우편권 대용은 1할 증가, 그리고 외국행 우편료는 한 권에 10전으로 되어 있다.

정인섭은 "이 7월호의 속간은 창간호보다 더 야심적이었다"[21] 고 밝히고 있지만 제2호의 내용은 지면 제한 때문이어서 그런지는 몰라도 창간호만큼은 그렇게 다채롭지도 못하고 다양하지도 못하였다. 창간호와는 달리 제2호에는 '두언頭言'이라는 새로운 난을 마련하였다. 윌리엄 셰익스피어, 요한 볼프강 폰 괴테, 그리고 조지 버너드 쇼의 작품에서 인용한 구절을 실었다. 셰익스피어 작품에서는 『로미오와 줄리엣』 2막 2장에서 로미오가 줄리엣이 창가에 나타나자 그녀를 태양에 빗대면서 독백하는 장면을 원문으로 인용하고 있다.

> But, soft! what light through yonder window breaks?
> It is the east, and Juliet is the sun.
> Arise, fair sun, and kill the envious moon,
> Who is already sick and pale with grief.

정인섭이 『로미오와 줄리엣』을 처음 읽고 무척 감명 받았다는 사실을 고려하면 이 인용문은 크게 이상할 것이 없다. 이 무렵 그의 나이 스물두 살로 한참 청춘과 사랑에 예민할 시기기 때문이다. 그러나 괴테의 작품에서는 "우리는 남의 말을 막지 않는다. 남이 말하는 그대로고 자기가

21 정인섭, 「나의 유학 시절」, 82면.

할 일을 해갈밧게 업다. 그러면 나종에는 그 입이 지는 것이다"는 구절을 인용한다. 이 문장은 모르긴 몰라도 독문학을 전공하던 김진섭이 제공해 주었을 것이다. 그런가 하면 쇼의 작품에서는 "거짓말한 형별[벌]은 그가 결코 남에게 신용되지 안는다는 것이 안이라 그가 다른 엇든 사람이라도 밋지 못한다는 점에 잇다"는 구절을 인용한다. 이 두 인용문 모두 남의 험담이나 거짓말을 경계하는 말이다. 다른 교양 잡지라면 몰라도 외국문학연구회에서 간행하는 『해외문학』에는 그렇게 썩 잘 들어맞는 인용이라고 보기 어렵다. 그러나 이 '두언'에서 가장 눈길을 끄는 것은 이러한 인용문이 아니라 정인섭이 쓴 듯한 선언문 비슷한 짧은 글이다. 이 글은 외국문학연구회와 『해외문학』이 지향하는 목표와 관련하여 다음 장에서 자세히 다룰 것이다.

'두언' 위쪽에는 판화 삽화 두 개가 실려 있다. 오른쪽에는 한 손에 불을 환하게 밝힌 등불을 높이 쳐들고 있는 삽화다. 외국문학연구회와 그 기관지 『해외문학』가 지향하는 목표를 시각적으로 잘 보여 준다. 이 무렵 일본에서 유학하는 한국 학생들에게 빛은 곧 새로운 학문과 진리의 빛일 뿐만 아니라 암울한 식민지 현실에서 조국 광복의 빛을 상징하기도 하였다. 앞장에서 이미 언급했듯이 도쿄유학생학우회 잡지 『학지광』은 조선인 유학생들에게 바로 학문의 빛이나 진리의 빛을 비추는 등대 같은 역할을 하였다. 이왕 조선인 유학생이 발간하는 잡지 이야기가 나왔으니 말이지만, 북미조선학생총회에서 발행하던 잡지는 『우라키』였다. '우라키'라는 1920년대 'Rocky'를 표기하던 방식이었다. 다시 말해서 미국에서 유학하던 조선인 유학생들은 굳건한 바위를 의지의 표상으로 삼았다.[22]

'두언' 위쪽에 실린 왼쪽 판화 삽화에는 세 젊은이가 둥근 지구를 쳐들고 있는 모습이 그려져 있다. 지구 위에는 '동動하는 세계'라는 글씨가 적혀 있다. 젊은이가 등불을 들고 있는 것과 마찬가지로 이 삽화에서도 시시각각으로 움직이는 세계와 호흡을 같이하겠다는 외국문학연구회 회원들의 굳은 결의를 읽을 수 있다. 일본 제국주의의 식민지 지배를 받고 있는 상황에서 도쿄에서 외국어와 외국문학을 전공하고 있던 유학생들로서는 어찌 보면 당연한 비전이요 이상이라고 할 만하다.

제2호의 속표지에는 'Cpammata eswtika'라는 창간호의 에스페란토 제호가 'Litterae Exoticae'라는 라틴어로 바뀌었다. 연구회의 공식적인 영문 이름도 'The Society for Research in Foreign Literature'로 처음 등장하였다. 광고 중앙에는 "전세계의 진선미眞善美 / 외국 사상 예술의 조선적 유일 전당 / '코리안' 문학의 산파역 / 충실한 연구, 거짓업는 번역 / 참된 소식"이라는 문구가 적혀 있다. 그리고 바로 그 밑에는 "SO / LET US HOPE / THAT / THE MAGAZINE OF YOURS WILL BE THE HERALD / OF / THE TWENTIETH CENTURY RENAISSANCE / OF / THE LITERARY LIFE OF KOREA / R. B."라는 영문 문구가 대문자로 적혀 있다. 여기에서 'R. B.'는 창간호에서 정인섭에게 편지를 보내『해외문학』창간을 축하한 와세다대학 교수 레이먼드 밴토크의 머리글자다. 속표지에 실린 이러한 문구와 관련하여 뒷날 정인섭은 "한국문학의

22 『우라키』의 제호와 관련하여 이 잡지의 제2호 편집자는 ① 로키산맥이 북미 대륙의 등뼈 같은 큰 줄기를 이루는 산맥이기 때문에 유학생들의 가상을 잘 표상하고, ② 앞으로 유학생들이 나아갈 길은 로키산맥처럼 매우 험준하며, ③ 로키산맥의 기세처럼 유학생들은 '순결, 장엄, 인내' 등의 정신 태도를 흠모해야 한다고 지적하였다. 김욱동,『강용흘—그의 삶과 문학』, 서울대 출판부, 2004, 33면 참고.

국제적 연결까지 꿈꾸고 있었다"[23]고 회고한 적이 있다.

창간호의 '편집여언'과 마찬가지로 제2호의 '여언'도 찬찬히 눈여겨볼 필요가 있다. 앞에서 이미 편집과 인쇄에 관련하여 언급했지만 이하윤은 『해외문학』과 이 잡지에 실린 회원의 번역이나 입장에 대한 독자의 충고나 '참된 비평'을 기다린다고 밝혔다. "배틀닌 심사心事에서 나오는 비난이라든가 철업는 자들의 당치도 안은 비평엔 귀도 안 기우리는 바이지만 우리는 충심에서 나오는 권고라든가 한 마대나마 들을 만한 참된 비평이 잇섯스면 한다"[24]고 말하였다. 이하윤이 이렇게 자못 방어적인 자세로 말하는 것은 『해외문학』 창간호가 나오면서 국내 문단 곳곳에서 비판이 쏟아져 나왔기 때문이다.

이번에는 『해외문학』 제2호도 창간호와 마찬가지로 본문 못지않게 곳곳에 삽입한 상업 광고나 격려 광고도 여러 의미에서 자못 중요하다. 창간호와는 달리 제2호에서는 광고가 하나같이 뒤쪽에 모여 있다. 개벽사에서는 『별건곤』 7월호를 '해외문학 발전'이라는 축하 문구와 함께 잡지를 소개하는 전면 광고를 실었다. 이 잡지는 1920년대 대표적인 시사 잡지였던 『개벽』이 조선총독부에 의하여 강제로 폐간된 이후 개벽사에서 일반대중에게 취미와 오락을 제대로 소개하기 위한 목적으로 『해외문학』보다 두 달 전, 그러니까 1926년 11월에 창간한 잡지였다. "한 호號 한 호 천하를 들먹이는 독특한 편집"이라고 잡지를 소개한 뒤 "읽어야 한다, 보아야 한다, 조선사회 여실如實의 '파노라마'"라고 광고하였다. 이번 7월호에 대해서는 "염하炎夏의 청량한 별천지"라고 소개하는가 하

23 정인섭, 「나의 유학 시절」, 82면.
24 「여언」, 『해외문학』 2, 1927.7, 69면.

면, 독자들에게 "취미 잡지의 조선 스핑크스, 소생의 전당을 구경하라"고 권하기도 하였다.

두 번째 광고는 1923년에 창간된 어린이 잡지 『신소년』이었다. 소파 방정환의 『어린이』와 경쟁하던 이 잡지는 이 무렵 식민지 시대 어린이들에게 꿈을 안겨 주었다. "조선의 소년들아 『신소년』을 신사회의 건설은 여긔에서 발아發芽한다"니 "형아, 동생아, 어니야, 누나야 하기방학에 『신소년』을 읽자!"니 하는 광구 문구가 눈에 띈다. 색동회의 후원이라고 밝히면서 편집인인 한글학자 신명균申明均을 비롯하여 시인 정지용, 정열모鄭烈模, 맹주천孟柱天, 이호성李浩盛, 김남주金南柱 같은 필자를 소개하고 있다. 『신소년』의 광고에서 눈길을 끄는 것은 신소년사에서 출간한 도서 목록이다. 가령 『동요 작법』, 『소년 작문집』, 『공든 탑』, 『로빈손 표류기』 같은 책을 소개한다. 정인섭은 외국문학연구회 못지않게 색동회에서도 활약하였다.

『해외문학』 제2호에 실린 세 번째 광고는 '동방의 서광'이라는 『동광』이다. "신조선의 정신 — 민족성의 발휘, 인격의 수양 지식智識의 연마"라는 기치를 내세우면서 "충실한 내용 · 독특한 인쇄, 수단은 이해 · 목적은 단결"이라는 광고 문안이 유난히 눈에 띈다. 마지막 광고는 외국문학연구회 회원 정인섭이 출간한 『온돌야화』다. 이른바 '다다미야화たたみ夜話'에 견줄 만한 이 책은 와세다대학의 영문과 교수 이이다 도시오飯田敏雄 교수가 추천하여 니혼쇼인日本書院에서 출간한 책이다. 일본 신비주의 시인 히나츠 고노스케日夏耿之介의 추천사와 영국 시인 레이먼드 밴토크가 이 책의 출간을 축하하며 정인섭에게 보낸 편지 중 한 구절, 그리고 저자가 쓴 서문 한 구절을 인용하고 있다. 이 광고에 따르면 『온돌야

화』는 벌써 4판을 찍을 만큼 일본에서 큰 인기를 끌고 있었다.

『해외문학』 제2호에 곳곳에서 엿볼 수 있듯이 외국문학연구회 회원들은 제3호를 준비하고 있었다. 제2호의 '집필자 제씨의 최근 소식' 난에는 "미완未完 남은 제씨 차호次號 연재"라고 밝히는 것만 보아도 제3호를 발간할 계획에는 추호의 의심도 없었다. 제2호의 필자 소식 난이나 편집자의 '여언'을 보면 몇몇 원고를 받아 놓고서도 이런저런 사정으로 실리지 못하여 제3호를 기약한다는 언급이 나온다. 예를 들어 김진섭은 평론 「체험과 형상」을 번역하고 표현주의 연극의 걸작이라고 할 「인간=군중」을 번역하였다. 김석향도 영국 작가 조지 기싱의 소설과 라프카디오 헌(고이즈미 야코모)의 글을 번역하였다. 또한 유석동의 원고도 받아만 놓고 미처 실리지 못하였다.

더구나 『해외문학』 제2호에는 창간호에서 다음 호에 싣겠다고 예고했던 몇몇 평론이나 논문들도 빠져 있다. 예를 들어 창간호의 '편집여언'에서 편집자는 "려재비驢再鼻 군의 「안드레 지드 연구」와 김석향金石香 군의 「세계 문학과 조선」을 여러 가지 관계상 이번에 싯지 못한 것은 나로셔 큰 유감으로 녁이는 동시에 독자제씨와 필자에게 용서를 걸乞한다"[25] 고 밝힌다. 또한 창간호 '편집여언'에는 "다음 호에는 될 수 잇으면 이번에 못 실은 장편소설, 탐정소설, 혹은 창작 갓흔 것도 실어보겟다"[26] 고 포부를 밝혔지만 제2호에는 장편소설이나 탐정소설은 아무리 눈을 씻고 찾아보아도 찾아볼 수가 없다. 이 모든 원고는 제3호에 실릴 예정이었지만 편집까지 다 마쳐 놓고서도 재정난에 부딪혀 세 번째 호는 그

25 『해외문학』 창간호, 1927.1, 202면.

26 위의 책.

만 안타깝게도 빛을 보지 못하였다.

이렇게 『해외문학』은 두 권을 마지막으로 안타깝게도 종지부를 찍고 말았다. 이 점과 관련하여 정인섭은 동인들이 모두 해외에 유학하고 있었기 때문에 선전이나 판로에 대해서 그다지 활발하지 못했다고 솔직히 인정하였다. 물론 사우社友 모집을 위하여 그 취지문까지 창간호에서 발표하여 독자의 관심을 모으려고 했지만 역부족이었다고 밝히기도 하였다. 사우 규정에 따르면 사우는 모두 200명으로 한정하여 사우권 발행, 『해외문학』 무료 증정, 본사 출판물 1할 할인 감면, 영구 사우는 60원 선납, 보통 사우는 선금 3월 등의 혜택을 주었다. 순회강연 및 순회 강습회에 무료입장, 순회문고 설치 등도 계획했지만 이런 저런 사정으로 처음 계획을 실천하지 못하였다.

외국문학연구회의 활동과 비록 안타깝게도 2호로 종간되고 말았지만 『해외문학』의 발간은 한국문학사와 한국 번역사에서 그야말로 획기적인 사건이었다. 좁게는 중역重譯이 아닌 직역直譯을 통한 외국문학을 본격적으로 소개하고, 넓게는 한국문학과 한국어의 발전에 크게 이바지하였다. 좀 더 넓게는 일제 식민주의 상황에서 시들어가는 한국 문화에 새로운 활력을 불어넣어 주었다는 점에서 주목받을 만하다. 1919년의 기미독립운동이 정치적 독립을 선언한 운동이었다면, 외국문학연구회의 창립과 『해외문학』의 발행은 곧 문화적 독립을 선언한 것과 크게 다름 없었던 것이다.

제4장

『해외문학』 창간호 분석

외국문학연구회의 『해외문학』 출간은 처음부터 회원들로서는 크나큰 도전적이면서도 야심찬 기획이었다. 재정과 인쇄 문제 등 여러 어려움에도 연구회 회원들은 1927년 1월 17일에 마침내 『해외문학』 창간호를 간행하였고, 같은 해 7월 4일에 제2호를 출간하였다. 제3호는 막상 편집까지 해놓고 재정난에 부딪혀 안타깝게도 결국 출간하지 못하였다. 돌이켜 생각해 보면 제3호가 출간되지 못한 것은 한국문학사와 한국의 외국문학 연구사, 그리고 한국 번역사에서 크나큰 손실이 아닐 수 없다.

외국문학연구회는 『해외문학』 창간호를 '특대호'로 발간하였다. '특대호'라고 부르는 것도 무리가 아닌 것이 창간호는 무려 202쪽에 이르는 방대한 분량였기 때문이다. 이 무렵에 발간된 다른 잡지나 동인지와 비교해 보면 지면이 여간 많지 않다. 『해외문학』 창간호는 제2호가 68

쪽인 것을 생각하면 무려 세 배 가까이 되는 두께다. 한마디로 창간호는 거의 단행본 수준에 맞먹는 지면이라고 할 수 있다. 목차만도 좌우로 펼치면 4쪽에 이른다.

『해외문학』은 이렇게 양적인 면에서뿐만 아니라 질적인 면에서도 이 무렵에 발간된 다른 잡지나 동인지와는 크게 차이가 난다. 제호에 걸맞게 이 잡지는 해외에서 나온 문학 작품, 즉 자국 문학이 아닌 외국문학 작품을 폭넓게 번역하여 소개하였다. 1920년대 중엽까지만 하여도 자국 외의 다른 나라를 뜻하는 '외국'보다는 물 건너라는 뜻의 '해외'라는 용어가 더 널리 쓰였다. 이 '해외'라는 어휘에는 정치나 문화와 관련한 함의보다는 지리적 함의가 훨씬 더 강하다. 그러나 연구회 이름은 '외국문학연구회'라고 명명하고 그 기관지는 '해외문학'이라고 명명한 것이 조금 의외라면 의외다. 그 명칭이야 어찌 되었든 1920년대 후반 식민지 조선에서 발간된 문학동인지나 문학잡지에 실린 번역과 비교해 볼 때 『해외문학』 창간호와 제2호에 실린 번역과 평론은 좀 더 학구적이고 전문가적이라고 할 수 있다.

창간 권두사와 격려사

대부분의 잡지 창간호가 으레 그러하듯이 『해외문학』도 맨 앞에 창간 권두사를 실었다. 이 권두사는 외국문학연구회의 임무와 목표를 담은 선언문의 성격을 띠었다. 요즈음 이윤을 최대 목표로 삼고 있는 기업체는 말할 것도 없고 심지어 교육 기관과 교회에서조차 임무와 비전을 명시하는 사명 선언문인 '미션 스테이트먼트'가 유행하고 있다. 『해외문학』의 임무와 목표를 천명한 이 창간 권두사는 말하자면 외국문학연구회의 사명 선언문에 해당한다. 이 창간 권두사를 과연 누가 썼는지는 아직껏 명확히 밝혀져 있지 않다. 목차에는 이 권두사를 쓴 사람을 '편집인'으로만 표기하고 있을 뿐이다. 한편 권두사 끝에는 '松'이라는 한자와 '1926. 12.'라는 연도가 적혀 있다. 그렇다면 창간호의 '편집인 겸 발행인'이 이은송이기 때문에 '松'은 다름 아닌 이은송을 가리키는 것으로 볼 수 있다. 그러나 문제는 그렇게 간단하지 않다. 이은송은 잡지 마지막 '편집여언編輯餘言'의 끝에는 '松' 자 대신에 '殷' 자를 사용하고 있어 권두사를 다른 정식 회원이 썼을 가능성을 완전히 배제할 수 없다. 그렇다면 이 권두사를 쓴 사람은 아마 이 연구회의 조직에 적극적으로 활동한 회원 중 한 사람일 것이다.

여러 정황으로 미루어보아 『해외문학』의 창간 권두사는 정인섭이 썼을 가능성이 가장 높다. 이 무렵 정인섭은 '눈솔'을 아호로 사용하고 있었지만 '눈솔'을 한자어로 표기한 '설송雪松'이나 '화장산인花藏山人'을 필명으로도 즐겨 사용하고 있었다. 이 책의 저자(김욱동)가 소장하고 있는 『해외문학』 창간호에는 권두사를 쓴 연도와 달 바로 다음에 펜으로 '於東京'이라고 적어 놓았다.[1] 도쿄에서 이 권두사를 썼다면 외국문학연구회의 핵심 회원 중 한 사람이 썼을 것이다. 그러므로 창간호의 권두사는 이은송보다는 아무래도 창립회원 중 한 사람인 정인섭이 썼다고 판단하는 것이 합리적인 추론이다.

1 이 책의 저자(김욱동)가 인용하는 『해외문학』 창간호와 제2호는 국학자료 전문 출판사인 경문사(景文社)에서 영인본으로 제작한 것이다. 이하윤이 기고한 글 곳곳에 오자나 탈자를 펜으로 수정하거나 필요한 부분을 가필해 놓은 것을 보면 이하윤의 소장본을 모본으로 삼은 것 같다. 레이먼드 밴토크의 창간 격려사 영문도 수정했지만, 이는 분량이 겨우 한쪽 밖에 되지 않는 데다 틀린 곳이 너무 많기 때문일 것이다.

누가 썼건 이 창간 권두사에는 외국문학연구회가 지향하는 목표와 임무가 분명하게 천명되어 있다. 그 임무와 목표를 제대로 이해하기 위해서는 조금 길지만 권두사 전문을 그대로 인용할 필요가 있다.

◯ 외국문학연구회는 1927년 새해부터 『해외문학』을 세상에 내놋는다. 비참한 과거, 희미한 현실보다도 원대한 미래의 거룩한 이상을 위하야 우리는 하로밧비 뜻잇는 운동을 실지화(實地化)식히는 것이다.

◯ 무릇 신문학(新文學)의 창설은 외국문학 수입으로 그 기록을 비롯한다. 우리가 외국문학을 연구하는 것은 결코 외국문학 연구 그것만이 목적이 아니오 첫재에 우리 문학의 건설, 둘재로 세계문학의 호상(互相) 범위를 넓히는 데 잇다.

◯ 즉 우리는 가장 경건한 태도로 먼저 위대한 외국의 작가를 대하며 작품을 연구하여써 우리 문학을 위대히 충실히 세워노며 그 광채를 독거보자는 것이다. 이에 우리는 우리 신문학 건설에 압셔 우리 황무(荒蕪)한 문단에 외국문학을 밧어 드리는 바이다.

◯ 여긔에 배태(胚胎)될 우리 문학이 힘이 잇고 빗이 나는 것이 된다면 우리가 이르킨 이 시대의 필연적 사업은 그 목적을 달(達)하게 된다. 동시에 세계적 견지에셔 보는 문학 그것으로도 한 성공이다. 그만치 우리의 책임은 중대하다.

◯ 이런 의미에셔 이 잡지는 세상에 흔이 보는 엇더한 문학적 주의하에 모힌 그것과 다르다. 제한된 일부인의 발표를 위주로 하는 문예잡지, 동인지 그것도 아니다. 이 잡지는 엇던 시대를 획하야 우리 문단에 큰 파동을 일으키는 뜻잇는 운동 전체의 기관(機關)이다. 동시에 주의(主義)나 파분(波分)

을 초월한 광범(廣汎)한 그것이 아니면 안 된다.[2]

외국문학연구회는 첫 번째 선언에서 『해외문학』을 발간하는 것과 관련하여 "비참한 과거, 희미한 현실보다도 원대한 미래의 거룩한 이상을 위하야 우리는 하로밧비 뜻잇는 운동을 실지화식히는 것"이라고 밝혔다. 일본 제국주의의 식민지 지배를 받기까지 조선의 고통스러운 과거에도, 언제 해방의 빛을 볼지 모르는 어두운 현실에도 연연하지 않겠다는 결연한 의지를 드러낸다. 과거를 후회하거나 원망하고 현실의 부조리를 탓하는 것보다 아마 더 어리석은 일도 없을 것이다. 이렇게 외국문학연구회는 과거나 현재보다는 앞으로 다가올 미래에 희망을 둔다는 점에서 미래지향적이었다.

한편 위 선언에서 '거룩한 이상'이라는 구절을 좀 더 찬찬히 눈여겨보아야 한다. '거룩한'이라는 형용사에서도 엿볼 수 있듯이 외국문학연구회는 미래에 대한 소망을 성스러운 종교의 차원으로 끌어올려 하였다. 또한 "하로밧비 뜻잇는 운동을 실지화식히려는 것"이라는 구절에서는 그들의 연구회가 한낱 고담준론高談峻論을 일삼는 동호인적인 모임이 아니라 조국 광복을 앞당기기 위한 의미 있는 실천적인 운동임을 분명히 천명하였다. 그리고 이제 그 거룩한 이상을 실현시키는 일을 한 순간도 더 미룰 수 없다는 절박함을 드러내었다.

모두 다섯 항목에 이르는 선언 중에서도 두 번째 선언에서는 외국문학연구회의 임무와 목표를 가장 뚜렷이 엿볼 수 있다. 이 연구회는 단순

2 「창간 권두사」, 『해외문학』 창간호, 1927.1, 1면.

히 외국문학을 소개하는 역할을 뛰어넘어 궁극적으로는 조선문학의 발전에 이바지하겠다는 의지를 밝혔다. 뒷날 정인섭은 1931년 1월 『조선일보』에 발표한 「조선 현문단에 소訴함」에서 "외국문학의 연구와 [및] 그 수입은 여하如何한 사회를 물론勿論하고 극히 필요한 역할을 하고 있다. 이 커다란 사실은 이미 세계 각국의 문학사가 증명하고 있을 뿐 아니라……"[3]라고 좀 더 강조하여 다시 지적하였다. 세계 문학사를 보면 자국의 문학은 어디까지나 외국문학을 연구하고 수입하는 데서 발전했다는 말이다. "무릇 신문학의 창설은 외국문학 그 기록을 비롯한다"고 말하는 것은 아마 일본의 근대문학을 염두에 둔 듯하다.

메이지 시대의 일본문학은 문화 개화를 표방하여 그 이전 시대의 봉건체제와 불합리한 사상에서 벗어나 새로운 시민사회의 형성을 목표로 삼았다. 이 무렵 일본 근대문학에 활력을 불어넣어 준 계몽 사상가들은 거의 대부분 일찍이 외국에 진출하여 신지식과 신문화를 흡수하고 돌아온 사람들이었다. 서양에 유학하고 돌아온 일본인은 1868년 메이지유신 이전에 이미 160여 명에 이르렀고, 1890년경까지는 무려 3,000명을 넘었다. 정치가 이토 히로부미伊藤博文를 비롯하여 후쿠자와 유키치福澤諭吉, 니시 아마네西周, 나카에 초민中江兆民, 후타바테이 시메이二葉亭四迷 등 하나하나 손가락에 꼽을 수 없을 정도로 아주 많았다.

다이쇼大正 시대에 들어와서도 일본문학은 외국문학을 전공하거나 외국에서 생활한 사람들이 주도적인 역할을 맡았다. 가령 메이지 말기에 문단의 주류였던 자연주의 운동을 비판한 작가로 독일에 유학한 모리

3 정인섭, 『한국문단논고』, 신흥출판사, 1959, 93면.

오가이森鷗外, 영국에 유학한 나쓰메 소세키夏目漱石 등은 특히 주목할 만하다. 상징주의 전통에서 시를 쓴 사이조 야소西條八十는 프랑스에서 유학하였다. 이밖에도 미국과 프랑스에서 젊은 시절을 보낸 나가이 가후永井荷風도 외국 경험을 바탕으로 작품을 썼다.

이 점과 관련하여 『해외문학』 창간호에 실린 와세다대학의 영문학 교수요 시인인 레이먼드 밴토크의 격려사도 좀 더 찬찬히 음미해 볼 필요가 있다. 영국인인 그는 개인 의견임을 전제한 뒤 "외국문학의 연구는 각국 작가의 가장 필요하고 중요한 영감자靈感者일가 합니다. 그것은 신선한 관념을 넘치도록 지래持來하고 새로운 작가를 분발奮發식히며 넷 작가가 무기력하게 됨을 방어하는 것이니 그것 업시는 진정한 문학 생활이 불가능입니다. 우리 영국에는 모든 것이 실제적으로 외국문학에 의依하고 잇슴니다"[4]라고 잘라 말하였다. 밴토크는 영국 문학의 실례를 들면서 외국문학의 이입 없이 진정한 자국 문학의 발전은 기대할 수 없다고 천명하였다. 서유럽의 문학사를 들여다보면 그의 말에 일리가 있음을 알 수 있다. 영국의 철학자 알프레드 노스 화이트헤드는 "유럽 철학 전통을 가장 안전하게 일반화하여 말한다면, 그것은 플라톤에 대한 일련의 각주로 이루어져 있다"[5]고 했지만, 서양의 문학도 고대 그리스와 로마시대의 문학의 모태에서 자양분을 얻고 자라났다.

외국문학의 토대 위에 한국문학을 건설하겠다는 외국문학연구회의 이러한 목표는 몇 해 전 춘원 이광수가 이미 천명한 바 있다. 그는 1920년대 중엽 안서岸曙 김억金億의 역시집 『잃어진 진주』 서문에서 한국문단

4 『해외문학』 창간호, 1927.1, 3면.
5 Alfred North Whitehead, *Process and Reality*, New York : Free Press, 1979, p. 39.

의 현실에서 외국문학의 '수입'이 얼마나 절실하고 중요한지 역설하여 관심을 끌었다.

> 더욱 오늘 조선 사회와 갓치 외국의 문학의 수입(輸入)이 문단을 위하야서나 일반 민중을 위하야서나 심히 긴요한 때에, 그런데도 아직 이 헤아릴 수 업는 가치를 가진 사업을 하는 이가 업는 때에 형(兄)이 홀로 이 존경할 만한 사업에 용력(用力)하심은 우리 조선어를 말하는 자 전체가 감사할 바라 합니다. (…중략…) 어느 때 어느 곳에서나 번역은 창작과 갓튼 효과와 노력을 요(要)하는 것이지만은 특히 오늘날 조선과 갓튼 경우에서는 그 효과가 창작보다 더욱 크고, 또 그 곤란이 창작보다 더욱 클 것이외다. 위대한 외국문학의 번역 우에만 위대한 조선문학의 기초가 설 것이니 번역의 공(功)이 얼마나 큼닛가. 또 아직 세련되지도 못하고 어휘도 풍부치 못한 말로 세련되고 풍부한 어휘를 사용한 외국문학, 게다가 시가(詩歌)를 옮기는 그 곤란이 얼마나 큼닛가.[6]

위 인용문에서 '형'이란 두말할 나위 없이 영시를 번역한 김억을 가리킨다. 김억은 대부분의 외국문학연구회 회원들보다 무려 십여 년 앞서 1913년에 일본 게이오의숙 영문과에 입학했지만 부친의 사망으로 학업을 포기하고 귀국할 수밖에 없었다. 그래서 그는 주로 국내에서 외국문학을 번역하고 창작에 몰두하였다. 김억은 영국 시인 아서 시먼스의 작품을 번역하여 『잃어진 진주』라는 제목으로 출간하면서 이광수에게 서

6 이광수, 「『잃어진 진주』 서문」, 박경수 편, 『안서 김억 전집』 2, 한국문화사, 1987, 443~444면.

문을 써 달라고 부탁하였다. 이 서문에서 이광수가 창작보다 오히려 번역을 더 우위에 둔다는 점을 눈여겨보아야 한다. 그는 번역의 굳건한 토대 위에서 조선문학의 집을 건설할 수 있다고 굳게 믿고 있었기 때문이다. 적어도 이 점에서 이광수의 생각은 외국문학연구회 회원들의 생각과 크게 다르지 않다.

더구나 외국문학연구회는 두 번째 선언에서 한국문학의 건설에 이바지하는 역할 말고도 "세계문학의 호상 범위를 넓히는" 데 그 목적이 있다고 천명하였다. 세계문학의 상호 범위를 넓힌다는 것은 곧 한국문학을 발전시킴으로써 세계문학의 반열에 올려놓는다는 것을 뜻한다. 이렇듯 외국문학연구회는 구심적으로는 자국문학의 발전에 이바지하는 한편, 원심적으로는 세계문학에 동참하려는 원대한 목표를 상정하였다. 적어도 이 점에서 보면 외국문학연구회는 일찍이 1920년대 중엽 요즈음 문학가들의 입에 자주 오르내리는 '글로벌문학' 또는 '세계문학'을 염두에 두고 있었다고 할 수 있다.

창간 권두사의 세 번째 선언은 두 번째 선언의 연장선에서 이해할 수 있다. 무엇보다도 먼저 "가장 경건한 태도로 먼저 위대한 외국의 작가를 대하며 작품을 연구"하겠다는 포부를 밝혔다. 그것도 단순히 외국문학을 연구하는 것에 그치지 않고 더 나아가 "가장 경건한 태도로" 그렇게 하겠다는 것이다. 여기에서 '경건한'이라는 말에 방점이 찍혀 있다고 볼 수 있다. 이를 달리 말하면 그동안 외국문학 연구가 불성실한 태도로 이루어져 왔다는 것이 된다. 지금까지 대부분 조선의 문학 연구가들은 자국문학이 외국문학보다 우수하다는 국수주의적인 입장에서 연구해 온 것이 사실이다. 그러나 외국문학연구회는 그러한 국수주의적인 태도에서 벗어나 좀 더 객관적이고 가치중립적인 입장에서 연구하겠다는 의지를 천명하였다. 물론 그렇다고 사대주의적 입장에서 외국문학을 연구하겠다는 것은 결코 아니다. '경건한'이라는 형용사에 지나치게 얽매일 필요는 없을 것이다.

더구나 외국문학연구회는 외국 작가와 작품을 균형 있게 연구함으로써 아직 발전 단계에 있는 한국문학을 좀 더 굳건한 발판에 올려놓을 뿐만 아니라 그 위대성을 제고하겠다는 포부를 밝혔다. 연구회는 '황무한' 한국문단에 외국문학을 받아들여 신문학 건설에 이바지하려는 원대한 임무와 목표를 지니고 있었다. 그런데 여기서 한 가지 유념해야 할 것은 한국문학을 황무지에 빗댄다고 하여 한국문학을 경멸하거나 폄하하려는 것은 아니라는 점이다. 갑오경장甲午更張 이후 개화사상에 따라 서구의 문예사조를 받아들여 이루어진 새로운 형식과 내용의 문학을 신문학이라고 정의할 때, 한국의 신문학은 아직 그 역사가 짧고 걸음마 단계에 있었다고 할 수 있다. 가령 한국 신문학의 개척자라고 할 육당 최남선만 하여도 일본 신문학의 영향을 많이 받았다. 이러한 사정은 외국문학연구회를 창립한 1920년대 중엽에 이르러서도 크게 다르지 않았다. 그러므로 '황무한 문단'이라는 표현을 지나치게 부정적으로 받아들일 필요는 없을 것이다.

네 번째 선언에서는 외국문학연구회의 임무와 목적이 무척 크다는 점을 천명하였다. 연구회는 앞으로 서구문학의 장점을 받아들여 한국문학에 활력을 불어넣음으로써 그것을 좀 더 역동적이고 찬란한 빛을 내뿜게 만들어야 한다. 만약 그렇게 된다면 연구회가 시작한 "이 시대의 필연적 사업"은 그 임무와 목적을 달성하게 될 것이다. 그런데 여기서 "여 그에 배태될 우리 문학"이라는 구절을 찬찬히 눈여겨보아야 한다. '배태되다'라는 동사는 아이나 새끼가 잉태되는 것을 뜻한다. 그렇다면 세 번째 선언에서 언급한 것처럼 한국문학은 아직 태어나지 않았거나 태어났다고 하여도 아직 갓난아이의 미숙한 단계에 머물러 있다는 말이다. 어찌 보면 아직 갓난아이처럼 미숙한 단계에 있어 발전할 가능성은 그만큼 크다고 할 수 있다.

더구나 한국문학이 역동적이고 찬란한 빛을 내뿜게 되면 한국문학의 위상은 자연스럽게 높아지게 마련이다. 만약 그렇게 되면 한국문학은 "세계적 견지에셔 보는 문학"으로도 성공을 거두는 셈이다. 세계적 견지에서 보는 문학이라는 표현이 무엇을 의미하는지 분명하지 않지만, 한국문학이 세계문학의 일원으로 확고한 위치를 차지하고 있다는 뜻으로 해석하여도 큰 무리는 없을 것이다. 세계문학에 속하는 하부 문학으로 세계문학과 수직적 관계가 아니라 세계문학과 어깨를 나란히 하는 수평적 관계를 맺는 문학이 되도록 해야 한다는 뜻이다. 한마디로 외국문학연구회의 책임과 임무가 그만큼 중차대하다는 말이다.

마지막 다섯 번째 선언에서는 『해외문학』이 이 무렵 우후죽순처럼 생겨나기 시작한 문학잡지나 문학동인지와는 그 성격이 사뭇 다르다는 점을 지적하였다. 여기서 외국문학연구회의 기관지가 "세상에 흔이 보는 엇더한 문학적 주의 하에 모힌" 잡지와는 다르다고 밝히는 점에 주목해야 한다. 정인섭은 창간호에 발표한 「포오를 논하야 외국문학 연구의 필요에 급及하고 『해외문학』의 창간을 축祝함」이라는 논문에서 이 점을 분명히 밝혔다. 그는 "외국 문예의 연구와 소개와 번역과 창작 기타 문학의 각各 형식에 긍亘하야 각기 전문하는 부문과 각기 전문하는 어학으로 통하야 소산所産되는 일절一切의 문학적 재료를 발표하려는 것이며 결코 삭인數人의 동인적同人的 야심을 가진 것이 아님으로……"[7]라고 말한다. '각기 전문하는 부문'이니 '각기 전문하는 어학'이니 하는 구절이 자칫 배타적으로 비칠지 모른다. 그러나 외국문학연구회에 속한 회원들이야 말로 외국문학을 최초로 본격적으로 전공하는 사람들로 한국문학에 외국문학을 제대로 소개할 수 있는 사람들인 것만은 틀림없는 사실이다.

한편 『해외문학』은 "제한된 일부인의 발표를 위주로 하는 문예잡지, 동인지 그것도 아니다"라고 분명히 밝힘으로써 일반 문예지나 동인지와도 구별 지으려 하였다. 예를 들어 이 무렵 발행되던 문예동인지로는 『창조』, 『백조』, 『금성』 등이 있었다. 한국 현대문학기 최초의 문예 동인지로 1919년에 창간된 『창조』는 한국 현대문학사에서 처음으로 본격적인 현대 단편소설과 서정성이 깃든 자유시의 지평을 열었을 뿐만 아니라 순문학 제창과 국어체 문장을 확립했다는 평가를 받는다. 1920년에 창간된 『폐허』는 소설, 시, 논설 등을 주로 싣는 한편, 당시의 사회상과 생활정보를 싣는 문예지 겸 종합지 성격의 잡지였다. 1922년에 창간된 『백조』는 순수 문예지로 초기 낭만주의 문학 운동의 중심적 구실을 하였다. 그리고 1923년에 창간된 『금성』은 시 중심의 문예 동인지였다. 이밖에도 『조선문단』 같은 문예 동인지가 이 무렵의 한국문단을 주도하였다.

외국문학연구회의 기관지 『해외문학』이 이러한 문예지나 동인지와는 근본적으로 다르다고 밝히는 데는 그럴 만한 까닭이 있었다. 첫째,

7 화장산인(정인섭), 「포오를 論하야 외국문학 연구의 필요에 及하고 『해외문학』의 창간을 祝함」, 『해외문학』 창간호, 1927.1, 25면.

“엇던 시대를 획하야 우리 문단에 큰 파동을 일으키는 뜻잇는 운동 전체의 기관”이라는 구절에서도 엿볼 수 있듯이 이 잡지는 한 시대에 굵직한 획을 긋는 잡지로 만들려고 하였다. 이렇게 획기적인 잡지인 만큼 한국 문단에 큰 파동을 일으킬 것이라고 주장하였다. 둘째, 『해외문학』은 특정한 “주의나 파분을 초월한 광범한” 잡지를 표방하였다. 방금 앞에서 언급했듯이 『개벽』은 신경향파 문학과 깊이 연관이 있었다. 한편 『조선문단』은 신경향파 문학에 맞서 민족 문학의 기치를 내세웠다. 그런가 하면 『백조』는 낭만주의를, 『폐허』는 남녀의 자유연애에 관한 작품을 실어 일각에서는 퇴폐적이라는 비판을 받았다.

이렇게 동호인적인 문예지를 지양하는 외국문학연구회의 입장은 정인섭이 『동아일보』에 발표한 「신년 문단 전망」에서도 엿볼 수 있다. 이 글에서 그는 “외국문학을 전공하는 입장과 [그것을 소개하는 보도와] 그것을 민중에게 소화하는 행동으로서 공통적 책임을 가졌다고 할 수 있고 한 걸음 더 나[아]가서[는] 자기의 주의주장은 각기 자유로운 개별적의 것이며 창작적 연장延長 행동도 결코 총련적總連的 목표가 아닌 것이 있다”[8]고 지적하였다. 연구회 회원들은 연구회의 전반적인 비전이나 목표라는 큰 테두리에서는 공동책임을 지지만 개별적인 주의와 주장은 회원 각자의 자유에 따른다는 것이다. 동인지적인 문예 잡지라면 아마 동인이나 회원의 개별적인 주의와 주장은 마땅히 하나로 수렴되어야 할 것이다.

『해외문학』의 창간 권두사 바로 다음에는 레이먼드 밴토크의 ‘창간

8 정인섭, 「신년 문단 전망」, 『동아일보』, 1932.1.22; 정인섭, 『한국문단논고』, 신흥출판사, 1959, 119면. 이 글을 단행본에 수록할 때 그는 현행 맞춤법에 맞게 고치는 것 말고도 ‘해외문학’을 ‘외국문학’으로 바꾸는 등 몇몇 곳을 수정하였다.

축사' 편지가 영문과 한글 번역문으로 나란히 실려 있어 관심을 끈다. 이 격려사는 옥스퍼드대학을 갓 졸업하고 와세다대학에서 영문학을 강의하던 영국인 교수요 시인인 밴토크가 정인섭에게 보내는 편지 형식으로 되어 있다. 앞장에서 이미 지적했듯이 젊은 나이로 갓 일본에 온 그는 이 무렵 와세다대학에서 영어와 영문학을 가르치며 영문학을 전공하던 정인섭과는 여러모로 각별한 친분을 맺고 있었다.

밴토크를 '영국 신사' 로 즐겨 부르던 정인섭은 그에게 일본어 통역자 노릇도 해 주고 늘 따라다니며 그의 출판일도 돌보아 주었다. 정인섭은 일본의 유명한 출판사인 산세이도三省堂에서 세계 여러 나라의 동화를 간추려 영문으로 『Fairy Tales from Many Countries』라는 책을 출간하기로 되어 있었다. 그러나 출판사에서는 그가 아직 학생 신분인 탓에 출간을 꺼리자 밴토크가 공동 저자로 나서 출간할 수 있었다. 이 책이 출간되자 밴토크는 제이와세다고등학원에서 이 책을 교재로 사용하였다.

밴토크와 정인섭의 관계는 이 격려 편지를 "나의 경애하는 정군鄭君"으로 시작하는 것만 보아도 잘 알 수 있다. 밴토크는 외국문학연구회가 자국 문학이 아닌 남의 나라 문학 연구를 위하여 『해외문학』이라는 잡지를 발간하는 데 먼저 경의를 표하였다. 그러고 난 뒤 그는 외국문학이 자국문학의 발전에 얼마나 중요하고 필수적인지 역설하였다.

> 군(君)과 군의 우인 몇 사람들이 『해외문학』이라는 새로운 조선 잡지를 편집하야 다음 정월에 발간하려고 기획 중이라 함을 듯고 나는 깃버함니다. 나의 의견으로는 외국문학의 연구는 각국 작가의 가장 필요하고 중요한 영감자(靈感者)일가 합니다. 그것은 신선한 관념을 넘치도록 지래(持來)하고

새로운 작가를 분발(持來)식히며 녯 작가가 무기력하게 됨을 방어하는 것이니 그것 업시는 진정한 문학 생활이 불가능입니다. 우리 영국에는 모든 것이 실제적으로 외국문학에 의(依)하고 잇습니다. 우리의 가장 위대한 사람들은 모다 대륙에서 관념과 논제(論題)를 절취(竊取)하얏습니다. 루네싼쓰[문예부흥] 시대쌘만 아니라 그 전(前)과 후(後)에도.

그럼으로 그대들의 이 새로운 잡지가 조선의 문학 생활에 제20세기 루네싼쓰의 선구자가 되기를 희망합시다.[9]

이 격려사에는 단순히 『해외문학』 창간에 축하를 보내는 격려 이상의 깊은 의미가 담겨 있다. 외국문학연구회가 그 기관지를 발간하여 지향하는 목표를 그대로 담고 있기 때문이다. 밴토크는 고국 영국을 구체적인 실례로 들면서 자국의 문학이 외국문학이라는 비옥한 토양 속에서 건강하게 성장하고 발전할 수 있다고 천명하였다. 그렇기 때문에 외국문학연구회가 발간하는 『해외문학』이 20세기에 조선문학에 문예부흥의 불을 댕기는 선구자적인 역할을 하기를 기대해 마지않았다. 실제로 이러한 보편적이고 코즈모폴리터니즘적인 문학관이나 예술관이야말로 외국문학연구회가 추구하던 궁극적인 지향점이었던 것이다.

문학 평론 분석

『해외문학』 창간호에는 권두사와 격려사에 이어 문학 장르별로 구분하여 작품을 실었다. ① 평론, ② 소설, ③ 시가, ④ 희곡, ⑤ 외국 작가 소

9 『해외문학』 창간호, 1927.1, 3면.

전小傳, 문예한담, 독서여록, 편집여언으로 구성되어 있다. 다른 장르보다도 평론을 맨 먼저 실었다는 것은 그만큼 외국문학연구회가 창작 못지않게 문학 평론과 비평에 무게를 두었다는 것을 뜻한다. 이 점과 관련하여 창간 권두언에서 "가장 경건한 태도로 먼저 위대한 외국의 작가를 대하며 작품을 연구하여써 우리 문학을 위대히 충실히 세워노며 그 광채를 독거 보자는 것이다"라는 구절을 다시 한 번 떠올리는 것이 좋을 것이다.

평론 분야에서는 ① 김진섭의 「표현주의 문학론」, ② 정인섭의 「포오를 논하야 외국문학 연구의 필요에 급하고 『해외문학』 창간을 축함」, ③ 김석향의 「최근 영시단英詩壇의 추세」, 그리고 ④ 이선근의 「노서아露西亞 문학의 창시자 푸슈킨의 생애와 그의 예술」 등 네 편이 실려 있다. 특정 국가에 치우치지 않고 독일을 비롯한 미국과 영국 그리고 러시아 등 서양 국가를 비교적 고르게 배분하려고 애쓴 흔적이 엿보인다. 물론 프랑스가 빠져 있기는 하지만 제한된 지면에 모든 국가를 망라할 수는 없을 것이다.

호세이대학에서 독문학을 전공하던 김진섭은 논문 「표현주의 문학론」에서 "새 예술은 발서 예술됨을 긋치리라"는 일리야 에렌부르크의 말을 제명題銘으로 인용하면서 논의를 시작한다. 김진섭은 표현주의가 1차 세계 대전의 산물임을 먼저 밝힌 뒤 문학과 예술이란 실재의 재현이 아니라 실재의 표현이라고 못 박아 말하였다. 그러면서 표현주의는 전쟁 이전에 풍미하던 인상주의와 자연주의에 대한 거부라고 지적하였다.

> 표현주의 예술은 실로 인상주의 내지 자연주의의 투척(投擲)에 비롯한다.

그것이 그의 제일보(第一步)다. 예술은 모방이란 곧 희랍 이래의 라전적(羅典的) 전통에 대한 항의에 그것은 출발한다. 다시 말하면 예술 대상이 신흥(新興)의 객체적 현실의 충실한 모방이며 묘사이며 또 그것으로부터의 인상의 재현(再現)이라 하야 오작 자연의 근접(近接)과 상사(相似)에 전심전력하는 과거 예술의 외상(外象)에 대한 감각주의 내지 그 감각에 의한 직관주의를 일거에 거부하고 객관의 무의미한 폭위(暴威)로부터 선탈(蟬脫)하야 우리의 가장 본질적인 것(Das Wesentliche) 즉 주관의 표출을 고조(高調)하며 자연주의 시인의게 냉우(冷遇)를 바든 정신(精神, Geist)과 령혼(靈魂, Seele)의 서브리미티를 수립하랴는 것이다.[10]

'투척'을 비롯한 '항의'와 '거부'와 '선탈'이라는 용어에서 볼 수 있듯이 김진섭은 표현주의 예술이 종래 예술의 연장선에서는 결코 파악할 수 없고 오직 단절의 관점에서만 파악할 수 있다고 지적하였다. 그가 "기성 예술과 표현주의 사이에는 아모 교량이 없난 것이다"[11]라고 잘라 말하는 까닭이 바로 여기에 있다. "새 예술은 발서 예술됨을 긋치리라"는 에렌부르크의 말을 제명으로 삼은 데서도 엿볼 수 있듯이 김진섭은 표현주의가 예술의 혁명이라고 주장하였다. 표현주의 예술이 고삽하고 난해한 것은 이전의 예술 운동과는 전혀 다른 새로운 예술 운동이기 때문이라는 것이다. 표현주의 예술은 형식이 없는 듯하면서도 그 나름대로 일정한 형식을 갖추고 있기 때문에 그는 '무형식의 형식'이라고 불렀다. 표현주의의 난해성을 의식한 듯이 김진섭은 이 논문을 발표한 해에

10 김진섭, 「표현주의 문학론」, 『해외문학』 창간호, 1927.1, 5면.
11 위의 글, 17면.

『조선일보』에 「표현주의 문학과 그 언어 표현의 고삽苦澁에 대하여」라는 글을 기고하였다.

표현주의는 독일에서 가장 먼저 꽃 피운 문예사조요 예술운동이다. 그래서 그런지 외국문학연구회 회원 중 김진섭이 이 운동에 가장 깊은 관심을 보였다. 실제로 해방 이전까지 모든 독문학 전공자를 통틀어서도 김진섭만큼 표현주의에 그토록 깊은 관심을 기울인 비평가도 별로 없을 듯하다. 20세기 예술은 반드시 표현주의여야 한다고 못 박아 말할 정도로 이 예술 운동에 대한 그의 관심은 몹시 컸다.

> 건전한 정신, 발랄(潑剌)한 생기, 열정의 전율(戰慄), 생명의 유동(流動), 인간의 위대(偉大), 인류애, 희생의 정신, 우리가 좃타 명명(命名)하고 존숭하난 모든 것이 그 속에 잇다. (…중략…) 실로 표현주의는 인류의 운명과 중대한 관계을[를] 가지고 잇다. 나는 그 미래를 ◯목(目)하난 자의 하나임을 부끄러워하지 안는다. 나는 표현파 예술의 가운데 어써한 예술에서도 볼 수 업던 인간의 의지를 본다. 생(生)의 힘Lebenskraft를 본다. 에네르기의 인류적 발견을 본다. 20세기의 예술은 그것이여만 한다. 그것이여만 한단 말이다.[12]

창간호에 실린 문학 평론 4편 중 김진섭의 논문이 가장 학구적이라고 할 만하다. 스물네 살의 젊은 독문학도가 야심차게 쓴 글이 바로 「표현주의 문학론」이다. 다만 "세기世紀는 왓다. 그리하야 자연주의 예술의 신

12 위의 글, 18면.

앙은 20세기의 작열灼熱에 전염병적 사멸死滅을 수행遂行하엿다"는 문장에서 엿볼 수 있듯이 그는 때로는 논지를 차분하게 논리적으로 전개한다기보다는 자못 감상에 치우친 느낌이 없지 않다. 또한 중간 부분에서는 표현주의에 관한 여러 이론가들의 말을 그저 인용하여 나열하는 데 그치고 말아 자칫 산만하다는 느낌을 준다.

창간호에 실린 두 번째 문학 평론은 정인섭의 「포오를 논하야 외국문학 연구의 필요에 급及하고 『해외문학』 창간을 축祝함」이라는 글이다. 이 글을 발표하면서 그는 '정인섭'이라는 본명 대신 '화장산인'이라는 필명을 사용하였다. 창간호에 그의 이름을 여러 번 언급하는 것을 피하기 위해서일 것이다. 이러한 현상은 비단 정인섭에 국한되지 않고 이하윤 같은 다른 회원들도 마찬가지였다. 제목에서도 잘 드러나 있듯이 정인섭은 이 논문에서 미국의 단편소설 작가요 시인, 문학 비평가인 에드거 앨런 포를 소개하였다. 그러나 이 미국 작가를 본격적으로 한국 독자들에게 소개한다기보다는 그가 유럽 여러 국가의 문학에 얼마나 광범위하게 영향을 끼쳤는지 밝히는 데 주력하였다. 실제로 포는 고국인 미국보다는 오히려 유럽에서 먼저 각광을 받았다. 가령 샤를 보들레르와 스테판 말라르메 같은 상징주의 시인들이 포를 프랑스 문단에 번역하여 소개함으로써 자신들의 문학적 발판으로 삼았다는 것은 이미 잘 알려진 사실이다.

그러나 정인섭은 포가 프랑스에 소개되기에 앞서 러시아에서 먼저 번역되어 소개되었다고 지적하였다. 러시아에서 포의 시 전집이 출간된 지 이미 오래 되었다는 것이다. 포는 프랑스와 러시아에 이어 독일과 영국, 스페인 등에 계속 널리 소개되었다. 이 논문에서 주목해 볼 것은 정인섭이 포가 일본에서도 자못 큰 인기를 끌어 왔다고 밝히는 점이다. 실제로 신비주의적 상징주의 시인인 히나쓰 고노스케日夏耿之介는 포로부터 큰 영향을 받았다. 심지어 추리 소설가로 명성을 떨친 작가 에도가와 란포江戶川亂步는 그 필명을 다름 아닌 이 미국 작가의 이름의 음을 빌려 지을 정도였다.

정인섭이 이 글을 쓴 데는 크게 세 가지 목적이 있었다. 첫째는 포의 작품 세계를 소개하는 것이고, 둘째는 『해외문학』의 존재 이유를 부연 설명하는 것이며, 셋째는 한글의 어휘와 번역 문제를 언급하려는 것이다. 정인섭은 먼저 창간호에 포의 대표적인 단편소설 중 하나인 「적사赤死의 가면」을 번역하여 소개하였다. 이를 계기로 그는 한국 독자들에게 포의 문학을 좀 더 자세히 소개하고 싶었을 것이다. 이 점과 관련하여 정인섭은 "「적사의 가면」은 그이의 산문 중에서도 걸작의 하나이니 자기 자신의 환상을 포박捕縛하야 그로서 미美와 공포를 가장 준열하게 강렬하게 표현하려고 한 것이다"[13]라고 지적하였다. 그러면서 그는 포가 "극히 감격적感激的인 반면에 쏘한 극히 지적이며 의식적이엿다"고 주장하였다. 여기서 포가 감격적인 동시에 지적이라고 말하는 것은 그의 단편소설의 두 유형을 지적하는 말이다. 포는 한편으로는 인간의 공포 심리를 다루는 공포소설이나 괴기소설을 썼고, 다른 한편으로는 고도의 인간 지적 능력을 요구하는 추리소설을 썼기 때문이다.

정인섭은 이러한 장르적 특성을 떠나 이번에는 포를 현대적 의미의 단편소설을 본격적인 궤도에 올려놓은 작가일 뿐만 아니라 더 나아가

13 화장산인(정인섭), 「포오를 논하야 외국문학 연구의 필요에 급하고 『해외문학』 창간을 축함」, 『해외문학』 창간호, 1927.1, 20면.

단편소설의 특징을 체계적으로 규명한 최초의 이론가로 규정 지었다. 정인섭은 "그이는 장편시란 것이 벌서 말 그 자체에 모순이 잇다는 의견을 소설에도 적용하얏다"[14]고 지적하였다. 이 문장을 다른 말로 바꾸면 '장편시'가 모순어법이듯이 '장편소설'도 모순어법이라는 뜻이다. 인간의 감정과 사상을 이미지로 표현하는 시가 짧아야 하듯이 소설도 단편소설처럼 길이가 짧아야 한다는 점을 지적한 말이다. 그래야만 소설을 읽는 독자는 "피로와 장애에서 생기는 외부적 불순한 분자에 지배되지" 않기 때문이다. 여기서 정인섭은 포가 단편소설의 기본 요소로 지적한 '단일한 효과'와 '인상의 통일성'을 언급하고 있다.

둘째, 정인섭은 이 글에서 『해외문학』 창간호 발간에 즈음하여 외국문학이 자국 문학의 발전에 얼마나 중요한 역할을 할 수 있는지 역설하였다. 이 논문의 서문 격으로 쓴 글을 보면 그의 의도를 잘 알 수 있다. 그는 서문에서 기학적 은유를 빌려 "인류의 문학적 소산所産의 종합적 범위를 가령 사람의 예술적 본능을 그 공통 중심으로 한 일종의 원면적元面積에 비할 수 잇다면 국민문학과 세계문학은 그 반경半徑과 원圓의 관계를 가젓다 할 수 잇슬 것이다"[15]라고 말하였다. 그러면서 그는 계속하여 "원주상의 각점角点은 그 반경과 원의 상호불리相互不離이 밀접한 영향 상태를 보존하고 잇스니 반경이 크지면 커질수록 원도 커지고 원이 커지면 커질수록 반경도 커지는 것이다"[16]라고 지적하였다. 17세기 영국의 형이상학파 시인 존 던은 남녀의 사랑을 컴퍼스 다리에 빗댄 적이 있거니와,

14 위의 글, 21면. 다음 인용구도 같은 글 21면에서 인용한다.
15 위의 글, 20면.
16 위의 글, 19면.

정인섭이 한국문학과 세계문학의 상호 관계를 원과 점에 빗대는 것이 무척 흥미롭다.

정인섭이 이 서문에서 말하려는 바는 분명하다. 즉 한국문학은 지금 원주에서 한낱 "가장 미약한 점"을 차지하고 있는지 모른다. 그러나 그는 한국문학이 앞으로 세계문학을 적극적으로 수용하여 발전해 나간다면 언젠가는 세계문학과 어깨를 나란히 한 채 세계문학의 대열에 당당히 합류할 수 있다고 주장하였다.

> 우선 타(他)에 대해서 추종적(追從的) 일종의 흡취(吸取) 상태에 잇슬지라도 연차(延次) 그 원심력이 강렬해지면 그 일점(一点)도 또한 팽창하고 긴장될지니 미구(未久)에는 그 원상(圓上)에 예민한 일각(一角)의 돌출을 작(作)하야 원용상(圓用上)의 모든 점에서 일종의 선도적 파동의 전류를 주어 그 결과 세계문학의 종합적 질과 양의 위대화(偉大化)를 볼 수 잇슬 것이다.[17]

위 인용문에서 "타에 대해서 추종적 일종의 흡취 상태"라는 표현을 보면 정인섭의 태도가 자칫 비굴하게 보일지도 모른다. 그러나 그는 한국문학이 세계문학의 대열에 합류하기 위해서는 그럴 수밖에 없다고 생각한 듯하다. 한국문학이 세계문학의 대열에 합류하는 데 그치지 않고 더 나아가 세계문학이 양적 면에서나 질적 면에서 위대하게 발전하는 데 이바지할 수 있다면 그러한 추종적 태도는 어쩔 수 없이 감내할 수밖에 없다는 논리다. 정인섭이 "『해외문학』은 결코 단순한 '코쓰모포-리

17 위의 글, 19면.

탄'이 아니요 또는 피상적 서양 숭배아崇拜兒가 아니며 우리 정신을 하시下視하는 그런 천박한 자아몰식自我沒識의 우자愚者도 아니다"[18]라고 못 박아 말한다는 점을 눈여겨보아야 한다. 그러면서 그는 서유럽의 선진 국가들이 일찍이 그들의 문학을 발전시키는 과정에서 고대 그리스와 로마 문학을 "가장 경건한 태도로" 받아들였다는 점을 상기시켰다.

어떤 의미에서 정인섭의 포에 관한 논문은 『해외문학』 창간호의 창간 권두사의 내용을 좀 더 자세히 부연 설명한 것으로 보아 크게 틀리지 않다. 먼저 그는 한 사회에서 문학이 맡는 역할을 강조한 뒤 한 사회나 국가의 문학을 발전시키기 위해서는 무엇보다 외국문학의 이입이 필수적이라고 지적하였다. 그는 "[자국의] 문학을 완성식히기 위爲하야 외국문학 연구가 필요하고 그것을 사회에 보급식히기 위하야 가장 충실한 작품의 소개가 필요한 동시에 그 목적을 달達하는 기관이 필요하니 이제 미약하나마 『해외문학』이란 인형아人形兒가 출생되엿다"[19]고 밝혔다. 정인섭이 외국문학연구회의 기관지를 왜 하필이면 살아 숨 쉬는 어린아이에 빗대지 않고 인형아이에 빗대는지 조금 의아해 할지도 모른다. 그러나 사람이나 기계가 만든 인공적인 인형이 아니라 실제로는 인형 같은 아이라는 뜻으로 해석하여도 좋을 것이다. 어찌 되었든 정인섭은 서유럽이 그리스와 로마의 고전문학에서 자양분을 받고 그들의 문학을 성장시킨 것처럼 "우리도 금일今日의 우리 사회에서는 될 수 잇는 대까지의 충실한 태도로서 해외문학을 소개할 필요가 잇다"[20]고 주장하였다.

18 위의 글, 25면.
19 위의 글, 31면.
20 위의 글, 25면.

그러나 정인섭은 김진섭과 마찬가지로 외국 작가나 문예 운동을 소개하는 논문 형식의 글을 쓰면서도 때로는 헤프다 싶을 만큼 감정을 털어놓는다. 가령 정인섭은 『해외문학』이라는 인형아가 마침내 태어났다고 말하면서 "형제자매여! 찬바람 부는 이 ᄯᅢ에 눈서리 치는 우리 ᄯᅡᆼ에서 당신들의 ᄯᅡ뜻한 가삼의 요람搖籃에 안기여 당신들의 키쓰를! ᄲᅧ와 피는 바다 건너 이국에서 솟사낫지만 당신들의 형제가 고히 모와서 이목구비耳目口鼻를 붓처 주엇슴니다. 그리고 심장에는 피가 ᄯᅱᆸ니다"[21]라는 문장으로 논문을 끝맺는다. 외국 작가를 논평하는 논문치고는 자못 영탄적이라고 아니할 수 없다.

김진섭과 정인섭에 이어 김석향은 『해외문학』 창간호에 「최근 영시단의 추세」라는 논문을 실었다. 김석향은 도쿄고등사범학교대학 영문과를 다니던 김명엽의 필명이다. 논문을 발표한 네 회원 중에서 그의 글이 가장 논리적이고 평이하여 쉽게 읽힌다. 그가 이 논문에서 말하는 '최근 영시단'이란 조지아 왕조 시단을 말한다. 김석향은 영국 시단을 학계의 일반적인 분류 방식에 따라 1760년에서 1832년까지의 문학을 낭만주의 시대 문학, 1832년에서 1885년까지의 문학을 빅토리아 시대 문학으로 구분 짓는다. 그리고 그가 논문의 주제로 삼고 있는 조지아 시대는 빅토리아 시대 다음에 나타난 시대다. 좀 더 구체적으로 말하자면 19세기의 '세기말 운동'을 거쳐 에드워드 시대(1901~1914) 영문학에 이어 곧바로 나타난 문학이 바로 조지아 시대(1910~1936) 영문학이다. 한마디로 외국문학연구회가 『해외문학』을 발행하던 시기가 바로 이 시

21 위의 글, 31면.

대에 해당한다.

김석향은 이 논문에서 조지아 시대 영문학, 특히 시단을 한마디로 신이상주의新理想主義 문학으로 규정지었다. 이 경향을 보여 주는 가장 대표적인 시인들로 그는 래설 애버크롬비, 존 메이스필드, 그리고 로버트 브리지를 꼽았다. 애버크롬비의 작품에 대하여 김석향은 그의 무운시無韻詩에는 "예민한 이지理知의 고무鼓舞와 무겁게 흐르는 정열"과 함께 "굿센 종교적 의지의 힘"이 깃들어 있다고 평하였다.[22] 그는 존 메이스필드를 '해양 시인'으로 명명하면서 노동자와 선원으로서 사회 밑바닥에서 겪은 경험을 바탕으로 "인생의 비애悲哀와 그 내면에 잠재潛在한 심리를 신랄히 추출하는 점에서 영시단의 제일인第一人일 것"[23]이라고 높이 평가하였다. 그런가 하면 김석향은 계관시인인 브리지스 시의 특징을 자연 묘사와 운율의 조화에서 찾았다. 또한 그는 이 논문에서 토마스 하디를 비롯하여 시그프리드 새순, 로버트 그레이브스, 윌리엄 헨리 데이비스 같은 제1차 세계대전 이후에 활약한 이른바 '전쟁 시인들'을 다루었다. 이 밖에도 월터 드라메르, D. H. 로렌스, 류퍼트 브룩 등을 언급하기도 하였다.

또한 김석향은 이 논문의 끝부분에서 윌리엄 버틀러 예이츠와 존 싱을 예로 들면서 아일랜드 문예부흥 운동을 잠깐 언급하였다. 그런데 여기서 주목할 것은 김석향이 아일랜드 문학을 영국문학과는 독자적인 문학으로 평가한다는 점이다. 이 점과 관련하여 그는 "비록 애란문학愛蘭文學이 영어란 타민족의 언어를 통하야 표현되엿다 할지라도 그를 한 민족

22 김석향(김명엽), 「최근 영시단의 추세」, 『해외문학』 창간호, 1927.1, 35면.
23 앞의 글, 36면.

의 민족문학으로써 관찰할 때 애란문학과 영문학은 불문학이 영문학과 상이한 것만치 역시 상이한 것이라 하겠다"[24]고 주장하였다. 김석향의 이 언급은 이 무렵 일본 제국주의의 식민지 지배를 받고 있는 상황에서 시사하는 바 자못 크다. 잘 알려진 바와 같이 아일랜드는 여러모로 한국과 비슷한 데가 많았다. 아일랜드는 오랫동안 영국의 지배를 받으면서 고유한 언어와 문화를 잃어버리고 영국 문화로 흡수되었다. 19세기 말엽에 예이츠와 싱이 전개한 아일랜드 문예부흥은 바로 영국문화의 굴레에서 벗어나 조국의 정체성을 되찾으려는 문예운동이었다.

『해외문학』 창간호에 실린 네 번째 논문은 이선근의 「로서아 국민문학의 시조 푸슈킨의 생애와 그의 예술」이다. 와세다대학에서 러시아문학을 전공하다 나중에 서양사학으로 전공을 바꾼 이선근은 전공을 바꾸기 전까지는 외국문학연구회에서 꽤 활발히 활동하였다. 이 논문은 지면이 제한되어서인지 두 편으로 나누어 창간호와 제2호에 실렸다. 그래서 이 첫 번째 논문은 겨우 세 쪽 남짓밖에 되지 않는 짧은 글이다. 이선근은 러시아를 근대 국가로 정립한 정치가가 표트르 대제라면 러시아 근대문학을 굳건한 발판에 올려놓은 문학가가 알렉산드르 푸슈킨이라고 지적하였다. 그러면서도 "잔인무도한 군주전제의 근본"을 만들어 결국 러시아 혁명을 낳게 한 표트르 대제와 비교해 보면 오히려 시인과 소설가로서의 푸슈킨의 업적이 훨씬 더 뛰어나다고 결론 지었다.

이선근은 푸슈킨이 이룩한 가장 큰 업적을 러시아 국민문학의 수립에서 찾았다. 이 점과 관련하여 이선근은 "교회문학, 고전문학의 편협偏狹

24 위의 글, 40면. 정인섭은 영국에 여행하던 중 아일랜드를 방문하여 국민시인 윌리엄 버틀러 예이츠를 만나 환담을 나눈 적이 있다.

하고 고식적姑息的인 형식을 버서나 18세기 말엽에 로서아露西亞 민중을 잇삷고 서구 낭만주의 문학을 수입하야 거기로붓허 19세기 이후의 국민문학을 완전히 수립해 논 것이 곳 푸슈킨의 위대한 사업이다"[25]라고 지적하였다. 좀 더 구체적으로 말해서 푸슈킨은 한편으로는 여명기의 문호 니콜라이 카라무진, 바실리 주콥스키, 이반 크릴로프 등의 바통을 이어받고, 다른 한편으로는 미하일 레르몬토프, 니콜라이 고골, 이반 투르게네프 같은 작가들이 탄생하는 데 산파 역할을 했다는 것이다. 즉 이선근은 푸슈킨이 러시아문학사에서 고전문학과 근대문학 사이에서 교량 역할을 하면서 "과거의 문학을 완성해 논 공로자이요 후대 문학의 기초를 확립해 논 로서아露西亞 문학상文學上 제1의 위인"[26]으로 평가하였다. 그러나 이선근은 이렇게 일반적으로 푸슈킨의 업적을 언급할 뿐 좀 더 자세히 설명하지는 않았다. 말하자면 진술만 있고 진술을 뒷받침하는 구체적인 설명이나 증명이 없는 셈이다.

그런데 이선근의 논문은 여러모로 주목할 만하다. 비록 문학적인 면에서는 원론적이고 피상적으로 보일지 모르지만 이 논문에서 그는 19세기 러시아 현실을 식민지 조선의 현실이 직면한 문제와 연결시키려 시도한다. 김진영이 지적하듯이 "표트르 대제의 개혁 역사가 개화기 조선의 당면 과제를 예시해 줄 수 있듯이, 근대 러시아문학의 역사는 조선 문단의 현실과 미래에 대해 전범으로서의 가치가 있었다"[27]고 할 수 있

25 이선근, 「노서아 국민문학의 시조 푸슈킨의 생애와 그의 예술」, 『해외문학』 창간호, 1927.1, 42면.

26 위의 글, 42면.

27 김진영, 『시베리아의 향수—근대 한국과 러시아문학, 1896~1946』, 이숲, 2017, 140, 152~157면.

다. 다시 말해서 김진섭이나 정인섭 또는 이하윤의 논문이 미시적으로 문학의 경향이나 사조 쪽에 관심을 기울인다면, 이선근의 논문은 좀 더 거시적으로 러시아문학과 역사를 폭넓게 다루고 있다. 앞으로 이선근이 걷게 될 지적 행보에서 엿볼 수 있듯이 그는 이 논문에서 이미 역사학도로서의 면모를 보여주었다.

뒤이어 이선근은 이 글에서 푸슈킨의 생애를 다루었다. 푸슈킨은 귀족 가문에서 태어나 유복하게 자랐지만 시인으로 데뷔하고 난 뒤 비밀결사 조직에 가담하는 등 급진적인 사상 때문에 시대와 적잖이 불화를 겪었다. 한때는 황제의 비위를 건드려 시베리아로 유형 갈 뻔하다가 가까스로 모면하였다. 결혼한 뒤 순탄한 생활을 하던 푸슈킨은 감정의 문제로 한 백작에게 결투를 신청하였고, 결투 중 치명상을 입고 마흔 살도 되기 전에 세상을 떠났다. 이선근은 푸슈킨의 작품이 대부분 그의 파란만장한 삶과 깊이 연관되어 있다고 결론지었다.

번역소설 분석

『해외문학』 창간호에 실린 번역 소설은 모두 7편이다. ① 에드거 앨런 포의 「적사의 가면」을 비롯하여 ② 아나톨 프랑스의 「크랭크비유」, ③ 프랑스의 「신부神父의 목서초木犀草」, ④ 프랑스의 「제스타스」, ⑤ 하인리히 만의 「문전門前의 일보日步」, ⑥ 바실리 에로셴코의 「고긔의 설음」, ⑦ 릴리에 드 릴아당의 「빌지니와 폴」이다. 이 7편 중 아나톨 프랑스의 작품이 무려 세 편을 차지하고 있고 릴아당의 작품까지 넣으면 프랑스 작품은 무려 4편이 되어 절반이 넘는다. 나머지 세 국가는 미국, 독일, 러시아로 각각 1편씩이다. 누가 보더라도 '외국문학'이나 '해외문학'이라는 용어에 어울리지 않게 프랑스 한 국가에 치중되어 있다는 인상을 지울 수 없다. 동양 작품은 말할 것도 없고 스페인이나 포르투갈 같은 남유럽 국가나 아프리카 또는 라틴아메리카 국가의 작품은 아무리 눈을 씻고 찾아보아도 찾아볼 수 없다. 더구나 역자에 이르면 문제가 더욱 더 심각하다. 호세이대학에서 영문학을 전공하던 이하윤이 무려 7편 중 4편을 번역했으니 이 정도면 이하윤의 독무대라고 하여도 크게 틀리지 않을 것이다. 번역 작품들이 대부분 19세기 후반기에 치우쳐 있다는 점도 한계라면 한계라고 할 수 있다.

다만 번역 소설에서 한 가지 긍정적인 것은 특정한 문학적 입장이나 분파를 뛰어넘어 될 수 있는 대로 외국문학을 폭넓게 소개하려고 시도했다는 점이다. 가령 포는 고딕소설에서 볼 수 있듯이 인간의 기괴하고 광기적인 측면에 초점을 맞추고 '예술을 위한 예술' 곧 예술지상주의의 입장을 취하는 작가다. 한편 러시아에서 태어나 네 살 때 시력을 잃고 젊은 날을 유럽과 일본 중국, 동남아에서 인도까지 떠돌며 보낸 바실리 예로센코는 무정부주의자로 자처하는 인물로 좌파 성향을 강하게 드러내는 작가다. 공산주의자의 혐의를 받고 일본에서 추방된 뒤 중국으로 건너가 루쉰魯迅과 저우쭤런周作人의 집에 머물렀고, 루쉰이 그의 작품집을 중국어로 번역하여 인기를 끌었다. 토마스 만의 형인 하인리히 만은 유미주의에서 벗어나 사회 비판적이고 참여 문학적 입장에서 작품을 쓴 작가다. 이 점에서 하인리히 만은 군인으로 신비주의와 관념론에 입각하여 독자적인 문학 세계를 구축한 릴아당과는 사뭇 다르다.

포의 유명한 단편소설 「적사의 가면」은 그에 관한 논문을 기고한 정인섭이 직접 번역하였다. 역자가 밝히고 있듯이 이 작품은 지오반니 보카치오의 『데카메론』에서 영향을 받은 작품이다. 이탈리아 북부 지방을 지리적 배경으로 삼는다는 점에서 그러하고, 괴질을 피하여 한적한 시골 별장이나 사원으로 도피한다는 점에서 그러하다. 포가 제목으로 삼은 '적사red death'란 죽음 그 자체보다는 그런 죽음을 가져오는 괴질을 뜻한다. 역자는 작품 안에서는 '적사'라는 한자어 대신 '붉은 죽음'이라는 한국 토착어를 사용하기도 하였다. 그러나 의미에서 보면 '적사'나 '붉은 죽음'보다는 '적사병'이라고 옮기는 편이 더 바람직할 것이다. 이 병에 걸린 사람은 반시간 만에 코피를 쏟으며 사망하고 몸에 붉은 반점이 나타난다고 하여 그렇게 불렀다. 보카치오가 묘사하는 흑사병을 생각하면 '적사병'의 의미를 쉽게 이해할 수 있다.

「크랭크비유」는 이 무렵 호세이대학에서 불문학을 전공하고 '려재비'라는 필명을 사용하던 손우성이 번역하였다. 이 작품은 번역 소설 7편 가운데에서 가장 야심찬 작품이다. 기미독립운동 이후 검열이 조금 느슨해졌다고는 하지만 일제 강점기에 사회 정의 문제를 다루는 작품을 번역한다는 것이 그렇게 녹록한 일은 아니었기 때문이다. 잘 알려진 것처럼 아나톨 프랑스는 드레퓌스 사건이 일어났을 때 에밀 졸라 등과 함께 드레퓌스의 무죄를 주장하며 반유태주의와 반드레퓌스파에 맞서 싸운 작가다. 말하자면 아나톨 프랑스는 이 무렵 '프랑스의 양심'과 다름없었고, 그의 사회 정의는 「크랭크비유」에 고스란히 담겨 있다.

프랑스는 이 작품에서 한낱 길거리 행상에 지나지 않는 야채 장수 크랭크비유가 수레를 치우라는 경찰관의 명령을 어기고 공권력을 모욕했다는 죄로 구류형 처벌을 받는 이야기를 다룬다. 경찰과 실랑이를 벌이는 과정에서 크랭크비유는 "경관을 죽이라!"는 말을 직접 언급한 적도 없고, 수레를 치우라는 명령을 늦게 이행하는 것이 불법적이라는 것도 모르고 있었다. 그런데도 사법부의 공권력이 경찰의 손을 들어주면서 크랭크비유는 범죄자라는 낙인이 찍히면서 점점 몰락의 길을 걷게 된다.

단순히 형식 논리에서 본다면 크랭크비유는 국가의 질서를 유지하는 공권력인 경관을 모욕하고 법을 어긴 전형적 죄인으로 볼 수 있을지 모른다. 그러나 한 국가의 법이 개인의 자유를 최대한 보장해 주는 방향으로 운용되어야 한다면 법률 조문을 문자 그대로 해석할 것이 아니라 상황에 따라 융통성 있게 적용해야 할 것이다. 법의 정신이 아닌 글자에 얽매인 나머지 판사가 크랭크비유에게 내린 법의 선고는 무자비한 횡포임에 틀림없다. 또한 이 소설은 지식인이나 지배 계층이 전유하고 있는 법률 언어를 제대로 이해하지 못하는 서민 계층이 법 앞에서 얼마나 무력한지 여실히 보여 주는 작품이다.

이하윤이 번역한 아나톨 프랑스의 「신부의 목서초」는 「크랭크비유」와는 여러모로 사뭇 다른 작품이다. 이 단편소설은 한 쪽 반도 채 되지 않는 아주 짧은 작품이다. 제목의 '목서초'란 지중해 연안과 서남아시아가 원산지인 단년초 식물로 프랑스 문화권에서는 '레제다'로, 영어 문화권에서는 '미뇨네트'로 부른다. 서양에서는 향기가 좋아 향수나 에센셜 오일의 원료나 향낭이나 포프리 등으로 이용될 뿐만 아니라 회녹색 염료로 이용되기도 한다. 아나톨 프랑스의 콩트집 『발타자르』에 실려 있는 「신부의 목서초」는 세속적인 모든 기쁨을 포기한 채 오직 '희생의 유락愉樂'만을 즐기는 한 시골 신부에 관한 이야기다. 그가 즐기는 유락이라는 것이 고작 집에 목서초 몇 뿌리를 심어 그 향기를 즐기는 것이다. 그러나 신부는 이 목서초의 향기에 탐닉하면서 점차 천상의 냄새와 천사의 향기를 맡지 못하게 된다. 마침내 암탉 한 마리가 목서초의 뿌리를 파헤쳐 말려 죽게 만들고, 신부는 성직자로서의 임무를 되찾는다는 내용이다.

이하윤이 세 번째로 번역하는 작품은 아나톨 프랑스의 단편집 『진주충珍珠蟲』에 수록되어 있는 「제스타스」다. 이 작품집에 수록된 작품과 함께 이 단편소설은 아나톨 프랑스가 이른바 '프랑스 콩트' 장르를 정립하는 데 크게 이바지한 작품 중 하나로 꼽힌다. 외경外經 「니고데모 복음」 또는 「빌라도 행전」에 따르면 제스타스는 예수 그리스도가 갈보리 언덕에서 십자가에 못 박힐 때 오른편에서 못 박힌 죄수의 이름이다. 왼쪽 십자가에 매달린 죄수 다스마스와는 달리 제스타스는 군중과 함께 예수를 조롱한 죄수로 흔히 '죄를 뉘우치지 않은 사람'으로 일컫는다. 제스타스는 예수에게 "네가 만일 유대인들이라면 너 자신과 우리를 구해 봐라"고 말하자, 다스마스는 그를 꾸짖으며 "똑같은 형벌을 받는데도 넌 하느님을 조금도 두려워하지 않느냐?"라고 반문했다고 전해진다.

아나톨 프랑스는 외경에 전해오는 이야기를 세속적인 위치로 끌어내린다. 제스타라는 인물은 눈을 뜨는 아침부터 잠을 자는 저녁까지 늘 술에 찌들어 살아가는 사람이다. 어렸을 적에는 신앙심이 깊었지만 나이가 들면서 점점 신앙심을 잃고 타락의 길을 걷는다. 그러던 어느 날 그는 문득 자신의 죄를 깨닫고 참회를 하려고 성당을 찾아간다. 그러나 성당에는 그의 참회를 들어줄 신부가 하나도 없다. 그가 시끄럽게 소리를 지르자 성당 불목하니가 나타나 그를 교회 밖으로 내동댕이친다. 제스타스는 골목 술집에 술을 마시며 위로를 찾는다. 프랑스는 "주 같아사대 제스타스야 천국에 들어갈지어다"[28]라는 말로 작품을 끝맺는다.

김진섭이 번역한 하인리히 만의 「문전의 일보」는 루카스라는 주인공과 관련한 우화적 작품이다. 김진섭이 쓴 논문 「표현주의 문학론」처럼 이 번역 작품도 여간 난삽하지 않다. 다음 장에서 좀 더 자세히 다루겠지만 정인섭이나 손우성의 번역과는 달리 김진섭의 번역은 기본적으로 축역逐譯 방식을 채택하기 때문에 한 번 읽어서는 쉽게 이해가 가지 않고 두세 번 읽어야 비로소 이해할 수 있다. 작가가 작품 첫머리와 끝부분에서 반복하는 "나아가거라 그리하야 세계를 뜰버나오너라! 세계가 네 뒤에 무릅을 꿇코 그리고 네가 우리에게 도라오는 모든 사람들과 갓치 환향還鄕할 것 가트면 그러면 너는 문외門外의 일보一步 이상以上에 무엇을 하얏느냐?"[29]에서 이 작품을 주제를 겨우 미루어볼 수 있을 정도다.

『해외문학』에 실린 여섯 번째 번역 소설은 이은송이 옮긴 러시아 작가 바실리 예로센코의 「고긔의 설음」이다. 이은송이 이 잡지의 발행인 겸 편집인이었다는 점으로 보나 이 작품의 특징으로 보나 이 번역은 좀 더 자세히 언급할 필요가 있다. 앞에서도 잠깐 언급했듯이 예로센코는 러시아 태생의 맹인 작가로 아나키즘에 심취해 있었고 그의 영향력은 일본과 한국, 중국 같은 동아시아 작가들에게 무척 컸다. 1921년에 일본에서 에스페란토를 가르치며 젊은 지식인들 사이에서 적잖이 인기를 끌었던 그는 아나키즘의 복음을 전파하는 데 힘썼다. 특히 그는 일본에서 극작가이자 동화작가, 소설가로 활약하던 아키타 우자쿠秋田雨雀와 화가 나카무라 쓰네中村彝 등과 교류하면서 이른바 '나카무라야中村屋'의 중심인물로 활약하였다. 그는 이 무렵 식민지 조선에 발을 디뎌 놓은 적이

28 아나톨 프랑스, 이하윤 역, 「제스타스」, 『해외문학』 창간호, 1927.1, 85면.
29 하인리히 만, 김진섭 역, 「문전의 일보」 86, 『해외문학』 창간호, 1927.1, 95면.

한 번도 없지만 지속적으로 일본의 조선 침략을 비판하였다. 그가 이상李箱, 염상섭廉想涉 그리고 박영희朴英熙 같은 조선 작가들로부터 큰 관심과 주목을 받은 것은 바로 그 때문이다.

특히 이은송이 외국문학연구회의 정식 회원이 아니고 일본 유학생도 아니면서도 『해외문학』의 발행에 선뜻 동의한 것은 평소 문학에 대한 정열 말고도 이 잡지를 빌려 예로센코가 부르짖는 아나키즘을 전파할 수 있다고 판단했기 때문일 것이다. 특히 이 무렵 예로센코는 일본의 조선 침략과 관련하여 지속적으로 사회 진화론의 약육강식을 반대하는 입장을 취하였다. 1차 세계 대전을 겪고 나서부터 예로센코는 상호부조론을 뚜렷하게 주장하였다. 이동매李冬梅의 지적처럼 초민족적超民族的 상호부조를 부르짖는 예로센코의 주장은 이 무렵 동아시아 지식인들로부터 큰 공감을 받았다.[30]

한국문단에 예로센코의 작품을 처음 번역하여 소개한 사람은 오천석吳天錫이다. 그는 '천원天園'이라는 필명으로 1922년 1월 『백조』 창간호에 「무지개 나라로」를 번역하여 실었다. 이 잡지 창간호에는 예로센코 작품뿐만 아니라 예브게니 치리코프의 소설과 이반 투르게네프의 시 같은 다른 러시아 작가들의 작품이 실려 있는 것이 흥미롭다. 1924년 12월에는 김억이 『영대靈臺』에 예로센코의 시 「인류애」를 번역하여 실었고, 이듬해는 '춘파' 또는 '봄물결'이라는 필명을 사용하던 박아지朴芽枝가 예로센코의 또 다른 작품 「쓰지 못할 불」을 번역하여 『문명文明』 창간호에 실기도 하였다.

30 이동매, 「동아시아의 예로센코 현상」, 『한국학연구』 45, 인하대 한국학연구소, 2017.5, 193~220면.

그렇다면 이 무렵 한국 작가들과 지식인들에게 큰 영향을 끼친 아나키즘이란 과연 무엇인가? 피에르 조제프 프루동은 일찍이 『소유란 무엇인가?』에서 아나키를 "주인과 군주의 부재"라고 정의를 내린 바 있다. 좀 더 구체적으로 사회적, 경제적, 정치적 지배자가 없는 상태가 곧 아나키즘이라고 할 수 있다. 이때 지배자나 억압자는 정부나 국가일 수도 있고, 종교나 도덕 같은 이념일 수도 있으며, 자본을 비롯한 계급, 성, 인종, 나이일 수도 있다. 그러한 모든 억압에 맞서는 사상이 바로 아나키즘이고, 지배나 억압이 없는 사회를 꿈꾸는 사람이 다름 아닌 아나키스트라고 규정지을 수 있다. 그러므로 한국을 비롯한 동아시아에서 흔히 그래 왔듯이 아나키즘을 '무정부주의'라고 옮기는 것은 이렇게 폭넓은 개념이나 주장을 그 일부로 축소시키는 결과를 초래할 것이다.

예로센코의 단편소설 「고긔의 설음」에서 물고기 주인공 부남鮒男의 아버지는 그에게 "싸우에 잇는 사람네 형兄님들은 용하지만 잇다금 여러 가지 교활狡猾한 짓을 한다. 그리고 세상에 사람의 아달가치 맘셩 사나운 작란ᄭ러이는 업다"[31]고 말한다. 그러면서 물고기처럼 영혼이 없는 피조물은 내세에서 구원을 받을 수 없다고 밝힌다. 근처 목사관에서 살고 있는 한 목사의 아들이 토끼와 개구리 그리고 그 밖의 곤충들을 마구 잡아간다. 그런데 그가 이렇게 동물과 곤충을 잡아가는 것은 곤충채집을 하고 동물을 생체해부 실험하기 위해서다. 그러자 동물들과 곤충들이 회의를 열어 '금金빛나뷔누님'을 목사관에 파견하고, 그곳을 방문하고 돌아온 나비는 동료 동물들에게 이렇게 말한다.

31 와실리 로셴코(바실리 예로센코), 이은성 역, 「고긔의 설음」, 『해외문학』 창간호, 1927.1, 102면.

혼(魂)은 쌍우에 잇는 사람의 兄님들게만 준 것이며 그 혼을 가진 사람네 형(兄)님덜만 '저나라'에 갈 수가 잇습니다. (…중략…) 천만에, 그건 조곰도 잘못된 것이 아닙니다. '저나라'의 하나님 책(冊)에 쏘렷히 씨여 잇는 것이니까요. (…중략…) 우리들은 다만 사람을 깃부게 하기 우해 사람들의 먹을 것이 되려고 맨들어낸 것이라 합니다.[32]

위 인용문의 첫 구절에서는 근대 과학이 발달하는 데 견인차 역할을 한 르네 데카르트의 주장이 떠오른다. 그는 오직 하느님의 형상으로 빚어진 인간에게만 영혼이 있을 뿐 다른 피조물에게는 영혼이 없다고 주장하였다. 이렇게 영혼이 있느냐 없느냐에 따라 이항대립적으로 데카르트는 인간과 비인간을 구별 지었다. 한편 위인용문의 후반부는 창세기의 구절과 비슷하다. 아담과 하와를 창조한 뒤 하느님은 피조물을 보여주며 "너희는 많은 자녀를 낳고 번성하여 땅을 가득 채워라. 땅을 정복하라. 바다의 고기와 공중의 새와 땅의 모든 생물을 지배하라"(「창세기」 1장 28절)고 명령했던 것이다.

이 작품 맨 끝에서 예로센코는 "나, 저자도 그쌔부터 교회에는 가지 안습니다. 모든 것을 사람의 식물食物과 유희물遊戲物로 맨드러내히이는 하나님게 나는 기도[하]고도 십지도 안코 밋고 십지도 안습니다"[33]라고 적는다. 예로센코는 이 작품에서 물고기를 비롯한 동물을 의인화하여 인간중심주의와 그것을 이론적으로 뒷받침해 준 기독교를 날카롭게 비판한다. 적어도 인간이 아닌 피조물을 마음대로 다룬다는 점에서 인간

32 위의 글, 103면.
33 위의 글, 104면.

과 삼라만상을 관장하는 초월적 존재자인 하느님은 푸르동이 말하는 '주인이요 군주'라고 할 수 있다. 이 작품에서 예로센코는 동물 우화 형식을 빌려 아나키즘을 전파하고 있다.

『해외문학』에 실린 마지막 번역 소설은 이하윤이 옮긴 빌리에 드 릴 아당의 「비르지니와 폴」이다. 이 작품은 제목에서도 엿볼 수 있듯이 베르나르댕 드 생피에르의 유명한 작품 『폴과 비르지니』의 제목을 살짝 뒤집어놓은 작품이다. 물론 릴아당은 비단 제목만을 뒤집어 놓은 것이 아니라 작품의 주제도 뒤집어 놓았다. 생피에르는 문명의 오염에서 벗어나 열대의 섬에서 자란 폴과 비르지니의 청순하고 비극적인 사랑을 한 폭의 수채화처럼 담담하게 그려 낸다. 평민과 귀족이라는 신분 차이도 폴과 비르지니는 사회적 신분의 벽을 넘어 친남매처럼 지내며 사랑을 키워나간다. 그러던 중 귀족 집안인 비르지니는 정식 교육을 시키고 재산을 상속하겠다는 큰어머니의 부름을 받고 본국인 프랑스로 간다. 그녀는 폴을 섬에 남겨두고 떠나는 것이 내키지 않지만 주위의 끈질긴 설득에 폴에게 반드시 돌아오겠다고 약속하고 섬을 떠난다. 몇 년 뒤 비르지니는 약속대로 다시 섬에 돌아온다. 그런데 그녀가 탄 배가 섬 가까이에서 그만 폭풍우를 만나 침몰한다. 다행이 침몰 지점이 섬에서 가까워 대부분의 승객들은 헤엄을 쳐서 구조를 받지만 비르지니는 물에 빠져 사망한다. 사랑하는 남자 앞에서 옷을 벗는 것이 부끄러웠기 때문이다. 죽은 비르지니의 손에는 폴의 초상이 꼭 쥐어져 있다.

그러나 릴아당은 폴과 비르지니의 지고지순한 사랑에 적잖이 회의를 품었다. 이 작품의 1인칭 화자 '나'는 기숙학교가 된 수도원 철책 기둥에 서서 열다섯 살의 두 연인 비르지니와 폴의 밀회를 지켜보면서 눈물을 흘린다. 그런데 '나'가 눈물을 흘리는 것은 그가 '천사'라고 부르는 두 청춘 남녀의 사랑이 너무 순수하고 아름다워서가 아니라 오히려 너무 세속의 때가 묻어 있기 때문이다. 그들의 밀회와 대화는 순수한 영혼의 소유자들이 나누는 대화라고 보기에는 지극히 실망스럽다.

"만일 당신이 시험에만 잘 합격만 하면 우리는 3년 안에 결혼할 수 잇겟지요. 폴씨!"

"네 나는 변호사가 되겟습니다. 변호사가 된 후(後)라도 일홈이 알니우게 몃 달을 긔다립니다. 그 다음에는 역(亦) 얼마간의 돈을 벌게 되지."[34]

폴은 비르지니에게 자신이 변호사 시험에 합격하여 이름이 나면 곧바로 돈을 많이 벌게 될 것이라고 말한다. 이렇게 세속적 성공에 무게를 싣는다는 점에서는 비르지니도 폴과 크게 다르지 않다. 폴이 비르지니에게 그녀의 고모가 인색하여 좋아하지 않는다고 말하자 그녀는 "폴 씨, 폴 씨, 그것이 올치 못합니다. 언제나 그내와 잘 사랑하며 쏘 그네를 잘 대접해야 됩니다. 그내는 늙으섯고 쏘 우리에게 역亦 얼마간에 재물財物을 남겨줄 것 갓흐니요……"라고 말한다. 그러자 폴은 "참 그럿타. 오! 비르지니 쐬꼬리의 소래가 들녀?"[35]라고 대꾸한다. 이렇듯 이 젊은 연인들에게는 물질적 부富가 사랑보다도 훨씬 더 중요한 가치다. 자신이 잘못 생각하고 비르지니의 말이 맞는다는 것을 인정하자마자 곧바로 그는 꾀꼬리 소리가 들리느냐고 묻는다. 젊은 주인공들에게 물질과 감정, 돈

34 빌리에 드 릴아당, 이하윤 역, 「비르지니와 폴」, 『해외문학』 창간호, 1927.1, 107면.
35 앞의 글, 107면.

과 사랑은 따로 떼어서 생각할 수 없을 만큼 서로 깊이 연관되어 있다는 사실을 알 수 있다. 생피에르의 작품이 출간된 지 불과 한 세기도 지나지 않아 사랑의 가치는 이렇게 평가절하 된다. 릴아당은 산업혁명 이후 프랑스 사회에 만연하기 시작한 물질만능주의와 배금주의를 비판하려고 이 작품을 썼던 것이다.

번역시와 창작시 분석

『해외문학』 창간호에 실린 시는 창작시와 번역시를 합쳐 모두 9편이다. 창작시는 창간 격려사를 쓴 레이먼드 밴토크가 쓴 "Love and Death"와 "The Sorrows of One, Cursed with Immortality on Earth"라는 산문시 2편이다. 다른 창작시는 중국의 현대 시인 후스胡適의 자유시 「十一月 二十四夜」다. 밴토크에 대해서는 이미 앞에서 언급했기 때문에 여기서 다시 되풀이할 필요가 없을 것이다. 후스는 일상생활에서 쓰는 구어를 그대로 작품에 쓰자는 '백화白話 운동'에 앞장선 중국의 대표적인 시인이요 저술가, 사상가다. 작품 끝에 그는 1927년 11월 25일 병중에서 이 작품을 썼다고 밝힌다. 이 무렵은 그가 상하이上海에서 교편을 잡으면서 중국 문화를 영어로 번역하여 전 세계에 알리는 일에 주력하던 시기다. 뒷날 후스는 타이완에 국민정부가 수립되면서 그곳으로 건너가 1957년에 사망할 때까지 타이완 중앙연구원의 원장을 지냈다. 외국문학연구회가 번역뿐만 아니라 창작에도 관심을 기울인다고 말한 것은 이렇게 번역이 아닌 창작 작품을 가끔씩 게재하기 때문인 듯하다. 그러나 창작은 번역에 비하여 양이나 질에서 턱없이 모자란다.

창간호에 실린 서유럽과 러시아 번역시 작품은 모두 36편에 이르고 번역자와 시인, 작품명을 열거하면 다음과 같다. 작품을 쓴 시인의 이름은 될수록 현재 널리 통용하는 표기법에 맞게 고쳤지만 작품 제목은 이 무렵 문체나 어법을 살피기 위하여 그대로 옮겨 놓았다.

① 이하윤 번역

폴 베를렌, 「가을 노래」

폴 베를렌, 「내 가삼 속에는 눈물이 퍼붓네」

폴 베를렌, 「가는 업는 검은 잠은」

폴 베를렌, 「흰 달」

폴 베를렌, 「안개 어리운 냇가에 나무 그림자는」

② 이선근 번역

알렉산드르 푸슈킨, 「악마」

알렉산드르 푸슈킨, 「毒나무」

알렉산드르 푸슈킨, 「구름장」

알렉산드르 푸슈킨, 「아츰해」

알렉산드르 푸슈킨, 「폭풍」

③ 김석향(김명엽) 번역

로버트 브리지스, 「나이팅게일」

존 메이스필드, 「진리」

월터 드 라 메어, 「대답 업는 사람들」

④ **려재비(손우성) 번역**

알프레 드 뮛세, 「추억」

⑤ **김진섭 번역**

K. F. 메이야, 「모든 것은 遊戱였다」

요한 볼프강 폰 괴테, 「미늬용」

코피슈, 「不知火」

휴고 폰 호프만슈탈, 「외적 생활의 발라데」

하인리히 로이톨트, 「어썬 절문 벗에게」

하인리히 로이톨트, 「廢園」

아다 크리스텐, 「고독」

아다 크리스텐, 「困苦」

아다 크리스텐, 「池邊」

프리드리히 니체, 「짜라투쓰트라의 노래」

야콥 유리우스 다비드, 「길에서」

⑥ **이하윤 번역**

모리스 마테를링크, 「노래 3곡」 셋째, 다섯째, 열두째 노래

⑦ **려재비 번역**

알베르 사맹, 「哀戀歌」

알베르 사맹, 「哀戀歌」

폴 제랄디, 「疑念」

폴 제랄디, 「掛念」

폴 제랄디, 「명상」

노아유 백작부인, 「사랑의 시」

번역의 질과 성격과 관련한 문제는 다음 장에서 별도로 다루기 때문에 여기에서는 작품 선정이나 번역자와 관련한 문제만 언급하기로 한다. 번역자 중에서 무엇보다도 먼저 눈에 띄는 것은 앞에서 이미 문학 평론을 집필했거나 단편소설을 번역한 외국문학연구회 회원들이 거의 대부분 다시 시 번역에도 참여했다는 점이다. 정인섭과 이은송이 시 번역에 참여하지 않은 것이 조금 의외라면 의외다. 특히 『해외문학』 창간호를 발간하던 초기에는 연구회의 회원이 제한되어 있어 겹치기로 참여할 수밖에 없었을 것이다. 어떤 회원은 보통 두 번, 심지어 세 번에 걸쳐 글을 쓰는 경우도 있었다. 이 점을 의식한 듯이 필자들은 두 번 넘게 기고할 때는 필명을 사용하였다. 창간 권두사에서 "제한된 일부인의 발표를 위주로 하는 문예잡지, 동인지"를 지양한다고 애써 강조했지만 적어도 이 점에서는 문예잡지나 동인지에서 크게 벗어나지 않는다.

한편 작품 선정에서 눈에 띄는 것은 소설 번역과 마찬가지로 일부 국가의 작품에 제한되어 있다는 점이다. 앞장에서 이미 지적했듯이 '외국'이나 '해외'의 범주에 서유럽과 러시아가 들어가 있을 뿐 동양을 비롯하여 아프리카와 라틴아메리카 국가들이 하나같이 배제되었다. 특히 미국의 시인들의 작품을 다루지 않은 것이 특히 눈에 띈다. 이 무렵 미국에서는 에드거 앨런 포를 비롯하여 에밀리 디킨슨, 헨리 롱펠로나 월트 휘트먼, 로버트 프로스트 같은 시인들이 활발하게 작품 활동을 하고 있었다. 물론 지금과는 사정이 달라서 1920년대만 하여도 미국문학은 영문학의 일부로 비평가들이나 학자들로부터 영문학처럼 그렇게 큰 관심을 받지 못했다는 점을 염두에 두더라도 미국 시가 빠졌다는 것은 자못 의외다.

더구나 서유럽과 러시아 작품을 선정하는 과정에서도 의외의 시인들이 가끔 눈에 띈다. 가령 K. F. 메이야나 코피슈, 아다 크리스텐 같은 독일 시인들과 노아유 백작부인 같은 프랑스 시인들이 바로 그러하다. 물론 푸슈킨이나 괴테처럼 잘 알려진 시인들보다는 잘 알려지지 않은 새로운 시인들을 발굴하여 한국에 소개하는 것이 외국문학연구회의 중요한 목표 중 하나였을 것이다. 그러나 창간호를 발행한 지 90여 년이 지난 지금 돌이켜 보면 시인들을 선택한 연구회 회원들의 안목이 그다지 높았다고는 볼 수 없다. 가령 독일 문학 연구가들 중에도 코피슈라는 시인을 알고 있는 학자는 거의 없는 듯하다.

한편 외국문학연구회 회원들은 논문에서 다루거나 언급한 작가들의 소설이나 시 작품을 번역하여 소개함으로써 평론과 창작 사이에서 어떤 유기적 관련성을 지으려는 시도한 흔적을 엿볼 수 있다. 가령 정인섭은 에드거 앨런 포의 문학 세계를 조감한 뒤 그의 대표 작품을 번역하였다. 이선근은 평론에서 푸슈킨을 근대 러시아문학의 창시자로 논의한 뒤 그의 시 작품을 다섯 편이나 번역하였다. 김석향도 최근 영국 시단의 추세를 논의하는 논문에서 언급한 로버트 브리지스와 존 메이스필드, 월터 드 라 메어의 작품을 번역하여 소개하고 있다. 또한 김진섭이 번역한 독일 시 7편도 표현주의 문학론에서 언급한 내용과 비록 간접적일망정 서로 연관되어 있다고 볼 수 있다.

번역 희곡 분석

『해외문학』 창간호에는 번역 희곡 2편이 실려 있다. 도쿄외국어대학에서 러시아문학을 전공하는 김온(본명 김준엽金晙燁)이 번역한 안톤 체홉의 단막 희극 「구혼」과 이탈리아 미래파 극작가 F. T. 마리네티의 「월광」 1막이 그것이다. 일제 강점기 초기부터 희곡 장르나 연극은 한반도에서 큰 인기를 끌고 있었다. 어떤 의미에서는 시나 소설 장르보다 더 관심을 받았다고 할 수 있다. 그도 그럴 것이 연극은 활자 매체로 읽는 시나 소설 같은 문학 장르보다 관객에게 좀 더 쉽게 다가갈 수 있을 뿐만 아니라 오락적 기능이 훨씬 더 크기 때문이다.

김온은 번역 희곡을 시작하기에 앞서 체홉과 그의 극작품을 간략하게 언급하였다. 이 러시아 작가를 "로서아의 셰익피어" 또는 "로서아의 모파상"으로 부르는 김온은 "체홉의 예술—특히 그중 희곡 십여 편은 가장 인생의 보옥寶玉이며, 그의 쌀드막한 인생 기록은 황망荒茫한 낭군狼群이 횡행橫行하는 거친 '가시덤불' 우에 한 썰기 물망초勿忘草다"[36]라고 아주 높이 평가하였다. 김온은 이 단막극 번역을 시작으로 체홉의 희곡을 모두 번역하여 전집으로 출간하겠다는 포부를 밝히기도 하였다. 실제로 뒷날 김온은 학업을 마치고 귀국한 뒤 약속대로 체홉의 희곡 작품을 모두 번역하여 출간하였다.

김온은 체홉의 「구혼」을 번역하면서 맨 앞에 '금무단상연禁無斷上演'이라는 구절을 적어외국문학연구회나 역자의 허락 없이는 함부로 공연하지 못하도록 하였다. 그런데 여기서 흥미로운 것은 이 작품이 그가 『해

36 안톤 체홉, 김온 역, 「구혼」, 『해외문학』 창간호, 1927.1, 161면.

외문학』 창간호에 번역하기에 앞서 한국에서 이미 공연되었다는 점이다. 이 무렵 체홉은 한국에서 꽤 일찍 소개되었고 그에 관한 관심과 인기가 아주 높은 편이었다. 체홉의 작품이 최초로 한국어로 소개된 것은 도쿄유학생회의 기관지 『학지광』 제10호(1916.9)에 진학문秦學文이 번역한 단편소설 「사진첩」이다. 체홉의 희곡 작품이 한국에서 처음으로 공연된 것은 1920년 2월 종로 중앙청년회관에서였다. 일본 신극 운동의 선구자였던 시마무라 호게쓰島村包月 문하에서 수학한 현철玄哲은 시마무라가 사망한 뒤 귀국하여 『개벽』을 비롯한 잡지에 연극 평론을 연재하는 한편, 연극학교를 세워 새로운 희곡을 무대에 올리는 데 온힘을 쏟았다. 이때 연극학교 설립 기념으로 공연한 작품이 바로 체홉의 「곰」과 「구혼」이었다.[37]

「구혼」은 제목 그대로 이반 바실리비치 로모프란 청년이 스체판 스체파니치 추브코프의 딸 나탈리아 스체파노브나 집을 방문하여 그녀에게 구혼하는 것으로 시작한다. 로모프는 건장하고 젊은 지주지만 늘 건강을 염려하는 인물이다. 나탈리아는 여성으로서의 매력이 부족하여 이 무렵 기준으로는 스물다섯 살이 되도록 아직 결혼하지 못한 처녀다. 딸을 결혼시키지 못하여 걱정하고 있던 추브코프로서는 로모프가 찾아오자 무척 반가워한다. 그런데 로모프가 나탈리아에게 구혼하는 것은 그녀를 사랑하기 때문이라기보다는 자신의 건강이 좋지 않아 자신을 돌봐줄 여성이 필요하기 때문이다. 이러한 역할을 할 아내로서는 알뜰하고

37 현철은 윌리엄 셰익스피어의 『햄릿』을 한국에서 처음 번역한 것으로도 유명하다. 그는 『개벽』 1921년 5월호부터 1922년 12월호까지 『햄릿』을 '하믈레트'라는 제목으로 완역해 연재하였다. 그의 번역은 일본의 저명한 셰익스피어 학자 쓰보우치 쇼요(坪内逍遥)의 일본어 번역을 토대로 옮긴 것이다.

부지런한 나탈리아가 그에게 안성맞춤이다. 그러나 로모프는 자신의 영지와 추브코프 집안의 영지 경계에 있는 작은 풀밭 소유 문제로 말다툼을 벌인다. 결국 그는 제대로 구혼해 보지 못한 채 추브코프에게 쫓겨나고 만다. 그러나 로모프가 자신에게 청혼하기 위하여 찾아왔다는 사실을 뒤늦게 알게 된 나탈리아는 아버지에게 그를 다시 데려오라고 소리친다. 추브코프는 로모프를 다시 데려오고 두 젊은 남녀는 다시 우호적인 분위기에서 대화를 나누기 시작하지만 이번에는 누구의 개가 더 나은지를 놓고 설전을 벌이기 시작한다. 우여곡절 끝에 결국 로모프와 나탈리아는 결혼하기로 약속하는 것으로 끝이 난다

한편 '미래파 종합극'이라는 수식어 붙어 있는 「월광」은 1막짜리 희곡은 그야말로 '비논리적 교착交錯'이라는 부제에 썩 잘 어울리는 작품이다. 작품의 배경은 달빛이 밝게 비치는 한밤중으로 안마당의 벤치다. 작중인물로는 '피彼'라는 젊은 남성과 '피녀彼女'라는 젊은 여성, 그리고 '살지고 배 큰 놈'이라는 의문의 남성이 등장한다. 이 제3의 인물에 대하여 마리네티는 주석에서 "『월광』의 '살지고 배 큰 놈'은 무슨 상징으로 사용된 것이 아니요 여러 가지 감각, 즉 미래의 현실의 공포, 밤의 한기와 정적, 이십 년의 생활의 환상 등의 비논리적 종합이다"[38]라고 설명한다. 다른 번역 작품과는 달리 이 이탈리아 작품의 번역자가 누구인지 밝혀져 있지 않다. 외국문학연구회 회원 중에 이탈리아 문학 전공자가 없다는 점을 고려할 때 연구회 회원 중 누군가가 일본어로 번역한 것을 한국어로 중역했을 가능성이 아주 크다. 중역을 탈피하여 직역 전통을 수립

38 F. T. 마리네티, 「월광」, 『해외문학』 창간호, 1927.1, 185면.

하겠다는 『해외문학』의 취지에 어긋나기 때문에 번역자는 이름을 밝히지 않은 듯하다.

작가소전, 문예한담, 독서여록, 번역고십

『해외문학』 창간호는 문학 평론을 비롯하여 시 · 소설 · 희곡 번역에 지면을 가장 많이 할애하고 있지만 앞에서 다룬 외국 작가들을 간략하게 소개하는 '작가소전'이나 '문예한담', '독서여록' 또는 '번역고십' 등에도 관심을 기울였다. 이 글들은 여담으로 간주하여 자칫 지나치기 쉽지만 외국문학연구회가 지향하는 문학관이나 번역관을 읽을 수 있다는 점에서 소홀이 취급할 수 없는 소중한 글이다. 말하자면 연구회 회원들의 내면 풍경을 들여다볼 수 있는 더할 나위 없이 좋은 글이다.

창간호에서는 작가소전으로 에드거 앨런 포와 폴 베를렌의 전기를 각각 한쪽 반과 두 쪽 남짓 짤막하게 소개하였다. 굳이 필자를 밝히지 않았지만 앞에서 평론이나 작품을 번역한 정인섭과 이하윤이 썼을 것으로 쉽게 짐작할 수 있다. 정인섭이 포의 생애에 관한 객관적 사실을 언급한 것에 지나지 않는다면, 이하윤은 객관적 사실을 언급하는 것에 그치지 않고 더 나아가 다른 평론가들이나 작가의 말을 인용함으로써 베를렌의 성격이나 그의 문학적 성과를 좀 더 다각적으로 평가하려고 하였다. 예를 들어 이하윤은 "[베를렌의] 시구詩句는 형체形體가 아니고 그림자엿다. 그의 원하는 것은 음악과, 몽상과, 진동振動으로 된 시詩 그것이엿다. 그의 마음속에 잇는 음악이 아름다운 시에 비최엿다. 그는 또 그의 특유特有한 시학詩學이 잇섯다"[39]고 평하였다. 그런가 하면 이하윤은 자신이 번역한 베를렌의 시 5편의 출처를 밝히면서 어떤 상황에서 작품을 창작했는지도 언급하였다. 심지어 번역시를 수록한 시집 텍스트의 판본까지 밝히고 있다. 그러므로 작가 소전으로서는 정인섭의 글보다는 이하윤의 글이 훨씬 더 학구적이라고 할 수 있다.

'문예한담'은 '연포蓮圃'라는 필명을 사용한 것으로 보아 역시 이하윤이 쓴 것임에 틀림없다. 이 글에서 그는 외국 작가들과 관련한 신변잡기나 문단 일화 등을 가벼운 필치로 소개하였다. 예를 들어 1925년도 노벨 문학상 수상자로 영국 극작가 버너드 쇼가 선정되었다는 세계문단 소식을 전한다. 또 최근 모리스 마테를링크나 라빈드라나트 타고르가 강연 요청을 받고 미국을 방문했다가 낭패를 당한 반면, 스페인 작가 비센테 이바네스는 미국 강연과 출판 인세 수입으로 재미를 톡톡히 보았다는 소식을 전한다. 공쿠르 상을 수상한 흑인 작가 르네 마랑의 작품이 일본어로 번역되면서 일부 내용이 일본 당국에 의하여 삭제당한 일화를 전하기도 한다. 그러면서 삭제된 부분을 프랑스 원문과 비교해 보니 그다지 문제가 될 만한 것도 아니라는 것이다.

한편 이하윤은 '문예한담'에서 주일대사 등 외교관 생활을 한 폴 클로델을 한 예로 들면서 외국에서는 외교관들이나 정치가들 중에 문학에 뜻을 둔 사람이 많다고 지적하였다. 이 점에서는 프랑스 총리를 지낸 조르주 뱅자맹 클레망소와 에두아르 마리 에리오도 마찬가지라는 것이다. 이하윤이 이렇게 굳이 프랑스 외교관이나 정치가들을 예로 드는 것은 두말할 나위 없이 한국의 현실과 비교하기 위해서다.

39 「폴 베를렌 소전」, 『해외문학』 창간호, 1927.1, 189면.

> 정치가로서의 그들이 예술가 문학가로 손색(遜色)이 업슬 섇더러 훌늉한 그들의 필법에 한번 경탄치 안을 수 업다. 그리고 이 나라에는 종교가, 과학자, 군인, 사학가들 저술에 문학적 가치를 인정할 만한 것이 또 만히 잇다. 우리가 보는 우리 압헤 잇는 그들은 엇더한한가?[40]

위 인용문에서 '이 나라'는 두말할 나위 없이 프랑스를 가리키고, '우리 압헤 잇는 그들'은 다름 아닌 한국 정치가들을 가리킨다. 이하윤은 한국 정치가들이 문학에 별로 관심이 없는 현실을 무척 안타까워하였다. 그의 지적대로 실제로 1920년대는 말할 것도 없고 요즈음에는 한국 정치가 중에 문필가를 찾아보기란 여간 어렵지 않기 때문이다. 오히려 고려시대나 조선시대에 활약한 정치가들 중에는 백운白雲 이규보李奎報나 송강松江 정철鄭澈처럼 뛰어난 문필가들이 많았다.

'독서여록'은 '야광夜光'이라는 필명을 사용한 외국문학연구회 회원이 썼다. 유독 영문학에 관한 내용이 많을 뿐만 아니라 레이먼드 밴토크가 쓴 산문시를 인용하는 것으로 미루어보아 정인섭이 썼을 가능성이 아주 크다. 그는 이미 본명과 '화장산인'이라는 필명으로 두 차례에 걸쳐 글을 썼기 때문에 아마 부담감을 느끼고 이번에는 '야광'이라는 필명을 사용한 듯하다. 길이가 조금 길다는 것을 제외하고는 '독서여록'은 '문예한담'과 크게 다르지 않다. 가령 미국의 극작가 유진 오닐의 연극 『누릅나무 거늘의 아래의 욕망』이 로스엔젤리스에서 공연이 되었는데 시 당국이 풍속을 해쳤다는 이유로 출연 배우를 모두 체포했다는 소식을 전

40 연포, 「문예한담」, 『해외문학』 창간호, 1927.1, 191면.

한다. 또 귀족 출신인 레프 톨스토이는 채식주의자인 데다 농노들이 입는 평복을 즐겨 입었지만 다분히 남에게 보이기 위한 과시용에 지나지 않았다고 전하기도 한다. 즉 그는 채식이라도 육식과는 비교할 수 없이 비싼 야채로 만든 음식을 먹었으며, 겉에는 비록 농노 옷을 걸칠망정 속에는 파리에서 만든 고급 속옷을 입었다는 것이다. 그런가 하면 르네상스 시대의 최고 예술가로 평가받는 미켈란젤로는 그동안 동성애 문제를 두고 학자들 사이에 시비가 엇갈려 왔지만 최근 연구 결과에 따르면 동성애자로 판명되었다는 소식을 전한다.

한편 정인섭은 이하윤과 마찬가지로 비단 시시콜콜한 문단 일화에만 그치지 않고 한국의 문학이나 예술의 현실을 개선할 것을 주장하기도 하였다. 그는 최근 일본에서 인기를 끄는 직업은 영화배우들이라고 말하면서 연극배우들은 영화배우들과는 달리 연기력을 충실히 키워야 한다고 지적하였다. 그러면서 정인섭은 한국의 현실은 그렇지 못하다고 한탄하였다. 그는 "배우의 가치를 이해해 주어야 할 터인데 우리 사회의 일반 연로年老들은 광대로만 아니 그것도 조치 못한 고물古物의 냄새. 영국의 위대한 배우들은 전민중全民衆이 존앙尊仰, 정부에서도 위位를 준다. 조선의 배우들이여! 그대들의 노력에 광명이 잇기를 바란다"[41]고 기대하였다. 극장에 대해서도 정인섭은 일본에서는 최근 극장을 수리하는 데 엄청난 돈을 지불했다고 전하면서 "우리 조선에는 그와 갓흔 묘妙한 극장이 언제 될가? 쓰지 안흘 곳에는 쓰지 말고 이런 일에 돈 낼 지사志士는 업는가? 축지築地 소극장小劇場 만한 것이라도……"[42]라고 한탄하였다.

41 야광, 「독서여록」, 『해외문학』 창간호, 1927.1, 198면.
42 위의 글, 198면.

'번역고십'은 '금강'이라는 필명의 외국문학연구회 회원이 썼다. 여러 정황으로 미루어보면 이하윤이 썼다는 것을 쉽게 짐작할 수 있다. 번역과 관련한 문제는 다음 장에서 별도로 자세하게 다루기 때문에 여기서는 필자가 외래어 표기법에 깊은 관심을 보이고 있다는 점을 언급하는 정도로 지나가는 것이 좋을 것 같다. 특히 '금강'은 한국의 문예 잡지나 일간신문에서 외국 작가의 이름과 작품 이름을 잘못 표기하는 현실에 깊은 우려를 표명하였다. 무분별한 표기법과 관련하여 그는 "우리 조선 문단에는 그 본국에 업는 작가가 만히 들어왓으니……"[43]라고 날카롭게 비판하였다. 그러면서 그는 "다소간은 읽는 법이 다를 것은 두말할 필요가 업지만 엄청난 근거 업는 발음법을 일역에서 상상하는 등 용서 못할 것이 만흠에는 아니 말하고는 못 백이게 한다"[44]고 지적하였다.

마지막으로 '편집여언'은 끝에 '은殷'이라는 이름 약자에서 엿볼 수 있듯이 발행인 겸 편집자 이은송이 쓴 것임에 틀림없다. 『해외문학』 창간호를 편집하면서 느낀 소감이나 부딪힌 여러 문제를 편집자의 입장에서 솔직하게 쓴 글이다. 이 잡지가 한국문단에 몰고 올 파장을 예상하고 있는 듯이 건설적인 비판을 수용하겠다고 천명한 내용이 무엇보다도 먼저 눈길을 끈다. 그는 "만일에 대하야 조흔 의미의 반동 운동이 이러나는 것도 조흘가 한다. 모다 이 운동을 기인으로 하여 우리 예술 우리 문학을 위한 것이기 째문에 그는 오리여 우리가 기대하는 성공의 하나이다"[45]라고 밝혔다. 이어 그는 "특히 우리는 『해외문학』에 대대對對한 독

43 금강, 「번역고십」, 『해외문학』 창간호, 1927.1, 199면.
44 위의 글, 185면.
45 「편집여언」, 『해외문학』 창간호, 1927.1, 201면.

자 제씨의 비평과 감상과 희망을 원한다. 정당한 비평 솔직한 감상 진실한 희망 그것을 요구한다"[46] 고 말하기도 하였다.

더구나 편집자는 한편으로는 외국문학을 무분별하게 받아들이는 태도를 경계하면서도 다른 한편으로는 한국문단의 현실을 고려할 때 외국문학을 받아들이는 것은 불가피하다고 역설하였다.

> 우리의 생존(生存) 형식(形式)이 전연(全然) 남갓지 못한 특수한 그것인 동시에 우리의 예술 그것도 엇더한 시기에 이를 째가긔까지 특수한 그것이 아니면 아니 된다. 이런 의미에셔 턱업시 남의 것을 실어 드리는 것으로 만족할 수 업다. 그러나 그중에 또 우리와 갓흔 무엇을 차져어들 수도 잇고 과연 우리의 우리로 도라가자면 먼져 나의 것을 배홈에 잇슬 것인가 한다.[47]

위 인용문에서 첫 문장은 의도적이건 의도적이지 않건 그 의미가 불분명하다. 한국의 생존 방식이 "전혀 남갓지 못한 특수한" 상황에 놓여 있다는 말이 과연 무슨 뜻일까? 일본 제국주의의 식민지 지배를 받고 있다는 사실을 우회적으로 표현한 것으로 볼 수 있다. 식민지 지배라는 특수한 상황에서 한국문단이 정상적인 방법으로 발전할 수 없다는 점을 암시하는 대목이다. 이럴 경우 외국문학을 직접 받아들이지 못하고 일본을 중개로 하는 간접 수입 방식이 될 수도 있다는 점을 시사하는 것으로 해석할 수 있다. 그러나 외국문학연구회에서는 처음부터 중역重譯 방식을 피하고 직역 방식을 채택하겠다고 천명했기 때문에 그렇게 보기 어렵다. 그렇다

46 위의 글, 201면.
47 위의 글, 201면.

면 외국문학을 도입하는 것이 궁극적으로는 식민주의 지배를 벗어나기 위한 목적으로 이루어져야 한다는 점을 시사하는 것으로 받아들일 수 있다. "엇더한 시기"란 조국이 식민주의의 굴레에서 벗어나는 광복의 시기를 이르는 말일 것이다. 그 다음 문장 "이런 의미에서 턱업시 남의 것을 실어 드리는 것으로 만족할 수 업다"는 말은 이 점을 더욱 뒷받침한다.

더구나 편집자는 진정으로 한국문학다운 문학을 정립하려면 무엇보다도 먼저 외국문학을 제대로 배울 필요가 있다고 지적하였다. 그에 따르면 외국문학을 연구하고 소개하다 보면 한국문학과 비슷한 요소를 발견할 수도 있을지 모른다고 주장하였다. 문학이 궁극적으로 인간의 삶을 다루는 것이라면 언어나 문화에 따라 문학을 지나치게 구분 짓는 태도는 그렇게 바람직하지 않을지도 모른다. 외국문학연구회가 처음부터 문학의 특수성보다는 보편성에 무게를 실었다는 점을 고려하면 더더욱 그러하다.

한편 편집자는 한국문학의 특수성을 계발하려면 외국문학을 깊이 있게 연구하고 제대로 소개하는 것이 필요하다고 역설하였다. 우리 것, 우리 문학으로 돌아가려면 무엇보다도 먼저 남의 것, 외국문학을 배워야 한다는 논리다. 그러고 보니 창간 권두사에서 "무릇 신문학의 창설은외국문학 수입으로 그 기록을 비롯한다. 우리가 외국문학을 연구하는 것은 결코 외국문학 연구 그것만이 목적이 아니오 첫재에 우리 문학의 건설, 둘재로 세계문학의 호상 범위를 넓히는 데 잇다"고 천명한 점을 다시 한 번 상기하는 것이 좋을 것 같다. 이렇듯 외국문학연구회 회원들의 마음속에는 늘 자국의 문학과 타국의 문학, 한국문학과 외국문학의 유기적 관련성을 염두에 두고 있었던 것이다.

제5장

『해외문학』 제2호 분석

외국문학연구회는 처음에는 『해외문학』을 월간으로 발행할 원대한 계획을 세웠지만 재정과 편집을 비롯한 여러 문제에 부딪히자 결국 그 계획은 무산되고 말았다. 제2호의 편집자가 쓴 '여언餘言'란에는 "여러 가지 신중한 고의의 결과 차호此號를 위시하야 본지의 발행을 격월로 하게 하엿다"[1]고 밝혔다. 그러나 이 잡지는 '격월'로도 발행할 수 없었다. 제2호는 창간호가 간행된 지 정확히 6개월 2일 만에 우여곡절 끝에 1927년 7월 4일에 이르러서야 비로소 발간되었다. 격월간지는커녕 반연간지의 형태로 겨우 발행할 수 있을 정도였다. 그나마도 제3호는 편집만 해 놓고 미처 간행할 수도 없었다.

1 「여언」, 『해외문학』 2, 1927.7, 69면. 끝에 '瑄'이라는 약자가 붙어 있는 것으로 보아 이 부분은 이선근이 쓴 것임에 틀림없다. 편집여언은 편집자가 쓰는 것이 보통인데 정인섭이 쓰지 않고 이선근과 이하윤 두 사람이 나누어 쓴 것이 의외라면 의외다.

이렇게 『해외문학』 제2호의 출간이 늦어진 데는 그럴 만한 까닭이 있었다. 앞 장에서 이미 밝혔듯이 창간호와 제2호의 출간 사이에 외국문학연구회에 크고 작은 여러 일이 일어났기 때문이다. 무엇보다도 창간호의 발행과 편집을 맡은 이은송李殷松이 치안유지법과 출판법 위반으로 검거되어 수감된 탓에 더 이상 이 일을 할 수 없었다. 원고를 모으는 것은 연구회 회원들이 어떻게 한다고 하여도 잡지를 출간하는 일은 재정적 뒷받침이 없이는 엄두도 낼 수 없는 일이었다. 실제로 이 무렵에는 창간호가 곧 종간호가 되는 잡지가 적지 않았다.

어렵게 원고를 모아놓고도 막상 『해외문학』을 출간하지 못하자 이번에는 창립 회원 중 한 사람으로 와세다대학에서 영문학을 전공하던 정인섭이 발 벗고 나섰다. 그는 1927년 3월에 일본 도쿄의 니혼쇼인日本書院에서 『온돌야화溫突夜話』라는 책을 출간하여 호평을 받았다. 『해외문학』 제2호에 실린 이 책의 광고를 보면 벌써 4쇄를 찍고 있을 정도로 잘 팔렸다. 정인섭은 제2호 출간을 위하여 이 책의 인세로 받은 돈의 절반 가량을 선뜻 내놓았다. 그리고 그가 이은송을 대신하여 직접 이 잡지의 발행인과 편집인을 맡았다. 이렇듯 이 무렵 정인섭은 연구회 회원 중에서 가장 나이가 어린 편이었지만 가장 열성적이었다. 만약 연구회에 대한 그의 열정이 없었더라면 『해외문학』은 아마 창간호를 끝으로 종간되었을지도 모른다.

제2호 권두언

『해외문학』 제2호에는 창간호와 마찬가지로 권두사에 해당하는 '두언頭言'이 실려 있다. '정'이라는 이름 약자에서도 볼 수 있듯이 편집자인

눈솔 정인섭. 일본에서 일문으로 『온돌야화』를 출간하여 인세로 받은 돈 중 일부를 『해외문학』 제2호 발간에 기부하였다. 그는 제2호 편집인이었다.

정인섭이 쓴 것임에 틀림없다. 창간호 권두사와는 달리 두언은 겨우 한 단락밖에 되지 않을 만큼 아주 짧다. 그런데 위쪽에는 윌리엄 셰익스피어의 『로미오와 줄리엣』에서 한 대사를 영문으로 인용하고, 두언 양쪽에는 요한 볼프강 폰 괴테와 버너드 쇼의 명구를 인용해 놓아 시각적으로 여간 어지럽지 않다. 이렇듯 재정 탓에 조금이라도 지면을 아끼려는 흔적을 잡지 곳곳에서 엿볼 수 있다. 활자체도 창간호의 활자체보다 작고, 줄과 줄 사이의 행간도 줄어들었다. 그런가 하면 이 두언은 정인섭이 지나치게 일본어식 한자와 문체를 구사한 탓에 오늘날의 독자들이 그 의미를 헤아리기란 무척 어렵다.

정인섭은 제2호의 두언에서 외국문학연구회가 『해외문학』 창간호에서 기치로 내세운 목표를 다시 한 번 천명하였다. 한국문학을 발전시키기 위해서는 무엇보다도 먼저 외국문학을 능동적으로 받아들일 수밖에 없다고 지적하였다.

> ◯ 자기자신 것만으로 — 더구나 그것이 피상적이요 천박이요 협량(狹量)일 때 — 만족할 수 잇는 이는 얼핏 보아서 가장 행복인 듯하되 실(實)인즉 가장 가련한 존재이다.
>
> ◯ 세계문학 수입의 필연적 요구는 '외국문학연구회'를 하여금 당면(當面) 현재의 조선에 잇서 『해외문학』이란 일개의 잡지적(雜誌的) '코쓰모폴리탄'을 낫케 되엿다.
>
> ◯ 문학주의의 일절(一切)을 내포(內包)하고 객관적 입장 견지에서 외국 것을 조선화(朝鮮化)하고 조선 것을 외국화(外國化)하는 데 그 종합적 명제의 초점과 목표가 잇서야겟다.

◯사이비 번역이 대가연(大家然)이고 '만인적(萬引的)' 문예 연구가 유행함으로서 문단 이기적(而已的) 향락 현상에 호응하는 소위 문사(文士) — 진정한 문예가를 말하지 안는다 — 만을 위하야도 전율(戰慄)의 혜성(彗星)이다.

◯ 염하(炎夏)의 논바닥처럼 건조에 파열된 조선의 이목구비에 뇌성벽력과 폭풍우가 접촉되자 미구(未久) 현출(現出)의 홍수 뒤엔 신선한 창조가 대지에서 영감(靈感)되리라.[2]

정인섭은 먼저 문학 행위에서 자기만족이라는 것이 얼마나 부질없는지 지적하였다. 더구나 그러한 자기만족이 피상적이고 천박하고 편협할 때는 더더욱 그러하다는 것이다. '가련한 존재'라는 구절에서 엿볼 수 있듯이 정인섭은 이러한 태도에 측은심이나 경멸감마저 가차 없이 드러내었다. 모르긴 몰라도 그는 아마 한편으로는 한국문단의 편협한 국수주의를, 다른 한편으로는 계급투쟁을 전면에 내세우는 조선프롤레타리아예술연맹(카프)의 정치적 이념을 염두에 두고 있는 것 같다.

외국문학연구회가 『해외문학』이라는 잡지를 출간할 수밖에 없는 저간의 사정에 대하여 정인섭은 "세계문학 수입의 필연적 요구" 때문이라고 밝혔다. 여기서 '수입'이라는 말과 '필연적 요구'라는 말이 자칫 문학적 국수주의자들의 비위를 건드릴 수도 있다. '수입'이라는 말에는 흔히 남의 나라 물건을 무분별하게 들여온다는 부정적인 의미가 함축되어 있기 때문이다. 특히 제품의 수입보다는 문화산업과 관련한 수입에는 더더욱 그러할 것이다. 여기서 '수입'이라는 말을 '수용'이나 '이입' 또는

2 『해외문학』 2, 1927.7, 1면.

'이식'이라는 말로 받아들여도 크게 다르지 않다. 그러나 한 나라의 문학은 다른 나라의 문학과 밀접한 관련을 맺으면서 성장하고 발전할 수밖에 없다. 두말할 나위가 없이 이러한 관계에는 영향이나 이입이 들어간다. 카프문학에서 이론가로서 주도적인 역할을 한 임화林和조차 『조선문학 연구의 일 과제』에서 한국의 신문학이 외국문학과 밀접한 영향 관계에서 발전해 왔다는 점을 솔직히 인정할 정도였다.

> 신문학사의 연구에 있어 문학적 환경의 고구(考究)란 것은 신문학의 생성과 발전에 있어 부단히 영향을 받아 온 외국문학의 연구이다. 신문학이 서구적인 '문학 장르' 구체적으로 자유시와 현대 소설를 채용하면서부터 형성되고, 문학사의 모든 시대가 외국문학의 자극과 영향과 모방으로 일관되었다 하여 과언이 아닐 만큼 신문학사란 이식(移植) 문화의 역사다.[3]

위 인용문에서 임화가 말하는 '외국문학'은 서양문학을 가리킨다기보다는 엄밀히 말해서 일본문학, 좀 더 구체적으로 메이지 시대의 문학과 다이쇼 시대의 문학을 말한다. 이 점과 관련하여 임화는 "신문학이 서구 문학을 배운 것은 일본문학을 통해서 배웠기 때문이다. 또한 일본문학은 자기 자신을 조선문학 위에 넘겨준 것보다 서구문학을 조선문학에 주었다"[4]고 지적하였다. 일본의 근대문학이 서양문학에서 배운 것이라면 넓은 의미에서 보면 일본문학은 서양문학의 일부로 보아도 크게 틀리지 않을 것이다.

3 임화, 『임화 전집』 2, 박이정, 2001, 376면.
4 위의 책, 377면.

그런데 여기서 임화가 이식 문학을 언급하면서 '수입'이나 '이입'이라는 말 대신 '이식'이라는 식물학 용어를 사용한다는 점을 눈여겨보아야 한다. '이식'이란 두말할 나위 없이 식물을 한 땅에서 다른 땅으로 옮겨 심는 것을 말한다. 외국문학이나 외국문화의 토착화를 언급할 때 단순히 상품을 들여와 소비한다는 의미의 '수입'보다는 새로운 땅에 옮겨 심는다는 '이식'이 훨씬 더 적절한 용어일 것이다. 서양 문물을 본격적으로 받아들이기 시작한 근대기 한국뿐만 아니라 중국에서도 이식의 개념은 아주 중요하였다. 가령 량치차오梁啓超는 서구문화가 어떻게 중국문화에 이식되는지에 깊은 관심을 기울였다. 그는 단순히 한 나뭇가지에 다른 나뭇가지의 접을 붙이는 '접지接枝'라는 용어보다는 뿌리째 옮겨 심는 '이식'이 훨씬 적절한 용어라고 지적한 적이 있다.[5]

임화의 지적대로 한국 신문학의 역사가 곧 이식 문학의 역사라고 한다면 정인섭이 주장하는 '수입'은 '이식'이라는 말과 거의 같은 뜻으로 받아들여도 무방하다. 정인섭이 두언에서 "'외국문학연구회'를 하여금 당면 현재의 조선에 잇서 『해외문학』이란 일개의 잡지적 '코쓰모폴리탄'을 낫케 되엿다"고 말한다는 점을 좀 더 주목해 볼 필요가 있다. '잡지적 코쓰모폴리탄'이라는 표현이 걸리기는 하지만 '코즈모폴리탄적인 잡지'라는 뜻으로 받아들여도 무방할 것 같다. 이 무렵 한국의 신문학은 태동한 지 얼마 되지 않은 시점이어서 아직 제대로 골격을 갖추고 있지 않았다. 이러한 상황에서 『해외문학』 같은 잡지가 국수주의에 치우쳐

5 임화의 이식 문학론에 관해서는 김욱동, 『강용흘—그의 삶과 문학』, 서울대 출판부, 2004, 341~46면; 김욱동, 『부조리의 포도주와 무관심의 빵』, 소명출판, 2013, 141~149면 참고.

있는 한국문학에 세계주의나 사해동포주의의 정신을 불어넣을 수 있다고 지적하는 말이다. 바로 이 점에서 정인섭은 세계문학의 수입 또는 이식이야말로 시대의 필연적 요구라고 지적했던 것이다.

정인섭은 "문학주의의 일절을 내포하고……"로 시작하는 그 다음 단락에서 외국문학의 수입이나 이식이 단순히 일방적으로 이루어지는 것이 아니라 어디까지나 쌍방적으로 이루어진다는 점을 밝혔다. 그가 외국문학연구회의 기관지 『해외문학』이 객관적 입장에서 "외국 것을 조선화 하고 조선 것을 외국화하는 데 그 종합적 명제의 초점과 목표"를 두어야 한다고 지적하는 것은 바로 그 때문이다. 요즈음 글로벌 시대나 세계화 시대를 맞아 지방적인(로컬) 것이 진정으로 세계적인(글로벌한) 것이라는 구호를 심심하지 않게 듣는다. 적어도 이 점에서는 문학도 마찬가지일 것이다. 진정으로 한국문학다운 문학만이 세계문학의 대열에 당당하게 합류할 수 있을 것이기 때문이다.

마지막으로 정인섭은 두언에서 외국문학연구회의 기관지 『해외문학』이 외국문학의 '사이비 번역'을 배격하고 진정한 번역을 통하여 외국문학을 받아들이는 데 큰 역할을 맡을 것이라고 천명하였다. 그는 한국 문단에서 사이비 번역이 '대가'처럼 행세하는 현실을 무척 안타깝게 생각하였다. 정인섭의 이러한 태도는 비단 두언에 그치지 않고 그의 논문이나 좌담 등 곳곳에서도 어렵지 않게 엿볼 수 있다. 악화가 양화를 구축한다는 말도 있듯이 사이비 번역은 제대로 된 번역을 몰아내기 일쑤기 때문이다.

이러한 사이비 현상은 비단 외국작품의 번역에만 그치지 않는다는 데 문제의 심각성이 있다. 정인섭은 문학과 예술 연구에도 사이비가 판을

친다고 개탄하였다. 그가 말하는 "'만인적' 문예 연구"란 가게에서 물건을 슬쩍 훔치는 것처럼 문예를 연구하면서 다른 학자나 비평가의 이론이나 견해를 자기가 생각해낸 것인 것처럼 표절하는 행위를 가리키는 듯하다. 그런데 이러한 표절 행위가 한국의 문예 연구에서도 성행하고 있다는 말이다. "문단 이기적而已的 향락 현상"에서 '이기적'이라는 말은 요즈음에는 좀처럼 사용하지 않는 말이다. 일본어로 '노미のみ' 또는 '다케だけ'라고 읽는 이 말은 '~만だけ丈' 또는 '뿐ばかり許り'라는 뜻이다. 그러므로 한국문단에만 만연되어 있는 향락 현상을 가리키는 것 같다. 정인섭은 이러한 현상을 좇는 문학가야말로 진정한 의미의 문학가가 아니라 사이비 문학가라고 규정 지었다. 그러면서 그는 『해외문학』은 이러한 사이비 문학가에게는 "전율의 혜성", 즉 두려움이라는 어두움을 걷어내는 새벽별이 될 것이라고 말하였다.

정인섭은 두언의 마지막 부분에 이르러 "염하의 논바닥처럼 건조에 파열된 조선의 이목구비에 뇌성벽력과 폭풍우가 접촉되자 미구 현출의 홍수 뒤엔 신선한 창조가 대지에서 영감되리라"고 밝혔다. 온갖 비유를 동원하여 자못 영탄적으로 부르짖는 이 문장은 앞의 주장과는 좋은 대조를 이룬다. 정인섭은 조선 문단이 가뭄으로 갈라져 있는 무더운 한여름의 논바닥에 빗대었다. 이러한 메마른 대지에 『해외문학』이라는 뇌성벽력과 폭풍우가 몰아치면 곧 홍수가 밀어닥치고 불모의 대지에 새로운 생명이 솟구쳐 나올 것이라고 내다보는 것이다.

조지 버너드 쇼 인상기

『해외문학』 제2호에서는 편집자의 두언 바로 다음에 영국 시인과 소설가로 이 무렵 와세다대학에서 영문학을 강의하던 레이먼드 밴토크의 「버너드 쇼 인상기」를 실었다. 쇼는 1925년도 노벨 문학상을 수상하여 한국과 일본에서 이 무렵 큰 화제가 되고 있던 영국 극작가다. 이 글에서도 밴토크는 창간호의 격려사와 마찬가지로 "에ㅅ날의 희미한 기억을 더듬어 이제 『해외문학을 통하야 나의 경애하는 정군鄭君에게 드리노라"[6]라는 서두로 시작한다. 밴토크의 회고에 따르면 그가 쇼를 처음 만난 것은 1914년 학창 시절에 아버지를 따라 러시아 오페라 구경을 갔을 때였다. 그 뒤 두 번째로 쇼를 만난 것은 밴토크의 고향 버밍엄에서 쇼의 연극이 초연되던 1923년이었다. 이때 쇼는 밴토크에게 우연히 그의 습작 희곡 작품을 읽었다고 말하여 그를 깜짝 놀라게 하였다. 그 뒤 쇼는 원고에 자신의 의견을 자세히 적어 주며 격려했다는 것이다. 쇼의 성격과 관련하여 밴토크는 "설사 한 번도 보지 못한 사람이 잇다 하드라도 항상 도와주려는 선의와 호의를 가지고"[7] 있는 인물이었다고 회고한다. 그가 세 번째로 쇼를 만난 것은 음악 평론가이던 그의 아버지가 극작가를 직접 집으로 초대했을 때였다. 그때 쇼는 같은 아일랜드 출신 작가인 고든 크레이그에 관한 이야기를 많이 했다고 밴토크는 회고한다.

밴토크는 이 글에서 쇼가 개 같은 동물을 사랑하는 것이 무척 남달랐다고 회고하기도 한다. 그러면서 그의 이러한 태도가 어쩌면 그동안 온건 좌파 단체인 페이비언협회에 참가한 데서 볼 수 있듯이 그의 사회개

6 레이먼드 밴토크, 「버너드 쇼 인상기」, 『해외문학』 2, 1927.7, 2면.
7 위의 글, 3면.

혁 의지와 관련이 있을지 모른다고 추측하였다. 이렇듯 밴토크는 쇼를 단순히 극작가 수준을 뛰어넘어 철학가나 사상가로 자리매김하였다.

> 현대에는 극작가로서 일반의 존앙(尊仰)을 밧고 잇다 할 수 잇스나 나의 견지로 보아서는 철학자로서의 쇼, 사상가로서의 쇼가 더욱이 장래의 평가에서는 중요한 위치를 점(占)한[할] 것이라 생각하는 바이다……. 다시 말하거니와 쇼 씨는 자기 나라와 또는 일반사회의 중대한 문제를 사상적으로 극작에 제공하는 구주(歐洲)의 최대 지자(智者)일가 한다.[8]

밴토크는 쇼를 이렇게 유럽의 최대 지성인으로 높이 평가하면서도 그의 작품에 사랑 같은 인간의 감정이 결여되어 있는 것이 큰 결점이라고 지적하였다. 그래서 그는 쇼를 같은 아일랜드 출신 극작가인 존 밀링턴 싱과 비교하면서 전자보다는 후자를 더 높이 평가하였다. 싱의 극작품에는 쇼의 작품에서는 좀처럼 볼 수 없는 유머와 '시미詩味'가 들어 있기 때문이라는 것이다. 그러므로 밴토크는 "극예술가로서는 쇼보다는 싱을 취하고저 하는 것이 나의 주관主觀이다"[9]라고 결론 지었다.

문학 평론과 평론 번역 분석

『해외문학』 제2호에는 외국문학연구회 회원이 발표한 문학 평론 3편과 영어로 쓴 평론을 번역한 글 1편이 실려 있다. ① 이선근의 「여명기黎明期 로서아露西亞 문단 회고」, ② 함일돈의 「메이지明治문학의 사적史的 고

8 위의 글, 4~5면.
9 위의 글, 5면.

찰考察」, ③ 정인섭의 「쇼오 극의 작품과 사상」, 그리고 ④ 미국 평론가 헨리 핍스가 쓴 「피란델로와 그의 독창성」이 바로 그것이다. 제2호의 지면이 창간호의 3분의 1정도밖에 되지 않는데도 논문의 수는 똑같이 4편인 것으로 보아 외국문학연구회에서는 그만큼 평론이나 논문을 중요하게 생각했음을 알 수 있다.

이선근은 『해외문학』 창간호에 「노서아 국민문학의 시조 '푸슈킨'의 생애와 그의 예술」을 기고하였다. 이 글에서 그는 주로 알렉산드르 푸슈킨의 생애를 다룬 뒤 그의 예술에 관해서는 다음 호에 계속하겠다고 밝혔다. 그러나 막상 제2호에 실린 이선근의 논문은 푸슈킨의 예술에 관한 글이 아니라 여명기 러시아문학에 관한 글이다. 이선근의 지적대로 러시아문학은 푸슈킨을 분수령으로 그 이전을 '여명기 문학'이라고 부르고, 그 이후를 '국민문학'이라고 부른다. 그가 이렇게 주제를 바꾼 데는 그 나름대로 이유가 있었다. 니콜라이 고골에서 러시아 혁명에 이르기 까지 푸슈킨 이후 근대 러시아문학은 비록 일본 중역을 통해서나마 한국에 소개가 되었지만 그 이전의 문학은 전혀 소개된 적이 없기 때문이다. 그래서 이선근은 푸슈킨의 예술을 다루겠다는 처음 계획을 바꾸어 여명기 러시아문학을 다루었던 것이다.

이선근은 푸슈킨 이후 여명기 문학을 한마디로 '모방 시대의 문학'이라고 규정 지었다. 그는 러시아의 여명기 문학이 표트르 대제가 전통적인 정치 체제를 과감하게 버리고 서유럽의 정치 체제를 모방한 것과 궤를 같이한다고 지적하였다. 독일과 프랑스에서 각각 영향을 받은 미카엘 로모노소프와 칸테미르 같은 문학가들은 "서구 문예를 수입하야 그 토대 우에 노서아 국민문학을 건설하자는 운동"[10]을 전개했다는 것이다.

이 논문에서 이선근이 다루는 여명기 작가는 푸슈킨이 "러시아 최초의 대학"이라고 찬사를 보낼 만큼 인문학과 사회과학, 심지어 자연과학 분야에서 탁월한 업적을 쌓은 로모노소프아를 비롯하여 흔히 '러시아 시의 아버지'로 일컫는 안티오코스 칸테미르, 여러 시 형식을 실험한 바실리 트레차콥스키 등이다. 이밖에도 서정시인 가브릴라 데르자빈, 러시아 최초의 산문시인인 니콜라이 카람친, 서유럽의 낭만주의 문학을 러시아에 처음 소개한 바실리 주콥스키, 그리고 우화 작가로 전 세계에 널리 알려진 이반 크릴로프 등을 폭넓게 다루었다.

이선근의 논문에서 한 가지 주목해야 할 것은 단순히 러시아 여명기 문학을 소개하는 것에 그치지 않고 더 나아가 이 무렵 러시아문학을 한국의 신문학과 연관시키려고 시도했다는 점이다. 그가 말하는 '여명기'는 한국의 문단에도 거의 마찬가지로 적용할 수 있기 때문이다.

> 누구나 당시 문단에선 각자가 외국문학 곳곧 서구문학의 번역, 혹은 모방, 개작으로부터 시작하야 그것을 건전한 토대로 삼고 그 우에 로서아(露西亞)의 독특한 국민성을 발휘하야 새로운 창작을 나하노앗다고 생각된다. 좀 더 쉬웁게 말하면 그네는 서구문학이란 거울을 잘 닥가 그 압헤 자신의 창조력을 빗추어 보는 동시 그로부터 새로운 창작을 차저냇다는 것이니 곳곧 것칠고 조잡한 로서아 국민성을 세련된 선진국의 문화로 순화식히고 정화(精化)시힌 것이며 무질서 무조직(無組織)한 슬라브어에 독일어 갓흔 힘을 더[던]저주고 불어나 영어 갓흔 조직을 만드럿고 희랍, 라텐 갓흔 풍부한 어원을

10 이선근, 「여명기 노서아 문단 회고」, 『해외문학』 2, 1927.7, 7면.

차자내는 동시 외국문학의 건전한 소개와 연구로부터 위대하고 힘 잇는 노서아 근대 국민문학의 튼 한 기초를 세워노핫다는 것이다.[11]

이선근이 지적하듯이 여명기 러시아문학에서 '외국문학'이란 곧 프랑스를 비롯한 서유럽의 문학을 가리키는 것과 크게 다름없었다. 이 무렵 러시아 작가들은 서유럽 작가들의 작품을 번역하거나 모방하거나 개작함으로써 러시아문학을 좀 더 굳건한 발판 위에 올려놓으려고 했기 때문이다. 이때 번역이나 모방 또는 개작은 그렇게 부끄러운 행위가 아니었다. 원문 텍스트를 읽을 수 있는 일부 지식인을 제외하고는 일반 독자들은 번역 없이는 외국문학을 쉽게 접할 수 없었다. 또한 '모방은 창조의 어머니'라는 말도 있듯이 모방이나 개작도 얼마든지 새로운 창작을 위한 발판이 될 수 있었다. 모방이나 개작은 사다리와 같아서 일단 높은 곳에 오르기 위해서는 필수적이지만 일단 사용하고 나면 이렇다 할 쓸모가 없을 것이다.

그런데 위 인용문에서 무엇보다도 관심을 끄는 대목은 이선근이 서유럽의 외국문학을 거울에 빗댄다는 점이다. 거울 없이 자신의 모습을 비추어 볼 수 없듯이 외국문학이 없이 자국의 문학을 제대로 바라볼 수 없다. 거울을 잘 닦아내어 표면이 깨끗하면 할수록 거울에 비친 이미지는 그만큼 선명하게 나타나게 마련이다. 그러나 거울에 비친 이미지는 어디까지나 허상일 뿐 거울 앞에서 서 있는 실체와는 다를 수밖에 없다. 거울 앞의 실체(국민문학)는 거울에 비친 모습(외국문학)을 바라보면서 좀

11 위의 글, 11면.

더 객관적으로 자신의 진면목을 깨닫는 한편, 자신의 모습을 좀 더 아름답게 매만질 수 있을 것이다.

위 인용문의 마지막 문장도 한국어와 관련하여 찬찬히 눈여겨볼 만하다. 이선근은 여명기 러시아 작가들이 독일 문학이나 프랑스문학 또는 영문학 같은 서유럽의 문학 작품을 읽고 번역하면서 아직 체계가 잡히지 않은 슬라브어에 새로운 활력을 불어넣었다고 지적하였다. 이와 더불어 그들은 고대 그리스어나 라틴어에서 어원을 찾아내려고도 하였다. 예를 들어 영어는 70퍼센트 가량이 고대 그리스어나 라틴어에서 파생되었다. 이처럼 고대 그리스어와 라틴어를 비롯한 서유럽의 언어도 슬라브어에 새로운 활기를 불어넣어 줄 수 있을 것이다.

더구나 이선근은 여명기 러시아 작가들이 "외국문학의 건전한 소개와 연구로부터 위대하고 힘 잇는 노서아 근대 국민문학의 튼々한 기초를 세워노핫다"고 주장하였다. 이렇게 외국문학의 건전한 소개와 연구를 바탕으로 자국 문학의 기초를 굳건하게 다지려고 한다는 점에서 여명기 러시아문학가들의 태도는 1920년대 중엽의 외국문학연구회의 태도와 거의 동일하다. 『해외문학』 창간호에 실린 권두사에서도 "무릇 신문학의 창설은 외국문학 수입으로 그 기록을 비롯한다. 우리가 외국문학을 연구하는 것은 결코 외국문학 연구 그것만이 목적이 아니오 첫재에 우리 문학의 건설, 둘재로 세계문학의 호상互相 범위範圍를 넓히는 데 잇다"[12]고 부르짖었다. 이선근의 언급 중에서 러시아의 '국민문학'을 창간 권두사의 '우리 문학'으로 바꾸어 놓으면 그 의미는 거의 비슷하다.

12 「창간 권두사」, 『해외문학』 창간호, 1927.1, 1면.

또한 방금 앞에서 언급했듯이 『해외문학』 제2호 '두언'에서 천명한 "세계문학 수입의 필연적 요구"도 이와 같은 맥락에서 이해할 수 있다. 한국의 근대문학이 3·1운동 이후 문예 동인지 『창조』에서 출발하여 『개벽』과 『백조』를 거쳐 1924년의 『조선문단』의 발행으로 성립되었다고 한다면 그것은 아직 걸음마 단계에 있는 것과 같다고 하여도 크게 틀리지 않을 것이다. 한국의 근대문학은 러시아문학과 비교하여 시기적으로는 비록 차이가 있을지언정 전통의 구각을 벗고 새로운 단계로 진입하려고 노력한다는 점에서 서로 비슷하다.

『해외문학』 제2호에 실린 두 번째 논문은 함일돈이 쓴 「메이지문학의 사적 고찰」이다. 외국문학연구회 창립 회원들이 외국문학의 범주에 일본문학과 중국문학을 배제할 수 없다는 판단에서 새로 영입한 회원이 바로 도쿄제국대학에서 일본문학을 전공하던 함일돈이었다. 그는 본디 이 논문을 두세 번에 걸쳐 연재할 예정이었다. 그래서 제2호에서는 두 쪽이 넘는 논문 전체에 대한 긴 서론에 이어 '태생기 개관'이라는 첫 번째 항목 중에서 '서설'과 '국어國語 급及 국자론國字論의 발흥'만을 다루었다. 그러나 안타깝게도 이 잡지가 제3호를 발간하지 못하고 제2호로 종간되는 바람에 이 논문은 겨우 서론만 꺼내고 끝나고 말았다.

이렇게 메이지문학을 미처 자세히 다루지도 못하고 도입 부분에서 그치고 말았지만 함일돈은 그 나름대로 일본 문학사에서 이 시대가 차지하는 중요한 의미를 찾아내었다. 메이지문학은 '혼돈한 과도기'의 문학으로 평가하면서도 헤이안平安 시대의 문학이나 에도江戶 시대의 문학과는 크게 다르다고 지적하였다. 함일돈의 표현을 빌리자면 그 차이는 "천양의 차", 즉 하늘과 땅의 차이만큼 무척 크다는 것이다. 메이지문학은 그 이전 시대의 문학처럼 한편으로는 중국이나 인도의 영향을 받았고 다른 한편으로는 종래와는 전혀 다른 문화권의 영향을 받으며 발전하였다. 함일돈은 "메이지문학의 과도기적 색조는 단지 그것뿐이 안이라 장구한 전시대前時代에 모아노은 동양 문예의 정화精華를 새로 태서문예泰西文藝에 접촉식혀 세계무대에 나서랴 하는 그것이니……"[13]라고 밝혔다. 다시 말해서 메이지 시대 이전의 문학이 중국과 인도 같은 동양 문예의 영향을 많이 받았다면, 메이지 시대의 문학은 비단 동양 문예에 그치지 않고 서양 문예의 영향을 많이 받았다고 지적하였다.

함일돈은 메이지문학의 중요한 특징으로 언문일치言文一致, 즉 일상생활에서 실제로 쓰는 말과 그 말을 적은 글이 서로 일치하는 현상을 들었다. 메이지 시대에 이르러 학자들은 일본어를 통일하고 표준어를 확립했을 뿐만 아니라 일본어의 글자를 정리했다고 지적하였다. 함일돈에 따르면 다른 학자들이 언문일치를 이론적으로 부르짖거나 논의에 그치고 있을 때 후쿠자와 유키치福澤諭吉는 그것을 몸소 실천으로 옮겼다. 그래서 후쿠자와는 일본어 구어에 가장 가까운 문어체로 자신의 사상을 자유롭게 표현할 수 있었다. 가령 『학문을 권함』에서 그는 일부 지식 계층의 전유물이던 한문체 문장을 버리고 언문일치 문체를 도입할 것을 역설할 뿐만 아니라 더 나아가 직접 그러한 문체를 구사하여 몸소 실천에 옮겼다. 그러고 보니 그를 왜 '일본 근대화의 정신적 아버지'로 일컫는지 그 까닭을 알 만하다. 함일돈은 언급하지 않았지만 후쿠자와와 거의 같은 시기에 가토 히로유키加藤弘之를 비롯한 서구파 지식인들도 언문

13 함일돈, 「메이지 문학의 사적 고찰」, 『해외문학』 2, 1927.7, 15면.

일치를 부르짖었다. 대부분 막부幕府의 기술 관료였던 그들은 1873년에 메이로쿠샤明六社를 만들어 『메이로쿠 잡지』를 발간하면서 새로운 서양 문물을 일반 대중에게 널리 전달하고 보급하기 위하여 언문일치 문체를 구사하였다.

그러나 언문일치의 문체가 좀 더 널리 보급되려면 학자나 지식인보다는 오히려 문학가의 힘이 절대적으로 필요하였다. 이 점과 관련하여 함일돈은 "일본의 언문일치 체體도 야마다 비묘山田美妙니 오자키 교요尾崎紅葉 등 문사文士들이 나서 논의를 하고 실지實地로 새로운 문체로 작품을 죽々 쓰내 논 데서 확립"[14]되었다고 주장하였다. 일본에서 언문일치에 크게 이바지한 작가로는 이 두 작가 말고도 『뜬구름浮雲』을 쓴 후타바테이 시메이二葉亭四迷를 빼놓을 수 없을 것이다. 문학 작품에서 언문일치를 시도한 것은 일본이 중국이나 한국 같은 동아시아의 다른 국가보다 무려 30년이나 앞섰다.

이렇게 언문일치가 한 국가의 문학의 발전에 실제로 지대한 영향을 끼쳐 왔다는 것은 비단 일본 문학사뿐만 아니라 세계 문학사에서도 쉽게 엿볼 수 있다. 함일돈도 언급하듯이 단테 알리기에리는 『신곡』을 쓰면서 과감하게 라틴어를 버리고 이탈리아의 피렌체 지방 방언을 사용하였다. 단테의 뒤를 이어 프란체스코 페트라르카와 조반니 보카치오도 주로 토스카나 지방의 방언, 특히 피렌체 방언을 사용하였다. 그래서 피렌체 방언은 뒷날 이탈리아의 표준어로 자리 잡게 되었다. 이와 마찬가지로 프랑스에서는 프랑수와 라블레가, 스페인에서는 미겔 데 세르반테

14 위의 글, 17면.

스가 자국어나 지방 방언으로 작품을 써서 자국어의 발전에 크게 이바지하였다.

중국에서도 1911년에 신해혁명辛亥革命으로 청나라가 무너지고 근대 국가인 중화민국이 수립되면서 지식인들과 작가들을 중심으로 문언문文言文을 버리고 민간의 일상생활에서 주로 사용하는 구어체로 글을 쓰자는 백화문白話文 운동이 일어났다. 1917년에 후스가 잡지 『신청년』에 「문학 개량추의文學改良芻議」를 발표하면서 난해한 문어체 문학을 배격하고 구어문에 바탕을 둔 백화문학을 부르짖었다. 그 뒤 천두슈가 「문학 혁명론」을 주창하여 후스의 주장을 이어나갔다. 루쉰을 비롯한 작가들은 후스와 천두슈의 이론을 받아들여 작품 속에서 직접 백화문을 구현하였다.

이 점에서는 한국문학도 예외가 아니었다. 이광수가 '일본에 복을 주기 위해 하늘이 내린 위인'이라고 격찬해마지 않은 후쿠자와 유키치는 언문일치와 관련하여 조선의 계몽 사상가들에게도 크나큰 영향을 끼쳤다. 가령 김옥균金玉均을 비롯하여 박영효朴泳孝, 유길준俞吉濬, 최남선, 이광수 같은 개화파 지식인들은 후쿠자와의 영향을 받고 그들의 저서나 작품에서 언문일치를 시도하였다. 유길준이 『서유견문西遊見聞』에서 처음으로 언문일치 문체로 기행 수필을 썼다면, 이광수는 『무정無情』에서 처음으로 언문일치 문체로 소설을 썼다.

『해외문학』 제2호에 실린 세 번째 논문은 정인섭의 「쇼오 극의 작품과 사상」이다. 이 글도 함일돈의 글과 마찬가지로 완성된 논문이 아니라 그 일부로 제3호에 계속 이어가기로 되어 있었다. 정인섭이 조지 버너드 쇼에 관한 논문을 쓰기로 한 것은 레이먼드 밴토크의 인상기에서도 볼 수 있듯이 이 아일랜드 극작가가 1925년도 노벨 문학상 수상자로 선정되었기 때문이다. 그런데 일종의 알림난欄 같은 '고告'에서 정인섭은 이 논문을 읽기 전에 전호前號에 실린 서론 「쇼오의 극예술과 그 사상적 내용의 필연적 경향」을 다시 한 번 읽어 보기를 권하였다.

그러나 정인섭이 창간호에 그러한 논문을 발표한 적이 없기 때문에 이러한 알림은 자못 의아하게 받아들여질 수밖에 없다. 그는 창간호에 미국 단편소설 작가 에드거 앨런 포에 관한 논문을 실었을 뿐이기 때문이다. 다만 그는 '독서여록'에서 쇼의 노벨 문학상 수상 소식을 전하며 채식주의자인 그의 일화 한 토막을 소개하였다. 여기서 정인섭은 "버너드 쇼는 현 영국 문학의 최대 거성巨星이다. 그이의 초인주의는 니체 사상과는 달나 씨의 엄렬嚴烈한 기지와 위대한 정력가임을 표시한다. 그만큼 예민하고 솔직한 논법으로 자아표현自我表現에 감춤이 없다"[15]고 평하였다. 제2호에 실린 글에서도 "전호에도 말햇거니와" 같은 표현을 사용하고 있다. 창간호를 위하여 아마 쇼에 관한 논문을 썼지만 포에 관한 논문이 실리는 바람에 미처 실리지 않았을 가능성이 크다. 정인섭이 제목을 정확히 기억하고 있는 것으로 보아 비록 발표는 되지 않았어도 집필한 것은 틀림없는 사실인 듯하다.

정인섭은 「쇼오의 극예술과 그 사상적 내용의 필연적 경향」에서 쇼가 초기 작품을 '유쾌한 극'과 '불쾌한 극'의 두 범주로 나누어 출간했다는 점을 먼저 언급하였다. 그러고 난 뒤 그는 후자에 속하는 작품인 『홀아비의 집』, 『도락자道樂者』, 『워렌 부인의 직업』 등 3편을 다루었다. 쇼의 작품에서 두 번째 작품의 제목이 낯설지 만 아마 『바람둥이 사내』를 그

15 야광(정인섭), 「독서여록」, 『해외문학』 창간호, 1927.1, 193면.

렇게 번역한 듯하다. 이 논문에서 한 가지 눈여겨볼 것은 정인섭이 『워렌 부인의 직업』을 다루면서 비극의 특징을 종래와는 조금 다르게 규정 짓는다는 점이다.

> 이 작품에는, 특히 비극적 요소가 만타. 보통 극작가의 비극 작품에는, 사(死)와 운명 갓흔 것이 중대한 결말이지만 쇼는 살인이라든가, 쏘는, 사(死) 갓흔 것을 요(要)치 안는 까닭으로, '모녀의 비통한 생이별'에서, 그 비극적 효과를 맛보려 하엿다. 보통 것은 '희비(喜悲)'극적(劇的)이되, 이것은 '비희(悲喜)'극이라 할가, 둘의 상반된 성격과 사상은, 결국, 불가항(不可抗)의 파열에 이르러, 비극 기분이 농후해젓다.[16]

전통적으로 어느 희곡이 비극이냐 희극이냐 하는 것은 결말 부분에서 주인공이 죽음 같은 급격한 파멸에 이르느냐, 아니면 결혼이나 축복 같은 해피엔딩을 맞느냐에 따라서 결정된다. 가령 고대 그리스 비극에서 주인공은 어느 정도 자유의지를 행사하기는 하지만 대체로 신탁에 따라 예정된 파멸에 이른다. 한편 단테가 『신곡』에 '코메디아'라는 제목을 붙인 것은 순례자이며 주인공인 단테가 지옥과 연옥을 거쳐 마침내 베아트리체의 안내로 천국을 순례하고 구원을 받기 때문이다. 그러나 정인섭은 『워렌 부인의 직업』에서 볼 수 있듯이 어머니가 그동안 창녀로 일해 온 것을 알게 된 딸이 어머니의 곁을 떠나는 '모녀의 비통한 생이별'도 얼마든지 비극적 요소를 지니고 있다고 지적한다.

16 정인섭, 「쇼오 극의 작품과 사상」, 『해외문학』 2, 1927.7, 23면.

위 인용문에서 "보통 것은 '희비喜悲'극적劇的이되, 이것은 '비희悲喜'극이라 할가……"라는 마지막 문장을 좀 더 찬찬히 눈여겨볼 필요가 있다. 정인섭은 여기서 '희비극'과 '비희극'을 엄밀히 구별 짓는다. 그동안 이 두 용어를 서로 엄격히 구분 짓지 않고 거의 동의어처럼 사용해 왔다. 그러나 좀 더 엄밀히 따지면 '희비극tragicomedy'과 '비희극comi-tragedy'은 성격이 조금 다르다. 전자는 기본적으로 비극적인 작품에 희극적인 요소가 가미된 것을 말하고, 후자는 이와는 반대로 기본적으로는 희극적인 작품에 비극적 요소가 가미된 것을 말한다. 정인섭은 『워렌 부인의 직업』은 희곡 장르에서 비희극보다는 희비극에 가깝다고 지적하였다.

『해외문학』 제2호에 실린 네 번째 논문은 외국문학연구회 회원이 쓴 것이 아니라 미국 평론가 헨리 핍스가 쓴 「피란델로와 그의 독창성」이다. 이탈리아 극작가 루이지 피란델로를 취급한 것은 아마 이 무렵 노벨 문학상 후보에 올라와 상을 받을 가능성이 크기 때문일 것이다. 제2호에 실린 '이태리伊太利 소식 두낫'이라는 세계문단을 짧게 소개하는 난에는 "1927년도의 '노벨상'을 밧는, 이태리 작가 '피란델로'의 공적은 세인世人이 다 아는 바이지만……"[17]이라고 나와 있다. 그러나 피란델로는 이 해에 노벨 문학상을 받지 못하였고 1934년에 이르러서야 비로소 노벨상을 받았다. 1927년도 노벨 문학상 수상자는 생철학을 주창한 프랑스 철학자 앙리 베르그송이었다. 조지 버너드 쇼와 피란델로에 관한 논문에서도 볼 수 있듯이 이 무렵 외국문학연구회에서는 노벨 문학상 수

17 「이태리 소식 두낫」 『해외문학』 2, 1927.7, 24면.

상자들에 지금보다도 훨씬 더 깊은 관심을 기울이고 있었다.

헨리 핍스는 「피란델로와 그의 독창성」을 미국 프린스턴대학에서 발행하던 잡지 『가면』(1926년 1월호)에 처음 발표하였다. 이 영문 논문을 번역한 사람은 '야광夜光'이라는 필명으로 사용하고 있는 것으로 보아 정인섭임에 틀림없다. 그는 『해외문학』 창간호에서도 '야광'이라는 필명으로 '독서여록'이라는 칼럼을 쓴 적이 있기 때문이다. 그는 핍스의 논문을 번역하기에 앞서 "1927년도의 '노벨상'이 이태리 극작가 '피란델로'가 밧게 되엿슴은 월초月初의 신문이 보도한 바어니와……"[18]라고 밝혔다. 물론 일간신문 이러한 보도는 예측이 빗나가고 말았다. 어찌 되었든 정인섭은 핍스의 논문을 "명쾌하고 예민한 소론小論"이라고 평했지만, 실제로는 서툰 번역 탓인지는 몰라도 한두 번 읽어서는 제대로 논지를 알아차릴 수 없다.

번역시 분석

『해외문학』 제2호에는 외국문학연구회 회원 중 4명이 외국의 시작품을 번역하였다. 창간호에 무려 32편이 실려 있는 반면 제2호에는 겨우 17편이 실려 있어 분량이 그 절반 정도밖에 되지 않는다. 그러나 창간호에서 볼 수 없던 문화권의 작품들이 소개되어 눈길을 끈다. 영국과 미국의 작품이 주류를 이루고 있는 반면, 독일과 러시아 작품이 빠져 있다. 그런가 하면 일본 시 1편이 소개되어 있는 것도 흥미롭다. 번역자들도 호세이法政대학 법문학부에서 영문학과 불문학을 전공하던 이하윤異河潤을 제외하고 나면 하나같이 제2호에 처음 기고하는 회원들이다. 외국의

18 헨리 핍스, 「피란델로와 그의 독창성」, 『해외문학』 2, 1927.7, 25면.

번역시를 정리하면 다음과 같다.

① **정규창 번역**

피오나 맥클리어드, 「갈ㅅ대피리 부는 이」

피오나 맥클리어드, 「그늘진 숩풀」

② **이하윤 번역**

R. L. 스티븐슨, 「진혼곡」

알베르 사맹, 「死都」

알프리드 테니슨, 「부셔라!」

새러 티스데일, 「이져 바리여오」

트리스탕 콜비에르, 「둑겁이」

월터 드 라 메어, 「騎士」

폴 제랄디, 「이원론」

존 골드워디, 「삶」

사이조 야소, 「회상」

③ **김한용 번역**

퍼시 비시 셸리, 「서풍에게 보내는 노래」

퍼시 비시 셸리, 「노래」

④ **이병호 번역**

월트 휘트먼, 「2老兵에 寄하는 挽歌」

월트 휘트먼, 「난대 업는 이의게」

월트 휘트먼, 「憧憬하고 默想할 그때」

월트 휘트먼, 「勝利의 名聲을 읽을 때」

정인섭과 함께 와세다대학에서 영문학을 전공하던 정규창은 맥클리어드의 산문시 2편을 번역하였다. 맥클리어드는 영국 시인으로 언급되어 있지만 엄밀히 말하면 영국인이라기보다는 스코틀랜드 시인이요 전기 작가다. '피오나 맥클리오드'는 윌리엄 샤프의 필명으로 거의 평생이 필명으로 활약하였다. 그는 일찍이 단테 게일브리얼 로제티에게 매료되어 필립 마스턴과 찰스 스윈번 등과 함께 '단테 문학 그룹'에 가담하여 활동하였다. 한국에는 별로 알려져 있지 않았지만 맥클리어드는 영국과 스코틀랜드에서는 그런대로 꽤 알려진 시인이다.

이하윤은 '애송 9편'이라는 제목으로 여러 문학권에 속한 다양한 시인들의 작품을 무려 9편이나 번역하였다. 영국 시인으로는 R. L. 스티븐슨, 월터 드 라 메어, 앨프리드 테니슨, 존 골드워디의 작품을, 미국 시인으로는 이 무렵 동아시아에서 무척 큰 인기를 끌고 있던 여류 시인 새러 티스데일의 작품을 번역하였다. 한편 프랑스 작품으로는 트리스탕 코르비에르, 알베르 사맹, 폴 제랄디의 작품을 번역하였다. 이하윤이 이렇게 영시와 프랑스 시를 동시에 번역할 수 있었던 것은 대학에서 영문학과 불문학을 복수 전공했기 때문이다. 앞으로 귀국해서도 그는 이 두 문화권의 작품을 주로 번역하였다. 그런데 이하윤이 번역한 외국 시 9편 중에 일본의 상징주의 시인 사이조 야소의 작품이 들어 있는 것이 무척 흥미롭다. 제2호에 일본 메이지 시대의 문학을 다룬 논문이 실린 것처럼 외국 번역시에서도 일본 시 1편을 수록하여 '해외문학'이라는 제호에 좀 더 걸맞게 편집하려고 애쓴 흔적을 엿볼 수 있다.

와세다대학에서 영문학을 전공하던 김한용은 영국 낭만주의 시인 퍼시 비시 셸리의 유명한 작품 2편을 번역하였다. 전에는 한자어를 사용하여 '서풍부西風賦'라는 제목으로 번역했고 요즈음에는 흔히 김한용처럼 '서풍에게 보내는 노래'로 번역하는 이 작품은 셸리의 대표작 중 하나로 꼽힌다. 함석헌咸錫憲은 언젠가 이 시를 "슬프면서도 녹아드는 혼魂의 기도"라고 말하면서 "몇 번이나 엎어진 데서 [자신을] 일으켜 준 시"라고 평한 적이 있다. 어찌된 영문인지 김한용은 셸리의 작품을 번역한 뒤로는 외국문학 전공자로서 이렇다 할 활약을 하지 않았다. 『해외문학』 제2호 끝부분에 붙어 있는 '집필자 제씨의 최근 소식' 난에도 다른 집필자들의 동정을 전하면서도 유독 김한용에 관한 소식만이 빠져 있어 더욱 궁금증을 낳게 한다.

한편 김한용과 같이 와세다대학에서 영문학을 전공하던 이병호는 『해외문학』 제2호에 미국의 국민시인이라고 할 월트 휘트먼의 작품 4편을 번역하였다. '집필자 제씨 최근 소식' 난에 이병호는 "미국 시문학, 특히 '휘트먼과 롱펠로에 진지한 연구를 가진 분"이라고 소개되어 있다. 그러면서 이 소식 난을 쓴 필자는 "영문학 연구가가 흔히들 보지 안는 미문학米文學을 위하야 심각한 노력의 일부를 발표해 주니 조선 전체의 행복이 안이고 또 무엇일가"[19]라고 밝혔다. 이 무렵 미국문학은 영문학의 한 분야로 오늘날과 같은 관심을 받지 못하고 있었다는 사실을 알 수 있다. 이병호도 김한용처럼 이 번역을 끝으로 이렇다 하게 활동하지 않았다.

19 「집필자 제씨의 최근 소식」, 『해외문학』 2, 1927.7, 68면

한편 『해외문학』 제2호에는 창간호와 마찬가지로 번역시와 더불어 외국의 창작시를 원문 그대로 실었다. 창간호처럼 제2호에도 후스의 창작 자유시 「四烈士塚上的沒字碑歌」라는 작품이 실려 있다. 이 작품 끝에는 '十, 五, 二'라는 숫자 셋이 한자로 적혀 있다. '10'이란 신해혁명이 일어난 지 10년, 그러니까 1921년을 가리키고, '5'와 '2'는 5월 2일의 한 밤을 가리킨다. 후스의 일기에 따르면 이 날 그는 톈진天津에서 잠을 자던 중 신해혁명 때 희생당한 네 열사의 무덤을 방문한 꿈을 꾸고 깨어난 뒤 이 작품을 썼다.

이 시는 제목 그대로 네 열사의 무덤 위에 글자 없는 비석이 세워진 것을 보고 비통한 마음을 노래한 작품이다. 물론 이 작품은 후스가 『해외문학』을 위하여 처음 쓴 것이 아니라 이미 그의 시집 『상시집嘗試集』에 발표한 것을 다시 수록한 것이다. 서양 시와는 달리 이 중국 시를 굳이 번역하지 않고 원문 그대로 실은 것은 아마 한국이 한자 문화권에 속해 있는 만큼 원문을 해독할 수 있는 독자가 적지 않다고 판단했기 때문일 것이다. 이왕 동아시아 창작시를 실을 것이라면 창간호에 실린 후스가 아닌 다른 시인의 작품을 실었더라면 더 좋았을 것이라는 아쉬움이 남는다. 그러나 앞장에서 이미 지적했듯이 후스는 중국의 백화문학 운동에 앞장선 이론가요 시인이기 때문에 외국문학연구회가 지향하는 목표에 가장 잘 부합하는 문인이었던 것만은 틀림없다.

번역 소설 분석

『해외문학』 제2호에는 번역 소설이 오직 1편밖에는 실려 있지 않다. 창간호에 무려 7편이 실려 있던 것과 비교해 보면 큰 차이가 아닐 수 없다. 호세이대학에서 불문학을 전공하던 손우성이 '려재비'라는 필명을 번역한 알퐁스 도데의 「아를의 여인」이 바로 그것이다. 「별」이나 「마지막 수업」을 비롯하여 오직 단편소설만 쓴 도데는 이 무렵 일본과 한국에서 꽤 인기를 끌고 있었다. 작가가 제목으로 사용한 '아를'에 대하여 손우성은 "알르[아를]는 불국佛國 남부의 도회, 미인美人의 산지로 유명한 곳이다"[20]라고 설명한다. 19세기에 화가 빈센트 반 고흐가 머물면서 300여 점의 작품을 그린 곳으로도 유명한 곳이지만 아를을 굳이 미인이 많은 곳으로 유명하다고 밝힌 것은 아마 이 작품의 줄거리와 관련이 있기 때문일 것이다.

손우성은 『해외문학』 창간호에서도 아나톨 프랑스의 단편소설 「크랭크비유」를 비롯하여 알프레드 드 뮛세와 알베르 사맹 같은 프랑스 시인의 작품을 여러 편 번역하여 소개하였다. 정인섭과 이하윤과 더불어 손우성은 외국문학연구회 회원 중에서 가장 활발하게 활동한 회원에 속한다. '집필자 제씨의 최근 소식' 난에는 손우성에 관한 자못 호의적인 기사가 실려 있어 관심을 끌었다.

> 려재비(驢再鼻) 씨는 오래동안 불문학을 전공해 오든바 넷날에는 불국(佛國) 대사관의 영광스런 상(賞)을 바닷섯다. 그만큼 씨는 불문학에 대한 소양이 깁흐며 피상(皮相)과 거짓 만흔 조선문학계에 한 '에폭 메이킹'을 보이기 될 것이다.
>
> '아테네'에서는 일반을 지도함이 만해섯고 불어 회화에 대한 능통자재(能

20 알퐁스 도데, 려재비 역, 「알르아를의 여자」, 『해외문학』 2, 1927.7, 41면.

通自在)는 불란서 극을 상연하기 되여 세인(世人)의 호평을 밧고 잇든지 오래이다. 특히 안드레 지드와 아나톨르 프란스에는 비상한 연구의 결과를 기대할 수 잇스며 『해외문학』을 위하야는 중대한 불문학 소개를 담당하고 잇스니 미구(未久)에 조선서도 불어 모르는 불문학자가 발자취 그림자를 감추리라 확신한다.[21]

손우성이 프랑스 대사관으로부터 과연 어떤 상을 받았는지는 지금으로서는 자세히 알 수 없지만 연구회가 그를 불문학 전공자로 높이 평가하고 있는 것만은 틀림없다. '아테네'에서 일반인들에게 프랑스어를 가르쳤다는 것은 아마 일본 도쿄에 있던 프랑스어 전문 교육기관인 '아테네 프랑세'에서 가르친 것을 두고 하는 말이다. 1922년부터 1928년까지 호세이대학에서 불문학을 전공하는 동안 그는 이 기관에서 프랑스어를 가르쳤다. 또한 프랑스어에 능통한 그는 프랑스어 연극에서 배역을 맡아 관객들로부터 호평을 받기도 하였다.

위 인용문에서 불어와 불문학 분야에서 손우성의 활약은 "피상과 거짓 만흔 조선문학계에 한 '에폭 메이킹'이 될 것이라는 구절과 "미구에 조선서도 불어 모르는 불문학자가 발자취 그림자를 감추리라 확신한다"는 구절을 주목해 볼 필요가 있다. 손우성의 뛰어난 활약상을 전하면서 동시에 국내 문단과 학계를 날카롭게 비판하기 때문이다. 물론 이러한 비판에 일리가 없지도 않았다. 가령 이 무렵 게이오의숙에서 2년 남짓 영문학을 전공한 안서 김억은 귀국한 뒤 프랑스 상징주의 시를 많이 번

21 「집필자 제씨의 최근 소식」, 『해외문학』 2, 1927.7, 67면.

역하였다. 그는 프랑스 원문에서 직접 번역했다고 말하면서도 실제로는 일본어 번역에서 중역하기 일쑤였다. 그러나 외국문학연구회가 이 무렵의 한국문단에 피상적인 문학 행위와 허위나 기만이 난무한다고 말하는 것으로도 모자라 불어를 제대로 모르는 사람이 불문학자로 행세한다고 비판하는 것은 자칫 문단과 학계의 반감을 불러올 수 있을 것이다. 아니나 다를까 『해외문학』이 발간되고 난 뒤 국내에서 외국문학연구회에 대한 혹독한 비판이 쏟아져 나오기 시작하였다.

번역 희곡 분석

『해외문학』 제2호에는 번역 희곡이 2편 실려 있다. 도쿄외국어대학에서 러시아문학을 전공하던 '김온'이라는 필명을 사용하던 김준엽은 안톤 체홉의 '습작 1막'이라는 부제가 붙은 단막극 「백조白鳥의 노래」를 번역하였다. 호세이대학에서 영문학을 전공하던 장기제는 조지 버너드 쇼의 단막극 「그가 그내 남편을 속인 이약이」를 번역하였다. 김온은 이미 창간호에 체홉의 「구혼」을 번역하였고, 이를 시작으로 앞으로 계속 체홉의 희곡 작품을 번역하겠다는 포부를 밝힌 바 있어 그의 기고는 그다지 새삼스러울 것이 없다. 체홉의 단막극 중에서도 비교적 완성도가 높다는 평가를 받는 「백조의 노래」는 제목 그대로 일흔을 앞둔 노배우의 이야기를 묘사한 작품이다. 이 작품은 체홉이 1886년에 쓴 「칼하스」라는 단편소설을 희곡으로 각색한 것이다. 이 단막극과 관련하여 그는 한 친구에게 보낸 편지에서 "나는 4쪽짜리 작품을 썼다네. 이 작품은 세계에서 가장 짧은 드라마로 공연하는 데 공연하는 데 15분에서 20분 정도가 걸릴 걸세"[22]라고 말하였다.

「백조의 노래」는 45년 동안 무대를 지켜온 한 노배우 바실리 바실리치 스베틀로비도프가 술에 취해 분장실에서 잠을 자다가 깨는 장면으로 시작한다. 춥고 어두운 무대는 낯설게만 느껴지고 누군가를 불러보지만 아무 대답 없이 공허한 메아리만 들려온다. 무대에서 살아 온 삶이 주마등처럼 노배우의 뇌리에 스쳐 지나간다. 이 작품에는 배우라는 직업을 천직으로 여기며 한평생 살아온 지방 극단의 무명배우가 삶의 끝자락에서 절절하게 풀어내는 슬픔과 비애가 짙게 묻어 있다. 인간이 살아가는 세계는 한낱 연극 무대에 지나지 않고, 인간은 잠깐 무대 위에 서성거리다 곧 무대 뒤로 사라지는 가련한 배우일 뿐이다. 뒷날 한국을 대표하는 극작가 이근삼李根三은 노배우를 소재로 한 희곡 「어떤 노배우의 마지막 연기」와 「그래도 살 만한 세상이기에」 등을 발표했는데 직접 간접으로 체홉의 영향을 받은 듯하다.

김온의 근황과 관련하여 '집필자 제씨 최근 소식' 난에는 그가 방금 체홉 희곡을 모두 완역했다고 전하였다. 그뿐만 아니라 지금은 두옹杜翁 전집 번역에 온힘을 쏟고 있다고 말하였다. '두옹'이란 두말할 나위 없이 일본인들이 레프 톨스토이를 가리키는 표현이다. 더구나 미술에도 관심이 많아 『해외문학』 창간호의 표지와 삽화를 맡은 그는 앞으로 한국의 극예술 운동에서 크게 이바지할 것이라고 내다보았다.

방금 앞에서 외국문학연구회가 손우성의 눈부신 활동이나 업적을 높이 평가하면서 한국문단을 은근히 폄하하는 발언을 했다는 점을 이미 언급하였다. 그런데 이러한 사실은 김온에 관한 소식을 전하면서도 마

22 Vera Gottlieb, *Chekhov and the Vaudeville : A Study of Chekhov's One-Act Plays*, Cambridge : Cambridge University Press, 1982, p. 123에서 재인용.

찬가지다. '집필자 제씨 최근 소식' 난에서 익명의 필자는 "김온 씨는 조선에서 말할 수 업시 드문 노문학露文學의 독실篤實한 연구가이다. 노어露語의 '알파베ㅅ트'도 넉々히 못하고 노문학이니 노동시가勞働詩歌 운云하는 헛수작 만흔 조선에서는 씨의 출마出馬가 그리웁다"[23]고 밝힌다. 이 무렵 한국에서 러시아문학을 전공하던 연구가들에게는 이 '헛수작'이라는 말이 적잖이 당혹스럽게 느껴졌을 것이다.

한편 장기제가 번역한 조지 버너드 쇼의 단막 희극 「그가 그내 남편을 속인 이약이」의 원래 제목은 "How He Lied to Her Husband"다. 좀 더 정확히 말하자면 그가 어떻게 그녀의 남편에게 거짓말을 했는가 하는 것이다. 체홉이 「백조의 노래」를 단숨에 쓴 것처럼 쇼도 나흘 만에 이 작품을 집필하였다. 1904년에 스코틀랜드에서 휴가를 보내는 동안 배우 아널드 데일리의 부탁을 받고 비교적 짧은 시간에 이 희곡을 쓴 것으로 알려져 있다. 비평가들은 이 단막극을 쇼의 출세작 『칸디다』에 대한 일종의 풍자로 해석해 왔다. 『해외문학』 제2호에 쇼의 작품을 번역하여 실은 것은 그의 노벨 문학상 수상을 기념하기 위한 것이었다. 그러나 제2호에 실린 다른 몇몇 글처럼 이 번역도 완결되지 못한 채 제3호에 계속 이어갈 것을 약속하지만 그 약속은 영원히 지켜지지 않았다.

외국문학연구회 회원 가운데에서 영문학을 전공하던 회원이 많았지만 장기제는 영문학 분야 중에서도 유난히 희곡이나 연극에 특별히 관심이 많았다. 물론 러시아문학 전공자 가운데에서는 방금 언급한 김온이 연극에 깊은 관심을 보였다. 장기제가 연극에 관심을 기울였다는 사

23 「집필자 제씨 최근 소식」, 『해외문학』 2, 1927.7, 68면.

실은 '집필자 제씨의 최근 소식' 난을 보아도 잘 알 수 있다.

> 장기제 씨는 현대 영미극(英米劇)에 연구함이 깁허 그 방면의 번역에 힘써 줄々 밋는다. 씨(氏)의 온정 가득한 성격은 장차 조선의 극계(劇界)에 진정한 의미의 연출 지휘자가 되실 만큼 일상 '셀리프'? 독음(獨吟)에 열중하고 극장 출입이 빈번(頻煩)하심도 무리가 안일 것이며 사옹(沙翁)이 말하든 바 '인생은 극장'이겟고 씨는 또한 '배우의 한 사람'일가 한다.[24]

손우성이나 김준엽에 대한 평가보다는 비록 덜 하지만 위 인용문에서도 은근히 한국문단이나 연극계를 낮추어 보려는 태도를 엿볼 수 있다. 장기제가 "조선의 극계에 진정한 의미의 연출 지휘자가 되실 만큼" 뛰어나다는 구절은 지금 한국의 연극계에는 참다운 의미의 연출가를 아직 찾아보기 어렵다는 것을 내비치는 말이기 때문이다. 위 인용문에서 '사옹'이란 다름 아닌 윌리엄 셰익스피어를 말한다. 그는 『뜻대로 하세요』에서 "온 세상은 무대이고, 모든 여자와 남자는 한낱 배우에 지나지 않을 뿐"이라고 말했던 것이다.

『해외문학』 좌담회

『해외문학』 제2호에서 가장 눈길을 끄는 것은 '해외문학 좌담회'라는 좌담 기사다. 외국문학연구회 회원들은 「한글 사용에 대한 외국문학 견지의 고찰」이라는 제목으로 좌담회를 열었다. 연구회가 처음 작품 품

24 위의 글, 68면.

평회나 좌담회 같은 형식으로 시작했다는 점을 고려할 때 좌담회를 열고 그 내용을 잡지에 실은 것은 어찌 보면 당연하다고 할 수 있다. 그러나 이번 좌담회를 '해외문학 좌담회 제1회'라고 밝힌 것을 보면 앞으로도 계속 좌담회를 개최하고 그 내용을 잡지에 실릴 예정이었던 것 같다. 이 좌담회에 참석한 사람들은 하나같이 외국문학연구회 회원들로 김온, 김한용, 이병호, 이선근, 이하윤, 장기제, 정인섭 등이었다. 좌담회가 열린 것은 1927년 6월 9일로 제2호가 간행되기 3주 전의 일이었다. 좌담회 장소도 여느 때처럼 회원의 하숙집이나 자취방이 아닌 '시노부정忍涉亭'이라는 음식점이었다.

그런데 이 좌담회에 몇몇 회원이 참석하지 않은 것이 눈에 띈다. 손우성과 와세다대학에서 영문학을 전공하던 유석동이 참석하기로 되어 있다가 이런저런 사정으로 참석하지 못하였다. 한편 호세이대학에서 독문학을 전공하던 김진섭과 도쿄고등사범학교에서 영문학을 전공하던 김석향이 빠진 것은 학업을 마치고 이미 귀국하기 시작했기 때문이다. 김진섭은 1927년 3월에 귀국하여 경성제국대학 부속 도서관의 촉탁으로 근무하였다. 김명엽도 귀국하여 배재보통고등학교에서 영어 교사로 부임하는 한편 경성기독교청년회관YMCA에서 영어를 가르치고 있었다.

이 좌담에서도 볼 수 있듯이 외국문학연구회 회원들은 다른 회원들에 남다른 배려와 관심을 보였다. 아직 참석하지 않은 회원들은 기다리는 것은 말할 것도 없고 학업을 마치고 귀국한 회원들에게도 좌담 개최 사실을 미리 통지하였다. 이 좌담의 사회를 맡은 정인섭은 참석한 회원들에게 경성에 있는 김진섭과 김명엽에게 이미 좌담회 개최 사실을 알렸다고 보고하였다. 그러자 장기제는 사정으로 참석하지 못하는 회원들에게 미리 통지하여 그들의 의견서라도 받아보는 것이 좋을 것이라고 제안하였다. 될 수 있는 대로 모든 회원의 의견을 수렴하려는 태도를 엿볼 수 있고, 이러한 태도야말로 연구회가 발전하는 데 바람직할 것이다.

외국문학연구회 회원들은 비록 남의 나라 언어와 문학을 전공하면서도 모국어와 한국문학에 남다른 관심을 기울였다. 예나 지금이나 외국의 문학이나 학문을 전공하는 사람들은 거의 언제나 자국의 문학과 문화에 첨예하게 자의식을 느끼게 마련이다. 메이지 시대의 일본인 학자들처럼 한국 학자들도 외국어나 외국문학을 전공하다가 모국어나 한국문학을 깊이 있게 연구한 사람들이 의외로 많다. 그러고 보니 요한 볼프강 폰 괴테가 왜 외국어에 대하여 아무것도 모르는 사람은 모국어에 대해서도 아무것도 모른다고 지적했는지 그 이유를 알 만하다. 괴테의 말을 좀 더 밀고나간다면 외국문학을 잘 모르는 사람은 자국의 문학에 대해서도 잘 모른다고 하여도 크게 틀리지 않을 것이다.

외국문학연구회에서 한글을 주제로 좌담을 개최한 데는 이 무렵 조선에서 발행하던 잡지 『동광』이 톡톡히 한몫 하였다. '동방東方의 서광曙光'을 뜻하는 이 잡지는 "신조선의 정신, 민족성의 발휘"와 "인격의 수양, 지식의 연마"라는 슬로건을 내세우고 1926년에 창간한 월간 종합잡지다. 이 잡지는 이 무렵 사회주의 운동을 표방하던 잡지들에 맞서 안창호安昌浩의 흥사단興士團을 배경으로 창간되었고, 흥사단 같은 계열의 단체로 1926년 1월에 조직된 수양동우회修養同友會의 기관지 성격을 띠고 있었다. 『해외문학』 제2호에는 이 잡지의 전면 광고가 크게 실려 있다. 그런데 1927년 신년호 『동광』에 「우리글 표기례表記例 몇々」이라는 제호 아래 여러 한글학자나 국문학자들의 의견을 모아서 실었다. 이에 자극을 받아 외국문학연구회도 한글 표기법과 관련한 문제를 주제로 삼아 좌담을 개최했다고 볼 수 있다.

'한글 사용에 대한 외국문학 견지의 고찰'이라는 이 좌담은 주제가 분명하지 않을뿐더러 난해한 측면이 없지 않다. 그래서 정인섭은 '국문자國文字의 활용에 대한 의견'이라고 쉽게 풀어서 설명하였다. 좀 더 쉽게 말하자면 외국문학을 전공하는 사람이 한국에 외국작품을 번역하여 소개할 때 국문자, 즉 한글을 어떻게 활용하는 것이 좋은가 하는 문제라고 할 수 있다. 정인섭의 지적대로 한국문단은 이제 외국문학 전공자가 이 문제를 깊이 있게 생각해야 할 단계에 이르렀기 때문이다.

> 제2기 '르네싼스'에 들어간 우리 사회는 발서 일본화(日本化)된 피상적 문헌으로서 만족치 안고 직접으로 세계 문화를 흡취(吸取)하고저 하는 타율적 일면과 향토적 독자성을 밝히려는 운동의 일부, 즉 '한글'이란 자율적 표기와의 양면이 접촉하는 곳에 그 목표가 잇스니 환언하면 우리 자신의 입장 견지는 한 발을 외국에 두고 또 한 발을 내지(內地)에 둔 것이니깐 이러한 처지에 잇는 자로서 조선 문자 표기의 근원적 자유성을 어느 정도까지 응용하고 그 효과가 엇덜가 하는 문제일가 합니다.[25]

위 인용문에서 정인섭이 1927년 현재 한국 사회가 '제2기 르네싼스'에 진입했다고 말한다는 점에 주목해 볼 필요가 있다. 그렇다면 한국의 제1기 르네상스는 언제 일어났을까? 이 물음에 대한 답은 '직접으로'라

25 「해외문학 좌담회 – 한극 사용에 대한 외국문학 견지의 고찰」, 『해외문학』 2, 1927.7, 60~61면.

는 부사에 들어 있다. 첫 번째 르네상스란 아마 한국이 일본을 매개로 '간접적으로' 서구 근대 문명과 문화를 받아들인 것을 뜻한다. 그러니까 지금 한국은 외국 문명과 문화를 일본을 거치지 않고 직접 받아들여야 하는 단계에 이르렀다는 말이다. 정인섭은 바로 이러한 상황에 이 무렵 외국문학 전공자의 고뇌가 있다고 지적한다. 이를테면 한 발은 외국에 두고 다른 한 발은 자국에 두고 있는 현실에서 외국문학 전공자들은 한글 표기를 비롯한 문제에 고심하지 않을 수 없다는 것이다. 『동광』의 자극도 자극이었지만 외국문학연구회가 좌담을 연 것은 바로 이러한 까닭에서였다.

정인섭은 한 발 더 나아가 현재 한국에서 활약하는 한글 학자 중에는 이제 한국이 외국 문물을 직수입하는 단계에 이르렀다는 사정을 도외시한 채 여전히 편협한 국수주의 입장을 고집하는 사람이 있다고 비판하였다. "소위 '한글' 학자란 분들 중에는 협의俠意의 국수주의적 편견에 싸진 이가 잇는 듯하고……"[26]라는 문장에서는 일부 한글학자를 은근히 폄하하는 태도마저 읽을 수 있다. 이선근은 외국문학 전공자들이 외국문학을 '수입하는' 데 종래의 국문 표기로써는 불편한 점이 많다고 지적하면서 정인섭의 제안 설명에 찬동하였다. 김한용을 비롯한 다른 회원들도 한글이 지금 상태로서는 아직 통일성이 없고 '미완성품'이라는 데 의견을 모았다. 연구회 회원들은 『해외문학』을 발간하면서 부딪히는 문제점을 토로하기도 하였다. 그들이 구사하는 표기법을 충분히 담아낼 한글 활자가 아직 없다는 데 별다른 이견이 없었다.

26 위의 글, 61면.

외국문학연구회 회원이 이 좌담에서 논의한 또 다른 주제는 표준어와 지방어를 둘러싼 문제다. 표준어를 국어로 통일할 것인가, 아니면 향토적인 지방어로 그대로 살려둘 것인가? 이 문제에 대해서는 회원 사이에 의견이 팽팽하게 엇갈렸다. 가령 이하윤은 표준어를 국어로 삼아 통일시켜야 한다고 주창하였다. 한편 러시아문학을 전공하는 김온은 러시아어의 특수성에 따라 향토적인 지방어를 보존해야 한다는 의견을 제시하였다. 그는 "노문학露文學에서 지방어 갓흔 것을 전연全然 부인한다면 예술적 묘미를 돌보지 안는 사람이라고 하겠습니다. 노서아 남방어南方語와 중앙어中央語는 노어자전露語字典에 업서도 읽어서 이해는 하니깐 '한글'이 표현의 통일 싸위 언어를 너무 단일화하자는 것은 외국문학 견지로서 불찬성不贊成임니다"[27]라고 못 박아 말하였다.

정인섭은 김온의 주장에 찬성하면서 언어 정책을 담당하는 문부성文部省이 편찬하는 교과서를 그대로 받아들이는 것도 바람직하지 않고, 그렇다고 '골동품 찬미'에 급급한 국수주의자들의 주장을 그대로 따르는 것도 바람직하지 않다고 지적하였다. 말하자면 정인섭은 방금 앞에서처럼 제3의 절충적인 입장을 취하려고 하였다. 더구나 그는 "우리글의 '알파베스트'를 얼마라도 자유자재로운 타당적妥當的 근거에서 성음화聲音化할 것이며 신어新語라도 창조해서 문화 수입에 부족한 점을 보충해야 될가 함니다"[28]라고 주장하였다. 여기서 그가 제안한 외국어의 음성화와 신어 창조의 문제는 뒷날 한국의 학계와 번역계에 큰 파장을 불러왔다. 또 정인섭은 뒷날 귀국한 뒤 음성학 연구에도 깊은 관심을 보였다.

27 위의 글, 62면.
28 위의 글, 62면.

외국문학연구회 회원들이 관심을 기울인 세 번째 주제는 한글을 종래처럼 종서縱書, 즉 세로쓰기로 할 것이냐, 아니면 서양어처럼 횡서橫書, 즉 가로쓰기로 할 것이냐 하는 문제였다. 이 점에서도 회원 사이에 의견이 서로 팽팽하게 엇갈렸다. 가령 이병호는 가로쓰기에 반대하며 한글은 세로쓰기를 하여야 기분이 나고 흥이 난다고 지적하였다. 그러나 정인섭은 최근 중국에서 일어난 백화 운동을 실례로 들면서 이에 반대하고 나섰다. 그는 '종서의 본가'인 중국에서조차 젊은 작가들이 『월간창조月刊創造』나 『홍수洪水』 같은 잡지에서 가로쓰기를 시도하고 있다고 밝히면서 가로쓰기에 손을 들어주었다.

또한 외국문학연구회 회원들은 오늘날 소실자消失字라고 부르는 모음 'ㆍ'(아래아)의 존폐 문제를 두고도 토론을 벌였다. 특히 외국문학 작품을 번역할 때 'ㆍ'가 꼭 필요한가 하는 문제였다. 김한용은 원칙적으로 존재하니 그대로 보존하는 것이 좋을 것이라고 지적하였다. 김온도 러시아어를 표기할 때 필요할 수 있다고 말하면서 보존할 것을 주장하였다. 한편 이병호는 사용하지 않아도 불편이 없다면 굳이 사용할 이유가 없다고 말하였고, 이 점에서는 이선근도 이병호과 마찬가지였다. 정인섭은 김한용이나 김온의 주장에 손을 들어주는 것 같다.

> 이중삼중역(二重三重譯)이 대가연(大家然)인 역계(譯界)에 잇서서 우리는 될 수 잇는 대까지 그와 다른 충실한 소개를 위하야 외국 발음에 갓차운 것을 취하는 게 맛당한 책임일가 합니다. 그럼으로 여긔에 단순한 국어학자와 다른 우리의 바탕이 잇기 싸위 국음(國音)에만 한계(限界)되지 말고 필요를 늣기는 째는 당연히 구별해서 사용합시다.[29]

정인섭은 외국문학 전공자가 외국 작품을 번역을 할 때는 반드시 원음 표기를 원칙으로 삼아야 한다고 주장하였다. 그러자면 마땅히 한글의 음에 지나치게 제한을 받을 필요가 없다는 것이다. 국어학자와 외국문학 연구가가 엄연히 입장이 다르다고 말하는 까닭이 여기에 있다. 한편 정인섭은 "이중삼중역이 대가연인 역계에 잇서서……"라고 말함으로써 이 무렵 한국문단이나 번역계에서 이루어지고 있는 중역重譯 문제를 다시 한 번 짚고 넘어갔다. 이렇듯 중역이 아닌 직역直譯과 관련한 문제는 『해외문학』 창간호에 실린 창간 권두사와 제2호 '두언'에서 천명하듯이 외국문학연구회가 지향하는 가장 핵심적인 과제 중 하나였다고 할 수 있다.

이번에는 외국문학연구회 회원들은 '막혀서'와 '믹히어서'라든지, '더우니'와 '덥으니'라든지 하는 축약이나 형용사의 활용이나 어미변화와 관련한 문제를 주제로 삼았다. 이 주제에 관해서는 번역가일뿐더러 시인인 이하윤이 적극 나섰다. 그는 "문학적 내지 시가詩歌의 운율적 가치로서 생각하면 둘 다 어감이 달나서 필요할 것 갓해요"[30]라고 지적하였다. 역시 시를 직접 창작하는 시인으로서 당연한 주장이라고 할 수 있다. 한글 격언에 "'어' 다르고 '아' 다르다"는 것이 있지만 소리나 운율을 중시하는 시에서처럼 이 격언이 직접 피부에 와 닿는 경우도 없을 것이다.

마지막으로 좌담에 참석한 외국문학연구회 회원들은 한자어와 토착어 문제를 거론하였다. 실제로 이 문제는 번역을 하는 외국문학 전공자

29 위의 글, 63면. 김한용이 모음 '、'가 'ㅣ ㅡ'의 합음이라고 말하는 근거가 무엇인지 알 수 없다. 어찌 되었든 이 말에 정인섭은 "현재 그런 음이 업스니 일부로 複雜化할 건 무엇잇가, 차라리 이으라고 쓰지요"라고 말하였다.

30 위의 글, 65면.

들뿐만 아니라 자국어로 작품을 창작하는 작가들에게도 무척 중요하다. 조지 오웰은 『동물농장』을 집필하면서 될 수 있는 대로 앵글로색슨에 뿌리를 둔 토착어를 구사하려고 애썼다. 동물을 의인화하여 전체주의를 비판하는 작품인 만큼 고대 그리스어나 라틴어에서 파생된 어휘보다는 토착어가 훨씬 적절하다고 판단했기 때문이다. 이선근은 중국에서 후스가 베이징北京대학을 중심으로 전개한 신문학 혁명을 언급하면서 만약 그러한 혁명이 없었더라면 중국의 개발은 없었을 것이라고 지적하였다. 다시 말해서 이선근은 전통적으로 사용해 온 한자어를 고집하는 대신 민족에 고유한 토착어를 찾아내어 사용할 것을 주장하였다.

그러나 이 문제와 관련하여 이하윤은 이선근과는 입장을 달리하였다. 이하윤은 "한자 사용에 만흔 가치를 발견하렴렴니다. 직감적으로 포축미包蓄美를 인식할 수 잇스니깐 (…중략…) 그리고 소설小說 갓흔 것은 한자 우편右便에 토吐를 다는 게 엇더해요"[31]라고 말하면서 한자 사용을 찬성하였다. 이하윤이 말하는 '포축미'란 아마 함축미含蓄美를 뜻하는 것 같다. 실제로 한자어처럼 외국에서 들어온 어휘와 토착어 사이에는 함축에서 큰 차이가 나게 마련이다. 예를 들어 '모친母親'과 '어머니' 또는 '유방乳房'과 '젖가슴'은 비록 지시적 의미에서는 동일할지 몰라도 적어도 함축적 의미에서는 크게 차이가 난다. 이하윤은 좌담회에 참석한 회원들에게 철학서를 한자어를 사용하여 집필하는 대신 순한글로 집필한다고 한 번 상상해 보라고 말하였다. 순한글로 쓴 철학서를 상상하기 어렵다면 감정에 호소하는 문학 작품에서야 두말할 필요가 없다는 것이다.

31 위의 글, 65면.

한자어와 토착어 사용의 문제에서 정인섭은 이선근과 이하윤 사이에서 절충적 입장을 취하였다. 정인섭은 한문을 폐지하자는 것이 아니라 어디까지나 한자에서 파생된 어휘를 토착어로 바꾸어 사용하는 것이 어떠한가 하는 것이 문제라고 운을 뗀 뒤 두 가지 입장 모두 가능하다고 지적하였다. 운율이나 두음법 같은 시적 장치를 효율적으로 사용하기 위해서는 한자어를 사용하는 것이 좋을 때도 있고, 토착어를 사용하는 것이 좋을 때도 있다는 것이다. 심지어 같은 토착어라도 '하늘'·'한울'·'하날'의 경우처럼 어감이나 함축이 조금씩 서로 다르기 때문에 적절한 어휘를 골라서 사용해야 한다고 주장하였다. 한편 정인섭은 "외국어 가운데도 한음적漢音的으로 역譯하는 것이 원어 원미元味를 전하는 데 조흘 때가 잇는가 해요"[32]라고 말한다. 정인섭의 이러한 주장은 지극히 타당하다. 예를 들어 영어로 쓴 작품을 번역하면서 고대 그리스어나 라틴어에서 파생되어 나온 어휘를 옮길 때는 한자어로, 앵글로색슨어 토착어는 순 한글로 옮기는 것이 좋을 것이다. 외국어에 뿌리를 두고 있는 어휘는 흔히 추상적이고 관념적인 특성이 강한 반면, 토착어는 구체적이고 감각적 특성이 강하기 때문이다.

이밖에도 외국문학연구회 회원들은 경음硬音 표기를 비롯하여 두음법칙과 구개음화 등과 관련한 문제도 좌담의 주제로 삼기도 하였다. 한마디로 연구회 회원들의 한글 관련 좌담회는 비단 외국문학연구회뿐만 아니라 뒷날 한국의 국어학계와 문학계에서도 자못 큰 파장을 불러일으키면서 중요한 역할을 하였다. 그러므로 『해외문학』 제2호에 실린 좌담은

32 위의 글, 65면.

외국 작품의 번역이나 외국 작품에 관한 논문 못지않게 그 의의가 아주 크다 할 것이다.

『해외문학』 제2호 곳곳에서 엿볼 수 있듯이 외국문학연구회 회원들은 제3호를 준비하고 있었다. 제2호의 '집필자 제씨의 최근 소식' 난에는 "미완未完 남은 제씨 차호次號 연재"라고 밝히는 것만 보아도 제3호를 발간할 계획에는 추호의 의심도 없었다. 제2호의 필자 소식 난이나 편집자의 '여언'을 보면 몇몇 원고를 받아 놓고서도 이런저런 사정으로 실리지 못하여 제3호를 기약한다는 언급이 나온다. 예를 들어 김진섭은 평론 「체험과 형상」을 번역하고 표현주의 연극의 걸작이라고 할 「인간=군중」을 번역하였다. 김석향도 영국 작가 조지 기싱의 소설과 일본에서는 '고이즈미 야코모小泉八雲'라는 이름으로 더욱 잘 알려진 라프카디오 헌의 「시인 연애관」이라는 글을 번역하였다. 또한 유석동의 원고도 받아만 놓고 미처 실리지 못하였다.

더구나 『해외문학』 제2호에는 창간호에서 다음 호에 신겠다고 예고했던 몇몇 평론이나 논문들도 빠져 있다. 예를 들어 창간호의 '편집여언'에서 편집자는 "려재비驢再鼻 군의 「안드레 지드 연구」와 김석향金石香 군의 「세계 문학과 조선」을 여러 가지 관계상 이번에 싯지 못한 것은 나로셔 큰 유감으로 녁이는 동시에 독자제씨와 필자에게 용서를 걸乞한다"[33]고 밝혔다. 또한 창간호 '편집여언'에는 "다음 호에는 될 수 잇으면 이번에 못 실은 장편소설, 탐정소설, 혹은 창작 갓흔 것도 실어보겟다"[34]고 포부를 밝혔지만 제2호에는 장편소설이나 탐정소설은 아무리 눈을

33 『해외문학』 창간호, 1927.1, 202면.
34 위의 책.

씻고 찾아보아도 찾아볼 수가 없다. 이 모든 원고는 제3호에 실릴 예정이었지만 편집까지 다 마쳐 놓고서도 재정난에 부딪혀 세 번째 호는 그만 안타깝게도 세상 빛을 보지 못한 채 유산되고 말았다.

이렇게 『해외문학』은 두 권을 마지막으로 안타깝게도 종지부를 찍고 말았다. 이 점과 관련하여 정인섭은 동인들이 모두 해외에 유학하고 있었기 때문에 선전이나 판로에 대해서 그다지 활발하지 못했다고 솔직히 인정하였다. 물론 사우社友 모집을 위하여 그 취지문까지 창간호에서 발표하여 독자의 관심을 모으려고 했지만 역부족이었다고 밝히기도 하였다. 사우 규정에 따르면 사우는 모두 200명으로 한정하여 사우권 발행, 『해외문학』 무료 증정, 본사 출판물 1할 할인 감면, 영구 사우는 60원 선납, 보통 사우는 선금 3월 등의 혜택을 주었다. 순회강연 및 순회 강습회에 무료입장, 순회문고 설치 등도 계획했지만 이런 저런 사정으로 처음 계획을 실천하지 못하였다.

비록 제2호로 종간되고 말았지만 외국문학연구회의 활동과 『해외문학』의 발간은 한국문학사에서 획기적인 사건이었다. 좁게는 중역이 아닌 직역 방식을 통한 외국문학의 본격적인 소개, 넓게는 한국문학과 한국어의 발전에 크게 이바지하였다. 좀 더 넓게는 서구에 풍미하던 문예사조나 새로운 사상을 소개하여 조선문단의 지평을 넓혀 주었다. 한마디로 외국문학연구회와 그 기관지 『해외문학』은 일제 식민주의의 암울한 상황에서 점차 시들어가던 한국문학과 문화에 새로운 활력을 불어넣어 주었다는 점에서 마땅히 주목받아야 할 것이다.

제6장

외국문학연구회와 번역

도쿄에서 외국문학을 전공하던 조선인 유학생들이 외국문학연구회를 결성한 중요한 이유 가운데 하나는 한국에 올바른 번역 문화를 정착시키기 위해서였다. 이렇게 올바른 번역 문화를 정착시키는 과정에서 그들은 한국어에서 좀처럼 사용하지 않는 새로운 어휘를 찾아내기고 하였고, 이미 번역하여 사용하는 용어의 적절성 여부를 따져 새로운 대안을 모색하기도 하였다. 와세다대학에서 영문학을 전공하면서 외국문학연구회에서 핵심적 인물로 활약한 정인섭을 비롯한 몇몇 회원에서 볼 수 있듯이 연구회는 모국어에 적잖이 자의식을 느끼면서 모국어의 발전에 깊은 관심을 기울였다. 그들에게 외국문학을 전공하는 것이 한국문학을 풍요롭게 만들기 위한 것인 것처럼 외국어를 전공하는 것 또한 한국어를 좀 더 풍부하게 발전시키기 위한 것과 크게 다름없었다.

정인섭은 『해외문학』 창간호에 실린 미국 시인이요 단편소설 작가인 에드거 앨런 포에 관한 논문에서 번역과 자국어의 문제를 짚고 넘어간다. 외국문학연구회 회원 중에서도 정인섭이 한국어와 한글에 아주 깊은 관심을 기울였다는 것은 이미 잘 알려진 사실이다. 1942년에 그는 조선어학회朝鮮語學會 사건으로 이 학회의 다른 회원들과 함께 강제 연행되어 재판에서 1년 징역형을 선고받았다. 정인섭은 이 사건으로 검거된 33인 중 한 사람으로 9개월 정도 옥고를 치렀다. 그는 1930년 조선어학회에 가입하여 한글 맞춤법 통일안의 제정위원, 조선어 표준어 제정의 사정위원, 외래어 표기법 통일안의 책임위원으로 활동하였다. 특히 외국어에 능통한 그는 외래어표기법 초안의 작성하는 데 누구보다도 크게 이바지하였다.

그러나 그가 이 사건에 연루되어 옥고를 치른 것은 위의 활동도 활동지만 그보다는 1936년에 덴마크의 코펜하겐에서 열린 제2차 국제언어학자대회에 참석하여 한글의 우수성을 전 세계에 소개했기 때문이었다. 이 점과 관련하여 그는 "일본 경찰에서는 그것[대회 참석]을 일종의 독립운동으로 해석하고 나를 이른바 1942년 3월부터 함경남도 홍원 경찰서에서 시작한 조선어학회 사건에 관련시켜, 그해 12월에 이인李仁, 이은상李殷相 등과 함께 그곳을 압송되기도 했다"[1]고 말하였다.

이렇듯 정인섭이 한글에 보인 관심은 무척 컸다. 정인섭이 이렇게 한국어에 관심을 기울인 것은 영어와 일본어 등 외국어를 공부했기 때문이다. 이렇게 외국어를 공부하다 보니 자연스럽게 국어에 자의식을 느끼지 않을 수 없었다. 국어에 자의식을 느낀 정인섭은 한국어와 한글에

1 정인섭, 「우이동 벚꽃놀이의 귀국 환영」, 『이제는 하고 싶은 이야기』, 34면.

큰 관심을 보이는 한편, 다른 나라 언어와 비교하여 한국어와 한글이 지니고 있는 장점과 함께 문제점을 깨닫게 되었다. 외국어와 모국어는 이렇게 떼려야 뗄 수 없을 만큼 서로 깊이 연관되어 있다. 외국문학연구회에서 활약한 회원 중에서 이렇게 한글 운동에 관여한 사람은 정인섭이 유일하다.

정인섭은 번역이 자국어를 발전시키는 데도 크게 이바지한다고 지적하였다. 원천 언어source language에는 있지만 막상 목표 언어target language에 없는 어휘는 번역 과정에서 적절한 어휘를 만들어 사용할 수밖에 없다. 말하자면 번역은 어휘 생성과 밀접한 관계가 있게 마련이다. 메이지유신 초기 일본어와 1920년대 중엽의 일본어를 비교해 보면 번역을 통하여 일본어의 어휘가 얼마나 풍부해졌는지 쉽게 알 수 있다. 그리고 이러한 사정은 한국어과 중국어 같은 동아시아 언어를 비롯한 다른 서양어의 경우도 거의 마찬가지다.

그러나 외국문학연구회가 야심차게 세운 목표 가운데 하나는 뭐니 뭐니 하여도 중역重譯 전통에서 벗어나 원천 언어에서 목표 언어로, 원천 텍스트source text에서 목표 텍스트target text로 직접 번역하려고 시도했다는 점이다. 『해외문학』 제2호 '두언'에서 발행인 겸 편집인인 정인섭은 "사이비 번역이 대가연大家然이고 '만인적萬引的'문예연구가 유행함으로서 문단文壇 이기적而已的 향락享樂 현상現象에 호응하는 소위 문사文士 — 진정한 문예가를 말하지 안는다 — 만을 위하야도 전율戰慄의 혜성彗星이다"[2]라고 지적하였다. 일본어 표현이 많아 선뜻 그 뜻이 이해되지 않지

2 「두언」, 『해외문학』 2, 1927.7, 1면.

만, 쉽게 풀어 보면 이 무렵 '사이비 번역가'가 대가로 대접을 받는 한국 문단의 현실에서 외국문학연구회의 창립은 그야말로 혜성 같은 신선한 존재라는 것이다. 과연 연구회 회원들이 중역 전통에서 완전히 벗어나 실제로 얼마나 한국문단이나 학계에 직역直譯[3] 전통을 수립했는지는 또 다른 문제다. 적어도 연구회 회원들은 이 무렵 일본이나 중국을 통한 간접 수입 방식에서 벗어나 직수입 형태로 직접 외국문학을 직접 받아들이려고 했던 것만은 부정할 수 없는 사실이다.

근대와 개념어의 번역

원천 언어의 어휘나 표현이 목표 언어의 어휘나 표현과 일대일로 상응되지 않는다는 것은 번역 이론가들 사이에서 거의 정설로 되어 있다. 가령 '멋'이니 '눈치'니 '흥'이니 '정情'이니 '신바람'이니 하는 한국어를 영어를 비롯한 외국어로 그대로 옮길 수 없고, 이와는 반대로 'serendipity' 같은 영어나 'l'ésprit d'escalier' 같은 프랑스어, 또는 'Weltschmerz' 같은 독일어를 한국어로 그대로 옮기기란 무척 어렵다. 또한 '사랑'이라는 어휘가 그리스어에서는 '아가페agape', '에로스eros', '필리아philia', '스토르게storge' 등으로 분화되어 있어 '사랑'이라는 한국어나 'love'라는 영어로써는 도저히 그 뜻을 충분히 담아낼 수 없다. 그

3 '직역'을 흔히 '의역(意譯)'의 반대말인 '축자역(逐字譯)' 또는 '축역(逐譯)'을 의미하는 용어로 사용하지만 이것은 잘못된 것이다. 직역(direct translation)은 원천 언어로 쓴 원천 텍스트에서 직접 번역했다는 뜻이다. 즉 이중 번역이건 삼중 번역이건 '중역'의 반대말이 직역이다. 축역이나 축자역(literal transaltion)은 어휘 대 어휘, 자구 대 자구로 번역하는 방식을 말하고, 의역(liberal translation)이나 자유역(free translation)은 어휘나 자구에 얽매이지 않고 원천 텍스트의 의미를 자유롭게 풀어 번역하는 방식을 말한다.

래서 신약성서의 「요한복음」에 나오는 예수와 베드로의 문답에서 화자가 의도하는 의미를 충실하게 번역하기란 거의 불가능에 가깝다.

> 그들이 아침을 먹은 뒤에, 예수께서 시몬 베드로에게 물으셨다. "요한의 아들 시몬아, 네가 이 사람들보다 나를 더 사랑하느냐?" 베드로가 대답하였다. "주님, 그렇습니다. 내가 주님을 사랑하는 줄을 주님께서 아십니다." 예수께서 그에게 말씀하셨다. "내 어린 양 떼를 먹여라."
>
> 예수께서 두 번째로 그에게 물으셨다. "요한의 아들 시몬아, 네가 나를 사랑하느냐?" 베드로가 대답하였다. "주님, 그렇습니다. 내가 주님을 사랑하는 줄을 주님께서 아십니다." 예수께서 그에게 말씀하셨다. "내 양 떼를 쳐라."
>
> 예수께서 세 번째로 물으셨다. "요한의 아들 시몬아, 네가 나를 사랑하느냐?" 그 때에 베드로는, [예수께서] "네가 나를 사랑하느냐?" 하고 세 번이나 물으시므로, 불안해서 "주님, 주님께서는 모든 것을 아십니다. 그러므로 내가 주님을 사랑하는 줄을 주님께서 아십니다" 하고 대답하였다. 예수께서 그에게 말씀하셨다. "내 양 떼를 먹여라."
>
> (21장 15~17절)

여기서 베드로의 '사랑합니다'라는 말은 일반적인 동료애를 가리키는 '필리아'인 반면, 예수의 '사랑하느냐'라는 말은 처음 두 번이 '아가페'고, 마지막 한 번은 결국 베드로에게 눈높이를 맞추기 위한 '필리아'다. 이 대목에서 예수가 같은 질문을 두 번이나 던진 이유는 베드로에게서 '필리아'가 아닌 '아가페'라는 대답을 듣고 싶어서였다고 해석하는 신학자들도 있다.

이렇게 '사랑'이라는 말의 번역을 둘러싼 논란은 일본에서도 근대화 과정을 거치면서 일어났다. 메이지 시대 일본 지식인들은 서구문화를 받아들이면서 역사와 문화가 첨예하게 다른 서구의 용어를 어떻게 한자어로 번역할 것인지를 두고 무척 고심하였다. 가령 야나부 아키라柳父章가 『번역어의 성립』에서 지적하듯이 'love'에 가까운 한자어는 '연戀'과 '애愛'가 있었다. 그러나 일반적으로 '연'은 남녀 사이의 육체적 열정을 뜻하는 반면, '애'는 주로 부모의 자식 사랑을 가리켰다. 그렇기 때문에 서구의 젊은이들에게서 흔히 볼 수 있는 젊은 이성 사이의 아름답고 고상한 사랑을 표현하기에는 두 쪽 모두 적절해 보이지 않았다. 이런저런 역어가 사용되다가 1890년에 한 잡지사의 편집자가 '연'과 '애'를 결합하여 '연애'라는 용어를 사용하자 이 신조 번역어가 일반 사람들 사이에서 널리 쓰이기 시작하여 오늘날에 이르렀다.[4]

외국문학연구회 회원 중에서 특히 정인섭은 영어를 비롯한 외국어를 한국어로 번역할 때 무엇보다도 먼저 외국어 어휘에 상응하는 한국어 어휘가 없다는 사실을 첨예하게 느꼈다. 그래서 그는 『해외문학』 창간호에 기고한 「포오를 논하야 외국문학 연구의 필요에 급及하고 『해외문학』의 창간을 축祝함」이라는 논문에서 이 문제점을 날카롭게 지적하였다.

> 이제 해외문학을 소개할 쌔에 제일 먼저 고통을 늣기게 되는 것은 우리말이 외국어에 비(比)하야 빈약하고 부정돈(不整頓)된 점이다. 우리들 자신의

4 야나부 아키라, 김옥희 역, 『번역어의 성립－서구어가 일본 근대를 만나 새로운 언어가 되기까지』 개정판, 마음산책, 2011, 97～113면.

소양이 부족한 까닭도 잇겟지만 원문의 세밀한 맛을 전(傳)할 만한 적당한 역어(譯語)가 부족한 것은 사실이다. 일인(日人)이 외국 작품을 역(譯)할 때도 이와 갓흔 감(感)을 가젓다는 것은 다카야마 초규(高山樗牛) 또는 우에다 빈(上田敏) 갓흔 문호(文豪)들이 옛날에 공언(公言)한 바이며 현재에도 역본(譯本) 서언(序言)에는 그와 동일한 의미를 표시한 구절이 만타.[5]

위 인용문에서 정인섭은 무엇보다도 먼저 한글 어휘가 빈약하다는 점을 언급하였다. '빈약할' 뿐만 아니라 아직 제대로 '정돈'이 되지 않았다고도 지적하였다. 정인섭은 더 나아가 모든 언어의 본질적 속성과 번역의 어려움을 피력하였다. 한 언어와 다른 언어 사이에는 일대일로 서로 상응하는 어휘나 표현이 없기 때문에 원천 언어로 된 텍스트를 목표 언어로 완벽하게 옮긴다는 것은 이론적으로나 실제적으로나 불가능하거나 불가능에 가깝다. 여기에 번역자의 어휘력이 부족하다면 번역하기란 더더욱 어려울 수밖에 없을 것이다. 위 인용문에서 "우리들 자신의 소양이 부족한 까닭도 잇겟지만……"이라는 구절을 좀 더 찬찬히 눈여겨볼 필요가 있다. 영국의 번역가요 비평가인 존 드라이든은 번역가란 외국어와 모국어를 둘 모두 잘 알고 있어야 하지만 이중 어느 한 쪽을 불가피하게 희생해야 한다면 차라리 외국어를 희생하는 쪽이 낫다고 말한 적이 있다.[6] 번역자는 모국어를 완벽하게 알고 있는 것 같지만 그것은 어

5 정인섭, 「'포오'를 논하야 외국문학 연구의 필요에 及하고 『해외문학』의 창간을 祝함」, 『해외문학』 창간호, 1927.1, 25면.

6 John Dryden, "On Translation", Rainter Schulte · John Biguenet, ed., *Theories of Translation : An Anthology of Essays from Dryden to Derrida*, Chicago : University of Chicago Press, 1992, pp. 23~24 · 30.

디까지나 착시 현상에 지나지 않는다. 좀 더 깊이 들어가 보면 자국어에 대하여 모르는 경우가 참으로 많다는 데 새삼 놀라게 된다.

더구나 한국에서는 한글 창제 이후 조선 왕조 500여 년 동안 한문과 한자를 숭상해 왔기 때문에 한글은 더더욱 발전할 기회가 없었던 것이 사실이다. 평민들이 일상생활에서 사용하는 '언문諺文'은 그렇다 치더라도 사대부들은 한글을 여자들이나 쓰는 천한 글이라는 뜻으로 '암클', 아이들이 사용한다고 하여 '아해글'이라고 불렀다. 일본에서 한자를 진짜 글자라는 뜻으로 '마나真名'로 부르는 반면, 고유의 표음 문자를 가짜 문자라는 뜻으로 '가나仮名'라고 부른 것과 아주 비슷하다.

정확한 통계 자료에 따른 것인지는 잘 모르겠지만 정인섭은 에드거 앨런 포에 관한 논문에서 영어보다는 일본어가 어휘가 부족하고, 일본어보다는 한국어가 어휘가 부족하다고 밝혔다. 이와 관련하여 그는 러시아어의 어휘를 두고 이반 투르게네프가 "문학 중에서 가장 정밀한 표현력을 가진 것은 세계의 모든 국어 중에도 아마 노어露語일 것이다. 노어를 완전히 외국어에 옴기는 것은 곤란하지만 엇던 외국어든지 용이하게 노어로 옴길 수 잇다"[7]고 한 말을 인용하였다. 그러나 언어는 문화를 반영한 것이기 때문에 어휘 수나 다양성의 기준으로 해당 언어의 우열을 가릴 수는 없다. 가령 씨족 사회인 한국에서는 친족 관계 어휘가 유난히 발달한 반면, 해상에서 삶의 터전을 일구며 살아가는 스칸디나비아 반도 국가의 언어에서는 바다와 관련한 어휘가 유난히 발달하였다. 더구나 다른 나라 말과 비교하여 영어에는 다양한 어휘가 많아 윌리엄 셰

7 정인섭, 「'포오'를 논하야 외국문학 연구의 필요에 及하고 『해외문학』의 창간을 祝함」, 『해외문학』 창간호, 1927.1, 26면.

익스피어의 작품을 자국어로 번역할 때 어려움을 겪었다고 토로하는 번역가들이 적지 않다. 가령 메이지 시대와 다이쇼 시대에 걸쳐 일본에서 윌리엄 셰익스피어의 번역에 온힘을 기울인 쓰보우치 쇼요坪内逍遙는 이러한 어려움을 피력한 아마 가장 대표적인 번역가 중 한 사람이다.

외국문학 작품을 한국어로 번역하면서 한국어 어휘가 부족하다고 느낀 것은 비단 정인섭 한 사람에만 그치지 않았다. 그보다 몇 해 앞서 이미 이광수가 이와 거의 똑같은 주장을 한 적이 있다. 이광수는 이 무렵 한국문단의 현실에서 외국문학의 '수입'이 얼마나 절실하고 중요한지 역설하면서 동시에 번역자가 구사할 한국어 어휘가 부족하다는 점을 지적하였다. 이 점과 관련하여 그는 "위대한 외국문학의 번역 우에만 위대한 조선문학의 기초가 설 것이니 번역의 공功이 얼마나 큼닛가. 또 아직 세련되지도 못하고 어휘도 풍부치 못한 말로 세련되고 풍부한 어휘을를 사용한 외국문학, 게다가 시가詩歌를 옴기는 그 곤란이 얼마나 큼닛가"[8] 라고 밝혔다. 이렇듯 이광수는 한국어의 어휘가 풍부하지 못한 상태에서 번역자가 겪는 어려움이 무척 크다고 지적하였다. 주로 지시어에 의존하는 산문 작품을 번역하는 데도 그러할진대 함축어를 많이 사용하는 시 작품에서는 더할 나위가 없을 것이다.

외국문학연구회가 창립될 1920년대 중엽 일본에서는 서양어의 중요한 관념어나 개념어가 거의 모두 번역되어 있다시피 하였다. 두말할 나위 없이 여기에는 메이지 시대에 활약한 번역가들의 역할이 무척 컸다. 일본의 번역가 야마오카 요이치山岡洋一에 따르면 메이지 원년(1868)부터

8 이광수, 「『잃어진 진주』 서문」, 박경수 편, 『안서 김억 전집』 2, 한국문화사, 1987, 443~444면.

메이지 15년(1882)까지 15년 동안 일본어로 번역된 서양 문헌은 무려 1,410종에 이르렀다. 메이지 시대의 번역어는 이처럼 방대한 양의 저서를 번역하는 과정에서 만들어졌다. 이렇듯 일본은 서양 문명과 문화를 번역하면서 근대화의 길로 접어들었다. 이 무렵 번역 없이 근대화를 이룩할 수 없었고, 근대화의 동력에 힘입어 번역은 더욱 박차를 가할 수 있었다. 그러므로 중국계 미국 학자 리디어 H. 류가 일본의 근대를 '번역한 근대'라고 부르는 것도 그다지 무리는 아닌 듯하다.[9]

외국문학연구회의 개념어 사용

외국문학연구회 회원들은 『해외문학』 창간호와 제2호에 실린 글에서 메이지 시대부터 일본에서 이미 널리 사용하기 시작한 번역어를 거의 그대로 사용하였다. 특히 그들이 사용한 번역어는 일본이 근대화의 빗장을 활짝 열어젖힌 뒤 외국 문헌을 번역하는 과정에서 새롭게 만들어낸 개념어나 관념어가 주류를 이룬다. 굳이 먼 데서 예를 찾을 필요도 없이 '외국문학연구회'라는 명칭에서 '외국'과 '문학', '연구'라는 세 번역어가 바로 그러하다. 가령 '문학'이라는 용어만 하여도 이미 일본어에서는 이미 메이지 시대에 영어 'literature'의 번역어로 자라 잡았다. 한국에서도 외국문학연구회가 창립되기 10여 년 전인 1916년에 일찍이 이광수가 『매일신보』에 「문학이란 하何오」라는 글을 발표하면서 '문학'이라는 용어를 처음 사용하였다. 그 뒤 조선에서 '문학'이라는 용어가 개념어로서 널리 사용되기 시작하였다.

9 Lydia H. Liu, *Translingual Practice : Literature, National Culture, and Translated Modernity — China, 1900~1937*, Stanford : Stanford University Press, 1995, pp. 1~42.

이처럼 외국문학연구회 회원들이 『해외문학』에서 사용하는 근대 번역어는 일본에서 만들어낸 것들이 거의 대부분이었다. 예를 들어 정인섭은 앞에서 언급한 에드거 앨런 포에 관한 논문에서 '문학'을 비롯하여 '문화', '문명', '미', '자아의식', '과학주의', '의식', '무의식', '잠재의식' 같은 개념어를 폭넓게 사용한다. 문학이나 예술 용어로 좁혀 보더라도 그의 글에서는 '신비주의', '상징주의', '유미주의', '낭만주의', '현실주의', '과학소설', '탐정소설', '단편소설', '장편시' 같은 용어를 쉽게 찾아볼 수 있다. 그러고 보니 정인섭이 "금일今日의 일본문학과 자매예술이 그만큼 발달된 것도 메이지유신明治維新의 수입적輸入的 정신과 금일까지 해외문학 영향의 만흔 힘을 준 것이다"[10]라고 말하는 까닭을 알 만하다. 실제로 일본 지식인들이 만들어낸 이러한 개념어나 관념어는 한국과 중국을 비롯한 다른 동아시아 국가로 '수출'되어 지금까지도 널리 사용되고 있다. 방금 앞에서 언급한 리디어 류의 지적대로 일본의 근대가 '번역한 근대'라면 한국은 아마 일본의 번역을 다시 번역한 근대, 즉 '중역한 근대'라고 불러도 크게 틀리지 않을 것이다.[11]

그런데 정인섭은 일본 근대기에 번역한 개념어를 폭넓게 사용하는 한편 유독 일본에서만 사용하는 용어를 사용하기도 하였다. 가령 셰익스피어를 가리키는 '사옹沙翁'은 이러한 경우를 보여 주는 좋은 예다. 그는 '쉑쓰피어' 또는 '쉑쓰피여'라는 원어 발음도 사용하지만 '사옹'이라는 한자어를 사용할 때도 적지 않았다. 이 무렵 일본에서는 레프 톨스토이

10 정인섭, 「'포오'를 논하야 외국문학 연구의 필요에 及하고 『해외문학』의 창간을 祝함」, 『해외문학』 창간호, 1927.1, 25~26면.

11 '중역한 근대'의 개념에 대해서는 김욱동, 『번역과 한국의 근대』, 소명출판, 2010, 54~66면 참고.

를 '두옹杜翁'으로 불렀듯이 영국의 대문호 셰익스피어를 '사옹'이라고 불렀다. 정인섭을 비롯한 외국문학연구회 회원들은 '사옹'이니 '두옹'이니 하는 일본식 표현을 널리 사용하였다. 이 점에서는 표트르 대제大帝를 가리키는 '피득彼得' 대제도 마찬가지다. 긴 이름을 간략하게 줄여서 부르기 위한 방법일 터지만 그다지 좋은 방식이라고는 할 수 없다. 한편 정인섭은 '코쓰모포-리탄', '인테리겐티아', '저-나라리즘', '르네생쓰'처럼 인명이 아닌데도 굳이 원어로 표기하기를 고집하기도 하였다. 이러한 현학적인 현상은 외국문학연구회의 다른 어떤 회원보다도 정인섭에게서 훨씬 뚜렷이 엿볼 수 있다.

이렇게 외국 문헌을 일본어로 번역하면서 근대 일본 지식인들이 만들어낸 개념어를 사용하는 것은 비단 정인섭 한 사람에게만 그치지 않았다. 『해외문학』 창간호에 「최근 영시단의 추세」라는 논문을 기고한 김석향도 그중 한 사람이다. 그는 '문예부흥'을 비롯하여 '자연', '낭만주의', '현실주의', '사회주의', '유미주의', '탐미주의', '악마주의', '표현주의', '신이상주의', '운명주의', '기계주의' 같은 근대기의 번역어를 즐겨 사용하였다. 특히 그는 예술사조나 예술운동과 관련하여 '～이즘'을 번역한 '～주의'라는 용어를 유난히 많이 사용하는 것이 눈에 띈다.

한편 와세다대학에서 러시아문학을 공부하다 역사학으로 전공을 바꾼 이선근은 외국문학연구회의 다른 회원들보다 문학과 예술의 범위를 뛰어넘어 좀 더 폭넓게 여러 분야와 관련한 개념어를 즐겨 사용하였다. 『해외문학』 창간호에 기고한 알렉산드르 푸슈킨에 관한 논문과 제2호에 기고한 여명기 러시아 문단에 관한 글에서 그가 즐겨 사용한 개념어는 무척 다양하였다. 가령 '정치', '경제', '사회', '문화', '국어', '외국어', '대혁명', '서구 문물', '상류사회', '민중', '애국', '국민성', '국수주의', '군주 전제정치' 같은 개념어를 사용하는가 하면, '문학'을 비롯하여 '경제학', '화학', '전기학', '지질학' 같은 서구 문물과 함께 이 무렵 새롭게 대두된 학문 명칭을 사용한다. 그런가 하면 '중역', '번역물', '국민문학', '서구문학', '고전', '의擬고전적', '낭만주의', '사실주의' 같은 문예 용어도 사용한다. 더구나 이선근이 '풍자시', '서정시', '산문시', '산문', '동화', '우화' 같은 문학 장르의 명칭을 폭넓게 사용하는 점도 여간 놀랍지 않다.

그러나 외국문학연구회 회원 중에서 이러한 번역어를 가장 많이 사용하는 사람은 바로 독일 관념론의 영향을 많이 받은 김진섭이었다. 그는 『해외문학』 창간호에 기고한 「표현주의 문학론」에서 일본 근대기에 번역하면서 만들어낸 개념어를 무척 많이 사용하였다. 그의 글에서는 이 무렵 일본을 비롯하여 동아시아 문화권에서 사용하고 있던 핵심적인 개념어를 비롯하여 모든 '주의'나 '이즘'이 총망라되어 있다시피 하였다. 가령 '자연', '문명', '문화', '문예', '교양', '주관', '객관', '철학', '형이상학', '조형미술' 같은 개념어는 말할 것도 없고 '직관주의', '주관주의', '개인주의', '이상주의', '물질주의', '사회주의', '군국주의', '세계주의' 같은 번역어를 폭넓게 사용하였다. 문예 개념으로 좁혀 보더라도 김진섭은 '표현주의'를 비롯한 '낭만주의', '신낭만주의', '자연주의', '상징주의', '인상주의', '고전주의', '신고전주의', '현실주의' 등 문예 사조나 전통과 관련한 개념어를 두루 사용하였다.

그런데 여기서 한 가지 찬찬히 눈여겨볼 것은 외국문학연구회 회원 거의 모두가 즐겨 사용하던 '낭만주의浪漫主義'와 '현실주의現實主義'의 두 개념어다. 두말할 나위 없이 낭만주의는 영어 'romanticism'이나 프랑스어 'romantisme'을 번역한 말이다. '낭만'이라는 한자어에는 물결처럼 자유롭게 떠돌아다닌다는 뜻이 담겨 있지만, 일본 번역가들이 'roman'이라는 프랑스어의 의미를 옮긴 것이 아니라 단순히 음을 빌려 옮겨 놓은 것에 지나지 않는다. 일본인들은 '낭만浪漫'이라는 한자어를 '로만'으로 읽기 때문에 'romanticism'은 단순히 '로만주의'로 옮긴 말일 뿐이다. 그래서 한국에서도 '낭만주의'라는 말보다는 좀 더 원어에 가깝게 '로만주의'라는 말을 사용하자고 주장하는 학자들이 없지 않다.

한편 외국문학연구회 회원들에게 현실주의는 흔히 낭만주의에 대한 반작용으로 일어난 예술운동인 리얼리즘을 뜻하였다. 요즈음에 이르러서도 '리얼리즘'보다는 '현실주의'라는 용어를 사용하자고 주장하는 한국 학자들이 더러 있다. 그러나 '현실주의'라는 말에는 여러 의미가 서로 복합적으로 중첩되어 있어 '리얼리즘'과는 조금 다르다. 현실주의는 예술 개념으로 좁혀 보면 낭만주의에 상응하는 개념으로 리얼리즘을 가리킬 수도 있고, 좀 더 철학적 의미나 정치적 의미로는 이상주의에 대립되는 개념으로 사용할 수도 있다. 다시 말해서 문예 개념으로서의 현실주의와 철학 분야나 국제 관계에서 말하는 현실주의 사이에는 적잖이 차이가 난다. '현실주의'를 사용하는 대부분의 외국문학연구회 회원들과 달리 유독 이선근만이 「여명기 러시아 문단 회고」에서 '사실주의寫實主義'라는 용어를 사용하였다. 이 용어에서는 마치 사진사가 카메라로 피사체를 찍듯이 현실 세계를 있는 그대로 묘사하거나 재현한다는 의미가 강하게 함축되어 있다. 결국 이선근이 사용한 이 용어가 '리얼리즘'이라는 원어와 함께 오늘날 가장 널리 사용되면서 문예 분야의 개념어로 자리 잡았다.

외국문학연구회 회원들이 즐겨 사용하던 개념어 중에는 일본인들이 잘못 번역한 것을 그대로 사용한 경우도 없지 않다. 예를 들어 김진섭은 독일어 'Naturwahrheit'를 '자연진리'로 번역하여 사용하였다. 그러나 '자연Natur'과 '진리Wahrheit'를 그대로 결합해 만든 이 '자연진리'라는 번역어는 그다지 적절한 것 같지 않다. 오히려 '본성'이나 '자연성'으로 옮기는 쪽이 훨씬 더 정확할 것이다. 또한 'Dichtungsart'를 '시적 품종詩的品種'으로 옮긴 것도 '자연진리'처럼 그렇게 썩 잘 들어맞지 않는다. 일본에서 만들어진 것인지 김진섭 자신이 직접 만든 것인지는 모르지만, 이 번역어는 좁게는 '시 장르'나 '시 유형', 더 넓게는 '문학 장르'나 '문학 유형'으로 옮기는 쪽이 훨씬 더 좋을 것이다. 'Ich-Drama'를 번역한 '자기고백극自己告白劇'이나 'Schrei-Drama'를 번역한 '규환극叫喚劇'도 좀처럼 피부에 와 닿지 않기는 마찬가지다. '절규극'이라고 옮기는 것이 좀 더 정확할 것 같다. 그런가 하면 'Das junge Wien'을 옮긴 '신흥유납문학新興維納文學'이라는 용어도 일본인들은 그런대로 '청년 비엔나 문학' 정도로 이해할 수 있을지 모르지만 한국인 독자들에게는 무척 낯설게 느껴진다. '기분주의'라는 용어도 '한탕주의'라는 말처럼 전문 용어라기보다는 저속하고 어딘지 모르게 낯설게 느껴진다. 그래서 그런지 김진섭이 제안한 몇몇 개념 번역어는 지금에는 더 이상 사용되지 않고 완전히 자취를 감추고 말았다.

접미사 '-的'과 3인칭 대명사

몇몇 외국문학연구회 회원들은 때로는 지나치게 일본어 번역투의 어휘나 구, 문장을 사용하였다. 그중에서도 '～적的'이라는 접미사는 아마 첫 손가락에 꼽힐 것이다. 정인섭은 에드거 앨런 포에 관한 논문에서 "미국 문호로서 미국인에게 그다지 열광적 환영을 밧지 못한 세계적 시인은 '휫트만'과 '포오'일 것이다. 전자가 전인류적이요 민주적인 대[데] 대對해서 후자는 개인적이다"[12]라고 말하였다. 이렇게 비교적 짧은 두 문장에서 그는 '적'이라는 접미사를 무려 다섯 번이나 사용한다. 이 점에서는 김진섭을 비롯한 다른 회원들도 정인섭과 크게 다르지 않았다.

잘 알려진 바와 같이 메이지 시대 번역자들은 서양 문헌을 일본어로 번역하면서 영어나 독일어의 형용사 어미인 'ic'이나 '-ik' 또는 '-tic' 등을 '~的(데키)'으로 옮기기 시작하였다. 기존 일본어 구조로는 접미사의 도움 없이 명사와 명사를 연결하는 것이 곤란했기 때문이다. 이 '~的'은 처음에는 서양어를 음역한 말로 인식했지만 번역서에 반복해서 계속 쓰이게 되면서 원래 의미와는 아무 관계없이 접미사로서의 기능을 맡게 되었다. 일본어 번역서를 다시 한국어로 번역하는 과정에서 자연스럽게 한국어에서도 '~的'이 흡수되어 명사를 관형사형으로 만드는 데 널리 쓰이기 시작하였다. 그러나 형사형으로 만들기 위하여 명사 뒤에 무조건을 이 접미사를 붙이면 될 것 같지만 일본어에서 '~的'을 붙일 수 있는 말과 한국어에서 '~적'을 붙을 수 있는 말이 서로 다른 경우가 적지 않다. 가령 한국어에서는 '극단적極端的', '성공적成功的', '정상적正常的', '노골적露骨的'이라고 말할 수 있지만 일본어에서는 좀처럼 그렇게 사용하지 않는다. 이와는 반대로 일본어에서는 한국어와는 달리 '私(わたし)的'이니 '長(ながさ)的'이니 하는 표현을 사용한다. 어찌 되었

12 정인섭, 「'포오'를 논하야 외국문학 연구의 필요에 及하고 『해외문학』의 창간을 祝함」, 『해외문학』 창간호, 1927.1, 19면.

든 외국문학연구회 회원들이 필요 이상으로 '~적'을 많이 사용한 것은 부정할 수 없는 사실이다. 한국어 못지않게 중국어에서도 이 '的'이 문어나 구어에서 자주 쓰인다. 그 쓰임새도 서로 비슷하여 ① '~의'라는 소유격을 나타 낼 때, ② '~한'이라는 명사를 꾸며주는 역할을 할 때, ③ '~하는'이라는 불특정한 어떤 것을 가리킬 때 주로 사용한다.

외국문학연구회 회원들은 일본에서는 이미 만들어 널리 사용하고 있지만 아직 한국어에는 없는 어휘를 새로 만들어내는 데도 온갖 노력을 기울였다. 그들이 공들여 만들어내려고 애쓴 번역어 중 하나는 다름 아닌 3인칭 대명사였다. 『해외문학』 창간호 '편집 여언'에서 발행인 겸 편집인인 이은송은 연구회 회원들이 영어 'he'와 'she'의 번역에 무척 큰 관심을 기울였다고 밝혔다.

> 우리 멧 사람 원고에 여러분이 쳐음 대(對)하는 말이 나온다. 그내그네. 이것은 'she'라는 말이다. 우리는 'he'와 'she'를 '그'와 '그내'로 쓴다. 여러분 귀에 울니는 음향(音響)이 엇던가. 또는 '그내'랄지 '그네'랄지 그것도 생각해 보자. '그네'란 복수로 있던 '그루-프'의 대명사(代名詞)이여셔 좀 혼동의 염려(念慮)가 잇슬 쑨 아니라 '내'보다는 '네'는 여성다운 맛이 젹은 감(感)도 업지 안아 잇다. 어학상(語學上)으로 역설(逆說)이나마한 설(說)을 세우지는 안는다. 물론 큰 근거 잇는 설(說)을 세워낼 수도 업다. 그러나 웨 그런지 이런 말이 이셧슬 갓고 또 잇는 것을 우리가 찾지 못하엿던 것 갓다. 가령 우리 싀골셔 엇던 안주인을 말할 쌔에 부인덜이 그 애 일홈이나 혹(或) 남편 일홈 긋테 '네' 자(字)를 부쳐 말하는 일이 잇스나 그 집을 대표하는 복수로만 알게 되엿든 것이다. 하여간 그럴 뜻한 감(感)이 이쓰면 잇쓸싸록 잇

다. 제일보(第一步)로 감(感)하는 것 또 제일(第一) 만히 씨이는 것부터 우리는 문제를 걸어 본다.[13]

위 인용문에서 이은송이 "이런 말이 이셧슴 갓고 또 잇는 것을 우리가 찾지 못하엿던 것 갓다"고 말하는 점을 주목해 볼 필요가 있다. 남의 나라 글이나 말로 된 작품을 번역하는 이유 중 하나는 모국어에 이미 있었지만 별로 사용하지 않아서 잘 모르고 있거나 고어나 폐어처럼 일상어로서는 '사멸한' 말을 찾아냄으로써 모국어 어휘를 새롭게 발굴해 내는 데 있다. 말하자면 번역은 땅 속 깊이 매장되어 있는 모국어 어휘라는 광석을 찾아내는 작업과 같다. 그 원석을 갈고 닦아 빛이 나게 만드는 것이 바로 번역가의 몫이라는 것이다. 적어도 이 점에서 번역가는 언어학자와 비슷하거나 같은 수준의 언어 감각이나 언어 능력을 지녀야 한다. 또 어휘 생성이나 어휘 발굴에 관한 한 번역가와 언어학자는 같은 역할을 한다고 볼 수 있다.

영어와 영문학을 전공하던 정인섭은 다른 회원들과 비교하여 외국어에 대한 자의식이 강하였다. 앞에서 이미 밝혔듯이 그는 영어를 비롯한 외국어 못지않게 모국어인 한국어에도 자못 깊은 관심을 기울였다. 에드거 앨런 포에 관한 논문에서 정인섭은 "영어의 'he'와 'she'를 역譯하되 일어日語는 彼와 彼女로서 대용代用한다"[14]고 밝혔다. 그러면서 그는 "우리는 아직 그 '彼와 彼女' 양어兩語도 결정치 못햇스니 그만큼 부족한

13 「편집 여언」, 『해외문학』 창간호, 1927.1, 201면.

14 정인섭, 「'포오'를 논하야 외국문학 연구의 필요에 及하고 『해외문학』의 창간을 祝함」, 『해외문학』 창간호, 1927.1, 26면.

우리는 외국문학을 수입하는 동시에 우리말을 연구하여야 할 것이다"[15] 라고 주장하였다. 외국문학 번역과 자국어 연구를 동일한 차원에서 보려고 한 정인섭의 지적은 여간 놀랍지 않다. 실제로 이보다 몇 해 앞서 1923년에 발터 벤야민은 「번역가의 과제」에서 "번역 속에 순수언어의 씨앗을 심는다"고 선뜻 이해하기 어려운 은유를 사용하여 말하였다. 이를 달리 말하면 원천 텍스트를 목표 텍스트로 번역하면서 원작 속에 갇혀 있던 언어를 해방시키는 것이 곧 번역가의 과제라는 것이다. 다시 말해서 벤야민은 번역가에게는 이렇게 원천 텍스트 속에 지금껏 눈에 보이지 않던 불가시적 언어나 잠재되어 있던 가능성의 언어를 발굴해 새롭게 보이게 하는 임무와 과제가 있다고 주장하였다.[16] 이러한 과정에서 번역가는 목표 언어에도 관심을 기울이지 않을 수 없을 것이다. 벤야민은 번역을 단순히 의미 전이의 영역을 뛰어넘어 숭고한 예술의 영역으로까지 끌어올리려 하였다.

비단 정인섭만이 아니라 다른 외국문학연구회 회원들도 영어의 3인칭 단수 대명사 'he'와 'she'를 한국어로 어떻게 옮겨야 좋을지 무척 고심하였다. 이러한 인칭 대명사는 일본어와 한국어 같은 동아시아 언어에는 그것에 해당하는 마땅한 어휘가 없기 때문이다. 방금 정인섭이 지적했듯이 일본에서는 일찍이 메이지 시대 초기에 한 문인이 '彼(かれ)'와 '彼女(かのじょ)'로 각각 만들어 사용하였다. 그 뒤로 이 번역어가 문학가들이나 학자들은 말할 것도 없고 일반인들 사이에서도 널리 쓰이기 시

15 위의 글, 26면.

16 Walter Benjamin, "The Task of the Translator", Marcus Bullock · Michael W. Jennings, ed., *Selected Writings, 1913~1926*, Cambridge, MA : Harvard University Press, 1996, pp. 253~263.

작하여 오늘날에 이르고 있다. 여기서 한자어 '彼'는 '피차일반彼此一般', '어차피於此彼', '차일피일此日彼日' 등에서 볼 수 있듯이 '저' 또는 '저쪽'을 뜻한다.

정인섭이 3인칭 남성 대명사 'he'의 번역어로 찾아낸 한국어는 '그이'였다. '그이'라는 대명사는 에드거 앨런 포에 관한 논문에서 그가 미국 시인이요 단편소설 작가인 포를 두고 "그이는 미美와 우고憂苦와 공포恐怖와의 경계에서 그 통절痛切히 회의懷疑햇스며……"[17]니, "그이는 장편시란 것이 벌서 말 그 자체에 모순이 잇다는 의견을 소설에도 적용하얏다"[18]니 하고 말하는 데서 엿볼 수 있다. 정인섭은 포의 단편소설 「적사赤死의 가면」을 번역하면서도 마찬가지로 영어 'he'를 '그이'라는 말로 일관되게 옮겼다. 또한 그는 3인칭 복수 대명사 'they'의 번역어로는 '그이들'을 사용하였다.

한편 김진섭은 「표현주의 문학론」에서 주격 'he'의 번역어로 '그'를 사용하였다. 김석향도 앞에 언급한 최근 영국 시단의 추세에 관한 논문에서 김진섭처럼 '그'를 영어 'he'의 번역어로 사용하였다. 물론 김석향은 '그'를 'he'가 아닌 영어 'it'의 번역어로 사용할 때도 더러 있었다. 이선근도 『해외문학』 창간호에 실린 알렉산드르 푸슈킨에 관한 논문에서 김진섭이나 김석향과 마찬가지로 '그'를 사용하였다. 이 점에서는 이하윤도, 려재비라는 필명을 사용하던 손우성도 모두 마찬가지였다. 이렇게 외국문학연구회 회원들은 저마다 서로 다른 번역어를 찾아 사용했지만 결국에는 어느 한쪽으로 결정하여 사용하였다. 정인섭의 '그이'는 받

17 Ibid., p. 20.
18 Ibid., pp. 20・21.

아들여지지 않고 대신 김진섭을 비롯한 다른 회원들이 사용한 '그'가 받아들여져 널리 사용되어 오늘날에 이르렀다.

외국문학연구회 회원 사이에서는 3인칭 단수 대명사의 주격뿐만 아니라 소유격도 문제가 되었다. 가령 주격인 'he'를 '그이'로 표기한 정인섭은 "그이의 생활이"(「'포오'를 논하야…」)나 "그이의 착상은"(「적사의 가면」)에서처럼 소유격 'his'를 '그이의'로 번역하여 사용하였다. 한편 김진섭은 3인칭 단수 대명사의 소유격으로는 '그의'를 썼고, 3인칭 복수 대명사 'they'의 번역어로는 '그들의'을 사용하였다. 이 경우 또한 정인섭의 번역어보다는 김진섭을 비롯한 다른 회원들의 번역어를 채택하여 사용하였다.

물론 외국문학연구회 회원들이 3인칭 단수 대명사 '그'를 맨 처음 사용한 것은 아니었다. 『해외문학』이 출간되기 10년 전, 그러니까 1917년에 이광수는 『매일신보』에 한국 근대소설의 첫 장을 장식하는 장편소설 『무정』을 연재하면서 남녀를 구별하지 않고 '그'라는 인칭 대명사를 더러 사용한 적이 있다. 가령 "그는 어떤 사람이며, 그와 월화의 관계는 장차 어찌 될는고……"에서 '그'가 남성을 가리키는 반면, "그가 나이 이십이 되도록 한 번도 자기의 뜻에 맞는 남자를 만나지도 못하고……"에서 '그'는 여성을 가리킨다. 19세기 말엽과 20세기 초엽에 서양 선교사들이 한국인 조사助事의 도움을 받아 성경을 번역하면서 '彼' 또는 '뎌'를 사용하였고, 신문학 운동 이후 이광수가 '뎌/저'를 '그'로 고쳐 사용하였다.

그러나 남성과 여성을 구별하여 3인칭 대명사를 사용할 필요성을 느끼자 김동인과 양주동, 현진건 등이 'she'의 번역어로 '궐녀厥女'라는 말을 잠깐 시도했다가 문단이나 학계에서 별다른 호응을 얻지 못하였다. 무엇보다도 발음하기 어려운 데다 궁궐의 시비나 여종을 연상케 하여 여성을 비하하거나 폄하하는 느낌이 들었기 때문이다. 외국문학연구회 회원들 중 김진섭은 『해외문학』 창간호에 하인리히 만의 「문전門前의 일보一步」라는 작품을 번역하면서 3인칭 여성 단수 대명사 'she'의 번역어로 '그네'를 사용하였다. 한편 정인섭은 '그네' 대신 '그내'를 사용하자고 제안하였다. 그가 이렇게 '그내'를 주장한 데는 "'내'가 '內'와 관련이 있고, 또 여성다운 어감을 갖고 있기" 때문이었다.[19] 그런가 하면 장기제張起悌는 『해외문학』 제2호에 조지 버너드 쇼의 작품 「그가 그내 남편을 속인 이야이」를 번역하면서 정인섭처럼 'her'의 번역어로 '그내'라는 말을 일관되게 사용하였다.

외국문학연구회 회원 중에서도 인칭 대명사 번역어를 두고 가장 고심한 사람은 다름 아닌 이하윤이었다. 그는 3인칭 대명사뿐만 아니라 모든 인칭 대명사를 어떻게 한국어로 옮기는 것이 가장 적절한지 무척 고심하였다. 예를 들어 그는 2인칭 대명사 'you'의 번역어로 '당신當身'이나 '당신들' 또는 '자네'나 '자네들'을 사용하였다. 이하윤은 3인칭 단수 대명사 'he/she'의 번역어로는 '그/그네'를 사용하였다. 아나톨 프랑스의 「프랭크비유」와 「신부神父의 목서초木犀草」, 「제스타스」를 번역하면서 그는 김진섭처럼 '그네'를 고집하였다.

한편 3인칭 복수 대명사 'they'를 둘러싼 문제도 만만하지 않았다. 김

19 정인섭, 「나의 유학시절」, 75면. 정인섭은 이 무렵 삼인칭 복수로 흔히 사용하던 '그녀'와 혼동되기 쉽다는 약점이 있지만 '그내'만큼 적절한 어휘가 없다고 지적하였다. 그러면서도 경상도 지방에서는 '내'와 '네'를 구별하지 못하고 모두 '네'로만 발음하기 때문에 '그내'도 한계가 있다고 인정하였다.

진섭은 3인칭 복수 대명사의 번역어로는 어떤 때는 '그네들'을, 또 어떤 때는 '그내들'을 사용하였다. 이 번역어와 관련하여 그 자신도 아직 확신이 서지 않았던 것 같다. 이하윤은 여성 복수를 지칭할 때는 '그네들'을, 굳이 성을 구별할 필요가 없을 때는 '그들'을 사용하였다. 그런가 하면 3인칭 복수 대명사의 소유격 'their'의 번역어로 이선근은 "그네의 생활"이니 "그네의 사업"이니 하는 표현처럼 '그네'를 사용하였다.

그런데 엄밀히 따지고 보면 정인섭이 사용한 '그이'라는 말이 훨씬 더 우리말답다고 할 수 있다. 나머지 연구회 회원들이 사용하던 말은 일본어 번역어를 거의 그대로 사용하는 것과 다름없었다. 본디 한국어에서는 3인칭 대명사 표현을 사용할 때 원칙적으로 여성과 남성의 성을 구분하지 않았다. 문법적 성의 구별은 서양어, 그중에서도 특히 로망스어 계통의 언어에서 발달하였다. 서양어와는 달리 한국어에서는 아예 인칭 대명사를 사용하기 꺼리는 편이다. 오늘날 한국어에서 '그녀'라는 표현이 아주 광범위하게 쓰이고 있어 '그'는 남성을 가리키는 표현으로 주로 사용하지만 본디 '그'는 남성과 여성에 관계없이 두루 사용되었다.

그래서 한국어 관습에 따르자면 '그녀' 대신 '그'로써 남녀 모두를 통칭하는 것이 훨씬 더 적절한 한국어 구사법이다. '그이'라든가 '그네'라는 말은 중년 어른들이 주로 사용하고, 젊은 층에서는 '그애'나 이를 줄여서 '걔'라는 말을 많이 사용한다.[20] '그'와 '그녀'라는 어휘가 남의 옷을 빌려 입은 것처럼 어딘지 부자연스럽게 느껴지는 것은 본디 한국어

20 남녀를 구별 지어 부르는 중국어 대명사 '他/她'의 구별도 일본 번역어 '彼/彼女'나 한국 번역어 '그/그녀'와 마찬가지로 유럽 언어의 영향에서 비롯되었다. 중국에서는 그 남자는 '他', 그 여자를 '她', 사람이 아닌 3인칭 사물을 일컬을 때는 '牠'라고 하여 원래 없던 말을 새로 만들어 사용해 왔다. '牠'의 편자 '牛'는 사물을 의미하는 '物'의 약체다.

에 없던 말이기 때문이다. 그러한 사실은 어느 누구도 일상대화에서 이러한 말을 사용하지 않는 데서도 엿볼 수 있다. 또한 '그'나 '그녀'가 '그 남자'나 '그 여자'에서 나온 말이라고 생각하기 쉽지만 실제 사실과는 다르다. 그것은 한국어에 '이'나 '이녀', 또는 '저'나 '저녀'라는 말이 없다는 데서도 알 수 있다.

한국어에서는 3인칭 대명사와 관련하여 '그이/이이/저이', '그네/이네/저네', '그애/이애/저애' 정도의 말을 썼을 뿐이다. 또는 김동인이나 양주동과 관련하여 방금 앞에서 언급했듯이 간혹 '궐厥'이니 '궐자厥者'니 하는 한자어를 사용하기도 하였다. 일제 강점기에 일본어 문헌을 번역하는 과정에서 '그'와 '그녀'가 들어와 각각 3인칭 남성 대명사와 여성 대명사로 자리 잡았고, 이러한 과정에서 외국문학연구회와 그 기관지 『해외문학』의 공헌이 무척 컸음은 두말할 나위가 없다.

한국에서는 3인칭 단수 대명사 중에서도 '그'보다는 '그녀'에 대한 논란이 가장 많았다. 가령 최현배崔鉉培는 '그녀'가 일본어의 번역어라는 점을 들어 강하게 반대하였다. 그는 대안으로 처음에는 '그씨', '그분'을 주장하다가 나중에는 '그미'라는 말을 제안하기에 이르렀다. 그 근거로 '-미'는 '어미', '할미', '아지미' 따위처럼 여성을 가리키는 어미이기 때문이라는 것이다. 한편 언어학에서 좀 더 보편성에 무게를 싣는 이숭녕李崇寧은 '그미'나 '그네'가 부적절하고 자연스럽지 못하다고 지적하였다. 그래서 비록 만족스럽지는 못하지만 그냥 '그녀'라는 말을 옹호하였다. '그녀'는 일반 사람들 귀에 거슬리지 않고 이미 자연스럽게 쓰이기 때문이라는 것이다.

한편 양주동은 3인칭 대명사로 남성은 '그놈', 여성은 '그넌'이라 쓰자고 제안한 일이 있다. 오늘날의 관점에서 보면 상스러운 표현 같아 보이지만 어원으로 보자면 그렇게 상스럽다고 할 수도 없다. '수학자', '과학자', '학자' 할 때의 바로 그 '자' 자가 한자어 '놈者' 자이기 때문이다. 양주동이 제안한 '그놈'과 '그년'도 '그'와 '그녀'가 지금처럼 굳어지기 전에는 아마 그런 대로 괜찮은 표현이었을지도 모른다. 일본 유학 시절 영문학과 불문학을 전공했으면서도 그가 얼마나 일본어를 비롯한 외국어나 외래어 표현을 사용하지 않고 굳이 한국어를 살려 사용하려고 했는지 알 수 있다.

외국어 고유명사 표기

외국문학연구회 회원들은 외국어 인명이나 작품 이름 같은 고유명사 표기에도 무척 관심을 기울였다. 그들이 일본식으로 셰익스피어를 '사옹'으로, 톨스토이를 '두옹'으로 표기하는 것과는 또 다른 이야기다. 이러한 관심을 가장 잘 표현한 곳은 『해외문학』 창간호에 실린 '번역고십'이다. 이 글은 제호 그대로 잡담이나 한담의 형식을 취하고 있지만 실제로는 번역에서 자못 중요한 문제를 다루고 있어 이 잡지에 실린 다른 글과 마찬가지로 좀 더 찬찬히 눈여겨볼 필요가 있다.

이 고십을 쓴 회원은 '금강'이라는 필명을 사용하고 있는 필자다. 프랑스문학에 초점을 맞추고 있는 등 여러 정황으로 미루어보아 정인섭과 함께 외국문학연구회에서 가장 적극적으로 활약한 이하윤이 쓴 것임에 틀림없다. 창간호 앞부분에서 이미 본명 이하윤과 '연포'라는 필명을 사용했기 때문에 그는 이번에는 '금강'이라는 제3의 필명을 사용한 것 같다. 정인섭이 역시 『해외문학』 창간호 앞부분에서 본명과 '화장산인'이라는 필명을 사용하고 나서 뒤에 가서 '야광夜光'이라는 제3의 필명을 사용한 궤를 같이한다. 금강은 『조선문단』에 한 번역자가 프랑스 작가 아나톨 프랑스의 단편소설 「크랭크비유」를 한국어로 옮기면서 작가와 작품 이름을 잘못 표기한 것을 비판하는 것으로 포문을 열었다.

> 『조선문단』 창간호에 소위 왈(曰) '아나톨 프란스'를 소개한 편집인이 십여(十餘) 자(字)를 제(除)한 외(外)에는 벼락거치 『근대문예(近代文藝) 십이강(十二講)』 신조사(新潮社) 이백이십사(二百二十四) 퍼[페]이지를 역출(譯出)한 것쯤이야 그리 흠(欠)잡을 것도 아니지만 그 단편 「크레인비유」란 알 수 업시 엄청난 문구가 잇는데 한번 놀내지 안을 수 업다. 그 재판에 가서 일홈은 고쳐 왈(曰) '아나톨 · 으랑쓰'라 하고 '크레인비유'는 여전히 '크레인비유'인 것을 보면 활자의 잘못쯤이 아인[닌] 것은 확실하다. "Crainquebille"는 말할 것도 업시 '크랭크비이으'거나 '크랭크빌로' 외(外)에는 읽을 수가 업다.[21]

19세기 말엽에서 20세기 초엽에 걸쳐 활약한 프랑스 작가 아나톨 프랑스는 필명이고 본명은 '자크 아나톨 프랑수아 티보'로 꽤 이름이 길다. 그는 1921년도 노벨 문학상을 수상한 영예를 안았다. 외국문학연구회의 기관지 『해외문학』도 그랬지만 이 무렵 한국문단에서도 노벨 문학상 수상 작가에 대한 관심이 여간 크지 않았다. 그래서 『조선문단』 창간호에서 그의 단편소설을 번역하여 소개하였다. 『해외문학』 창간호에서도 노벨 문학상을 받은 지 6년이나 지났는데도 프랑스의 단편 작품을 무

21 금강, 「역자 고십」, 『해외문학』 창간호, 1927.1, 199면.

려 3편이나 번역하여 소개하였다.

금강이 아나톨 프랑스의 단편소설을 번역한 역자가 『조선문단』 창간호 편집인이라고 말하는 것을 보면 이 비판의 화살은 다름 아닌 이광수를 향하고 있는 듯하다. 1924년에 창간된 이 문예지는 창간호부터 4호까지는 이광수가 주재하였고, 5호부터 18호까지는 방인근이 주재했기 때문이다. 금강은 크게 두 가지 점에서 번역자를 비판의 도마에 올려놓았다. 첫째, 금강은 번역자가 아나톨 프랑스의 단편 작품을 프랑스어 원문에서 직접 한국어로 옮긴 것이 아니라 일본인 번역자가 일본어로 옮긴 것을 그대로 한국어로 중역해 놓은 점을 문제 삼았다. "십여 자를 제한 외에는" 일본 신조사에서 발행한 『근대문예 12강』의 224쪽에서 그대로 가져왔다는 것이다. 비록 금강은 이러한 중역 행위를 "그리 흠잡을 것도 어니지만"이라고 단서를 두고 있지만, 외국문학연구회가 그동안 중역 과정을 거치지 않고 원천 언어에서 직접 번역해야 한다고 주장해 온 점을 염두에 두면 금강의 이 말은 조금 의외다. 이하윤을 비롯한 외국문학연구회 회원들에게 중역 행위는 흠잡기에 충분한 행위이기 때문이다. "벼락거치 (…중략…) 역출譯出한 것쯤이야"라는 표현을 보면 더더욱 그렇게 생각할 수밖에 없다.

여기서 잠깐 '역출'이라는 용어를 짚고 넘어가는 것이 좋을 것 같다. 일본에서는 이 용어를 '번역'이라는 말과 거의 동의어로 사용하였다. 『三省堂 大辞林』에도 이 용어는 '翻訳すること(번역하는 일)' 또는 '訳し出すこと(번역해 내다)'로 풀이되어 있다. 그러나 1920년대 한국문단이나 번역계, 적어도 외국문학연구회에서 이 용어를 사용할 때는 다른 나라 언어로 번역해 놓은 것을 다시 자국어로 옮긴다는 중역重譯의 의미가 강

하게 함축되어 있다. 또는 원문 전체를 충실히 번역하는 대신 중요한 부분만 뽑아서 번역하는 초역抄譯이나 원문을 간추려 번역한다는 축역縮譯의 뉘앙스도 풍긴다. 한마디로 '역출'이라는 용어는 '번역'이라는 가치중립적인 용어와 비교하여 부정적 의미가 강하다.

둘째, 금강은 작가와 작품의 이름을 원음에 가깝게 올바로 표기하지 않는 점을 지적하였다. 일본어 번역에서 중역하다 보니 프랑스어 원어 발음보다는 아무래도 일본어식 표기법을 따를 수밖에 없었을 것이다. 또 말음이나 받침이 거의 없다시피 한 일본어로서는 외국어 고유명사를 제대로 표기하기란 무척 어려울 것이다. 번역자가 처음에는 '아나톨·프란스'로 표기했다가 나중에는 '아나톨·ㆄ랑쓰'로 고쳐 표기했다는 것은 처음 표기한 방식이 잘못되었다는 것을 깨닫고 원어 발음에 가깝게 수정했음을 알 수 있다. 이 무렵 'ㅍ'와 'ㆄ'를 애써 구별해서 사용하는 것을 보면 전자는 양순음 'p'의 발음 표기인 반면 후자는 순치음 'f'의 발음 표기인 것 같다. 그러나 오늘날 국립국어원의 외래어 표기법에 따르면 양순음과 순치음을 구별하지 않고 다같이 'ㅍ'로 표기한다.

그래서 이 프랑스 작가의 이름을 '아나톨·프란스'로 표기할 것인가, '아나톨·ㆄ랑쓰'로 할 것인가 하는 것은 그다지 문제가 되지 않는다. 다만 금강이 여기서 제기하고 있는 문제는 '~란스'로 표기할 것이냐, 아니면 '~랑스(쓰)'로 할 것이냐 하는 것이다. '스'냐 '쓰'냐도 크게 문제가 되지 않고 오직 '란'이냐 '랑'이냐가 문제가 된다. 금강이 문제 삼고 있는 것은 프랑스 작가인 만큼 'France'를 '프랑스'로 표기해야지 '프란스'로 표기해서는 안 된다는 점이다.

그러나 금강의 이러한 지적은 어떤 의미에서는 누워 침 뱉기로 자칫 공허하게 들릴지도 모른다. 『해외문학』 창간호에 려재비(손우성)가 아나톨 프랑스의 「크랭크비이으」를 번역하고, 이하윤이 프랑스의 「신부의 목서초」와 「제스타스」를 번역하여 실었다. 그런데 이 두 번역자는 하나같이 작가의 이름을 '아나톨르 · 쯔란스'로 표기하였다. '아나톨'을 '아나톨르'로 표기한 것은 그렇다고 치더라도 '프랑스'를 영어 발음식으로 '쯔란스'로 표기하였다. 번역자들은 올바로 표기했는데 경성에 있는 편집자가 틀리게 고쳐 놓았다고 변명할 수 있을지 모르지만 변명치고는 아무래도 궁색하다. 금강이 지적한 것을 읽다 보면 이솝우화의 어미 게와 새끼 게에 관한 이야기가 떠오른다. 어미 게가 새끼 게에 앞쪽으로 똑바로 걸으라고 가르쳐 주면서도 자신은 계속 옆으로만 걷는 우화 말이다.

금강의 야유하는 듯한 어조는 '보월생步月生'이라는 번역자에 대한 비판에서 훨씬 뚜렷이 엿볼 수 있다. 이 번역자는 그동안 '보월' 또는 '보월생'이라는 필명으로 영어와 불어 문화권의 작품을 번역해 왔는데 그가 과연 누구인지는 정확히 밝혀져 있지 않다. 안서 김억이나 방인근이 아닐까 추측해 볼 수 있을 따름이다. 어찌 되었든 이 번역자는 『개벽』 11호에 아나톨 프랑스의 단편소설 한 편을 번역하여 실었고, 금강은 이 번역을 신랄하게 비판하고 있다.

> 또 『개벽』 제십일호(第十一號)에 「혁명의 제2년」이라 제(題)하고 "Anecdote de floréal, an II"을 역(譯)한 보월생(步月生)은 '아나토올, 후란쓰'라 불너 보앗스니 보긔 거북한 일이다. 속에 쑥 들어가 보면 '파안니이, 싸푸네에'란 글자가 나오니 그는 아마도 'Fanny d'Avenay'인 듯 아모리 도아 읽

어도 'ᅗᅢᆫ니, 다브네'라고 할밧게 업다. '로오쓰'란 Rose로-즈인 듯하고 '후로란단'이라 한 것은 'Florentinᅗᅳᆯ로런탱'인 듯 십다. 그만 하면 그 번역도 쐐 쌕은한 수작이오 원문도 보통 것과는 좀 식(式)이 다른 모양이지?[22]

위 인용문에서 "보긔 거북한 일"이라느니 "쐐 쌕은한 수작"이라느니 하는 구절에서 엿볼 수 있듯이 금강은 이 무렵 한국 번역자들의 번역을 여간 날카롭게 꼬집지 않았다. 이 점에서는 정인섭도 크게 다르지 않아서 앞서 이미 언급했듯이 그는 "사이비 번역이 대가연" 하는 태도를 아주 못마땅하게 생각하였다. 그러나 이하윤의 비판은 정인섭의 비판보다 훨씬 더 신랄하다. 위 인용문의 마지막 문장에서 "원문도 보통 것과는 좀 식이 다른 모양이지?"라는 구절에서는 정인섭이 말하는 '사이비 번역'을 드러내놓고 야유하고 비꼬는 태도가 역력하다.

이밖에도 금강은 '번역고십' 난에서 '모리스 마에텔링크'를 '모리스 마테를링크'로, '마렌'을 '말레-느'로, '알퐁스 쏘-테'를 '알퐁스 도-데'로, '상 피에르'를 '생 피에르'로 바로잡았다. 또 그는 '쎄-테'를 '괴테'로, 'ᄫᅦ르렌'을 'ᄫᅦᆯ레-느'로, '로만 로란'을 '로맹 로-랑'으로 표기할 것을 주창하였다. 또한 '코리씨'는 '고리키'로, '빅토르 유고'는 '빅토르 위고'로, '카르면'을 '칼멘'으로 표기하도록 제안하였다. 금강은 1927년도 노벨 문학상을 수상한 아일랜드 태생의 극작가 쇼의 경우가 "가장 불통일不統一과 부정확不正確을 잘 증명하는 대표적인 예例"라고 지적하였다. 경성에서 발행하는 일간신문에서는 '쌔-나-드 쏘', '쪼-지 쌔-나-

22 위의 글, 199면.

드 쑈', '쪼지 싸-나-드 쑈' 등으로 제각기 표기한다고 지적하면서 "셰[세] 번에 세 번 그 읽는 법法 쓰는 자字가 다른 것은 한 자미滋味 잇는 식式이지만 또 그 셋이 셋 다 독특한 것에는 참 해괴망측한 일이 아니랄 수 업슨 것이다"[23]라고 잘라 말하였다. 그러면서 금강은 '죠-지 버-나-드 쇼오'라는 표기법을 제안하기에 이르렀다. 한편 야광(정인섭)은 『해외문학』 창간호에 쓴 '독서 여록'에서 '버나드 쇼오'로 표기했지만, 제2호에 실린 「쇼오 극의 작품과 사상」이라는 논문에서는 '버너-ㄷ 쇼오'로 다르게 표기하였다. 한편 역시 제2호에 실린 「그가 그내 남편을 속인 이약이」에서도 장기제는 정인섭과 마찬가지로 '버너-ㄷ 쇼오'로 표기하여 비교적 일관성을 유지하였다.

이렇듯 금강은 외국어 고유명사 표기에 무척 깊은 관심을 기울였다. 금강이 이렇게 외국의 고유명사 표기에 지나치다 싶을 만큼 관심을 두는 데는 그럴 만한 까닭이 있다. 작품 자체를 읽기에 앞서 먼저 제목이나 작가 이름이 독자들의 눈에 들어오기 때문이다. 눈에 띄는 대로 하나하나 바른 표기법을 제시하면서 금강은 "함께 발음이나마 졔발 바로 해 보작구나. '코리찌'라는 노문호露文豪가 잇다고 썩들셕거리는 것을 노국露國사람이 들엇다가는 놀낼 일이냐 우슬 일이냐 분할 일이냐"[24]라고 한편으로는 하소연하듯이 다른 한편으로는 조롱하듯이 말하였다. 또 "우리 조선문단에는 그 본국本國에 업는 작가作家가 만히 들어왓스나……"[25]라는 구절도 자칫 다른 번역가들을 야유하고 조롱하는 말로 받아들일 수

23 위의 글, 200면.
24 위의 글, 200면.
25 위의 글, 199면.

있다.

외국의 고유명사는 일단 한 번 굳어지면 좀처럼 고치기 쉽지 않다는 데 문제의 심각성이 있다. 번역자들이 원음에 가장 가까운 표기법을 찾아 사용하고 일단 어느 정도 의견의 일치를 보았으면 그 뒤로는 싫든 좋든 그 표기법을 충실히 따라야 한다. 일본과는 달리 한국에서는 아직도 외국어 표기법에 혼란이 적지 않다. 국립국어원에서 정한 외국어나 외래어 표기법에도 잘못된 것이 많아 출판사에서조차 따르지 않을 때가 더러 있다. 하물며 번역이 아직 걸음마 단계에 있던 1920년대에는 두말할 나위가 없을 것이다.

물론 금강도 외국어 고유명사를 표기한다는 것이 생각처럼 그렇게 쉽지 않다는 사실을 깊이 깨닫고 있었다. 그래서 그는 자기 방어적 입장에서 다만 원칙을 말하는 것이고 터무니없는 표기법을 지적할 뿐이라는 점을 분명하게 밝혔다. 특히 그가 무엇보다도 문제 삼는 것은 일본어 번역에서 중역하면서 일본 번역자의 실수나 과오를 그대로 한국어 번역에 옮겨놓는 것이다.

> 물론 이상 말한 것은 가급적의 일이오 무슨 엄격한 의미에서 털 씃 만한 것까지 들어 말하려는 싱크리운? 수작은 아니다. 엇더케 쓰던 그것이 원발음(原發音) 그것이면 관계치 안타. 그럼으로 다소간은 읽는 법(法)이 다를 것은 두말할 필요가 업지만 엄청난 근거 업는 발음법을 일역(日譯)에서 상상하는 등 용서 못할 것이 만흠에는 아니 말하고는 못백이게 한다.[26]

26 위의 글, 200 · 185면.

위 인용문에서도 엿볼 수 있듯이 금강은 외국어 고유명사를 표기할 때는 될 수 있는 대로 원어 발음에 가깝게 표기할 것을 주창하였다. 어떠한 방식으로 표기하든 원음에 가깝다면 크게 상관없다는 것이 그의 일관된 주장이다. 이 글을 쓴 지 무려 90여 년이 지난 요즈음 출판사나 학계에서도 될 수 있으면 현지 발음에 가깝게 표기하려는 관행을 따른다. 그렇다면 금강의 주장은 시대를 훨씬 앞섰다고 할 수 있다.

방금 앞에서 아나톨 프랑스와 관련하여 이솝우화 한 토막을 언급했지만 외국문학연구회 회원들도 금강이 지적하는 과오를 범하는 경우가 적지 않았다. 예를 들어 『해외문학』 창간호에 발행인 겸 편집인인 이은송은 단편소설 「고긔의 설음」을 번역하면서 작가의 이름은 '와시리 에로셴코'로 표기하였다. 그러나 러시아어에 좀 더 가깝게 표기하려면 '바실리 예로셴코'로 하여야 한다. 려재비가 번역한 프랑스 시 「추억」의 시인도 '알ᅋᅳ레 드 뮷세'보다는 '알ᅋᅳ프레 드 뮛세'로 표기하는 쪽이 더 원어에 가깝다. 려재비는 「'알르'의 여자」를 번역하면서도 작가를 '알퐁스 도데'가 아닌 '알폰스 도 — 데'로 표기하였다. 또한 '알르'도 '아를'이라고 표기하는 쪽이 더 옳다. 한편 김온(김준엽)이 번역한 「구혼」의 극작가도 '안톤 첵홉'보다는 '안톤 체홉'이 더 정확한 표기법이다. 물론 그는 제2호에서는 '체ㅋ홉'으로 고쳐 표기하였다. 이탈리아 미래파 극작가도 일본어식 표기법인 '마리넷치'보다는 '마리네티'가 더 원어에 가깝다. 심지어 이하윤도 창간호에 「가을 노래」를 번역하면서 시인의 이름을 '포올 뻴레 — 느'로 표기했지만 좀 더 정확하게는 '폴 뻬베를렌'으로 표기해야 할 것이다.

금강은 비단 외국어 고유명사에만 관심을 기울인 것이 아니라 더 나아가 일반명사나 관사의 잘못된 표기에도 큰 관심을 두었다. 예를 들어 그는 한 번역자가 'Princess Marleine'을 '마렌 처녀'로 번역한 것을 '말레 — 느 공주'로 바로잡는다. 또 금강은 『개벽』에 실린 글 중에서 한 번역자가 'la petite ville'를 '작은 골작이'로 잘못 번역한 것을 '적은 거리'로 고쳤다. 이왕 올바른 번역을 제안하려면 수효나 분량, 정도가 일정한 기준에 미치지 못하는 것을 가리키는 '적은'보다는 크기나 규모를 가리키는 '작은'이나 '조그마한'이라는 형용사를 제안했더라면 더 좋았을 것이다. 금강은 한 번역가가 『학생계』에 앙리 베르나르댕 드 생피에르의 단편소설 "Paul et Virginie"를 번역하면서 원래 제목에 없는 정관사 'Le'를 붙인 것을 바로잡으면서 "씨氏의 독창적 관사 'Le'는 고유명사에다 관사를 부쳐 보는 씨의 불어佛語 신문법을 발견하야 한 번 그 법에 의依한 모양이다"[27]라고 비아냥거리기도 하였다.

한편 금강이 이렇게 조금 흥분한 상태에서 외국어 고유명사나 보통명사 등을 잘못 번역한 것을 지적하는 것도 그다지 무리가 아닌 듯하다. 이러한 잘못된 번역은 이 무렵 일간신문이나 잡지 도처에서 쉽게 발견할 수 있기 때문이다. 이 점과 관련하여 금강은 "이런 예例는 사실 맛보기로 싹지만 쎄여볼 일이지 거의 하나도 올흔 것을 찾귀 힘드는 우리 번역계飜譯界에서 一々이 신문이나 잡지나 또 단행본에서 끄집어 내자면 멧 달을 두고 해도 씃이 업슬 모양이다"[28]라고 절망감을 털어놓기도 하였다.

외국문학연구회 회원들도 이하윤의 이러한 열정적인 관심을 익히 알고 있었다. 『해외문학』 제2호 '집필자 제씨의 최근 소식' 난에서 이하윤

27 위의 글, 199면.
28 위의 글, 200면.

과 관련한 항목을 보면 "씨氏는 한 발을 불문학에 두고 또 한 발을 영문학에 두어서 조선 문단의 현세現勢를 생각할 쌔마다 일종의 비애를 늣기는 그만큼 장래 조선문학 건설에는 감춤힘을 발휘할 줄 밋는다"[29]고 적혀 있다. 그러면서 필자는 계속하여 "오역誤譯하는 역자에게 일々히 교시敎示하는 호의好意와 선의善意와 친절을 가진 씨는 녯날에 씨가 야소耶蘇에게 애정을 밧치든 그만큼 일반 민중에게 근접近接함이 잇스리라 생각하며……"[30]라고 밝혔다. 여기서 이 글의 필자가 오역에 대한 이하윤의 정열을 그의 기독교에 대한 정열에 빗댄다는 점이 흥미롭다.

외국문학연구회와 직역 전통

1920년대 중엽만 하여도 한국문단에서 이루어지고 있던 번역은 그야말로 수준 미달이었다. 일본어로 번역한 것을 다시 중역하는 방식으로 거의 대부분의 번역이 이중, 심지어 삼중으로 이루어졌기 때문이다. 외국문학연구회에서는 무엇보다도 이 점을 가장 못마땅하게 생각하고 있었다. 뒷날 정인섭은 이 연구회의 설립 목적과 관련하여 이렇게 밝힌 적이 있다.

> 그 목적은 재래로 한국문단이나 학계에서 외국문학을 소개하는 데 있어 해당 외국어나 그 나라의 문학을 전공하지 않는 사람들이 일본말 책에서 그럭저럭 한국말로 번역하거나 간단히 추려서 주섬주섬 거두어 번안(飜案)하

29 「집필자 제씨의 최근 소식」, 『해외문학』 2, 1927.7, 67면. 이 소식 난은 여러 정황으로 미루어보아 제2호의 편집인인 정인섭이 쓴 듯하다.

30 위의 글, 67면.

는 것이 대부분이었으므로 이것을 정확한 번역이라고 할 수 없다고 판단, 그 대신 각국의 어문학 전공학도로써 참되고 양심적인 번역을 한국 사회에 제공하자는 것이며…….[31]

위 인용문에서 '그럭저럭'이니 '주섬주섬'이니 하는 부사나 의태어가 눈길을 끈다. 조선의 번역가들이 그동안 '그럭저럭' 번역해 왔다는 말은 일본인 번역가들이 일본어로 번역해 놓은 것을 다시 한국어로 대충 중역했다는 뜻이다. 또한 일본어 번역을 간추려 '주섬주섬 거두어' 한국어로 옮겼다는 것은 번역이 아니라 번안을 했다는 의미다. 이 '주섬주섬 거두어'라는 표현에서는 가을에 대충 추수하고 난 뒤 이삭을 줍는 행위가 떠오른다. 이 두 번역 방식이나 형태는 가령 최남선이 『소년』이나 『청춘』 같은 잡지에 했던 번역 관행과 비슷하다. 정인섭을 이러한 번역 태도를 "정확한 번역"이나 "참되고 양심적인 번역"이 아니라고 못 박았다.

바로 이 점에서 정인섭은 외국문학연구회의 책무가 중대차하다고 깨닫고 있었다. 『해외문학』의 창간호에서 그가 "그만큼 작품 번역은 충실하여야 하겠다. 그만큼 이중삼중역二重三重譯을 피하여야만 될 자각이 필요하고 우리말을 왕성旺盛식히기 위하여 그만큼 일반의 합동적合同的 애호愛護를 원하며 『해외문학』의 생명이 길고 무겁고 빗나기를 바래지 안흘 수 업다"[32]고 밝히는 까닭이 바로 여기 있었다. 그는 일본어나 한어로

31 정인섭, 「해외문학파와 다방 카카듀」, 『이제는 하고 싶은 이야기』, 54면.
32 정인섭, 「'포오'를 논하야 외국문학 연구의 필요에 及하고 『해외문학』의 창간을 祝함」, 『해외문학』 창간호, 1927.1, 27면.

옮긴 것을 다시 한국어로 옮기는 이중삼중의 중역重譯이 아니라 원천 텍스트에서 직접 옮기는 직역直譯 방식이 무엇보다도 절실하다고 생각하였다. 정인섭이 얼마나 중역을 못마땅하게 생각했는가 하는 것은 중역 방식을 두고 "경망한 역譯의 작란作亂"이라고 부르는 데서 단적으로 엿볼 수 있다. 그러한 번역은 진지하고 신중하지 못한 경망한 짓일 뿐만 아니라 한낱 심심풀이 장난에 지나지 않는다고 날카롭게 비판하였다.

외국문학연구회는 무엇보다도 번역의 수준을 한 단계에 끌어올리는 데 크게 이바지 하였다. 이 연구회 회원들은 외국문학 작품을 번역하고 소개하되 될 수 있는 대로 중역 방법을 피하고 어디까지나 원천 언어에서 목표 언어로, 원천 텍스트에서 목표 텍스트로 직접 번역하는 직역 방식을 채택하였다. 『해외문학』보다 무려 9년 앞서 창간된 한국 최초의 주간지인 『태서문예신보』만 같아도 겉으로는 번역 방법으로 중역이 아닌 직역을 표방했지만 실제로는 여전히 중역에서 젖을 떼지 못하고 있었다. 또한 이 무렵 김억이 원문에서 직접 번역을 시도하면서도 일본어 번역이나 한문 번역의 치맛자락을 여전히 붙잡고 있었다.

그러나 외국문학연구회 회원들은 『해외문학』에 원문 텍스트에서 직접 번역한 문학 작품만을 실었다. 이 연구회의 창립회원은 아니지만 조금 뒤늦게 참여하여 활약한 이헌구는 "아직 언어로 보나 문학적 전통으로 보나 극히 미약하고 비참한 조선 문단에 군소群小의 작품을 발표하는 것보담 조선인의 생활 감정을 풍부히 하며 그러한 분위기를 주출鑄出하기 위하여 먼저 조선어로 번역된 외국 작품을 산 그대로 제공하자!"[33]고

33 이헌구, 「해외문학 창간 전후」, 『조선일보』, 1933.9.29~10.1; 『이헌구 선집』, 393~394면.

부르짖었다. 여기에서 '산 그대로'라는 표현을 주목해 볼 필요가 있다. 외국 작품을 살아 숨 쉬고 있는 그대로 한국어로 번역하여 문단에 소개하겠다는 포부를 밝힌 것이다. 이를 달리 바꾸면 지금까지 한국에서 이루어진 외국문학 번역은 '죽은 시체'를 번역한 것과 크게 다르지 않았다는 말이 된다. 생선 요리에 빗대어 말하자면 앞으로 외국 작품을 한국어로 번역하는 사람은 신선도가 높게 번역해야 한다는 것이다. 신선도가 높은 번역 방식이란 곧 중역 방식을 피하고 원문에서 직접 번역하는 방식이다.

이렇게 이헌구가 "외국 작품을 산 그대로 제공하자!"고 부르짖은 데는 그럴 만한 까닭이 있었다. 지금까지 그래왔던 것처럼 일본 사람들이 번역한 외국 작품을 한국어로 다시 중역한 작품으로써는 외국문학을 올바로 받아들일 수 없다고 판단했기 때문이다.

> 조선은 새로운 문학 사상의 직접적 유입(流入)이 없이 항상 간접적으로밖에는 유도(誘導)시킬 수 없게 되었다. 여기서 조선 문예 자체가 연대적으로나 또 실질적으로나 항상 외국 문예 수준에서 뒤떨어진 형태밖에는 못 가지게 된다. 그것이 '프로'문학이고 고전 문예임을 불구하고 비참하고도 빈약한 서류(西流)[亞流]의 흡취(吸取)밖에 안 됨을 알게 될 때 여기 한 가지 새로운 야심과 필연적 욕구가 생기게 되었으니 직접으로 우리도 외국 문예를 감상하고 소개하기 위하여는 우리는 외국어의 힘을 빌려서 직접 그들의 작품과 사조와 접촉하게 되는 수밖에 없다.[34]

34 위의 글, 393면.

위 인용문에서 이헌구는 '직접'이니 '직접적'이니 하는 어휘를 무려 세 번에 걸쳐 되풀이하였다. 그만큼 외국문학 작품을 일본어나 중국어 번역을 거치지 않고 조선인의 손으로 직접 번역해야 할 필요성을 뼈저리게 느끼고 있었기 때문이다. 일본어나 중국어 번역에서 중역하는 한 조선문학은 어쩔 수 없이 "비참하고도 빈약한 아류"의 위치에서 벗어날 수 없다는 것이다. 또 위 인용문에서 이헌구가 '수입'이라는 어휘를 사용하는 것도 찬찬히 눈여겨볼 필요가 있다. 앞에서 정인섭도 외국문학 작품을 번역하거나 외국에서 풍미한 문예 사조를 소개하는 것을 '수입'이라는 용어로 자주 표현하였다. 외국문학 작품을 이입하는 것을 다름 아닌 무역에 빗대는 표현이다. 외국에서 상품을 수입하려면 제3국을 통한 간접 교역 방식보다는 직접 교역 방식이 자국에 훨씬 유리함은 두말할 나위가 없을 것이다.

제7장

외국문학연구회와 번역 논쟁

외국문학연구회가 1927년 1월과 7월에 『해외문학』 창간호와 제2호를 각각 발간하면서 한국의 문단에서 활약하는 번역자들과 연구회 회원들 사이에 번역을 두고 치열한 논쟁이 일어났다. 일제 강점기 1920년대 말엽과 1930년대 초엽에 일어난 이 번역 논쟁은 한국 번역사의 한 장을 화려하게 장식하였다. 한국 번역사에서 가장 획기적인 번역 논쟁은 이번이 세 번째다. 그 첫 번째는 중국 남송南宋 시대 주희朱熹의 감수 아래 유자징劉子澄 등이 편찬한 『소학小學』의 국문 번역을 두고 일어난 논쟁이다. 두 번째 논쟁은 20세기 초엽 외국 선교사들이 성경을 한국어로 번역하면서 벌인 열띤 논쟁이다. 그 뒤 세 번째로 외국문학연구회와 한국 번역자들 사이에 번역 방식을 두고 열띤 논쟁이 일어났다.

중종中宗 13년(1518)에 김전金詮과 최숙생崔淑生 등이 『소학』을 언해하여 홍문관弘文館에서 『번역소학飜譯小學』을 간행하였다. 남곤南袞은 이 번역서의 발문에서 “광인류포廣印流布하여 아동부녀兒童婦女에게까지 그 내용을 널리 깨닫게 하는 것보다 더 급한 일이 없다”고 적었다. 이러한 취지 아래 번역자들은 일반 백성들이 누구나 쉽게 이해할 수 있도록 될 수 있는 대로 풀어서 번역하였다. 더구나 번역자들은 자연스러운 우리말 표현을 살리려고 애썼을 뿐만 아니라 본문만으로는 이해하기 어려운 대목에서는 자유롭게 주석을 달아 자세히 설명하기도 하였다. 그러나 축역逐譯 전통이 강한 이 무렵 의역意譯 또는 자유역自由譯에 의존한 『번역소학』은 유학자들한테서 신랄한 비판의 화살을 피할 수 없었다. 그리하여 선조宣祖 20년(1587)에 김정金淨을 비롯한 교정청校正廳 학자들은 『소학』을 새로이 번역하여 출간할 것을 주장하였다. 이렇게 축역 방식을 원칙으로 삼아 원문에 충실하게 새롭게 번역해 낸 책이 바로 『소학언해小學諺解』다. 번역자들은 15세기 불경 언해에서 수립한 축역 전통에 따라 원문에 충실하게 축자적으로 번역하려고 애썼다. 이 번역서는 영조英祖 20년(1744)에 『어제 소학언해御製小學諺解』라는 이름으로 다시 중간할 만큼 중요한 책으로 평가받았다.[1]

이러한 번역 논쟁은 19세기 말엽과 20세기 초엽 서양 선교사들이 성경을 한국어로 번역하면서 다시 불이 붙었다. 스코틀랜드 선교사 존 로스는 동료 선교사 존 맥인타이어와 함께 중국 봉천奉天, 지금의 셴양瀋陽에서 1877년에 「누가복음」과 「요한복음」을, 1887년에는 신약성서 전체를 한글로 번역하여 출간하였다. 한편 일본에서는 이수정李樹廷이 요코하

1 김욱동, 『번역의 미로』, 글항아리, 2010, 185~186면; Wook-Dong Kim, “Two Translations of the *Xiaoxue*: Free translation or literal translation?”, *Babel* 61-4, 2015, pp.589~603; Wook-Dong Kim, *Translations in Korea: Theory and Practice*, Palgrave Macmillan, 2019, pp. 1~38.

마横浜에서 『현토 한한신약전서懸吐漢韓新約全書』를 발간한 데 이어 1884년에 「누가복음」을 번역한 『신약성서 로가전路加傳』를, 1885년에 『신약전서 마가복음馬加福音 언해』를 출간하였다. 로스와 이수정의 성서 번역에 자극받은 서양 선교사들은 한국에 성서번역위원회를 설치하고 본격적으로 성서를 번역하기 시작하였다. 그런데 축역을 할 것인가, 의역을 할 것인가, 또는 토착어를 사용할 것인가, 한자어를 사용할 것인가를 두고 호러스 언더우드를 비롯한 미국 장로교 선교사들과 캐나다 장로교 선교사 제임스 스카스 게일 사이에 치열한 공방이 일어났다. 결국 게일은 성서위원회에서 손을 떼고 독자적으로 성경을 번역하기에 이르렀다.[2]

양주동의 『해외문학』 번역 비판

외국문학연구회 회원들이 『해외문학』에 발표한 번역 작품과 관련하여 와세다대학에서 불문학과 영문학을 전공하던 무애 양주동이 제일 먼저 번역 논쟁의 포문을 열었다. 여기서 잠깐 이 논쟁에서 주역을 맡은 양주동에 대하여 살펴보는 것이 좋을 것 같다. 뒷날에는 향가를 비롯한 한국 고전을 해석하여 국문학자로 이름을 크게 떨치게 되지만 1920년대와 1930년대만 하여도 그는 시인과 번역자, 문학비평가로 크게 활약하였다. 특히 이 무렵 그는 논객으로 예리한 필봉을 휘둘러 이름을 떨쳤다. 예를 들어 춘원 이광수는 『동아일보』에 발표한 「중용과 철저」에서 『중용』의 '무과불급無過不及'의 미덕을 인용하면서 조선 사회가 취할 문학은

2 김욱동, 앞의 책, 186~191면.; Wook-Dong Kim, "James Scarth Gale as a Translator", *Korea Journal* 56-2, 1916 Summer, pp.32~60; Wook-Dong Kim, *Translations in Korea : Theory and Practice*, Palgrave Macmillan, 2019, pp. 63~88.

밥이나 물과 같은 '상적常的 문학', 즉 평범한 윤리적 문학이어야 한다고 역설하였다. 즉 그는 이 무렵 대두한 극단적인 혁명 문학을 배격하고 중용과 일상의 문학이야말로 조선을 구할 수 있는 유일할 길이라고 주장하였다. 시대나 역사적 상황에 따라 변하는 문학보다는 인간 존재를 본질적으로 탐구하는 문학이 훨씬 더 바람직하다는 것이다. 적어도 이 점에서 이광수는 19세기 미국 작가 마크 트웨인과 비슷하다. 트웨인은 1886년에 적은 노트에서 "내 작품은 물과 같다. 위대한 천재들의 작품은 포도주와 같다. 그러나 다행스럽게도 모든 사람은 물을 마신다"[3]고 말하였다. 여기서 트웨인이 말하는 '위대한 천재들'이란 너새너얼 호손이나 헨리 제임스 같은 고답적이고 귀족주의적인 작가들을 말한다. 이광수에게 '위대한 천재들'은 계급투쟁에 무게를 싣는 사회주의 성향의 문학가들일 것이다.

이광수에 맞서 양주동은 '상적 문학'에는 동의하지만 진정한 문학가라면 문학의 영구성을 논하기에 앞서 당대의 시대정신을 먼저 담아내야 한다고 반박하였다. 다시 말해서 양주동은 문학의 보편성보다는 특수성, 일반성보다는 구체성에 무게를 실었다. 특히 그는 헤겔의 변증법을 인용하면서 조선에게 필요한 문학은 양극화인 '은둔'과 '혁명', 즉 정과 반의 대립이 지향하여 합이 되는 중용이어야 한다고 반론을 폈다. 흔히 '조선 3천재' 중의 한 사람으로 일컫는 이광수의 나이 이때 서른네 살이었고, 양주동은 겨우 스물세 살밖에 되지 않는 풋내기 문인이었다. 지금 생각해 보아도 이처럼 젊은 양주동이 이광수에게 반기를 들었다는 사실

3 Frederick Anderson ed., *Mart Twain : The Critical Heritage*, London : Routledge & K. Paul, 1971, p. 14.

이 여간 놀랍지 않다.

이광수의 상적 문학에 대한 반론에서도 엿볼 수 있듯이 양주동은 젊은 패기에 해박한 지식과 논리를 바탕으로 이 무렵 문단의 여러 문제를 날카롭게 비판하여 관심을 끌었다. 그의 논쟁과 비판에 대하여 정인섭은 「조선 현문단에 소訴함」에서 논쟁가로서의 그의 탁월한 능력을 솔직히 인정하였다.

> 그중에서도 가장 색채가 농후한 대립적 논쟁은 양주동(梁柱東) 씨에게서 발견할 수 잇스나 그는 누구누구보다도 문단적 논쟁에 가장 유의(留意)하고 쏘는 좌익파에 대하여 도로혀 적극적 공세를 취한 유일하고도 계속적인 대표자이다. 그는 과연 태도가 선명하고 논조에 계통이 잇고 쏘 논쟁을 조아하기는 우익파에서 가장 제일인 줄 생각한다.[4]

정인섭은 양주동의 논쟁이 탁월한 이유로 논지가 선명하고 논리적이라는 점을 꼽았다. 논쟁이란 것이 자칫 감정에 치우치기 쉬운데 양주동은 감정보다는 이성의 바탕으로 논쟁을 이끌어 간다는 것이다. 또한 정인섭은 양주동이 선천적으로 논쟁을 좋아하는 성격이라고 평가하면서 그를 우파 면에서 가장 논쟁을 좋아하는 사람이라고 지적하였다. 그러나 실제로 우파와 좌파를 통틀어서도 이 무렵 논쟁가로 아마 그를 따를 만한 사람이 없었을 것이다. 그가 뒷날 향가 해석의 권위자로 우뚝 설 수 있었던 것도 오구라 신페이小倉進平의 이두와 향가 연구의 권위에 굴복하

4 정인섭, 「조선 현문단에 소함 · 7」, 『조선일보』, 1931.1.8.

지 않고 오히려 비판적 안목으로 그의 연구 성과를 탐구했기 때문이다. 이러한 비판적 사고야말로 번역 연구 또는 번역학을 비롯한 인문학이 지향해야 하는 궁극적 목표라고 하여도 크게 틀리지 않을 것이다.

외국문학연구회가 『해외문학』 창간호를 간행하고 두 달쯤 지난 1927년 3월 양주동은 『동아일보』에 몇 차례에 걸쳐 「문예비평가의 태도」라는 꽤 긴 글을 기고하였다. 이 글 중에 '『해외문학』을 읽고'라는 글이 들어 있다. 이 글 끄트머리에 "1927.2.1. 於東京"이라고 적어 놓은 것을 보면 이 글을 기고할 무렵 그는 아직 와세다대학에 재학 중이었다. 또한 『해외문학』 창간호가 나온 지 겨우 한 달밖에 되지 않는 때의 일이다. 이 글에서 양주동은 먼저 외국문학을 전공하는 젊은 유학생들이 전문잡지를 창간하여 번역 분야에 새로운 이정표를 세우려고 노력했다는 점에 찬사를 보낸다.

> 자국 문학의 새로운 건설에 있어서, 더구나 조선과 같이 전설적(傳說的) 국문학의 기초가 빈약한 현상에 있어서 외국문학의 수입 및 그것의 소화는 절대(絶大)한 의의(意義)를 가지지 않을 수가 없다. 우리는 외국문학을 앎으로써 우리의 문학적 소양을 넓힐 뿐만 아니라 그 섭취한 지식으로써 자가(自家)의 독특한 경지를 새로 개척할 수가 있다. 다시 말하면 외국문학의 수입은 그 자체로도 필요하거니와 그것을 우리 문학 건설의 참고자료로 삼는 데 더 한층 의의가 있을 것이다.[5]

5 양주동, 「문예비평가의 태도 기타」, 『동아일보』, 1927.2.28~1927.3.4; 『양주동 전집』, 11, 동국대 출판부, 1998, 188면(이하 책 제목만 표기함).

위 인용문에서 양주동이 말하는 '전설적' 국문학이 과연 무엇을 가리키는지는 정확하지 않다. '전설적인 인물'의 경우처럼 훌륭한 국문학이나 뛰어난 국문학을 뜻하는 말인지 모른다. 그러나 모르긴 몰라도 아마 '전통적傳統的 국문학'의 오식일 가능성을 배제할 수 없다. 인쇄술이 아직 발달하지 않은 이 무렵 일간신문이나 잡지에는 크고 작은 오식과 탈자가 무척 많았다는 사실을 염두에 둘 때 그럴 가능성이 아주 크다.

어찌 되었든 양주동이 위 인용문에서 주장하는 바는 외국문학연구회의 창립 목표나 취지와 몇몇 자구만 다를 뿐 기본적으로는 조금도 다르지 않다. 여기서 외국문학연구회의 창립 목표와 관련하여 『해외문학』 창간호에 실린 창간 권두언 중 두 번째와 세 번째 항목을 다시 한 번 주목해 보는 것이 좋을 것이다.

> ○무릇 신문학의 창설은 외국문학 수입으로 그 기록을 비롯한다. 우리가 외국문학을 연구하는 것은 결(決)코 외국문학 연구 그것만이 목적이 아니오 첫재에 우리 문학의 건설, 둘재로 세계문학의 호상(互相) 범위(範圍)를 넓히는 데 잇다.
>
> ○즉 우리는 가장 경건한 태도로 먼저 위대한 외국의 작가를 대(對)하며 작품을 연구하여써 우리 문학을 위대히 충실히 세워노며 그 광채를 독거 보자는 것이다. 이에 우리는 우리 신문학 건설에 압셔 우리 황무(荒蕪)한 문단에 외국문학을 밧어 드리는 바이다.[6]

6 「창간 권두언」, 『해외문학』 창간호, 1927.1, 1면.

무애 양주동. 『금성』 동인인 그는 외국문학연구회 회원들의 번역에 이의를 제기하였다. 양주동과 연구회 회원 사이에 벌어진 일련의 논쟁은 한국 번역문학사에서 한 장을 장식한다.

번역과 관련하여 양주동의 입장이 외국문학연구회 회원들의 입장과 별로 다르지 않다는 것은 그들이 사용하는 표현만 보아도 쉽게 알 수 있다. 양주동은 외국문학연구회 회원들이 창간 권두언에서 사용한 "외국문학 수입"이니 "우리 문학 건설"이니 하는 표현을 거의 그대로 사용하고 있다. 다만 양주동은 '우리 문학'을 '자국문학'으로, '황무한'을 '빈약한'으로 바꾸어 놓았을 따름이다. 두 글 사이에서 굳이 차이를 찾는다면 양주동의 글이 『해외문학』의 글보다 가독성이 훨씬 뛰어나다는 점이다. 『해외문학』의 권두사가 여기저기 영어나 일본어 같은 외국어를 서툴게 번역해 놓은 듯한 느낌이 든다면, 양주동의 글은 좀 더 한국어다운 문체를 구사할 뿐만 아니라 상식적이고 평이하여 비교적 쉽게 읽힌다. 한마디로 한국어 구사력으로 좁혀 보면 양주동이 외국문학연구회 회원들보다 한 수 위다.

양주동의 글에서 무엇보다 눈길을 끄는 것은 '수입'이라는 무역 용어와 더불어 '섭취'니 '소화'니 하는 음식과 관련한 어휘를 사용한다는 점이다. 그는 외국문학을 받아들여 자국의 문학을 굳건히 하는 것을 단순히 자국에 없는 상품을 외국에서 수입하여 사용하는 것과는 다른 차원에서 생각하였다. 양주동에게 외국문학을 받아들이는 것은 곧 음식물을 몸속에 받아들이고 그것을 분해하여 영양분으로 변화시키는 것과 크게 다르지 않다. 다시 말해서 외국문학을 받아들여 자국의 문학을 튼튼히

하는 것은 마치 음식을 섭취하여 영양소를 만들어 피와 살이 되게 하는 것과 같다. "우리는 외국문학을 앎으로써 우리의 문학적 소양을 넓힐 뿐만 아니라 그 섭취한 지식으로써 자가의 독특한 경지를 새로 개척할 수가 있다"고 주장하는 까닭이 바로 여기에 있다.

양주동이 외국문학을 받아들이는 것을 음식 섭취나 소화에 빗대는 것은 그만큼 위험이 따르기 때문이기도 하였다. 그의 주장을 뒤집어 보면 외국문학을 자칫 잘못 받아들이다가는 자국문학에 도움을 주기는커녕 오히려 해를 끼칠 수도 있다. 음식을 섭취한다고 하여 늘 영양소가 되는 것은 아니기 때문이다. 가령 음식을 섭취하여 제대로 소화시키지 못하면 오히려 몸에 해롭다. 또한 병원성 세균이나 농약 성분이 함유된 음식을 먹거나 독버섯이나 독어毒魚 같이 자연적인 독성 물질을 우연히 섭취하는 경우에는 식중독을 일으킬 수도 있다.

한편 양주동은 『해외문학』에 관한 글에서 번역의 어려움을 단순히 언어 문제에만 국한시키지 않고 더 나아가 번역자의 능력과도 관련시켰다. 번역의 수준은 언어 같은 외적 요인 못지않게 번역 기술 같은 내적 요인에 따라서도 좌우되기 때문이다. 그가 "제씨諸氏의 많은 연찬研鑽을 기다려 비로소 양역良譯을 보리라 하는 생각이 있기 때문이다"[7]라고 말하는 것을 보면 더더욱 그러한 생각이 든다. 좋은 번역이란 투박한 원석을 갈고 닦아 아름다운 보석을 만들어내듯이 철차탁마 과정을 거치지 않고서는 이룰 수 없다는 것이다. 이 글 첫머리에서도 이미 양주동은 "나는 이 잡지의 동인同人 제씨諸氏가 모두 외국문학을 전문 연구하

7 양주동, 「문예비평가의 태도 기타」, 『양주동 전집』 11, 189면.

는 신진기예新進氣銳의 사士란 말을 듣고 더한층 기대와 축의를 가졌던 바이다"[8]라고 밝힌다. 이 구절에서도 그는 외국문학연구회 회원들이 새로 나타난 신인으로서 뜻과 기상이 날카롭기는 하지만 실제 번역에는 경험이 없는 풋내기 외국문학 전공자들에 지나지 않는다는 점을 은근히 내비친다.

이렇게 대가大家 행세하는 듯한 양주동의 태도는 자칫 오만하게 보였을지도 모른다. 실제로 1903년에 태어난 그는 외국문학연구회의 회원들과 비교하여 그렇게 나이가 많은 편은 아니었다. 연구회의 창립 회원 중 나이가 제일 많은 김진섭金晉燮과는 동갑이고, 가장 나이가 적은 이하윤異河潤보다는 3살 많았다. 그런데도 양주동이 연구회 회원들을 '신진기예의 사'라고 부르는 것은 아마 문단에 일찍 데뷔했기 때문일 것이다. 그는 일찍이 1919년에 『문예공론』에 평론을 발표하였고, 1923년에는 동인지 『금성』을 창간하여 활약하였다. 1928년에 일본 와세다대학 영문과를 졸업한 그는 곧바로 평양 숭실崇實전문학교 교수로 부임하였다. 그래서 그의 눈에는 아직 유학생활을 하고 있는 외국문학연구회 회원들이 후배처럼 보였을 수도 있었을 것이다. 물론 이러한 태도는 논쟁의 찬반 여부를 떠나 외국문학연구회 회원들의 감정을 건드리게 충분하였다.

양주동의 경문체 번역 비판

양주동은 『해외문학』에 관한 글에서 이 무렵 번역자들이 부딪치게 되는 여러 어려움을 지적한 뒤 곧바로 외국문학연구회의 번역에 비판의

8 위의 책, 188면.

칼을 들었다. 그런데 여기서 한 가지 눈여겨볼 것은 그가 비판의 칼을 들이대기에 앞서 짐짓 겸손한 태도를 취한다는 점이다. 그는 자신의 비평이 한낱 "독후감과 불만의 사견私見"에 지나지 않는다고 먼저 운을 떼었다. 또한 "다만 근본적으로 그 역풍譯風에 대하여 그 번역의 태도와 필치에 대하여 이삼二三의 고언苦言을 씀에 그치려 한다"[9]고 밝혔다. 이러한 태도는 앞으로 자신에게 가해 올지 모르는 외국문학연구회 회원들의 역공에 대비하기 위한 전략이었다.

그러나 양주동의 비판은 실제로 '독후감'이나 '사견' 또는 '고언'의 단계나 범위를 훨씬 뛰어넘는다. 어찌 되었든 번역에 대한 그의 비평은 어떤 의미에서는 외국문학연구회 회원들의 요청에 부응한 것으로 볼 수도 있다. 『해외문학』 창간호의 '편집여언'에서 편집자는 "특히 우리는 『해외문학』에 대한 독자 제씨諸氏의 비평과 감상과 희망을 원한다. 정당한 비평, 솔직한 감상, 진실한 희망 그것을 요구한다"[10]고 분명히 밝히고 있기 때문이다. 물론 과연 무엇이 '정당한' 비평이고, 무엇이 '솔직한' 감상이며, 무엇이 '진실한' 희망인지는 어디까지나 주관적이고 상대적이어서 오직 독자의 판단에 맡길 수밖에 없을 것이다. 그러나 이하윤이 『해외문학』 제2호 '여언'에서 "배틀닌 심사心事에서 나오는 비난이라든가 철업는 자者들의 당黨치도 안은 비평엔 귀도 안 기우리는 바이지만……"[11]이라고 다분히 감정적으로 대응하는 것을 보면 양주동의 비판이 외국문학연구회 회원들의 자존심을 적잖이 상하게 했음에

9 양주동, 「『해외문학』을 읽고」, 『동아일보』, 1927.3.3; 『양주동 전집』 11, 189면.
10 「편집 여언」, 『해외문학』 창간호, 1927.1, 201면.
11 「여언」, 『해외문학』 2, 1927.7, 69면.

틀림없었다.

양주동이 『해외문학』에 실린 외국문학연구회 회원들의 번역을 문제 삼는 것은 ① 문체, ② 축역과 의역, ③ 번역어 등 크게 세 가지로 요약할 수 있다. 양주동의 이러한 비판이 『동아일보』에 처음 실리자 예상했던 대로 외국문학연구회 회원들은 그에 대한 반론을 폈다. 그러자 이번에는 양주동이 다시 『신민』에 「문단여시아관文壇如是我觀」이라는 글을 발표하면서 번역을 둘러싼 논쟁은 점점 도를 더해 갔다. 이 글에서 그는 『동아일보』에 발표한 글에서 제기한 문제를 다시 한 번 요약하여 설명하였다. 양주동은 "해該 논쟁論爭을 통하여 역단상譯壇上에 제출된 문제는, 나의 요약한 바에 의하건대, 대개 아래의 수항數項이 있다"[12]고 밝혔다. 즉 ① 직역과 의역을 둘러싼 번역자의 태도, ② 경문硬文과 연문軟文을 둘러싼 문체에 관한 문제, ③ 외국 문자를 그대로 쓸 것이냐 하는 번역어에 관한 문제가 바로 그것이다. ③과 ②의 순서가 뒤바뀌었을 뿐 양주동이 위에서 요약하는 내용은 『동아일보』에서 처음 제기한 내용과 거의 같다.

다만 이 세 가지 항목 말고도 양주동은 번역과 관련하여 또 다른 문제를 제기하였다. 그것은 원천 텍스트의 선택과 관련한 것으로 얼핏 보면 별로 대수롭지 않은 것처럼 보일지 모르지만 번역자라면 누구나 귀담아들어야 할 아주 중요한 문제다. 양주동은 "될수록은 원작原作의 선택이 조선문학과 어떠한 연락이 되도록 하기를 바란다"[13]고 충고하였다. 물론 더러 예외가 없는 것은 아니었지만 지금까지 한국 번역자들은 주로 일본어나 한문으로 번역된 작품을 중역해 왔다. 이렇게 원천 텍스트에

12 양주동, 「문단여시아관」, 『신민』 26, 1927.6; 『양주동 전집』 11, 212면.

13 양주동, 「『해외문학』을 읽고」, 『동아일보』, 1927.3.3; 『양주동 전집』 11, 189면.

서 직접 번역하지 않고 일역이나 한역에 의존하여 중역하다 보니 이미 남이 선택한 작품 중에서 고를 수밖에 없었다. 비유적으로 말하자면 자신이 직접 식단을 짜서 음식을 요리하는 것이 아니라 남이 미리 짜 놓은 식단에 따라 음식을 요리하는 것과 같았다. 이러한 과정에서 음식을 만드는 사람의 취향은 별로 고려될 수 없었다. 19세기 말엽에서 20세기 초엽에 걸쳐 한국에서 이루어진 번역은 거의 대부분 이러한 식이었다고 하여도 크게 틀리지 않을 것이다.

다시 말해서 양주동은 번역자들에게 외국문학 작품이라고 하여 아무 것이나 번역하지 말고 어디까지나 조선문학과 사회에 도움을 줄 수 있는 작품을 선별하여 번역할 것을 주문하였다. 외국문학연구회에 속한 회원은 하나같이 외국어와 외국문학을 전공한 사람들이기 때문에 이제는 조선문학에 도움을 줄 수 있는 작품을 선별적으로 번역할 수 있는 단계에 이르렀다고 생각하였다. 방금 앞에서 음식의 비유를 들었지만, 양주동은 이제 일본 사람이나 중국 사람의 입맛이 아니라 조선 사람의 구미에 맞게 식단을 짜기를 바랐던 것이다. 이러한 번역 태도는 비단 1920년대나 1930년대 번역자들에게만 해당할 뿐만 아니라 지구촌 시대 또는 국제화 시대를 살아가는 21세기 번역자들에게도 마찬가지로 해당한다.

그러면 이제 양주동이 외국문학연구회 회원의 번역에 제기하는 문제점을 하나하나 자세히 살펴보기로 하자. 그는 번역자가 외국문학 작품을 한국어로 옮길 때는 문체에서 모름지기 경문체가 아닌 연문체를 구사해야 한다고 주장하였다. 조금 길지만 양주동의 논지를 좀 더 자세히 파악하기 위하여 그대로 인용하기로 한다.

첫째로 불만은 소설 번역에 있어서 역문체(譯文體)가 자못 낡다는 그것이다. 이것은 필경 생각건댄 독자역자가 조선 현대문에 친숙치 못한 까닭인가 한다. 현금(現今) 조선 문단상에서 소설의 문체가 거의 연문체(軟文體)로 순국문식(純國文式)을 취하는 것은 기정된 사실인데 역자는 어쩐 일인지 고삽(苦澁)한 한자를 써 가면서 논문체의 경문(硬文)을 취하였다. 이것은 위선 우리가 읽기에도 서투른 감(感)을 받거니와 우리글을 존중하는 의미로 보든지 또는 민중적 여부의 점으로 보든지 불가한 일이다. 소설 번역체에 있어서는 역문(譯文)의 공졸(工拙)은 막론하고 우선 정인섭(鄭寅燮) 씨의 역(譯)이 정곡(正鵠)을 얻은 것 외에는 거의 다 그러한 결함이 있고, 이하윤(異河潤) 씨의 제역(諸譯)과 김진섭(金晉燮) 씨의 「문전(門前)의 일보(一步)」가 그 호례(好例)라고 할 것이니 찬자(讚者)는 그 어느 것이든지 일항(一項)만을 보면 내 말에 수긍함이 있을 것이다. 나는 이 경우에 첫째 역문체(譯文體) 내지 역어(譯語)를 좀 더 연활(軟滑)하게 할 것과, 둘째 모쪼록 한자의 고삽(苦澁)한 것을 피하라고 말하고 싶다. 그러고 될수록은 원작의 선택이 조선문학과 어떠한 연락(連絡)이 되도록 하기를 바란다.[14]

위 인용문에서 양주동이 말하는 '경문'이란 표현이 딱딱하고 지나치게 규격에 따르는 글을 일컫는다. 한편 연문이란 쉽고 부드러워서 읽기에 편한 글을 말한다. 언문일치의 문장이 연문이라면 한문체나 국한문 혼용체의 문장은 경문이라고 할 수 있다. 물에 빗댄다면 경문은 경수硬水, 즉 물 분자 속에 금속물질이 포함되어 있는 센물과 비슷한 반면, 연문

14 위의 책, 189면.

은 연수軟水, 즉 자연 상태에서 만들어진 단물과 비슷하다. 전자를 문어체 문장으로 보고 후자를 구어체 문장으로 보아도 크게 틀리지 않을 것이다.

심훈沈薰은 '심대섭'이라는 필명으로 『동아일보』에 「무딘 연장과 녹이 슬은 무기」라는 글을 기고한 적이 있다. '언어와 문장에 관한 우감偶感'이라는 부제가 붙은 이 글에서 그는 글을 쓰는 사람에게는 문장이 곧 농사짓는 연장이요 전쟁터에서 사용하는 무기라고 전제한 뒤 "그 연장이 닳아빠진 호미 끝 같이 무디고, 그 무기가 흙 속에 파묻힌 고대古代의 석검石劍처럼 녹이 슬어서 등과 날을 분간할 수가 없는, 그러한 문장을 발견할 때, 독자의 한 사람으로 눈살을 찌푸리지 않을 수 없다"[15]고 잘라 말한다. 한마디로 심훈은 동료 문학가들에게 "녹이 슬은 연장을 닦자!"라고 부르짖는다. 그러면서 "무딘 무기를 가지고는 청국淸國 병정兵丁 목 하나도 자르지 못한다. 시퍼렇게 벼른 필봉筆鋒을 들고 적敵의 논진論陣으로 달려들어 쾌도난마快刀亂麻적으로 자아의 주장을 세워보는 것도 남아의 쾌사快事가 아닐까"[16]라고 밝힌다.

심훈이 말하는 녹이 슬고 무딘 연장이 경문이라면 반짝반짝 윤이 나게 벼린 연장은 연문이라고 할 수 있다. 심훈은 과학 서적에서나 쓰는 경문에 속하는 글까지 소설과 같이 연문체로 쓰자고 주장하는 것은 아니라고 지적하였다. 다시 말해서 글을 쓸 때는 경문을 구사할 경우가 있고 연문을 구사할 경우가 따로 있다는 것이다. 심훈에게 경문이란 주로 과

15 심대섭(심훈), 김종욱 · 박정희 편, 『심훈 전집』 8(영화 평론 외), 글누림, 2016, 240~242면.

16 위의 글, 242면.

학 담론에서 쓰는 문체로 한자어나 전문 용어가 많이 들어간 경우를 말한다. 한편 연문이란 주로 소설 같은 문학 작품에서 작가가 사용하는 순수한 토착어를 비롯한 부드러운 문체를 말한다. 여기서 심훈이 말하는 경문과 연문은 양주동이 말하는 경문과 연문과 거의 동일한 의미로 받아들여도 크게 틀리지 않을 것이다.

그런데 양주동이 외국문학연구회 회원들의 번역 문체를 문제 삼는 것은 이 무렵에 활약하던 한국 작가들의 문체와 비교해 볼 때 "자못 낡다"고 생각했기 때문이다. 그들의 번역 문체가 낡았다는 것은 번역자들이 동시대의 문체에 뒤처져 있다는 것을 뜻한다. 심훈의 말을 빌려 표현하자면 그들의 번역체는 "녹이 슬은 연장"이나 "무딘 무기"와 같았다. 양주동은 외국문학연구회 회원들이 번역하면서 심훈이 말하는 "시퍼렇게 벼른 필봉"을 사용하지 못하는 것을 안타깝게 생각하였다. 『해외문학』의 번역자들이 이렇게 낡은 문체를 구사한 것은 조국과 떨어져 일본에서 유학하고 있었기 때문일 수도 있고, 양주동의 지적대로 이 무렵 조국의 문학 작품을 제대로 읽지 않았기 때문일 수도 있다. 그 이유야 어찌되었든 양주동은 『해외문학』에 외국문학 작품을 한국어로 옮긴 번역자들이 옛날 방식대로 '고삽한 한자'를 많이 사용하는 경문체를 주로 사용한다고 비판하였다.

양주동은 이러한 경문체가 학술 논문에서는 몰라도 적어도 외국문학 작품의 번역에는 걸맞지 않는다고 지적하였다. 무엇보다도 읽기가 어려워 일반 독자에게 쉽게 다가갈 수 없을 뿐만 아니라, 모국어를 사랑하고 존중해야 한다는 점에 비추어 보아도 적절하지 않다는 것이다. 그래서 양주동은 번역자들에게 "적어도 현문단現文壇 작가들의 행문行文과 같은 정도의 역문譯文을 보여 주었으면 한다"[17]고 주문하였다. 그렇다면 현재 조선문단에서 활약하는 작가들의 '행문' 수준이란 것이 과연 어떤 것일까? 근대문학기 작가들이 구사하는 언문일치의 문체를 말하는 것으로 보아 크게 틀리지 않을 것이다.

위 인용문에서 양주동도 밝히듯이 이 무렵 한국문단에서 활약하는 대부분의 작가들은 독자들이 읽기 쉽고 이해하기 쉽도록 부드럽고 평이한 문체를 즐겨 사용하였다. 이광수가 일찍이 최남선과 함께 언문일치의 신문학 운동을 전개하여 한국 근대문학의 첫 장을 화려하게 장식했다는 것은 이미 잘 알려진 사실이다. 그 뒤 김동인과 전영택을 비롯한 『창조』 동인들은 이광수의 언문일치 문장을 한 발 더 밀고 나가 신문장 혁신 운동을 일으켜 국어체 문장을 확립하는 데 크게 이바지하였다. 방금 앞에서 언급한 심훈의 글은 이 점과 관련하여 시사하는 바 자못 크다.

> '알기 쉽도록 쓰자. 읽으면 말과 같이 뜻이 환하도록 쓰자' 하는 것이 문필가의 '모토'여야만 한다는 것은 유독 채만식(蔡萬植) 씨의 새로운 제창(提唱)이 아니니, 줄잡아도 언문일치를 실행해 온 『학지광』, 『청춘』 시대 이래의 과제다.
>
> 예를 들면 춘원(春園) 같은 선배가 한학의 소양이 없고 외래어에 조예가 얕아서 논문이나 소설에 그만큼 평이한 글을 쓰는 것은 아닐 것이다. '우리 지식 계급을 표준하지 말고 무지한 구소설 독자층에서도 뜻을 알 만한 정도로 글을 써야 한다. 될 수 있는 대로 한 사람이라도 많이 읽는 것이 상책이다'

17 위의 글, 191면.

라고 주장하고 또 그 자신이 오늘날까지 실천해 왔기 때문에 그는 아직도 현 문단의 누구보다도 다수(多數)한 독자들 획득하고 있는 것이 아닐까.[18]

심훈은 한국문단에서 평이한 문체를 구사하는 대표적인 작가로 채만식과 이광수 말고도 김동인과 주요한을 들었다. 또한 심훈은 채만식과 함께 홍명희, 염상섭, 현진건, 이기영의 네 작가를 한국어 토착어를 발굴하여 작품에 활용하는 대표적인 작가들로 자리매김하였다. 심훈은 독자들이 쉽게 이해할 수 있도록 문장을 구사하느냐 하는 것은 작가의 사상이나 이념에 공감하느냐 하지 않느냐 하는 것과는 별개의 문제라고 지적하였다.

양주동은 이렇게 학술 연구논문을 집필하듯이 '고삽한' 한자어를 구사하여 경문체로 번역한 외국문학연구회의 대표적인 사람으로 이하윤과 김진섭과 손우성을 꼽았다. 공교롭게도 이 세 사람은 하나같이 호세이대학에서 각각 독문학, 영문학, 불문학을 전공하던 사람들이었다. 양주동은 이하윤이 어느 장면에서 어떠한 '고삽한' 문장을 구사했는지에 대해서는 자세히 언급하지 않았다. 그러나 이하윤의 번역에서 양주동이 문제 삼았을 법한 실례를 찾아볼 수 있다. 불문학도이며 영문학도인 이하윤은 『해외문학』 창간호에 프랑스 작가 아나톨 프랑스의 단편소설 「신부神父의 목서초木犀草」와 「제스타스」 2편을 동시에 번역하여 실었다. 「신부의 목서초」에서 한두 예를 들어보기로 하자.

18 위의 글, 192면.

> 나는 녯날 보카쥬라는 村에서 肉慾을 全혀 저바리고 깃븜으로 抛棄를 實行하며 犧牲의 愉樂 外에 다른 愉樂을 알지 못하든 神父인 한 聖者를 알앗섯다. (…중략…) 그는 다못 몃 뿌리의 木犀草를 심는 罪 업는 虛榮을 自許하엿다.[19]

작품의 첫 단락에서 뽑은 대목이다. 국한문 혼용체를 구사한 듯한 이 인용문은 양주동의 지적대로 어휘가 낯설어서 그 뜻이 금방 와 닿지 않는다. 웬만한 독자들은 두세 번 읽고서도 고개를 갸우뚱할 것이다. “포기를 실행하며 희생의 유락 외에 다른 유락을 알지 못하든”이라는 구절은 무슨 뜻인가? 또 “목서초를 심는 죄 업는 허영을 자허하엿다”라는 구절은 도대체 무슨 뜻이란 말인가? 첫 문장에서 “포기를 실행하며”라는 구절은 그냥 “포기하며”로, “희생의 유락 외에 다른 유락을 알지 못하든”은 “희생의 즐거움 말고는 다른 즐거움을 모른다”로 하거나 그냥 “희생의 즐거움만을 알 따름이다”로 옮겼더라면 독자들은 훨씬 더 쉽게 이 문장을 이해할 수 있을 것이다. 이 책의 저자(김욱동)가 직접 시도해 본 아래 번역과 비교해 보면 이하윤의 번역 문체가 얼마나 난해하고 고삽한지 곧 알 수 있다.

> 보카주의 한 마을에서 나는 거룩한 신부 한 사람을 만난 적이 있다. 그 신부는 쾌락을 모두 거부하고 극기克己의 미덕을 기꺼이 실천하며 희생의 즐거움 말고는 다른 어떠한 즐거움도 알지 못하는 사람이었다. (…중략…) 그가 누리는 사치라고 해 봤자 겨우 목서초 몇 뿌리를 심는 것이 고작이었다.

19 「신부의 목서초」, 『해외문학』 창간호, 1971.1, 77면. 앞으로 이 잡지에서 인용한 면수는 모두 본문 안에 괄호 속에 직접 적기로 한다.

위에 인용한 이하윤의 번역과 비교해 보면 그 차이를 금방 피부로 느낄 것이다. 그런데 문제는 이러한 경문체 문장이 이하윤의 번역 곳곳에서 그다지 어렵지 않게 찾아볼 수 있다는 데 있다. 다음 번역도 그러한 경우를 보여 주는 좋은 예로 꼽을 만하다.

> 자연(自然)의 경향(傾向)이 죄악으로 우리를 모다 다려간다고 말하는 데도 도리(道理)가 잇다. 이 하나님을 섬기는 사람은 눈물을 직힐 줄을 알엇섯다. 그러나 그는 비공(鼻孔)에 호위(護衛)를 두지 안엇섯다. 그래 그만 악마는 코를 붙잡게 된 것이다."(77면)

위 인용문도 방금 앞의 인용문처럼 한두 번 읽어 쉽게 이해되지 않는다. "목서초를 심는 죄 업는 허영을 자허하엿다"는 구절은 "천진난만하게 허영을 부려 목서초를 심었다"로 번역하여도 큰 무리가 없을 것이다. 세 번째 문장 "비공에 호위를 두지 안엇섯다"는 아무리 읽어도 무슨 뜻인지 알 수가 없다. 모르긴 몰라도 아마 "코를 막지 않았다"는 뜻인 것 같다. 손이나 손수건으로 콧구멍을 막지 않고 그냥 냄새를 맡았다는 뜻일 것이다. 양주동이 말하는 연문체 문장으로 옮기면 아마 다음과 같이 될 것이다.

> 우리 모두가 천성적으로 죄를 짓는 경향이 있다는 말은 이치에 들어맞는다. 하느님을 섬기는 이 사람은 두 눈을 지킬 수는 있었지만 콧구멍까지 막을 수는 없었다. 말하자면 악마가 그의 코를 붙잡고 있었던 셈이다.

이하윤의 '고삽한' 번역 문체는 아나톨 프랑스의 또 다른 작품 「제스타스」의 번역에서도 마찬가지로 엿볼 수 있다. 특히 그는 이 작품에서는 동사형에도 한자어를 즐겨 사용하기 일쑤였다. 가령 "말의 더러운 입김을 뺨우에 감感하는 일도 잇섯다"(81면)나, "그에게는 무구無垢와 순결純潔과 무한無限한 희망希望이 생기生起하엿다"(83면)니 하는 문장이 좋은 예다. 이 두 문장에서 '감하는'은 '느끼는'으로, '생기하엿다'는 '일어낫다'로 옮겼더라면 아마 훨씬 더 한국어다워 독자들이 쉽게 이해할 것이다. 또한 이하윤은 "조고마한 방에 유留하고 잇다"(79면)나, "그는 대待하엿다"(83면)니 "불행不幸이도 이 계획計劃은 실패失敗를 당當햇다"(85면)니 하는 문장을 사용하기도 한다. 여기서도 '유하고'를 '머물고'로, '대하엿다'를 '기다렷다'로, '실패를 당햇다'를 '실패햇다'로 옮겼다면 아마 양주동한테서 번역 문체가 "자못 낡다"는 비판은 받지 않았을 것이다. 양주동이 위 인용문의 마지막에서 "민중적 여부의 점으로 보든지 불가한 일이다"라고 말하는 까닭이 바로 여기에 있다. 만약 번역자가 될 수 있는 대로 한자어를 피하고 토착어를 사용한다면 교육을 많이 받지 않은 일반 독자들도 쉽게 그 뜻을 알아차릴 수 있을 것이다.

그러나 이하윤은 이와는 반대로 막상 한자어를 사용할 곳에서는 좀처럼 사용하지 않는다. 예를 들어 방금 앞에서 언급한 "말의 더러운 입김"에서 '말'의 동음이의어를 고려하여 '말言'·'말馬'·'말斗' 등으로 구분지어 표기하는 쪽이 더 좋다. 물론 이 구절 바로 앞에 "우유차牛乳車가 바로 그 엽까지 와서"라는 표현이 있기 때문에 문맥에 따라 그 의미를 미루어볼 수 없는 것은 아니다. 그러나 번역자가 '말[馬]'로 표기해 준다면 독자는 훨씬 더 쉽게 그 뜻을 알아차릴 수 있을 것이다. 요즈음 컴퓨터가 발달하면서 '사용자 친화적user friendly'이라는 용어가 유행하듯이 번역에도 독자들이 읽기 편한 '목표 독자 친화적target reader friendly' 번역이라는 것이 있다. 물론 아무리 목표 독자 친화적이라고 하여도 원문과 의미가 달라져서는 안 될 것이다.

여기서 잠깐 번역에 대한 이하윤의 태도나 이론을 살펴보는 것이 좋을 것 같다. 그는 훌륭한 번역자라면 원천 언어뿐만 아니라 목표 언어에도 능통해야 한다고 지적하였다. "번역가는 첫째 원어에 능통할 것은 물론 또 우리말에 대하여 구사를 자유로히[이] 해야 하겠고, 따라서 소설 번역은 소설가의 소질이 있어야 하며 시, 희곡 등이 모두 그러해야만 되느니 이 어찌 지난사至難事가 아니냐"[20]라고 수사적 의문문을 구사하여 말하였다. 실제로 이 점에 대해서는 모든 번역 이론가의 의견이 일치하는 상식 중의 상식이다. 앞장에서 언급했듯이 심지어 존 드라이든 같은 영국 이론가는 만약 모국어와 외국어 둘 중 하나를 포기해야 한다면 자신은 원천 언어, 즉 외국어를 포기하겠다고 말할 정도다. 그렇다면 앞에서 실례로 든 이하윤의 번역이 과연 얼마나 적절한 번역인지 다시 한 번 곰곰이 생각해 볼 일이다.

양주동이 문제 삼은 외국문학연구회 회원들의 경문체 번역은 김진섭의 번역에서도 엿볼 수 있다. 어떤 의미에서 김진섭은 이하윤보다 경문체 문장을 훨씬 더 많이 구사하였다. 번역도 번역이지만 김진섭이 쓴 논문도 경어체 문장이 아주 많다. 아래 인용문은 『해외문학』 창간호에 실린 「표현주의 문학론」의 첫 단락에서 첫 두 문장을 뽑은 것이다.

20 이하윤, 「세계문학과 조선의 번역문학」, 『이하윤 선집-평론 · 수필』, 81~82면.

예술상의 여하(如何)한 주의주장도 그것이 얼마나 홀륜(囫圇)할 것일망정 영원성을 호올로 확집(確執)할 수 잇난 것이 아니다. 역사적(歷史的) 반복(反復)이 증시(證示)하난 바 기성(旣成)의 신앙에 대한 신예술의 반역과 혁신은 부단(不斷)의 창조적 진화를 의미하는 의식적(意識的) 생류(生類)의 생(生)의 문제로서 시대본능(時代本能)과 민중감각(民衆感覺)이 필연(必然)이 초래하는 요청이다.(4면)

'홀륜囫圇'이니 '확집確執'이니 하는 난해한 한자어에도 불구하고 첫 문장은 그런 대로 의미를 짐작할 수 있다. 예술 분야에서는 어떤 주의, 어떤 주장도 영원히 지속될 수는 없다는 뜻이다. 그러나 두 번째 문장에 이르러서는 그만 두 손을 들고 말 독자가 한둘이 아닐 것이다. 아무리 연구 논문이라고는 하지만 이러한 경문체 문장으로써는 독자들을 설득하기 어렵다. 연구 논문 중에서도 문학 논문은 실험 결과나 통계 자료에 따라 사실을 규명하는 자연과학이나 사회과학의 논문과는 또 달라서 내용 못지않게 언어 형식이 아주 중요하다. 다시 말해서 문학 논문에서는 어떻게 언어를 구사하느냐에 논문의 성패가 달려 있다고 하여도 크게 틀리지 않다. 비록 양주동은 문학 작품의 번역 문체를 문제 삼고 있지만 연문체는 논문의 경우에도 마찬가지로 해당한다.

양주동이 직접 경문체의 '호례'로 언급한, 김진섭이 번역한 하인리히 만의 「문전의 일보」를 좀 더 자세히 살펴보기로 하자. 「표현주의 문학론」보다는 조금 덜 하지만 이 작품 번역에서도 난삽한 한자어를 즐겨 구사하였다. 예를 들어 그가 사용한 '계박繫縛', '응괴凝塊', '피복被覆', '질구疾驅', '취배脆拜', '단구段丘', '해각海角', '상거相距', '전요纏繞', '담가擔架',

‘궤좌跪坐’, ‘조광躁狂’, ‘유수柔隨’, ‘훤소喧騷’ 같은 한자어는 현대 독자들은 말할 것도 없고 아마 1920년대 독자들도 해독하기 쉽지 않았을 것이다. 더구나 이 한자어 중에는 어떤 것은 중국에서만 사용하는 것이 있는가 하면, 또 어떤 것은 일본에서만 사용하는 것이 있어 한국 독자들에게는 더더욱 낯설게 느껴질 수밖에 없다. 한국과 일본, 중국이 같은 한자 문화권에 속해 있어도 어떤 한자는 글자가 동일한데도 세 나라가 서로 다른 의미로 사용하는 경우가 적지 않다. 번역 연구에서는 이렇게 서로 다른 언어나 방언 사이에 형태나 소리가 동일하거나 유사하면서도 그 의미가 다른 어휘를 ‘거짓짝’ 또는 ‘가짜 친구’라고 부른다.[21]

이번에는 김진섭이 번역한 문장에서 직접 구체적인 실례를 들어보는 것이 좋을 것 같다. 주인공 루카스가 세 노파가 앉아 있는 방 문간에 들어서는 첫 장면을 묘사하는 대목이다.

> 가시나무 탁자는 벽의 한쪽 구석에서 썩고 그리고 맹목(盲目)하게 된 유리창(窓)은 어찌 할 줄을 모르고 침묵하고 잇섯다. (…중략…) 루-카쓰는 그네들의 진부한 계박(繫縛)에 눌니여서 목을 빗틀킨 비닭이 가티 파닥거리는 그의 청춘과 그네들의 말나빠진 절망적인 교훈이 그의 가슴으로부터 싸는

21 프랑스어로 ‘faux-ami’, 영어로 ‘false friends’로 부르는 이 ‘거짓짝’ 또는 ‘가짜 친구’에 대해서는 김욱동, 『번역의 미로－번역에 관한 열두 가지 물음』, 글항아리, 2011, 262～268면. 참고. ‘工夫’라는 어휘가 이러한 경우를 보여 주는 좋은 예다. 일본어에서 ‘工夫’를 ‘구후(くふう)’라고 읽으면 골똘히 생각한다, 궁리한다는 뜻이다. 또 ‘工夫’를 ‘고후(こうふ)’라고도 읽는데 이때는 공사를 하는 인부라는 뜻이 된다. 그러나 한국어에서는 ‘工夫’는 배우고 익히는 과정을 가리키는 말이다. 한국어의 ‘공부’에 해당하는 일본어는 ‘勉強(べんきょう)’다. ‘勉强(べんきょう)する’라는 단어는 ‘공부하다’라는 뜻 말고도 ‘흥정하다’라는 뜻도 있다. 한편 중국어에서는 실천・수행・노력한다는 뜻에서 중국식 권법인 쿵푸를 ‘工夫’ 또는 ‘功夫’라고 한다.

신선한 혈조(血潮)로서 생각하얏다. 노인은 맹목(盲目)이엿다. 마개한 그의 흉(胸)에는 대체 무엇이 잇는고?(86면)

첫 문장 "맹목하게 된 유리 창"이란 무슨 뜻인가? 마지막 부분에서 다시 언급하는 "노인은 맹목이엿다"라는 문장과는 어떠한 관계가 있는가? 요즈음 심리학에서 '맹목의 창'이라고 하면 흔히 나는 모르고 있는데 다른 사람들은 다 알고 있는 창을 말한다. 그러나 위 인용문에서 말하는 '맹목하게 된 유리창'은 막혀 있는 창, 즉 밖을 내다보기 위한 창이 아니라 단순히 장식으로 만들어 놓은 창을 가리킨다. 한편 "노인은 맹목이엿다"는 문장에서 맹목은 시각 장애인을 뜻한다. '맹목' 말고도 위 인용문에서 "그네들의 진부한 계박에 눌니여서"니, "그네들의 말나빠진 절망적인 교훈"이니, "그의 가슴으로부터 쌔는 신선한 혈조로서 생각하얏다"니 하는 구절은 그 의미가 선뜻 다가오지 않는다. 위 인용문을 읽다 보면 고개가 갸우뚱해지는 때가 한두 번이 아니다. 이 소설 화자話者의 말대로 이 인용문에는 "대체 무엇이 잇는고?"라고 묻고 싶은 심정이다.

루-카쓰는 궁전 앞 주초(柱礎)의 우에 그네를 위하야 조고마한 옥좌를 납색(蠟色)의 대리석으로 건축하얏다. 그네는 황금의 예장을 입고 자색의 구두를 신고 옥좌에 몸 기대인 것이다. 그리고 그네의 움지기지도 아니하는 이마 우에서는 굉장히 큰 홍옥이 피가튼 광채를 흘니고 잇섯다. 그네의 주위에는 자수(刺繡)한 의복과 은제(銀製)의 의장(衣裝)가튼 것의 금속성적 광휘, 보석 장식의 찬광(燦光), 찬옥보석(瓚玉寶石)을 잔득 박은 왕관의 섬화(閃華), 유약을 색린 기구류(器具類), 귀금속으로 치장한 황금의 의자 자색의 모

전(毛氈) 가튼 것의 서광(曙光)이 번적어리엿다.(92면)

위 인용문에서 전반부는 한자어를 많이 사용하고 있지만 의미를 이해하는 데는 큰 어려움이 없다. 그러나 후반부에 이러서는 한자어를 많이 구사할 뿐만 아니라 통사론적 측면에서도 여간 복잡하지 않아서 그 의미를 헤아리기가 그렇게 쉽지 않다. 마지막 문장의 구조는 "그네의 주위에는 (…중략…) 서광이 번적어리엿다"로 간추릴 수 있다. 장소를 가리키는 부사구 다음 세 행에 이르는 긴 구절은 하나같이 주어 '서광'을 꾸며주는 수식어일 뿐이다. 수식어를 달리 처리하거나 긴 문장을 두 개로 나누어 번역했더라면 독자들은 훨씬 쉽게 이해할 수 있을 것이다. 경문체는 주로 한자어를 많이 구사하는 문장을 말하지만 이렇게 문장 구조가 복잡하여 의미를 알아차리기 어려운 문장도 넓은 의미에서 경문체로 볼 수 있다. 이밖에도 양주동이 김진섭의 번역에서 문제 삼을 법한 경문체는 다음과 같다.

① 그리고 低身의 軆로 가만이 싸저나왓다.(88면)

② 그러자 곳 그의 作爲를 期待리고 歡呼하고 잇는 群衆의 一塊가 그의 뒤를 싸랏다.(89면)

③ 그의 압흐로 나온 밋입술은 썰고 그의 손은 玉坐의 脇息에서 痙攣하얏다.(94면)

④ 그는 벌서 문전에 잇는 자기를 발견하얏다.(95면)

⑤ "止!" 웃편에 絶望한 月光을 밧고 길이 山 뒤에 사라지고 잇섯다. 그러나 그곳에는 通過하여야 할 一列의 危險, 解放됨을 바라고 잇는 一列의 美,

降服하기를 願하고 잇는, 一列의 偉大가 熱病에나 걸닌 것처럼, 그대로 急히 지나가는 것이엿다.(88면)

①과 ②의 두 문장은 두세 번 읽으면 그런대로 의미를 파악할 수 있다. 다만 "군중의 일괴"에서 '일괴'라는 일본어 표현이 걸리지만 한 덩어리ひとかたまり의 뜻으로 미루어 짐작할 수 있다. ③은 아무리 여러 번 읽어도 좀처럼 이해가 가지 않는다. 그도 그럴 것이 '협식脇息'은 일본어에서 주로 사용하는 한자여서 일본어 사전을 찾아야만 겨우 그 뜻을 헤아릴 수 있기 때문이다. 앉아서 팔꿈치를 괴고 몸을 기대는 사방침에서 그의 손이 경련을 일으켰다는 뜻이다.

또한 ④는 일본어 표현이 아니라 로망스어 계통의 언어에서 유래한 표현이다. 가령 프랑스에서 'se trouver = find oneself'는 '자신을 발견한다'는 뜻이 아니라 존재나 상태를 가리키는 'être' 동사와 같은 표현이다. 그런데 이 표현이 영어에 들어와 널리 쓰이면서 영어를 번역하는 사람들이 '~하는 자신을 발견한다'고 잘못 옮겨 왔다. 그래서 최근 번역에서는 물론이고 심지어 영어에 익숙한 젊은 세대의 일상대화에서도 '~하는 자신을 발견한다'는 표현을 쉽게 들을 수 있다.

그런가 하면 ⑤는 이런 저런 사정으로 미처 넣지 못한 쉼표를 괄호 안에 보충에 넣었지만 여전히 의미를 헤아리기 어렵기는 마찬가지다. 첫 문장은 그렇다 치더라도 두 번째 문장에서는 주어와 동사가 제대로 호응이 되지 않는다. "일렬의 위험", "일렬의 미", "일련의 위대"라는 표현이 쉽게 이해되지 않는다. "항복하기를 원하고 잇는, 일렬의 위대가 열병에나 걸닌 것처럼"이라는 수사적 표현도 지나치게 시적이어서 그 의미가 금방 피부에 와 닿지 않는다. 이렇듯 양주동이 말하는 경문체 문장은 김진섭의 번역 곳곳에서 쉽게 찾아볼 수 있다.

양주동은 이하윤과 김진섭에 이어 이번에는 불문학을 전공하는 손우성을 경문체로 번역하는 대표적인 번역자로 꼽았다. '려재비' 또는 '로코코'라는 필명으로 활약한 손우성은 아나톨 프랑스의 단편소설 「크랭크비이으」를 번역하면서 양주동이 말하는 '논문체의 경문'을 즐겨 사용하였다. 예를 들어 손우성은 '흡연洽然'을 비롯한 '연然이나', '석시昔時', '필경畢竟', '자연自然' 같은 접속사나 부사마저 한자어로 썼다. 그가 만약 각각 '매우 흡족한 듯이', '그러나', '옛적', '마침내', '자연히' 등으로 토착 한국어 부사를 사용했더라면 독자들은 아마 그 뜻을 훨씬 쉽게 이해할 수 있을 것이다. 또한 손우성은 '주정군酒酊軍'이니 '여전如前히'처럼 굳이 한자어를 사용할 필요 없는 경우에도 한자어로 표기하였다. 그런가 하면 그는 이하윤처럼 "조서調書 쓰기에는 속速하엿다"(55면)니 "회욕悔辱을 감感하여"(71면)니 하는 문장처럼 한자어 동사를 자주 사용하기도 하였다.

그러나 이보다 훨씬 심각한 문제는 손우성이 프랑스문학 작품을 한국어로 번역하면서 일본어식 한자어를 무분별하게 사용한다는 점이다. 이미 앞에서 번역의 '가짜 친구'를 언급했듯이 같은 한자어라고 하여도 일본과 한국, 중국에서 사용하는 의미가 저마다 다를 수 있기 때문에 번역자는 한자를 사용할 때는 무척 세심한 주의를 기울여야 한다.

> 叛逆보다도 絶望을 表現하는 이 말에 六十四號 警官은 侮辱을 바덧다고 생각하엿다. 그리고 그의게는 모든 悔辱이란 필연적으로 傳統的, 規範的, 聖化한

> 典禮的의 말하자면 禮拜 形式的의 '染病할 쇠색기'(Mort aux vathes 巡査를 욕할 쎄 쓰는 隱語)라는 形式을 입게 되는 故로 이 형식을 바더 自然 그는 이 違犯者의 말을 알어듯고 固定식혓다.(57면)

비교적 짧은 위 인용문에서 손우성은 '필연적'·'전통적'·'전례적'·'형식적' 등 접미사 '적'을 무려 네 번에 걸쳐 반복하여 사용하였다. 앞장에서 이미 지적했듯이 엄밀히 말해서 접미사 '~的(데키)'는 원래 일본어에서 사용하던 접미사가 아니라 영어 접미사 '-ic'이나 '-tic' 또는 '-tik'을 번역하여 쓰는 일종의 조어다. 어찌 되었든 위 인용문에서 손우성은 일본어식 접미사 '적'을 지나치게 많이 사용할 뿐만 아니라 이 표현을 유기적으로 서로 연결하여 사용하지도 않았다. 이렇게 형용사를 무분별하게 나열해 놓기 때문에 독자들이 이 문장의 의미를 이해하기란 무척 어렵다. 빗대어 말하자면 염주 알이 줄에서 빠져 흩어져 있는 듯한 느낌이 든다.

더구나 위 인용문에서 "은어라는 형식을 (…중략…) 고정식혓다"라는 마지막 구절도 양주동한테서 "역문체가 자못 낡다"는 비판을 받기에 충분하다. '형식을 입다'니 '형식을 받다'니 하는 표현도 낯설다. 부사 '자연'은 '자연히'로 사용하는 것이 더 좋을 것이다. "이 위범자의 말을 알어듯고 고정식혓다"라는 말이 도대체 무슨 뜻인지 알 수 없다. 무엇을 고정시켰다는 것일까? 방금 앞에서 '목표 독자 친화적'이라는 용어를 사용했지만 이 문장을 읽고 있노라면 번역자는 독자를 별로 안중에 두고 있는 것 같지 않다.

이렇듯 양주동은 번역자가 어려운 한자어를 사용하는 태도에 경계의 고삐를 늦추지 않았다. 그는 "소설과 희곡 같은 데는 소위 연문체軟文體를 취하여, 역어譯語 같은 데에도 될수록 경삽硬澁한 한자나 한어의 관용고사구慣用古事句 같은 것을 쓰지 않아야 할 것이다"[22]라고 잘라 말하였다. 어찌 보면 그가 이렇게 난해한 한자나 한어로 된 관용 어구를 사용하지 말 것을 권하는 것은 자기모순일지도 모른다. 양주동 자신도 어느 문인이나 학자보다는 한자어를 즐겨 사용했기 때문이다. 이 점과 관련하여 그는 「한자 문제」라는 글에서 "아닌 게 아니라, 내 글에는 한자어가 많고 벽자僻字조차 수두룩함이 사실이다. 어려서 한학 공부를 했기 때문에 일상 용어에 한자어를 남보다 더 많이 쓰는 버릇이 있으니, 문장이 또 그럴 것은 어쩔 수 없다"[23]고 술회한 적이 있다. 그러나 여기서 그가 난해한 한자어를 피하자고 주장하는 것은 어디까지나 번역어와 관련하여 말하고 있다는 점을 염두에 두어야 할 것이다.

그런데 여기서 한 가지 짚고 넘어가야 할 것은 양주동이 편협한 민족주의자이기 때문에 자국어를 옹호하고 있는 것이 아니라는 점이다. 그는 "나는 결코 국수적 보수론을 일삼음이 아니다"[24]라고 잘라 말하였다. 그가 이렇게 모국어를 사용할 것은 주장하는 것은 언어 속에 민족의 얼과 혼이 들어 있기 때문이다. 주권을 빼앗긴 상황에서 언어마저 빼앗기면 한민족에게는 아무런 희망이 없다. 그리하여 양주동은 번역자들이나 문학가들은 말할 것도 없고 일간신문이나 잡지에 종사는 언론인들이 자국어를 망각하고 외국어를 사용하는 태도를 두고 그는 "망국무골민亡國無骨民들의 무식몽매한 수작"이라고 날카롭게 비판하였다. 한마디로 자국어를

22 『양주동 전집』 11, 214면.
23 『양주동 전집』 4, 272면.
24 『양주동 전집』 11, 215면.

버리고 외국어를 사용하는 것은 "만만부가萬萬不可하다"고 결론 지었다.

여기서 양주동이 외국문학연구회 회원들의 번역을 두고 "우리가 읽기에도 서투른 감을 받거니와 우리글을 존중하는 의미로 보든지 또는 민중적 여부의 점으로 보든지 불가한 일이다"는 문장을 다시 한 번 음미해 보는 것이 좋을 것이다. 그는 어느 누구보다도 손우성을 염두에 두고 이 말을 하는 것 같다. 양주동 같은 수준 높은 독자라고 할 '우리'들이 읽기에도 힘들다면 일반 독자들은 두말할 나위 없다. 또 손우성의 서툰 번역투 문장은 국한문 혼용체 문장에서 갓 벗어나 막 걸음마 단계에 있는 언문일치 문장에 역행하는 결과를 낳을 수도 있다. '구문체歐文體' 또는 '서양체西洋體'라고 할 그의 번역체 문체는 또 다른 형태의 국한문 혼용체로 볼 수 있기 때문이다.

외국문학연구회 회원 중에서 번역 문체와 관련하여 양주동한테서 비교적 높은 점수를 받은 사람은 정인섭이었다. 여기서 양주동이 『해외문학』에 관한 글에서 "역문의 공졸은 막론하고 우선 정인섭 씨의 역이 정곡을 얻은 것 외에는 거의 다 그러한 결함이 있고……"라고 언급한 점을 떠올리는 것이 좋을 듯하다. 이하윤을 비롯하여 김진섭과 손우성의 번역 문체를 비판하면서도 유독 정인섭의 번역 문체는 크게 문제 삼지 않았다. 문제 삼기는커녕 오히려 정곡을 얻었다고 칭찬하였다. 양주동과 정인섭이 와세다대학에서 영문학을 전공한 선후배 관계인 탓에 그렇게 후한 평가를 내렸다고는 볼 수 없을 것이다.

그러나 양주동의 평가대로 정인섭이 과연 번역 문체에서 정곡을 얻고 있는가 하는 점은 여전히 의문으로 남는다. 외국문학연구회의 다른 회원들과 비교하여 정인섭의 글에는 일본어식 표현이나 외래어와 외국어를 유난히 눈에 띈다는 점은 이미 앞 장에서 지적하였다. 그러한 특징은 번역 작품보다는 연구 논문을 비롯한 글에서 더욱 두드러지게 나타난다. 물론 정인섭이 번역한 문학 작품에 국한시켜 말한다면 연구회의 다른 회원들과 비교하여 문체가 평이하여 쉽게 읽히는 것은 부정할 수 없는 사실이다.

양주동이 정인섭을 칭찬한 이유 중 하나는 아마 그가 번역한 에드거 앨런 포의 「적사赤死의 가면」의 본문에 한자어가 하나도 나오지 않기 때문일 것이다. 자칫 혼란을 줄 우려가 있거나 강조하고 싶은 경우처럼 한자어가 꼭 필요한 때는 한국어나 외래어를 먼저 표기하고 괄호 안에 한자어를 삽입하는 형식을 취하였다. 예를 들어 '빗장門', '츰입자闖入者', '화신化身', '즉흥시인卽興詩人', '진자振子', '의장意匠', '장구裝具', '비쓰타通景' 등이 그러하다.

심지어 정인섭은 작품 제목 "The Masque of the Read Death"를 번역하면서 한국어 제목에서는 '적사赤死'라고 표기하면서도 작품 안에서는 '붉은 죽음'이라는 토박이 한글로 풀어서 번역하려고 애썼다. 그러나 "'프로쓰페로' 공은 (…중략…) 그 사람들과 함께 성갓치 싸아둔 자긔의 크다란 절 속으로 깁 몸을 감초앗다"(45면)에서 '절'은 아무래도 지나친 '자국화自國化 번역'이라고 아니할 수 없다.[25] 원문 "one of his castel-

25 독일의 성서 해석학자 프리드리히 슐라이마이허는 「서로 다른 번역 방법에 대하여」에서 "번역가는 될 수 있는 대로 저자를 제자리에 두고 독자를 저자에게 접근시키든가, 아니면 독자를 제자리에 두고 저자를 독자에게 접근시킨다. 이 두 가지 방법은 서로 완전히 다르기 때문에 그중 한 가지를 엄격하게 따라야 한다"고 말하였다. 여기서 전자의 번역 방식을 '이국화異國化foreignization'라고 부르고, 후자의 번역 방식을 '자국화(自國化, domestication)'라고 부른다. Friedrich Schleimacher, "On the Different Methods of Translations", Rainer Schute and John Biguenet ed., *Theories of Translations : An*

lated abbeys"를 좀 더 충실히 옮긴다면 '절'보다는 '성곽 같은 수도원 중 하나'가 될 것이다. 기독교 문화권의 '수도원'은 동양 문화권의 불교 사찰인 '절'과는 아무래도 함축적 의미에서 차이가 날 수밖에 없다.[26] 어찌 되었든 정인섭은 뒷날 영문학뿐만 아니라 한글 운동에도 깊이 관여하였다.

양주동의 축역 비판

양주동은 외국문학연구회 회원들이 번역 문체에서 지나치게 경문체를 구사한다는 비판에 이어 이번에는 번역 방식을 문제 삼았다. 그는 번역의 문체를 언급할 때는 주로 소설 같은 산문에 한정 지어 말했지만, 번역 방법을 언급하면서는 주로 시를 비롯한 운문에 한정 지어 말하였다. 양주동은 『동아일보』에 기고한 위 논문에서 외국문학연구회 회원들의 번역 방식을 번역 문체보다 훨씬 더 신랄하게 비판하였다.

> 다음에 시(詩)의 번역인데 이것은 소설보다도 더한층 난사(難事)임으로 특히 그 졸(拙)함을 책(責)하는 것은 미안한 말이나 하여간 졸역(拙譯)인 것은 사실이다. 제씨(諸氏)의 역법(譯法)을 보건댄 대부분이 직역(直譯)인데 이 축자적(逐字的) 직역(直譯)이 까딱하면 도리어 본의 아닌 오역(誤譯)으로 독자에게 느껴진다.[27]

Anthology of Essays from Dryden to Derrida, Chicago : University of Chicago Press, 1992, p. 42.

26 정인섭은 서양의 수도원을 '절'로 번역한 데는 일본의 저명한 셰익스피어 번역가 쓰보우치 쇼요(坪内逍遥)의 영향을 받은 듯하다. 쓰보우치는 셰익스피어를 번역하면서 왕, 왕비, 왕자 같은 서양의 명칭을 동양의 명칭으로 바꾸었다.

27 『양주동 전집』 11, 189~190면.

양주동은 먼저 엄격한 운율의 제약을 받아야 하는 시를 번역하는 일은 소설 같은 산문을 번역하는 일보다 훨씬 어려운 작업이라고 솔직히 인정하였다. 그렇기 때문에 시의 번역을 두고 잘못되었다고 꾸짖는 것이 여간 "미안한" 일이 아니라고 먼저 운을 떼었다. 그러면서도 양주동은 번역이 어렵다고 하여 함부로 할 수 있는 것은 아니라고 지적하였다. 다시 말해서 번역의 난이難易 문제와 공졸工拙의 문제는 별개라는 논리를 펴면서 외국문학연구회와 그 기관지 『해외문학』에 두 번째 포문을 활짝 열어젖혔다.

양주동은 위 인용문에서 '직역' 또는 '축자적 직역'이라는 용어를 사용한다는 점에 주목할 필요가 있다. 그는 원천 텍스트를 충실하게 번역하는 방법을 '직역'이라고 일컫지만, 앞장에서 언급했듯이 좀 더 엄밀한 의미에서 '직역'은 원천 텍스트에서 직접 번역하는 방법을 말한다. 다시 말해서 원천 텍스트를 다른 외국어로 번역해 놓은 것을 다시 목표 텍스트로 번역하는 중역重譯과 반대되는 용어다. 이 중역에는 외국어 번역을 한 번 거치는 '이중 중역'이나 두 번 거치는 '삼중 번역' 방식도 들어감은 두말할 나위가 없다.

한편 '축자역逐字譯'이나 그 용어를 줄인 '축역逐譯'은 '의역意譯'이나 '자유역自由譯'의 반대말이다. 원천 텍스트를 비교적 자유롭게 번역하는 방식이 의역이나 자유역이라면, 축자역이란 글자 그대로 어휘 하나 자구 하나에 얽매어 충실하게 번역하는 방식을 말한다. 용어의 혼란을 피하기 위하여 '직역'이라는 용어는 '중역'의 반대말로 사용하고, '축역'이라는 용어는 의역이나 자유역의 반대말로 사용하는 쪽이 옳다. 양주동이 말하는 '축자적 직역'은 자칫 다른 의미로 받아들일 여지가 있기 때문이다. 즉 원천 텍스트에서 직접 번역하되 의역 방식이 아닌 축역 방식을 채택했다는 뜻으로 받아들일 수 있다. 의역을 채택할 것이냐, 축역을 채택할 것이냐 하는 번역 방식을 둘러싼 문제는 동양에서나 서양에서나 번역의 역사와 거의 때를 같이한다. 어떤 의미에서 번역의 역사는 곧 이 두 번역 방식과 관련한 논의의 역사라고 하여도 크게 틀리지 않다.

양주동은 번역 방식에서 기본적으로 축역이나 축자역보다는 의역이나 자유역을 선호하였다. 특히 산문으로 된 소설이 아니라 운문으로 된 시를 번역하는 경우에는 더더욱 의역할 필요가 있다고 주장하였다. 그의 지적대로 외국어로 쓴 시 작품을 원천 언어에 충실하게 축자적으로 번역하다 보면 자칫 "본의 아니게 오역으로" 간주될 수 있기 때문이다. 「문단여시아관」 중 '번역 문제에 관하여'라는 항목에서 양주동은 축역과 의역을 두고 "원문 일자일구一字一句에 충실한 묘사를 힘쓰는 것을 직역체直譯體라 하고, 그와 반대로 원문의 대체를 파악하여 자국어에 맞도록 역자가 다소간 자유롭게 역풍譯風을 취하는 것을 의역意譯이라 하는 것이다"[28]라고 밝혔다. 서구의 번역 이론에서도 '어휘 대 어휘'로 한 자구에 얽매어 원문에 충실히 옮기는 것을 축역이라고 부르는 한편, 자구에 얽매이지 않고 원문의 뜻만 옮기는 것을 의역이나 자유역이라고 부른다. 그러므로 양주동은 대체로 서구 번역 이론에 따라 축역과 의역, 축자역과 자유역을 정의 내리고 있는 셈이다. 이렇게 1920년대 말엽에 서구의 번역 이론을 이미 호흡하고 있던 양주동은 한국의 동시대 번역자들보다 몇십 년 앞서 있었다고 할 수 있다.

28 위의 책, 212면.

양주동은 어떤 문학 장르에 속한 작품을 번역하느냐에 따라 축역 방식을 사용하는 것이 좋을 수도 있고 의역 방식을 사용하는 것이 좋을 수도 있다고 지적하였다. 즉 소설 같은 산문 작품을 번역할 때는 축역을 하여도 크게 문제가 되지 않지만 운문을 사용하는 시를 번역할 때는 의역을 해야 한다고 주장하였다. 시에서는 산문과는 달라서 내용뿐만 아니라 형식, 즉 운율이나 어조 따위도 함께 고려해야 하기 때문이다.

> 하여간 축자역(逐字譯)을 하려면 일자일획(一字一劃)을 주도(周到)히 역출(譯出)하여야 할 터이니 이는 거의 불가능한 문제이다. 그보다는 차라리 전체의 시상(詩想)과 시태시어(詩態詩語)를 소화하여 의역(意譯)을 취하는 편이 처음 역시(譯詩)를 시험하는 이의 간편한 길이 아닌가 한다. 더구나 그 전체의 기분과 운율적 해조(諧調)를 본뜨려면 아무래도 역자의 자유로운 의역을 허(許)하지 않을 수가 없다. 오역(誤譯) 없는 한에서 원작을 허물내지 않는 한에서 자유로운 의역을 시험하기 바란다.[29]

물론 양주동은 시 작품을 번역할 때 자유롭게 의역을 하되 "원작을 허물내지 않는 한에서"라는 단서를 붙였다. 자유롭게 의역하면서 원천 텍스트에 충실하다는 것은 모든 번역자가 추구하는 이상일 뿐 어쩌면 현실적으로는 거의 불가능한 일일지도 모른다. 축역과 의역은 마치 물과 불과 같아서 서로 상충할 때가 있기 때문이다. 원천 텍스트의 한 어휘 하나하나, 한 어구 하나하나를 있는 그대로 충실하게 번역하다 보면 목표

29 위의 책, 190면.

언어의 독자들에게 의미가 제대로 전달되지 않을 수도 있다. 이와는 반대로 원천 텍스트를 자유롭게 의역하다 보면 "원작을 허물내지" 않을 수 없게 마련이다.

흥미롭게도 번역 방법에 관한 양주동의 태도는 그로부터 몇 달에 집필한 또 다른 글에서는 조금 달라졌다. 『동아일보』에 기고한 글에서는 의역을 선호한다고 밝혔지만, 외국문학연구회 회원들한테서 비판을 받은 뒤 그는 『신민』에 기고한 「문단여시아관」에서는 의역보다는 축역 방식을 더 존중한다고 밝혔다.

> 나는 근본적으로 번역(飜譯)에 있어서 직역체(直譯體)를 더 존중코자 한다. 왜 그러냐 하면, 범상한 역자(譯者)로서 함부로 의역(意譯)을 취한다면 그것은 너무나 원작과 상이한 것이 되기 쉬운 까닭이다. 적어도 필자는 번역적 양심에 있어서, 원작의 한 자(字) 한 구(句)를 소홀히 하지 않는 주도면밀한 용의(用意)가 있어야 할 것이다. 또 외국류의 표현법과 원작의 기분을 알기 위하여서는, 직역체의 문(文)이 여하(如何)히 필요한지 모른다. 그러나 여기는 한 가지 위험이 상반(相反)한다. 즉, 직역체의 문(文)이 흔히 역문(譯文)으로서 실패되기 쉽다는 것이다.[30]

위 인용문만 보면 양주동은 몇 달 전에 내세웠던 의역을 선호하는 태도를 완전히 바꾸어 그가 말하는 '축자역적 직역'을 주장하는 것 같다. 그러나 이 인용문과 뒤에 나오는 문장을 좀 더 면밀히 읽어 보면 그는

30 위의 책, 211~112면.

여전히 의역을 선호하고 있음을 알 수 있다. 위 인용문에서 '근본적으로'라는 부사를 주목해야 하는 까닭이 바로 여기에 있다. 아니나 다를까 양주동은 이러한 주장을 펴면서 맨 마지막에 문장에서 "직역체의 문이 흔히 역문으로서 실패되기 쉽다"는 중요한 단서를 덧붙였다. 그 까닭은 축역을 하다 보면 자국어로 옮긴 번역문이 졸문이 되기 쉽기 때문이다. 그렇다면 양주동은 위 인용문에서 여전히 의역을 선호하되 '범상한' 번역자가 "함부로 의역을 취하는" 관행을 경고할 따름이다.

양주동이 축역보다는 여전히 의역을 선호하고 있다는 것은 이광수가 윌리엄 셰익스피어의 『줄리어스 시저』와 두보杜甫의 시를 번역한 것을 두고 언급하는 대목에서도 엿볼 수 있다. 그는 이광수가 "순연한 직역을 취하면서도" 명역名譯을 했다고 평가하였다. 양주동은 계속하여 "역문으로서 비문非文인 직역문은 오히려 의역만도 못하다. 그러나 너무나 원작과 거리가 먼 의역은, 번역적 가치가 자못 의문이다. 그러하니 요要는 역자譯者 스스로가 자가自家의 번역적 천분天分과 자국문에 대한 조례[예]를 고려하여서, 직역체와 의역체를 서로 참작함에 있다"[31]고 지적하였다. 한마디로 양주동은 축자역과 의역 사이에서 일종의 절충주의적 입장을 취하면서도 여전히 "번역은 폐일언蔽一言하고 자국어와 혼연이 일치되는 것으로써 이상경理想境을 삼는다"[32]고 잘라 말하였다.

그런데 양주동은 의역을 하지 않고 축자적으로 직역하여 '본의 아닌 오역'과 더불어 졸역을 범한 외국문학연구회의 대표적인 번역자로 또다시 이하윤을 실례로 들었다. 이하윤은 프랑스 소설가 아나톨 프랑스

31 위의 책, 213면.
32 위의 책, 213면.

의 작품을 번역했듯이 이번에는 프랑스의 상징주의 시인 폴 베를렌의 시를 번역하였다. 양주동은 직역이 지나쳐 자칫 '본의 아닌 오역'으로 받아들여질 수 있는 실례로 이하윤이 번역한 폴 베를렌의 「가을노래」를 들었다. 양주동은 "일례一例를 들자면 Y[V]erlaine의 「가을노래」의 역譯은 그 제일연第一聯이 원작과는 의미가 달라졌다"[33]고 지적하였다. 그러면서 그는 이하윤이 원천 텍스트의 한 어휘를 누락시키고 번역하여 오역하는 결과를 초래했다고 지적하였다. 양주동은 "역시"譯詩로는 '비올롱'이 제가슴을 괴롭힌다는 듯이 되었지만은 이것은 잘못이니 대개 Blessent mon coeur의 mon 한 자字를 빠뜨린 연고이다"[34]라고 주장하였다. 그의 주장대로 이하윤이 과연 한 어휘를 누락시키고 번역했는지, 그래서 원문을 오역하는 결과를 낳았는지 알기 위해서는 원문의 첫 연을 좀 더 찬찬히 살펴보는 것이 좋을 것 같다.

Les sanglots longs
Des violons
De l'automne
Blessent mon cœur
D'une langueur
Monotone.

이하윤은 「가을노래」의 이 유명한 첫 연을 행수까지 원문 그대로 살

33 위의 책, 190면.
34 위의 책, 190면.

려 이렇게 번역하였다.

가을날
삐오롱의
기―ㄴ 울음은
單調러운
애닯흠에
가삼을 괴롭히노나. (110면)

양주동의 지적대로 이하윤은 "내 가삼을 괴롭히노라"라고 번역하지 않고 그냥 "가삼을 괴롭히노라"고 번역하였다. 그러나 이하윤의 번역을 꼼꼼히 살펴보면 실수로 시적 화자 '나'를 누락시킨 것이 아니라 일부러 '나'를 생략하여 번역했음을 알 수 있다. 만약 그가 "내 가삼(가슴)을……"이라고 번역했더라면 오히려 시적 긴장이 줄어들었을 것이다. 한국어 어법에서는 주어나 소유격 대명사를 생략하는 경우가 많고, 그렇게 생략하는 것이 오히려 자연스러울 때가 많다. 예를 들어 한 남성이 여성에게 "나는 너를 사랑해!"라고 말하면 오히려 놀리는 것으로 생각할 것이다. "사랑해!"라는 한 마디 말로 충분하다. 또 "그대만 생각하면 가슴이 뛰어요"가 옳은 어법이지 "내가 그대만 생각하면 내 가슴이 뛰어요"라고 하면 어딘지 모르게 번역투 냄새가 짙게 풍긴다. 이하윤이 이렇게 1인칭 시적 화자를 일부러 생략하고 번역했다는 것은 「가을노래」의 제2연을 보아도 알 수 있다.

鍾소래 들닐 째
가삼은 질니고
희프른 낫빗헤
울음을 운다
지나간 날의
녯記憶 새로워 (110~111면)

Tout suffocant
Et blême, quand
Sonne l'heure,
Je me souviens
Des jours anciens
Et je pleure.

베를렌은 제1연에서는 1인칭 소유격 대명사 'mon'을 사용했지만 제2연에서는 1인칭 주격 대명사 'je'를 두 번이나 사용하였다. 그런데도 이하윤은 '나'라는 대명사를 모두 생략함으로써 시적 효과를 높이려고 하였다. 그가 한 글자를 빼놓은 것이 양주동에게는 '본의 아닌 오역'으로 보일 수 있을 터이지만, 좀 더 찬찬히 뜯어보면 오히려 음악적 효과를 낳았다는 이점이 있다. 특히 제1연에서 그는 첫 행의 "가을날", 셋째 행의 "기—ㄴ", 그리고 마지막 행의 "가삼을"에서 첫 행에 두음법을 살려 옮겼다. 또한 제1연에서는 한 행에 오직 한두 낱말만을 사용하고 있어 마지막 행에서 만약 "내 가삼을 괴롭히노라"라고 옮겼더라면 자칫 호흡이 맞지 않을 수도 있다.

또 양주동은 이하윤이 번역한 베를렌의 또 다른 작품 「내 가삼 속에는 눈물이 퍼붓네」에서도 오역을 범하고 있다고 지적하였다. 이 점과 관련하여 양주동은 "이하윤 씨 역시譯詩는 직역인데도 불구하고 군데군데 오역이 있으니 그 일례一例를 들자 하면 'Il poeure' 운운云云의 시詩 제3연에서 'trahiron'을 '역정逆精'이라고 한 것"[35]이라고 밝혔다. 이하윤은 이 제3연을 "시달닌 이 마음속에 / 까닭업시 눈물 흘은다. / 그는 역정逆情도 아닌데 / 이 애상哀傷은 까닭이 업고나"(112면)로 옮겼다. 그런데 양주동은 이 '역정'이라는 번역이 오역이라고 지적하는 것이다.

그러나 원천 텍스트의 "Quoi! nulle trahison?"에서 마지막 어휘는 '배신'이나 '반역'을 뜻한다. 이하윤은 이 '역정'이라는 어휘를 몹시 언짢거나 못마땅하여 내는 성이나 노여움이라는 일차적 의미 말고도 사랑을 배신했다는 뜻으로 사용한 것으로 볼 수도 있다. 이 무렵 시인으로 활약하던 이하윤으로서는 고심하여 시어를 선택했을 것이다. 그러나 흥미롭게도 이하윤 자신은 막상 이 말이 어디까지나 오식에 지나지 않는다고 지적하면서 양주동의 주장을 일축하였다.[36] 그러나 이하윤은 이 말이 어떤 어휘의 오식인지는 분명하게 밝히지 않았다. 활자공이 '반역反逆'이나 '배역背逆'이라는 말 대신에 이렇게 오식할 가능성은 별로 없다. 영어 번역본에서는 이 구절을 흔히 "What! No betrayal?"로 번역하였다. 한국어로는 "뭐, 배신당하지 않았냐고?" 정도로 옮길 수 있을 것이다.

35 『양주동 전집』 11, 190면. 『동아일보』에 실린 글과 『양주동 전집』 11에는 'trahison'이 'trahiron'으로, '逆情'이 '逆精'으로 잘못 표기되어 있어 오히려 양주동의 주장에 신빙성이 떨어진다.

36 이하윤, 「'해외문학' 독자 양주동 씨에게 2」, 『동아일보』, 1927.3.20.

그런가 하면 양주동은 이번에는 이하윤이 베를렌의 또 다른 작품 「흰 달」에서 "또 바람은 울고……"로 번역한 구절을 오역으로 간주하기도 하였다. 이 구절에 들어 있는 원문 시의 제3연은 "L'étang reflète, / Profond miroir, / La silhouette / Du saule noir / Où le vent pleure……"로 되어 있다. 이하윤은 "못물은 반사反射한다. / 깁흔 거울도 가치 / 식검은 버들의 / 실우에트를 / 또 바람은 울고……"(113)로 옮겼다. 양주동의 지적과는 달리 이 마지막 구절은 아무래도 오역으로 보기 어렵다. 이 구절을 어떻게 달리 의역할 수 있을지 의문이 들기 때문이다. 양주동이 이 구절을 오역으로 간주하는 것은 어쩌면 버드나무를 수식해 주는 관계 부사절을 '또'라는 접속사를 사용하여 순차적으로 번역했기 때문일지 모른다. 양주동 같았으면 이 구절을 아마 "바람이 울부짖는 / 검은 버드나무 가지……"로 번역했을지도 모른다.

양주동이 직역의 또 다른 예로 들고 있는 작품은 손우성이 번역한 알프레드 드 뮈세의 「추억」이다. 그는 "려재비驢再鼻 씨의 역譯인 Musset 'Souvenir'를 원작과 대조하여 보고 그 역문譯文이 놀랍게도 직역인 것에 탄복하였거니와 그렇듯이 원작에 충실하였음에 불구하고 역시譯詩로서 독자에게 주는 감명이 거의 없는 것은 어떤 까닭일까"[37]라고 언급하였다. 앞 장에서도 언급했듯이 실제로 손우성의 번역은 이하윤이나 김진섭의 번역과 비교해 볼 때 직역의 수준이 훨씬 심각한 것은 사실이다. 뮈세의 작품은 비교적 길이가 길지만 그중에서 처음 두 연만 비교해 보아도 번역의 수준을 대충 짐작할 수 있다.

37 『양주동 전집』 11, 190면.

J'espérais bien pleurer, mais je croyais souffrir
En osant te revoir, place à jamais sacrée,
O la plus chère tombe et la plus ignorée
    Où dorme un souvenir!

Que redoutiez-vous donc de cette solitude,
Et pourquoi, mes amis, me preniez-vous la main,
Alors qu'une si douce et si vieille habitude
    Me montrait ce chemin?

이번에는 손우성이 이 작품을 어떻게 한국어로 옮겼는지 살펴보기로 하자.

너를 또 볼야 하며 永遠히 神聖한 山川이여
나는 울가 하엿다. 그보다 懊惱할 것 갓다.
오—가장 親近하고도 가장 忘却된
    追憶이 자고 잇는 墓地여!

이곳의 寂寞에 동모여 무엇을 근심하나
무어라고 자내는 내 손을 잡고 잇나?
이만치 情답고 오래 되여온 習慣이
    내게 이 길을 갈처 주는데? (130면)

뮈세의 「추억」은 흔히 낭만주의 문학의 걸작으로 꼽히는 작품이다. 조르주 상드와 헤어지고 7년이 지난 뒤 우연히 그녀의 추억이 깃든 퐁텐블로 숲을 지나다가 창작한 작품으로 알려져 있다. 그런데 첫 연에서 손우성은 "영원히 신성한 산천이여"라는 돈호법을 문장 첫 머리나 끄트머리에 두지 않고 문장 한중간에 사용함으로써 독자들에게 적잖이 혼란을 불러일으킨다. 그냥 '장소'라고 하면 될 것을 굳이 고향이나 자연이라는 함축적 의미가 강한 '산천'으로 번역한 것도 문제라면 문제가 될 수 있다. 여기서 '장소'란 상드와 함께 다정하게 거닐던 숲을 가리킨다.

돈호법이나 '산천'은 접어두고라도 "너를 또 볼야 하며 (…중략…) 나는 울가하엿다"는 구절도 무슨 뜻인지 선뜻 이해가 가지 않는다. "너를 보면 눈물이 흐를 것을 알면서도 나는 여기 왔노라"로 옮겨야 좀 더 원어의 의미에 가깝다. 첫 연을 원문에 충실하게 다시 번역한다면 "영원히 성스러운 장소여, / 괴로움을 각오했는데도 / 오, 더할 나위 없이 그립고 또한 더할 나위 없이 잊힌 무덤 / 회상이 잠들어 잇는 곳이여!" 정도가 될 것이다.

손우성의 번역은 제2연에 이르러 훨씬 더 심각하다. 첫 연과 마찬가지로 돈호법의 "동모여"를 문장 한가운데에 둔 나머지 의미나 리듬에서 흐름이 자연스럽지 못하게 되었다. "이곳의 적막에 무엇을 근심하나"가 아니라 "그대들은 왜 이 고독을 만류했는가?"로 옮겨야 원문에 더 맞다. 둘째 행도 "무어라고 자내(자네)는 내 손을 잡고 잇나?"보다는 "왜 자네는 내 손을 잡으며 만류했는가?"로 옮겨야 한다. 그리고 나머지 행도 "이만치 정답고 오래 되여온 습관이 / 내게 이 길을 갈처주는데?"보다는 "정겨운 오랜 습관이 이 길을 걸어가라고 / 나를 이끌어 주던 때에"로 번역하는 쪽이 훨씬 좋다.

또한 "오뇌할 것 갓다"는 원문의 내용과도 차이가 있지만 '오뇌'를 '괴로움'으로 번역했더라면 훨씬 이해하기 쉬웠을 것이다. 이러한 사정은 "내 손을 잡고 잇나?"도 마찬가지여서 좀 더 비유적 의미를 살려 "내 손을 잡으며 만류했는가?"로 옮기는 쪽이 더 적절하다. 물론 현재 시제가 아닌 과거 시제로 시제가 틀린 것도 바로잡아야 할 것이다. 어찌 보면 양주동이 손우성의 뮈세 번역시에 적잖이 실망한 것도 그렇게 무리는 아니다. 양주동이 왜 "역시로서 독자에게 주는 감명이 거의 없다"고 잘라 말하는지 어느 정도 이해가 간다.

양주동의 번역어 비판

양주동은 이번에는 『해외문학』에 실린 번역 작품에서 외국문학연구회 회원들이 사용하는 번역어를 문제 삼았다. 번역어 문제는 이미 앞에서 다룬 경문체/연문체와 관련한 문제나 축역/의역 문제와는 조금 성격이 다르다. "'아' 다르고 '어' 다르다"는 한국어 속담도 있지만 이 속담이 가장 가슴에 깊이 와 닿는 때는 문학 작품을 번역할 때다. 번역할 때는 똑같은 의미를 지닌 어휘나 구라도 어떤 것을 선택하여 사용하느냐에 따라 함축적 의미가 크게 달라지게 마련이다. 이 번역어 문제는 소설 같은 산문에도 해당하지만 특히 시에서 가장 문제가 된다. 양주동은 "시詩에는 가일층 아름답고 보드라운 시어를 요구하는 그만큼 조잡한 말이나 경삽硬澁한 말을 써서는 그것이 아무리 직역이라도 양역良譯이라고 할 수 없다"[38]고 잘라 말하는 까닭이 바로 여기에 있다.

이 번역어 문제와 관련하여 양주동은 한자어나 외래어보다는 민중의 숨결을 느낄 수 있는 토박이말을 속어를 구사하는 것을 권하였다. 물론 한자어라고 하여 모두 배격할 것은 아니다. 한국에서 쓰이는 한자를 흔히 '한국어의 한자'라고 부르고 중화권에서는 '조선한자朝鮮漢字'라고 부르듯이 한국어의 중요한 일부를 이루고 있기 때문이다. 기원전 108년 고조선이 한나라에 멸망당해 소위 한사군이 설치된 때부터 한자가 본격적으로 한반도에서 쓰이기 시작했으니 한국어뿐만 아니라 한국 문화에서 큰 영향을 행사해 온 셈이다. 국립국어원이 간행한 『표준국어대사전』에 실린 51만여 개의 낱말 중 한자어는 29만여 개로 무려 57퍼센트를 차지한다. 양주동은 번역에서 될수록 한자어보다는 토속적인 자국어의 사용하자고 주장한다. 같은 뜻이라고 하여도 한자어가 다분히 관념적이고 추상적이라면 토속어는 감각적이고 구체적이기 때문이다.

더구나 양주동은 번역자들이 외국어나 외래어를 남용하는 것을 경계하였다. 여기서 외국어에는 일본어가 포함되어 있음은 두말할 나위가 없다. 양주동은 번역자란 모름지기 어쩔 수 없는 경우를 제외하고는 될 수 있는 대로 자국어를 사용해야 한다고 지적하였다. 이 점과 관련하여 그는 "나는 될수록 외국어를 쓰지 않고 순우리말로 되는 것을 귀貴하다 한다. 그러나 외어外語라도 일반에게 통용되는 말, 더구나 외어 그대로가 아니면 도저히 원의原義를 전할 수 없는 그러한 말은 간혹 그대로를 써도 좋을 것이다"[39]라고 밝힌다. 그러면서도 양주동은 "자국어로도 충분히 표현할 수 있는 말이면, 구태여 번역에 있어서 외어를 습용할 필요가 없다"[40]고 털어놓는다. 외국어와 외국문학을 전공했으면서도, 아니 외국

38 『양주동 전집』 11, 190면.
39 『양주동 전집』 11, 214면.

어와 외국문학을 전공했기 때문에 양주동은 이렇게 모국어를 사랑할 수 있었다.

모국어에 해당하는 마땅한 어휘가 없어 어쩔 수 없이 외국어를 그냥 사용하는 경우로 와세다대학에서 러시아문학을 전공한 이선근이 번역한 알렉산드르 푸슈킨의 「악마」는 좋은 예로 꼽을 만하다. 이 작품을 번역하면서 이선근은 "저기 전前에 업든 '뻬르스타' 가치 / 그는 쪽바로 내 눈 압헤 서 잇다 / 그는 적은 별불갓치 반작어리고 / 어둠 속으로 사라저 간다"(116면)로 옮겼다. 이 '베르스타'에 대하여 그는 각주에서 "뻬르스타 — Верста — 일노리표一露里標이다. 영어에서 milestone이라고 하며, 일어로 '一標塚'이라고 역譯한다. 조선말에 적당한 말이 업기에 고유한 그대로 쓴 것이다. 아마 사근似近한 것은 '장승'일 것이다"(118면)라고 설명하였다. 이선근이 이렇게 굳이 한국 독자들에게 낯선 러시아 어휘를 그냥 사용한 것은 그의 말대로 한국어에 그에 상응하는 마땅한 어휘가 없기 때문이다. 한국어 '장승'과 가깝다고 했지만 장승과 '베르스타'는 엄밀한 의미에서 서로 다르다. 마을 어귀에 서 있는 장승이 주로 잡귀를 물리치는 구실을 한다면, 베르타는 어디까지나 거리를 표시하는 표석이나 이정표의 구실할 뿐이다. 이렇게 러시아 원어를 사용하는 면이 차라리 '一標塚'이라는 일본어를 사용하는 면보다는 훨씬 더 적절할 것이다.

그런데 양주동은 외국문학연구회 회원 중에서도 외국어나 비어非語를 자주 구사하는 사람으로 김진섭을 대표적인 예로 꼽았다. 그러면서 양

40 『양주동 전집』 11, 214~215면.

주동은 "김진섭 씨 역시譯詩에 '부지화不知火' '소인무대素人舞臺' '도화극역자道化劇役者' 등 비어非語가 있는 것은 사람을 불쾌케 함이 있다"[41]고 날카롭게 비판하였다. 여기서 양주동이 말하는 '비어'란 문법에 맞지 않는 문장을 '비문非文'이라고 일컫듯이 한국어 어법에 맞지 않거나 한국어에서는 사용하지 않는 말을 가리킨다. 김진섭은 1920년대는 말할 것도 없고 지금도 별로 잘 알려져 있지 않은 19세기 독일 시인 아우구스트 코피슈의 「부지화不知火」와 하인리히 로이톨트의 「어쩐 절문 벗에게」라는 두 작품을 번역하였다. 김진섭이 제목으로 사용한 '부지화'의 의미를 좀 더 자세히 이해하기 위해서는 작품 전편을 인용하는 것이 좋을 것 같다.

오, 오너라 愛人이여
내 배船에!
밤은 고요하고
바다는 빗난다.

내 젓는 곳에
밀물은 타고
물결치는 火海에
내 배는 搖動한다.

41 『양주동 전집』 11, 190면. 한편 양주동의 비판에 이하윤은 "君이 '비어' '부지화' '소인무대' '도화역자' 등의 混入論之함은 무슨 어수룩한 混同의 짓이냐"라고 신랄하게 비판하였다. 이하윤, 「다시 독자 양주동에게 주노라」, 『이하윤 선집－평론 · 수필』, 55면.

사랑은 불火이고
나는 배다
오오 나를 건저라
불쏫 잠기는 몸을 愛人이여. (142면)

양주동의 지적대로 이 작품에서 김진섭이 사용하는 '부지화'는 한국 독자들에게는 꽤 낯설다. 일본어로 '시라누이しらぬい' 또는 '시라누히しらぬひ'라고 하는 '부지화不知火'는 한국어에서는 찾아볼 수 없는 어휘일 뿐더러 그 뜻을 헤아리기도 쉽지 않다는 점에서 '비어'라고 하여도 크게 틀리지 않다. 일본어 사전에서는 ① 팔대해해八代海海나 유명해有明海에서 구력舊曆 8월 1일 전후하여 나타나는 신기루 현상의 일종, ② 규슈九州에 전해오는 요괴妖怪나 상기上記 현상이나 그 실체로 풀이한다. 또 '부지화해不知火海'는 "상기上記 요괴 또는 신기루 때문에 비롯하는 현상"이나 "밤바다 위에 많은 불빛이 점재點在하고 있어 흔들거리는 것처럼 보이는 현상"으로 풀이한다. 작품 전체로 미루어 보더라도 바다에 나타나는 신기루 같은 현상이거나 불바다를 뜻하는 것임에 틀림없다. 가령 제2연에서 "내젓는 곳에 / 밀물은 타고 / 물결치는 화해火海에 / 내 배는 요동搖動한다"라든지, 제3연의 "사랑은 불화火이고 / 나는 배다 / 오오 나를 건저라 / 불쏫에 잠기는 몸을 애인愛人이여"라든지 하는 구절을 보면 더더욱 그러한 생각이 든다. 제국주의가 큰 힘을 떨치고 있던 무렵 일본은 해군의 구축함에 '시라누이'라는 이름을 붙이기도 하였다. 또한 최근 들어 일본 만화나 게임에서도 영웅적인 주인공에 이러한 이름을 붙이는 것을 자주 볼 수 있다.

또한 김진섭은 로이톨트의 「어쩐 절문 벗에게」를 번역하면서도 한국어에서는 좀처럼 사용하지 않는 '소인무대'니 '도화역자'니 하는 낯선 용어를 사용하기도 하였다. 이 어휘들은 누가 보아도 일본어에서 사용하는 한자어임을 곧 알 수 있다.

> 人生은 大規模의 戱曲이 아니다. —
> 그대가 생각함과 갓치 — 罪와 罰의
> 人生은 素人舞臺의 우에
> 拙劣한 道化劇일다.
>
> 萬一 사람이 잘 演行하고
> 萬一 道化役者가 自己를 英傑이라고
> 恒常 생각지 안는다 하면
> 그것은 오롯이 그다지는 걱정스럽잔흐리라. (145면)

위 인용문에서 '소인무대' · '도화극' · '도화역자'가 양주동이 '비어'로 비판한 어휘이다. 그가 말하는 '도화극역자'는 번역문에는 없고 다만 '도화역자'나 '도화극'이라는 말이 나올 뿐이다. 일본어 사전에 '소인素人'은 '현인玄人'의 반대말로 어떤 일에서 경험이 없는 미숙한 사람이라고 풀이되어 있다. 그렇다면 '소인무대'란 전문적인 배우가 등장하여 연행하는 본격적인 무대가 아닌 아마추어적인 무대를 가리킨다고 볼 수 있다. 역시 일본어 사전에는 '도화자道化者'는 사람을 웃기는 몸짓이나 말, 그러한 행동을 하는 사람 또는 익살이나 장난기戱け라고 풀이되어 있다.

또는 피에로 같은 어릿광대를 뜻하는 '도화사道化師'와 비슷한 의미로 사용하기도 한다. 로이톨트의 작품에서 화자가 말하는 인생이란 비극이 아니라 어디까지나 희극이요, 그 희극마저도 전문적인 배우가 아닌 아마추어 배우가 연행하는 연극인 소극素劇에 해당한다. 그러므로 '도화역자'란 그러한 소극에서 어릿광대의 역을 맡은 배우를 가리킨다.

양주동이 직접 언급하고 있지는 않지만 김진섭이 일본어를 사용하는 것은 비단 시 번역에 그치지 않고 산문 번역에서도 쉽게 엿볼 수 있다. 가령 앞에서 이미 언급한 하인리히 만의 「문전의 일보」에서 그는 떨어져 있는 두 곳의 거리나 또는 서로 떨어져 있는 사이를 뜻하는 '상거相距', 해안이나 호안을 따라 형성된 계단 모양의 지형을 뜻하는 '단구段丘', 바다의 모서리를 뜻하는 '해각海角' 따위도 일본어에서 주로 사용하는 한자어다. 이밖에도 '혈조血潮'니 '접문接吻'이니 '대종待從'이니 하는 한자어도 한국보다는 일본에서 주로 사용하는 말이다. 각각 혈기나 열정, 키스나 입맞춤, 시중들며 좇아가는 것을 뜻한다.

양주동은 『신민』에 기고한 「문단여시아관」에서 "유래由來 자국문自國文에 졸렬한 자가 호역문好譯文을 보여준 예例가 없다. 오직 어학적 능력만을 가지고서는 결코 번역자가 될 수 없는 것이다"[42]라고 잘라 말하였다. 번역할 때 될 수 있는 대로 외래어나 남의 나라 말을 빌려다 쓰지 말고 자국어를 사용해야 한다는 것이 평소 양주동의 주장이었다. 외국문학연구회가 처음부터 한국문학의 발전과 세계문학으로의 확장이라는 깃발을 내걸고 출범했기 때문에 이러한 번역 태도가 양주동에게는 더더욱

42 『양주동 전집』 11, 213면.

못마땅했을 것이다.

양주동이 말하는 외국어는 비단 서양어에만 국한되지 않는다. "이상은 대개 양어洋語를 두고 하는 말이거니와 조선 문단의 현상으로 보아서는 일어日語와의 교섭交涉 문제가 또한 중대한 의미를 가졌다"[43]고 밝히기 때문이다. 그러면서 『해외문학』과의 논쟁을 벌인 이유도 따지고 보면 바로 일본어 사용 문제 때문이었다고 고백하였다. 무엇보다도 일본 식민주의의 지배를 받고 있는 상황에서 모국어를 망각하고 식민지 종주국의 언어를 사용한다는 것은 그로서는 있을 수 없는 일이었다. 가령 모국어에 대한 지식이 부족한데다 일본어가 홍수처럼 범람하는 바람에 사람들은 흔히 '역할役割'이나 '심지心持' 또는 '융장蔭張히' 같은 말은 말할 것도 없고 의미 없는 말이나 난센스를 뜻하는 '출설목出鱈目', 향응이나 향연을 뜻하는 '어치주御馳走', 순진함이나 천진난만함을 뜻하는 '무사기無邪氣', 방해나 장애를 뜻하는 '사마邪魔' 같은 일본어를 사용한다는 것이다.

한편 양주동은 몇몇 외국문학연구회 회원들한테서 받은 비판을 의식한 듯이 외국어의 필요성을 역설하기도 하였다. 비록 일본어라고 하더라도 한국어에 없는 말은 얼마든지 빌려 쓸 수 있다고 말하였다. 다만 문제는 모국어에 그러한 말이 있는데도 이런저런 이유로 일본어를 차용하는 데 있다는 것이다. 이 점과 관련하여 양주동은 "유래由來로 어느 나라 말을 막론하고 외어外語에 영향되지 않은 국어는 없다. 외어의 영향으로 인하여 일개 국어國語가 더욱 더 완전하고 더욱 더 발전함을 나는 결코

43 위의 책, 215면.

무시함이 아니다. 그러나 그것은 오직 자국어自國語의 부족을 보충하려는 의미와 목적에 지나지 못한다"[44]고 밝혔다. 이 무렵 그가 모국어에 얼마나 깊은 관심을 기울이고 있었는지 다시 한 번 깨닫게 되는 대목이다. 외국어는 자국어를 더욱 풍요롭게 할 수도 있지만 자생 식물을 죽이는 외래종 식물처럼 자칫 자국어를 고갈시킬 위험성도 함께 안고 있다.

양주동의 비판에 대한 이하윤의 반론

양주동이 『해외문학』에 관한 글을 발표하자 이하윤은 곧바로 역시 『동아일보』에 「『해외문학』 독자 양주동 씨에게」라는 글로 반박하고 나섰다. 이하윤은 자못 격양된 목소리로 양주동의 비판에 불편한 심기를 노골적으로 드러내었다. 이하윤은 자신이 축역을 하면서 오역을 범했다는 양주동의 비판에 틀림없이 감정이 상했을 것이다. 또 "그보다는 차라리 전체의 시상詩想과 시태詩態 시어詩語를 소화하여 의역을 취하는 편이 처음 역시譯詩를 시험하는 이의 간편한 길이 아닌가 한다"느니, "오역誤譯 없는 한에서 원작을 허물내지 않는 한에서 자유로운 의역을 시험하기 바란다"느니 하는 문장도 자칫 번역의 대가가 풋내기 번역자에게 들려주는 충고처럼 들릴 수도 있었을 것이다. 아니나 다를까 이하윤은 양주동의 이러한 태도를 아주 못마땅하게 생각하고 있었다. 가령 "그 아니꼬운 대가연大家然한 태도"니 "군君에게는 항상 문단에서 대가연大家然하며"니 "군君 같은 자者가 다 대가연大家然하며 대가리짓을 하는 꼴이야말로 조선이 아니면 못 볼 현상"이니 하는 표현이 바로 그러하다.[45]

44 위의 책, 216면.

45 「다시 독자 양주동에게 주노라」, 『이하윤 선집-평론 · 수필』, 53~56면.

어찌 되었든 이하윤의 어조는 꽤 격양되어 있고 인신공격에 가깝기 때문에 그만큼 설득력이 약하다. 예를 들어 양주동을 두고 "그리 명석치 못한 일一독자"라든지, "가장 불충실한 독자"라든지, "우둔한 씨氏"라든지, "우둔한 감상력과 비겁한 태도"를 지닌 사람이라든지 하고 불렀다. 또한 그의 비평을 두고는 "아모러한 가치도 업는 독후감"이니, "철업는 버릇, 건방진 태도"라든지, 또는 "헷 수작인지"니 하고 몰아세웠다.[46] "쏘한 너무 길게 쏘는 너무 넓게 말하기는 나로서는 우이독경牛耳讀經의 염念을 일게" 한다고 밝히기도 하였다. 그러면서 이하윤은 어디까지나 자신은 "그릇된 독자를 사랑하는 의미에서" 이 글을 쓰는 것이라고 못박아 말하였다. 신문사에서 그의 반박문에 '문단시비'라는 제목을 붙인 것은 아마 그 때문일 것이다.

이하윤은 이 글에서 무엇보다도 자신이 번역한 아나톨 프랑스의 「제스타스」가 무척 난해한 작품이라는 점을 밝혔다. "우선 소설에서 내가 번역한 「제스타스」의 원문 그것이 얼마나 어렵고 유창한 문장인지를 아는 독자라면 내가 번역 앞에 아무러한 입도 못 벌릴 것이다"[47]라고 설명하였다. 그는 자신의 "번역을 완전한 정역正譯"이라고 할 수 없다고 단서를 붙이면서도 "프랑스의 문체를 받아 옮겨놓을 때에는 그 이상 아무러한 변통變通이 있기 어렵다"[48]고 주장하였다.

그러나 여기서 이하윤은 논리학에서 흔히 말하는 '연민에의 호소'라는 오류를 범하고 있다. 양주동의 비판에 논리적으로 반박하기보다는

46 이하윤, 「'해외문학' 독자 양주동 씨에게」, 『동아일보』, 1927.3.19~3.20; 『이하윤 선집 ―평론·수필』, 50~52면.

47 위의 글, 50면.

48 위의 글.

자신이 번역한 원문이 너무 어렵다고 하소연하기 때문이다. 원천 텍스트가 목표 언어로 번역하기에 얼마나 난해한가 하는 문제는 양주동의 비판과는 이렇다 할 관련성이 없다. 양주동의 비판에서는 원문 텍스트가 난해한지 그렇지 않은지 하는 것은 별개의 문제기 때문이다. 아무리 난해한 원문이라도 '고삽한' 문제나 '고투한' 문체를 사용하지 않고서도 얼마든지 양주동이 말하는 연문체로 번역할 수 있을 것이고, 이와는 반대로 아무리 번역하기 쉬운 원문이라도 고삽한 경문체로 번역할 수 있을 것이다.

또한 오역 문제에도 이하윤은 "오역은 우리가 어느 정도까지 인정하고 나간다. 가령 불어의 영역英譯에도 그나마 그것이 정역定譯인데도 거기에 오역이 많을 수가 있다. 하물며 우리에게 그것을 정역正譯만을 강장强張하는 하기 힘든 것을 능히 알 수 있을 것이다"[49]라고 변명하였다. 그런데 이 주장도 선뜻 받아들이기 쉽지 않다. 오역은 어쩔 수 없이 피할 수 없다는 주장도, 서양에서도 올바른 번역을 찾아보기 어렵다는 주장도 논의에서 조금 벗어나 있기 때문이다. 그렇게 말함으로써 이하윤은 자신의 졸역이나 오역에 면죄부를 주려고 한다는 비난을 모면하기 어렵다. 번역 이론에서 "이 세상에 완벽한 번역이란 없고 오직 차선책을 추구할 따름이다"라고 말하는 것과는 또 다른 차원의 이야기다.

그런데 이하윤의 글에서 가장 주목할 만한 내용은 번역 문체가 모국어에 끼치는 영향이 크다고 밝힌다는 점이다. 번역에서 사용하는 어휘가 처음에는 모국어 독자들에게 비록 낯설게 느껴질지라도 궁극적으로

49 위의 글, 52면.

는 모국어의 발전에 크게 이바지한다고 지적하였다.

> 번역 때문에 일어(日語)가 얼마나 발달을 했는지를 수긍할 수 있다면, 번역, 그 번역 당시에 창작에 나타나는 문체, 다시 말하면 대중화할 수 있는 문체가 아니였었고 오히려 번역 문체가 오늘 일본의 문예 작품의 모든 것을 지배하고 있게 된 것을 부정치 못할 것이다.[50]

이하윤의 지적대로 일본어는 메이지유신 이후 서양 문헌을 폭넓게 번역하면서 아주 풍부하게 되었다는 것은 이미 앞장에서 지적한 바 있다. 아직도 막부幕府 체제가 있던 에도 시대의 란카쿠샤蘭學者들은 나가사키 통역사들이나 번역자들의 도움을 받아 유럽의 문명을 받아들이기 시작하였다. 란카쿠샤들은 네덜란드어와 네덜란드에 투영된 유럽의 여러 언어를 통하여 유럽의 개념들을 일본어로 옮기려고 무척 애썼다. 그 뒤 에도 막부 시대가 막을 내리고 메이지 천황이 유신을 단행하면서 일본은 번역을 통하여 유럽 문화의 수입에 더욱 박차를 가하였다.

예를 들어 '일요일日曜日' 같은 요일 이름을 비롯하여, '청산가리靑酸加里', '산소酸素', '세포細胞' 같은 과학 용어, 그리고 '연설演說', '권리權利', '재판소裁判所' 같은 법률 용어는 하나같이 이 무렵 란카큐샤들과 나가사키의 통역사들이나 번역사들이 네덜란드어를 번역하여 만들어낸 말이다. 아무리 고심해도 마음에 드는 번역어가 떠오르지 않을 때는 원어를 그대로 수입하여 사용하기도 하였다. 예를 들어 란카쿠샤들은 처음에는

50 위의 글, 50~51면.

네덜란드어의 'natuur'를 '자연自然'이라고 옮기는 대신에 원어 그대로 그냥 '나추우루'라고 음역하기도 하였다.

막부 말기부터 서양 학문의 중심은 란가쿠에서 에이가쿠英學로 바뀌었다. 막부 말기에는 서양 서적이 한 달에 수천 권씩 나가사키長崎 항구에 도착할 정도였다. 이렇듯 메이지유신 이후 번역을 통한 서양 문화는 물밀듯이 일본 열도를 휩쓸다시피 하였다. 네덜란드나 영국과 미국뿐만이 아니라 유럽 전체의 문화와 그 언어에 대한 깊은 연구가 뒤따랐고, 그 바탕 위에서 새 번역어들을 만들어 내었다. 그들이 새로 만들어 낸 번역어 가운데는 동아시아 지식인이라면 하루에도 수십 번씩 입에 올리는 어휘들이 포함되어 있다. 가령 '이성理性', '논리論理', '의식意識', '정치政治', '문명文明', '문화文化', '사회社會', '윤리倫理', '상상想像', '문학文學', '예술藝術', '고전古典' 등 하나하나 그 예를 들 수 없을 정도다. 이렇게 일본에서 서양 문헌을 번역하면서 새로 만들어 낸 어휘는 대부분 한자를 매개로 이루어졌다. 이러한 번역어는 같은 한자 문화권에 속해 있는 한국어 어휘에 흡수되었고, 또 그 상당 부분은 한자의 종주국인 중국으로 역수출되었다.

이렇게 이하윤은 번역의 어려움을 피력하고 나서 자신의 시 번역에 대한 양주동의 비판을 조목조목 반박하고 나섰다. 폴 베를렌의 「가을노래」의 번역과 관련하여 이하윤은 앞에서 언급한 대로 일인칭 대명사의 소유격 'Mon' 자를 생략하고 번역한 것은 의도적이었다고 밝혔다. 그런데도 양주동이 마치 신대륙이나 발견해 낸 듯이 대견스럽게 생각한다고 꼬집었다. 이하윤은 "그러면, 없는 '아—'나 없는 '우리'를 붙여서 훨씬 원의原意나 원작의 기분을 잃은, 모씨某氏의 일역, 영역에 의한 역이 낫더란 말인가. 일본 우에다 빈上田敏 씨의 역에 'Mon'이 빠진 것을 발견하고 기뻐해 보는 것이 어떨할는지"[51]라고 양주동의 지적을 일축하였다.

여기서 이하윤이 베를렌의 「가을노래」를 일본어 번역과 영어 번역에 의존하여 한국어로 번역했다고 말하는 번역자란 과연 누구를 말하는 것일까? 정확히 알 수 없지만 여러 정황으로 미루어보건대 아마 안서岸曙 김억金億인 듯하다. 김억은 일찍이 1920년 7월 문학 동인지 『폐허』에 베를렌의 작품 20여 편을 번역하여 실는데 그중에는 「가을의 노릭」도 들어 있기 때문이다. 김억은 첫 연을 "오 가을날 / 비올롱의 긴 흐느낌 / 사랑에 찢어진 내 마음을 / 쓰리게 하네"로 번역하였다. 김억은 이하윤의 지적과는 달리 '아'가 아닌 '오'라는 감탄사를 사용하여 자못 영탄적으로 옮겼다.

한편 이하윤이 지적하듯이 일본에서 메이지 시대와 다이쇼大正 시대에 걸쳐 서양문학의 번역자로 이름을 날린 우에다 빙上田敏은 이 작품을 일본어로 번역하면서 'Mon' 자를 생략하고 옮겼다. 번역 시집 『해조음海潮音』에서 우에다는 "秋の日の / ヰ゛オロンの / ためいきの / ひたぶるに / 身にしみて / うら悲し"로 옮겼던 것이다. 이하윤은 "「가을의 노래」를 단지 축자적 직역 이상의 아무 것도 아니라고 보았다면 군君은 시를 운위할 아무 자격도 없는 것을 알 수 있겠다"[52]고 말하면서 양주동을 역공하였다.

한편 이하윤은 「흰 달」 번역에 대한 양주동의 비판에 대해서도 조금도 자신의 실수를 인정하려 들지 않았다. 인정하기는커녕 오히려 "'역정

51 이하윤, 「'해외문학' 독자 양주동 씨에게 2」, 『동아일보』, 1927.3.20.

52 위의 글.

逆情'이란 활자의 오식誤植일지언정 경고硬固하게 그대로 이것만으로 나는 넉넉히 정역正譯이라고 주장해 나갈 모양이다"[53]라고 밝혔다. 앞에서 이미 언급했듯이 활자의 오식이 아니라 사랑을 배신한다는 뜻의 신조어로 '역정'을 사용했다고 하여도 무방할 것이다.

또한 양주동은 "또 바람은 울고……"로 번역한 구절을 오역으로 간주하였다. 이 구절에 들어 있는 원문 시의 제3연은 "L'étang reflète, / Profond miroir, / La silhouette / Du saule noir / Où le vent pleure……"로 되어 있다. 이하윤은 이 구절을 "못물은 반사反射한다. / 깁흔 거울도 가치 / 식검은 버들의 / 실우에트를 / 또 바람은 울고……"(113면)로 옮겼다. 이하윤은 자신이 앞 구절에 "실우에트를"이라고 해 놓고 "또 바람은 울고"라는 뜻을 취했는데 그것도 모르고 "우둔한 씨氏는 그리 해解한 것이 무리도 아닐 것이다"라고 반박하였다. 바꾸어 말해서 양주동이 오역이라고 판단한 것은 어디까지나 번역문의 전후 맥락을 제대로 살피지 않고 섣불리 내린 속단이라는 것이다.

그런가 하면 이하윤은 축역이나 축자역보다는 의역이나 자유역을 해야 한다는 양주동의 주장을 비판하기도 하였다. 「문단여시아관」에서는 몰라도 적어도 『동아일보』에 실린 글에서 양주동은 축역보다는 아무래도 의역을 선호한다고 볼 수밖에 없기 때문일 것이다. 이러한 번역 방법에 대하여 이하윤은 이의를 제기하였다.

53 이하윤, 「다시 독자 양주동에게 주노라」, 『이하윤 선집—평론 · 수필』, 51면. 이 글 끝에서 이하윤은 "海外文學者에게 編輯任에 있는 責任上 誤植이 많아서 불편을 끼침이 허다하였음을 謝하며……"라고 말하였다.

> 우리는 직역(直譯)을 하는 데서만 원작의 모든 뜻이 충분히 나타날 수 있다고 보는 동시에 원문 여하에 따라서 고삽(苦澁)과 난해(難解)를 면치 못할 것을 선명(宣明)한다. 즉 원문이 고삽과 난해임으로서이다. 그러나 그는 오직 무미(無味)한 어학 선생의 번역이 아닌 이상 그 번역하는 데도 반드시 일일이 엄밀한 축자적(逐字的)만이 아닐 것을 경우에 따라 인정치 않을 수 업다.[54]

위 인용문에서 이하윤이 말하는 '직역'은 곧 '축역'이나 축자역을 가리킴은 두말할 나위가 없다. 그는 원천 텍스트의 의미를 충분히 전달하기 위해서는 의역 방식보다는 어디까지나 축역 방식을 사용해야 한다고 지적하였다. 이렇게 축역을 하다 보면 난해한 원천 텍스트는 어쩔 수 없이 목표 텍스트에서도 난해할 수밖에 없다는 논리를 전개하였다. 그러면서도 이하윤은 양주동처럼 경우에 따라서는 때로 의역을 할 수밖에 없다고 말하기도 하였다. 그런데 축역과 의역과 관련한 문제는 번역자의 번역 철학에 달려 있기 때문에 어느 한쪽 주장이 맞는다고 단정을 내릴 수 없다. 두 번역 태도 모두 그 나름대로 정당한 이유가 있기 때문이다. 한마디로 이하윤의 반박문을 좀 더 꼼꼼히 읽어 보면 번역 철학이나 태도에서 그는 양주동과 사뭇 다르다는 사실을 알 수 있다.

이하윤은 의도적이건 의도와는 관계없건 양주동의 비판에 차분히 논리적으로 대응하기보다는 격양된 감정적으로 대응하는 경향이 없지 않았다. 이하윤은 "우리의 정당한 번역 앞에 그까짓 현문단 연문체軟文體 운

54 위의 글, 52면.

운云云과 대중화 운운하여 우리를 그에 적합시켜 보려는 것은 또 무슨 어리석은 말인가"[55]라고 따졌다. 외국문학연구회의 번역을 '정당한 번역'이라고 주장하는 것도 자칫 논란을 불러일으킬 수 있다. 번역자란 항상 최선의 번역을 달성하려고 노력하되 자신의 번역이 '미완성' 작품이라는 사실을 깨닫지 않으면 안 된다. 폴 발레리는 언젠가 "모든 글은 미완성이다"라고 말한 적이 있지만, 미완성으로 말하자면 번역만큼 미완성적인 작품이 없을 것이다. 또 이하윤이 한국문단을 두고 "그까짓 현문단"이라고 말하는 것은 외국문학을 전공하는 학도로서 그렇게 바람직한 태도라고 보기 어렵다. 앞장에서 이미 밝혔듯이 외국문학을 하는 이유도 궁극적으로는 자국문학을 좀 더 풍요롭게 만들기 위한 것이다. 외국문학과 자국문학은 상호 배타적인 관계가 아니라 어디까지나 상호 보완적인 관계를 맺고 있다는 사실을 명심해야 할 것이다.

이하윤은 양주동의 비판에 대하여 이보다 한 발 더 나아가 "이를테면 씨는 중역重譯이거나 오역誤譯이거나 오직 통속화 혹은 소위 현문단 유행하는 연문체軟文體만 본뜨면 된다는 말이 된다"[56]고 비꼬기도 하였다. 그러나 이러한 주장은 양주동의 비판을 적잖이 왜곡하여 받아들인 결과라고 아니할 수 없다. 양주동은 될 수 있으면 딱딱하고 어려운 문체보다는 부드럽고 쉬운 문체를, 외국어보다는 모국어를, 원문을 축역하기다는 원작자의 의도를 해치지 않는 범위에서 자유롭게 의역할 것을 권고할 뿐 번역의 통속화나 대중화를 주창하지는 않았다. 그런데도 이하윤은 "만일 양주동梁柱東 씨에게 이성과 양심이 있다 하면 다시 고려가 있을 것

55 위의 글, 50면.
56 위의 글.

이오"라고 말하면서 "철업는 버릇, 건방진 태도를 반성함과 같이 그 글의 취소를 호의로 권고한다"고 한층 목청을 높여 감정적으로 대응한다. 물론 양주동은 자신의 태도를 반성하지도 않았고 자신의 글을 취소하지도 않았다.

이하윤은 『동아일보』에 기고한 글로써는 성이 차지 않았는지 한 달 뒤쯤 「다시 독자 양주동에게 주노라」라는 글을 썼다. 이 글은 앞의 글보다 훨씬 더 거칠고 자칫 인신공격으로 받아들일 수 있는 구절이 적지 않았다. 가령 이하윤은 양주동의 견해를 개구리에 빗대어 '와관蛙觀'이나 '와견蛙見'이라고 부르다든지, "그 삼류三流 문사적文士的 문단에서 제 맘대로 향락을 하며 우리의 정당당한 번역품飜譯品 앞에서 용인容認, 부인否認을 말하며……"라고 말하는 구절 등이 바로 그러하다. 양주동이 『동아일보』에 발표한 글에서 받은 모멸감을 아낌없이 되갚아 주겠다는 의도를 쉽게 엿볼 수 있다. 이하윤의 두 번째 글에서 주목해 볼 대목은 연문체란 순국문으로 적느냐, 아니면 한문으로 적느냐에 따라 결정되는 것이 아니라고 밝힌 점이다. 이 점과 관련하여 그는 "문체는 그야말로 어떻든 순국문純國文으로 적어만 내면 연문체軟文體요, 대찬미大讚美요, 대중적大衆的이라 하는 치—프한 견해에 분반噴飯을 느끼지 않을 수 없다"[57]고 잘라 말하였다. 양주동의 주장을 조금 왜곡하여 받아들이고 있다는 혐의가 있지만 연문체와 관련한 이하윤의 주장은 지극이 옳다. 연문체는 양적인 문제라기보다는 어디까지나 질적인 문제이기 때문이다.

57 이하윤, 「다시 독자 양주동에게 주노라」, 『이하윤 선집—평론 · 수필』, 54면. 이하윤이 이 문장에서 사용하는 "치—프한 견해"라는 표현은 비록 한문을 사용하지는 않았지만 양주동이 말하는 연문체로 볼 수 없을 것이다. "얄팍한 견해"나 "천박한 견해"가 훨씬 더 연문체에 가깝다.

양주동의 비판에 대한 김진섭의 반론

이하윤이 「『해외문학』 독자 양주동 씨에게」를 발표한 지 며칠 뒤 이번에는 김진섭이 역시 『동아일보』에 반박문을 실어 양주동을 공격하고 나섰다. 이하윤의 글과 마찬가지로 신문사에서는 그의 글에도 '문단시비'라는 제목을 달았다. 김진섭은 모두 다섯 차례에 걸쳐 「기괴한 비평 현상—양주동 씨에게」라는 글을 써서 한편으로는 이하윤을 측면 지원하였고, 다른 한편으로는 양주동을 날카롭게 비판하였다. 이하윤처럼 감정이 그렇게 격하지는 않지만 김진섭의 비판도 여간 신랄하지 않았다. 김진섭이 앙리 베르그송의 말을 빌려 양주동을 "소와 가치 되랴든 게고리[개구리]"에 빗대는 것부터가 그러하였다. 이밖에도 김진섭의 신랄한 비판은 "만흔 인식 부족"이니, "너머 거만함"이니, "무지에서 결과한 부정否定"이니, "이기利己 감정의 다라운[더러운] 투쟁"이니 하는 거친 표현에서도 쉽게 엿볼 수 있다.

김진섭은 "적어도 4개 국어의 진지한 번역을 포함한 '해외문학'에 대하야 일개의 양주동 씨가 지극히 모호한 총체적 비평을 한다는 것은 근본적으로 용서치 못할 일이다"[58]라고 먼저 포문을 열었다. 또한 "씨가 씨의 사소한 유능을 과시함으로 위대한 무능을 독자의 압헤 호도하랴는 비윤리적 비미학적 수작에서 이 기괴한 비평 현상이 출발한 것임을 나는 여겨 아니싀운 구토를 늣긴다"[59]고 밝혔다. 그런데 양주동의 비평을 "용서치 못한다"느니 "사소한 유능"으로 "위대한 무능"을 드러낸다느니 하는 표현은 건전한 문학 논쟁보다는 자칫 사사로운 인신공격으로 비칠

58 김진섭, 「기괴한 비평 현상—양주동 씨에게 1」, 『동아일보』, 1927.3.22.
59 위의 글.

수 있다. 적어도 이 점에서는 김진섭도 이하윤과 크게 다르지 않다.

이렇게 양주동의 비판을 "비윤리적 비미학적 수작"으로 매도하는 김진섭은 양주동의 '기괴한' 비평에 적잖이 불편한 심기를 드러내었다. 이렇게 인신공격에 가까운 감정을 표현한 뒤 김진섭은 양주동이 한 부분으로써 전체를 매도하는 잘못을 범했다고 주장하였다. 이 점과 관련하여 "씨는 일례로 불란서 시를 들고 그것으로 전 작품의 오점을 율律하야 모든 것을 단연히 일소一掃하는 폭거을[를] 하얏다"[60]고 지적하였다. 김진섭은 양주동에게 왜 독일 작품이나 러시아 작품에서는 예를 들지 않느냐고 따지면서 그의 태도를 "기만적 향락"이라고 몰아세우기도 하였다. 그러나 실제로 양주동은 단순히 프랑스 시 작품만을 비판하지는 않고 하인리히 만이나 알프레드 드 뮈세의 작품도 비평의 대상으로 삼았다. 또한 김진섭이 양주동이 영문학도이면서도 막상 영문학 작품의 번역에 한 마디도 언급하지 않는다고 비판하지만, 양주동은 정인섭이 번역한 에드거 앨런 포의 단편소설 「적사의 가면」을 두고도 짧게나마 언급하였다. 김진섭은 양주동이 '비어'로 일컬은 용어 문제를 무엇보다도 문제 삼았다. 김진섭은 '비어'라는 용어 자체를 사용하는 것부터가 사리에 들어맞지 않는다고 지적하였다.

> 氏의 말하는 非語란 무엇이냐? 작품을 번역할 째에 잇서 우리의 생활이 全然히 원어가 요구하는 언어 내용을 가지지 아니할 째에 우리가 생경한 외래어를 차용하는 수밧게 업슬 것은 분명하다. 여기 '不知火', '素人舞臺', '道化劇

60 위의 글.

役者'가 시적 언어 될 당연한 권리를 주장하는 데 무슨 오류가 잇느냐? 그것에 순간적 불쾌를 늣기기 때문에 그 全價値를 부정하는 그 따위 협량한 순벽성은 언어 발달사 내지 번역 문화에 대한 全然한 몰이해에 나온 安價하고 폐기할 기분주의 이상의 무엇이냐? 호올로 불쾌를 발산함에 긋치는 것이 비평의 직능이더냐? 非語를 썻스니 엇더탄 말이냐.[61]

김진섭은 양주동이 사용하는 '비어'라는 용어 자체가 어불성설이라고 주장하였다. 그러면서 아무리 외국어나 외래어가 낯설고 생경해도 자국어에 없는 어휘는 어쩔 수 없이 외국어나 외래어를 차용하여 사용할 수밖에 없다는 논리다. 김진섭은 한 발 더 나아가 번역자가 자국어에 없는 외래어나 외국어를 빌려 쓰는 것이 "당연한 권리"일 뿐이라고 지적하였다. 그는 계속하여 "일권一卷의 시사詩史를 피여 보라! 소위 씨의 비어가 얼마나 만흔가. 그것은 차차 자기 말이 되는 생명을 그 이튼날에 획득할 수 잇다. (…중략…) 이른바 세계문학의 개념이 실현된 오날 '비어'에의 혐오는 실로 일一의 우둔이다"[62]라고 비어에 대한 양주동의 주장을 계속 날카롭게 비판하였다.

그런데 여기서 김진섭은 양주동의 비판을 잘못 이해하고 있거나 이해하고 있으면서도 짐짓 문제를 회피하는 듯하다. 양주동은 "자국어로도 충분히 표현할 수 있는 말이면, 구태여 번역에 있어서 외어外語를 습용할 필요가 없다"[63]고 말할 뿐 외국어나 외래어 차용 자체를 무조건 반

61 김진섭, 「기괴한 비평 현상—양주동 씨에게 2」, 『동아일보』, 1927.3.23.
62 위의 글.
63 『양주동 전집』 11, 214~215면.

대하지는 않았기 때문이다. 자국어로 차용하여 사용할 수밖에 없는 어휘에 대해서는 양주동도 외국어나 외래어를 마다하지 않았다. "유래由來로 어느 나라 말을 막론하고 외어에 영향되지 않은 국어는 없다. 외어의 영향으로 인하여 일개 국어가 더욱 더 완전하고 더욱 더 발전함을 나는 결코 무시함이 아니다. 그러나 그것은 오직 자국어의 부족을 보충하려는 의미와 목적에 지나지 못한다"[64]는 그의 말을 다시 한 번 주목해 볼 필요가 있다.

이렇게 비어 자체를 인정하려 하지 않는 김진섭은 외래어가 얼마나 쉽게 자국어에 흡수되고 통합되어 왔는지는 언어 발달사나 번역 문화를 보아도 알 수 있다고 지적하였다. 그러면서 그는 번역에는 "어휘의 풍부를 항상 도모하고 조출造出하는 삼종三種의 방법이 잇다"고 밝힌다. 그에 따르면 이 세 가지는 서로 밀접한 관계를 맺으면서 자국어의 발전에 영향을 끼친다. 김진섭이 여기서 말하는 세 가지 방법 중에서 첫 번째 방법은 외국어의 형태를 변화시키지 않고 원어 그대로 사용하는 것이다. 두 번째 방법은 "외국어를 될 수록 문자에 칙則하야 직역하는" 것이다. 그리고 세 번째 방법은 예로부터 자국어에 있는 어휘에 새로운 의미를 부여하는 것이다.

그런데 외래어와 어휘 생성 과정에 대한 김진섭의 이러한 주장은 뒷날 번역 이론에 비추어 보면 여간 놀랍지 않다. 프랑스의 두 번역 이론가 장폴 비네와 장 다르빌네는 지금은 고전이 되다시피 한 책 『프랑스어와 영어의 비교 문체론』에서 번역의 일곱 가지 절차를 체계화하면서 이 문

64 위의 책, 216면.

제를 다룬 적이 있다.[65] 이 책에서 두 이론가는 김진섭이 말하는 첫 번째 방법을 '차용어'라고 부른다. '텔레비전'이나 '컴퓨터' 같은 외래어가 바로 이러한 경우의 좋은 예다. 비네와 다르빌네는 김진섭이 말하는 두 번째 방법을 '모방어'라고 부른다. 가령 프랑스 'march ¡ éaux puces'를 영어로 'flea market'이라고 번역하고, 그 영어 표현을 다시 한국어로 '벼룩시장'으로 옮기는 것이 바로 모방어에 해당한다. 세 번째 방식은 일본 메이지 시대 번역자들이 주로 사용한 방법이다.

김진섭은 양주동의 비어에 대한 언급이 한낱 언어 발달사나 번역 문화를 전혀 이해하지 못하는 데서 비롯하는 '기분주의'에 지나지 않는다고 매도하였다. 이렇게 언어나 문학을 좀 더 폭넓게 파악하려는 김진섭은 독일의 언어학자요 철학자인 카를 빌헬름 폰 훔볼트한테서도 적잖이 영향을 받았다. 훔볼트에 따르면 한 언어의 어휘는 다른 언어의 어휘와 일대일의 상응관계가 없으며 오직 유사어적 또는 유의어적 관계를 맺고 있을 뿐이다. 훔볼트는 이러한 현상이 한 언어와 다른 언어 사이에서 일어날 뿐더러 심지어 한 국어 안에서도 일어날 수 있다고 지적하였다. 하물며 독일어와 한국어처럼 서로 계통을 달리하는 어족語族의 경우에는 더할 나위가 없을 것이다.

65 Jean-Paul Vinay and Jean Darbelnet, *Stylistique Comparee du Français et de l'Anglais*, Paris : Didier, 1958; Juan C. Sager and M. J. Hamel ed. and trans., *Comparative Stylistics of French and English : A Methodology for Translation*, Amsterdam : Benjamins, 1995; 전성기 역, 『불어와 영어의 비교 문체론』, 고려대 출판부, 2003. 비네와 다르벨네는 번역 과정을 크게 ① 차용, ② 모방어, ③ 축역, ④ 전이, ⑤ 변이, ⑥ 등가, ⑦ 번안 등의 일곱 가지로 나눈다. 여기서 차용 · 모방어 · 번안은 어휘가 생성되는 과정으로 보아 크게 틀리지 않다. 이 문제에 대해서는 김욱동, 『번역의 미로－번역에 관한 열두 가지 물음』, 글항아리, 2011, 251～294면 참고.

서양의 생활과 조선의 그것이 얼마나 형식 의지를 달니하고 짜라서 일견 자명적(自明的)으로 보이는 역어(譯語)좇차 얼마나 그 내포와 외연에 잇서 거이 부합할 수 업는 거이 결합할 수 없는 차착(差錯)이 잇는가를 우리가 알면 소위 비어(非語)에 대한 불쾌감은 별로 과시할 만큼 명예로운 시적(詩的) 감각이 될 수가 업스리라."[66]

언어란 궁극적으로 문화의 반영이라고 생각할 때 김진섭의 주장에는 일리가 없지 않다. 한국어와 일본어 사이도 아니고 한국어와 독일어처럼 상이한 언어 사이에서 동일한 의미를 지닌 어휘를 찾기란 그렇게 쉽지 않기 때문이다. 언뜻 "자명하게 보이는 번역어조차" 좀 더 엄밀히 따져보면 외연과 내포에서 적잖이 차이가 있다는 김진섭의 지적은 탁견이라고 아니할 수 없다. 그는 양주동이 자신의 번역에서 '비어'를 보고 느낀 불쾌감은 그렇게 자랑할 만한 시적 감각이 될 수 없다고 거꾸로 되받아 공격하였다.

어떤 의미에서 김진섭의 주장은 독일의 문예 이론가 발터 벤야민의 이론과 비슷한 데가 많다. 그가 독문학을 전공했다는 점을 염두에 두면 벤야민의 「번역자의 임무」라는 글을 읽었을지도 모른다. 위 인용문에서 "자명적으로 보이는 역어좇차 얼마나 그 내포와 외연에 잇서 거이 부합할 수 업는 거이 결합할 수 없는 차착이 잇는가"라는 구절을 보면 더더욱 그러한 생각이 든다. 흔히 원천 텍스트를 목표 텍스트로 번역하는 과정에서 원천 언어는 상실되고 망가질 수밖에 없다고 생각하게 마련이

66 김진섭, 「기괴한 비평 현상—양주동 씨에게 2」, 『동아일보』, 1927.3.23.

다. 그러나 벤야민은 한 언어에서 다른 언어로 번역하는 과정에서 원천 언어의 의미가 달라지면서 오히려 의미를 보강하고 본질에 좀 더 다가간다고 지적하였다. 그에게 번역은 말하자면 원천 텍스트의 '사후 세계' 중의 하나인 셈이다.

그래서 벤야민은 번역 방식으로 의역보다는 직역을 선호하였다. 언어와 언어 사이의 미묘한 의미 차이는 다름 아닌 직역을 통해서 좀 더 분명히 드러날 수 있기 때문이다. 인간의 언어는 불완전할 수밖에 없지만 번역의 도움으로 언어가 타락하기 이전의 상태로, 벤야민의 말을 빌리자면 '순수 언어'의 상태로 좀 더 가깝게 다가갈 수 있다.[67] 그는 스스로를 '좌파 아웃사이더'로 불렀지만 그의 이상주의적인 전망은 이렇게 번역 이론에서도 엿볼 수 있다. 로렌스 베누티가 벤야민의 이론을 "언어적 조화의 유토피아적 비전"이라고 부르는 것도 그다지 무리는 아니다. 그렇다면 번역 과정에서 무엇인가를 '잃어버리는' 것도 있지만 때로는 무엇인가를 '얻기도' 하는 셈이다.

훔볼트와 김진섭의 지적대로 엄밀한 의미에서 한 언어의 어휘가 다른 언어의 어휘와 서로 일치하지 않는다면 '완전한' 번역이나 '완벽한' 번역이란 존재할 수 없을 것이다. 실제로 김진섭은 이 세상에 '완전한' 번역시란 존재하지 않는다고 주장하였다.

완전한 역시(譯詩)란 것은 업다. 역시라는 것은 그것에 충실하면 미(美)를

67 Walter Benjamin, "The Task of the Translator", Marcus Bullock · Michael W. Jennings eds., *Selected Writings, 1913～1926*, Cambridge, MA : Harvard University Press, 1996, pp. 253～263.

일코 아름다우면 충실하지 아니하는 것이다 그것은 일개의 디렌마딜레마를 항상 수반한다. 여기 두 종류의 번역 태도가 생기니 직역과 의역이 그 형태다. 일장일단 그것을 취함은 전연(全然)히 개인의 문제다. 씨는 의역을 대단히 강조하는 모양이나 그런 것은 전혀 씨가 우리에게 말할 문제가 아니다.[68]

위 인용문에서 무엇보다도 눈길을 끄는 대목은 김진섭이 첫 머리에서 "완전한 역시란 것은 업다"고 잘라 말한다는 점이다. 그것도 "일반적으로 말해서"나 "엄밀한 의미에서" 같은 유보도 두지 않고 단정적으로 잘라 말하였다. 이렇게 완전한 번역이 불가능한 것은 비록 정도의 차이는 있을망정 비단 시 장르에만 그치지 않고 산문도 마찬가지다. 김진섭이 '완전한 번역'이 없다고 주장하는 것은 누구보다도 언어의 본질을 첨예하게 깨닫고 있기 때문일 것이다. 그의 이러한 주장에는 번역에서 최선이 불가능하다면 차선을 지향해야 한다는 뜻이 강하게 암시되어 있다.

더구나 위 인용문에서 김진섭은 번역이 안고 있는 딜레마를 지적하기도 하였다. 그의 말대로 축역과 의역은 마치 불과 얼음처럼 서로 어울리지 않게 마련이다. 다시 말해서 원천 텍스트에 충실하게 옮기다 보면 아름답지 않은 반면, 아름다움을 추구하다 보면 원천 텍스트에 충실하지 못하게 된다. 김진섭에 따르면 번역자는 이중에서 어느 한 가지 방법을 선택할 수밖에 없다. 그런데 어느 면을 선택하느냐 하는 것은 전적으로 번역자의 번역관이나 번역 철학에 달려 있다는 것이다.

실제로 김진섭은 외국문학연구회 회원들이 흔히 그러하듯이 의역보

68 김진섭, 「기괴한 비평 현상—양주동 씨에게 1」, 『동아일보』, 1927.3.22.

다는 축역 방식을 택하였다. 그렇기 때문에 양주동이 의역을 시도하라는 지적에 그는 적잖이 불쾌감을 느꼈다. "자명한 문제에 대해서는 무엇보다도 진리의 상대성을 존경하고 각자의 신앙에 맛기는 일이 올타"고 말하는 것은 바로 그 때문이다. 진리가 상대적이듯이 번역 방법도 상대적이라는 것이다. 다시 말해서 번역자에 따라 직역이 좋은 방법이 될 수도 있고, 의역이 좋은 방법이 될 수도 있다. 다만 자신을 포함한 외국문학연구회 회원들은 전자를 선호한다고 밝혔다. 김진섭은 호메로스의 서사시를 요한 하인리히 포스가 독일어로 번역하고, 윌리엄 셰익스피어의 희곡 작품을 아우구스트 빌헬름 폰 슐레겔이 독일어 번역한 것을 대표적인 예로 들었다. 포스와 슐레겔은 하나같이 의역을 하지 않고 축역을 했던 사람들이었다.

김진섭은 이번에는 양주동이 주장하는 번역 문체에도 계속 비판의 화살을 퍼부었다. 김진섭은 양주동의 문체론에 대한 지적을 두고 "진부한 국수적 상식론 이하"라고 몰아세웠다.

> 번역문(飜譯文)을 조선의 연문체(軟文體)에 융합식히란 말 — 그것이 혀슷에 궁글니는 로지크와 가치 그러케 용이한 일이냐? 우리의 연문(軟文)이 가장 빈약하고 가장 천박한 사상 감정을 표현할 수 잇는 이상에 일보(一步)를 나아가는 내용 가치와 형식미를 가지고 잇지 안는데야 엇지 하랴. 차라리 서양의 문학을 번역함에는 한자(漢字)가 보담 중요한 표현의 용기(容器)됨에도 무시할 수 업는 일면이 잇슴을 무겁게 계량할 필요가 잇다.[69]

69 김진섭, 「기괴한 비평 현상—양주동 씨에게 3」, 『동아일보』, 1927.3.24.

김진섭은 양주동의 주장대로 번역 문체를 한국어의 연문체에 융합시키는 것이 생각처럼 그렇게 쉬운 일이 아니라고 주장하였다. 그도 그럴 것이 서양 작품의 내용과 형식을 한국어의 쉬운 문체로써는 표현할 수 없기 때문이다. 서양문학을 담는 그릇으로는 쉽고 순수한 토박이 한국어보다는 오히려 한자가 더 걸맞다는 논리다. 그러면서 김진섭은 "표현의 생산성이란 것은 고삽苦澁의 가운데에 더욱 만히 계시되는 것이다"라고 지적하였다.

김진섭의 반론 중에는 번역자는 말할 것도 없고 문학 연구자라면 누구나 귀담아 들어야 할 내용이 많다. 그러나 안타깝게도 한국문학에 대한 그의 견해는 때로는 독단적인 데다 편협하다는 단점이 있다. 그는 "번역문학의 조선적 가치"를 언급하면서 한국문학을 적잖이 얕잡아보았다.

> 번역문학의 조선적 가치에 대해서는 전혀 노노(呶呶)할 필요가 업시 명자하다. 조선 그 자신은 현재 완전한 번역문학을 요구할 언어도 업고 그것을 운위(云謂)할 시기도 아니니다. 우리는 우리의 번역적 태도를 항상 겸허히 보지(保持)하며, 우리는 오직 우리의 무지와 우리의 편협과 우리의 자기독특(自己獨特)한 사상에 사는 조선 민족에게 외국을 소개하는 곳에 의미의 전용(全容)을 본다. (…중략…) 아모 형식이 업고 아모 사상이 업는 조선문학의 발단에 세계문학적 전통을 섭취식힘으로 우리의 형식(形式) 의지(意志)와 사상 감정을 창출하려 한다.[70]

70 김진섭, 「기괴한 비평 현상—양주동 씨에게 2」, 『동아일보』, 1927.3.23.

위 인용문에서 김진섭은 이 무렵의 조선과 조선문학을 지나치다 싶을 만큼 평가절하 한다는 비판을 면하기 어려울 것 같다. "조선 그 자신은 현재 완전한 번역문학을 요구할 언어도 업고 그것을 운위할 시기도 아니다"는 두 번째 문장은 지나친 자기폄하이거나 자포자기라고 아니할 수 없다. 앞에서 이하윤이 조선문학을 폄하한다고 언급했지만 이 점에서는 김진섭이 이하윤보다 그 정도가 훨씬 심하다.

일본 제국주의가 보통교육 과정의 정규과목인 조선어와 조선어 폐지를 규정한 조선교육령을 공포한 것은 1938년이었다. 최근 일제의 조선어 말살 정책은 한일병탄 이전, 그러니까 1905년 을사늑약에 따라 설치된 통감부 시기부터 진행되었다고 주장하는 학자들도 있다. 어찌 되었든 일본 식민주의 지배를 받는 상황에서 조선어를 자유롭게 사용할 수 없었고, 이러한 상황에서 번역자들은 여러모로 어려움을 겪을 수밖에 없었다. 그렇다고 하여도 김진섭이 "완전한 번역문학을 요구할 언어도 업고 그것을 운위할 시기도 아니다"라고 주장하는 것은 조금 지나치다. 풍전등화 같은 조국의 운명 속에서 꺼져가는 조국의 얼과 혼을 살리기 위해서라도 모국어를 잃어버려서는 안 될 것이다. 그리고 번역은 잃어버린 모국어를 되찾고 죽어가는 모국어를 되살리는 데 크게 이바지하는 데 더할 나위 없이 좋은 방법일 것이다.

더구나 김진섭이 평가절하 하는 것은 비단 조선어뿐만 아니라 조선문학도 마찬가지였다. 위 인용문의 마지막에서 그는 "아모 형식이 업고 아모 사상이 업는 조선문학의 발단에 세계문학적 전통을 섭취식힘으로 우리의 형식 의지와 사상 감정을 창출하려 한다"고 밝혔다. 조선문학에 아무런 형식도 없고 아무런 사상도 없다는 것도 지나친 자기비하요 자기 경멸이 아닐 수 없다. 신라시대 향가로부터 고려시대 속요를 거쳐 조선시대 가사와 국문소설에 이르기까지 조선문학은 그야말로 사상과 형식에서 동양의 어느 나라의 문학과 견주어도 손색이 없을 만큼 뛰어나다. 그런데도 김진섭은 조선문학을 지나치게 깎아내린다. '섭취시킨다'는 비유에서도 엿볼 수 있듯이 그는 세계문학을 어머니로, 조선문학을 그녀의 젖을 먹고 자라는 갓난아이로 간주하는 말이다.

김진섭의 사대주의적 태도는 비단 이것으로 그치지 않는다. 양주동이 제기한 문체와 관련하여 그는 이보다 한 발 더 나아가 "우리는 우리의 언어 표현을 호올로 존숭하지 말고 그 문체까지도 서양의 속에 배와야 한다"고 잘라 말하였다. 서양문학에서 좋은 작품을 조선어로 번역하여 조선문학을 좀 더 풍요롭게 해야 한다는 주장에 아무도 이견을 제기하는 사람이 없을 것이다. 그러나 조선어의 문체마저도 서양한테서 배워야 한다고 주장하는 것은 그야말로 어불성설이다.

물론 김진섭의 말은 될 수 있는 대로 원천 텍스트의 문체를 살려 옮겨야 한다는 뜻으로 받아들여야 할지 모른다. 그가 곧 이어 "우리가 엇더한 작품을 번역함에 당當하야 가장 중시할 것은 그의 개인적 문체다"[71]라고 밝히는 것을 보면 더더욱 그러한 생각이 든다. 또 그는 "문체가 곧 그 사람이다"라는 프랑스의 백과사전학파 철학자요 박물학자인 조르주 뷔퐁의 말을 인용하기도 하였다. 작가의 개성과 인격이 그 사람의 문체를 결정한다면 번역자는 마땅히 작가의 문체를 올바로 옮기려고 노력해야 할 것이다. 그러나 문체마저도 서양한테서 배워야 한다는 것은 이치에

71 김진섭, 「기괴한 비평 현상—양주동 씨에게 4」, 『동아일보』, 1927.3.25.

잘 들어맞지 않는다.

양주동의 주장을 반박하면서 김진섭은 계속하여 "이러한 그들의 생명을 부정하고 우리글의 단순의 속에 쓰더고치란 억설은 너무 무내용無內容[이]다"[72]라고 지적하였다. "이러한 그들의"에서 '그들'은 외국 작가들이나 외국 작가들이 쓴 작품을 말한다. 이 구절에서 볼 수 있듯이 김진섭은 '그들'과 '우리'의 이분법의 사고에서 좀처럼 벗어나지 않았다. '그들'의 것은 '생명'이 있고, '우리'의 것은 '단순'하거나 생명이 없다는 논리는 받아들이기 어렵다. 다만 양주동은 번역자들에게 번역체 문장을 좀 더 조선어답게 부드럽게 하고, 될 수 있으면 난해한 한자어를 피하고 순수한 토박이말을 사용할 것을 권했을 뿐이다.

그런데 양주동과 김진섭의 논쟁을 좀 더 꼼꼼히 살펴보면 단순히 어휘나 문체를 뛰어넘어 번역 철학이나 문학관과도 맞닿아 있음을 알 수 있다. 양주동은 어디까지나 번역이란 자국문학을 좀 더 풍요롭게 만들기 위한 수단일 뿐이라고 생각하였다. 그에게 자국문학을 염두에 두지 않는 번역이란 이렇다 할 의미가 없었다. 이러한 번역관에 걸맞게 양주동은 번역 작품을 선택할 때 원점 텍스트가 조선문학과 어떠한 관련이 있는지 먼저 고려해야 한다고 밝혔다. 그러나 김진섭은 「번역과 문화」라는 글에서 양주동보다 번역의 역할이나 기능을 훨씬 더 넓게 파악하였다.

> 번역이라는 것은 언어대용(言語代用)에 의한 사상의 이식(移植)과 전달에

72 위의 글.

그 사명을 발견하는 정신적 활동으로 (…중략…) 번역자와 그들의 번역 행위은[는] 민족적 교환이 없이는 도저히 성립할 수 없는 일환으로서의 세계 문화사에서 예로부터 공헌한 바 극히 큰 것이 있으니 그것은 일국민의 문화적 전통과 타민족의 문화적 전통이 서로 접촉하는 기회로 제공할 뿐만 아니라 소개자이며 매개체로서의 번역은 서로 다른 나라와 민족 속에 문화의 '전생(轉生)'을 도모함으로 의하여 보다 넓고 보다 높은 세계를 가장 직접적으로 국민화 하고 자기화 하는 문화적 행동이며 또한 그러한 세계를 원활하게 연결하는 심적(心的) 교량(橋梁)이다.[73]

김진섭에게 번역은 다른 나라의 위대한 사상을 자국문학에 이식하고 전달하는 '정신적 활동'이었다. 엄밀히 말해서 지적 활동이나 예술 활동치고 정신 활동이 아닌 것은 하나도 없을 것이다. 그러나 여기서 김진섭이 말하는 정신 활동은 '사상의 이식과 전달'을 사명으로 삼는 특별한 정신 활동이었다. 또한 이 정신 활동은 예로부터 세계 문화사에 무척 크게 이바지해 왔다. 김진섭은 인류가 번역을 상실한다는 것은 곧 모든 것은 상실하게 되는 것이라고 말하였다. 그가 번역을 얼마나 중요하게 생각했는지 미루어보고도 남는다.

더구나 김진섭은 번역을 정신 활동뿐만 아니라 더 나아가 세계와 세계 사이를 연결하는 '심적 교량'으로 간주하였다. 번역을 정신 활동으로 규정한 점을 고려할 때 여기서 '심적 교량'은 정신적 교량이라는 말로 받아들여도 크게 틀리지 않을 것이다. 그는 한국의 번역자와 관련하여

73 김진섭, 『교양의 문학』, 진문사, 1955, 53~54면. 그는 「번역과 문화」라는 이 글을 1935년 5월 『조선일보』에 기고하였다.

“자기긍정自己肯定의 전생적轉生的 의미에 의하여 세계와 우리 사이에 놓인 넘기 어려운 강을 연락하는 교량의 역할을 그는 수행하여서 한 개의 새로운 세계를 계시하는 동시에 세계 문화의 수준에 대한 거리를 단축시켜야 된다”[74]고 주장하였다.

다시 말해서 김진섭은 다리가 섬과 섬, 육지와 육지를 이어주는 역할을 하듯이 번역은 문화와 문화, 인류의 정신과 정신을 연결해 주는 정신적 교량의 역할을 해야 한다고 지적하였다. 그렇다면 한 나라에 번역이 없다면 그 나라는 섬처럼 고립될 수밖에 없을 것이다. 이 점과 관련하여 김진섭은 “번역이라는 (…중략…) 거대한 문화적 활동이 없다면 모든 나라의 문화의 꽃은 외국의 관객을 잃고 서로 고립하여 지식의 섭취, 신사조의 수입, 문화의 교환交驩은 가공架空의 사실로 돌아가고”[75] 만다고 밝혔다. 그가 번역자를 ‘문화의 중간적 존재’로 일컫는 것도 이와 같은 맥락에서 이해할 수 있을 것이다.

위 인용문에서 ‘교량’이라는 말과 관련하여 주목해 볼 또 다른 낱말은 ‘매개체’와 전생’이다. 매개체란 한 사물과 다른 사물을 서로 연결시켜 주는 것이다. 가령 벌은 식물을 수정시키는 대표적인 매체다. 생명의 가교라고 할 벌이 사라지면 꽃도 열매도 사라지게 마련이다. 요즈음 시골에서는 벌들이 벌 독감 바이러스에 감염되어 집단으로 폐사하는 바람에 양봉 산업을 말할 것도 없고 과수 농가들이 큰 피해를 입고 있다. 번역은 마치 이 꽃 저 꽃을 날아다니며 꽃가루를 날라 수정시켜주는 벌과 같아서 한 문화와 다른 문화를 서로 연결해 주는 역할을 한다.

74 위의 책, 77면.
75 위의 책, 54면.

김진섭이 위 인용문에서 '전생'이라는 말을 사용하는 것도 여간 예사롭지 않다. 그는 특히 이 말에 인용부호를 사용함으로써 어떤 독특한 의미를 부여하려고 하였다. 김진섭은 여기서 불교에서 '윤회전생輪廻轉生'이라고 할 때의 그 전생을 두고 말하는 듯하다. '전생'이라고 하면 다른 것으로 다시 태어나는 것을 가리키지만 '윤회전생' 때문에 종교적 뉘앙스를 풍긴다. 수레바퀴가 끊임없이 구르는 것처럼 중생이 번뇌와 업에 따라 삼계육도三界六道의 생사 세계를 그치지 아니하고 돌고 돌듯이, 번역을 통해서도 한 문화는 끊임없이 변화과정을 겪으며 다른 문화로 다시 새롭게 태어난다는 뜻이다. 그래서 그런지 김진섭은 번역자를 "문화의 전생업자轉生業者"라고 일컬었다.

한편 김진섭은 양주동이 원작의 선택과 관련하여 언급한 대목에 대해서도 비판의 고삐를 늦추지 않았다. 양주동은 외국문학연구회에게 "될 수록은 원작의 선택이 조선문학과 어떠한 연락이 되도록 하기를 바란다"[76]고 충고하였다. 연구회가 번역 대상을 선택할 때 좀 더 자국문학과의 연관성을 염두에 두고 선택했으면 좋겠다는 어찌 보면 '우정 어린 충고'였다. 그러나 이 점에 대해서도 김진섭은 방어적인 태도를 취하였다. 「번역과 문화」라는 긴 논문에서 그는 "한국에 있어서 모든 사람이 형제가 되는 문필의 인人은 그가 설령 누구이든 간에 당연히 해외문학파에 속하는 영광을 가져야 할 것이다. (…중략…) 한국에 있어서는 참을 어떤 책을 번역하여야 될가 하는 문제는 어떤 책을 저술하여야 할가 하는 문제와 같이, 혹은 그 이상으로 중대하고 곤란한 것이니 장차 창조될 모

76 양주동, 「『해외문학』을 읽고」, 『양주동 전집』 11, 189면.

든 한국의 문화는 실로 모든 사람 앞에 놓은 바 일一의 과제에 속한다"[77] 고 밝혔다. 양주동의 비판에 적절히 답하려면 김진섭은 『해외문학』에 번역한 외국작품을 왜, 그리고 어떤 과정에서 선택했는지 밝히는 일일 것이다. 그러나 김진섭은 이러한 문제는 접어두고 번역 대상의 중요성을 언급하는 데 그치고 말았다.

그런데 양주동과 김진섭의 논쟁의 범위를 좀 더 넓혀보면 민족 문학과 세계문학의 긴장이나 갈등으로 볼 수도 있다. 다 같이 일제 강점기 일본의 대학에서 외국문학을 전공했지만 양주동은 일찍부터 한국문학에 깊은 관심을 기울이고 있었다. 앞에서 이미 지적했듯이 1923년에 동인지 『금성』을 발간하여 시인으로 활약하였으며, 1930년에는 시집 『조선의 맥박』을 펴냈다. 1929년에 염상섭과 함께 발간한 『문예공론』에 절충론적인 평론을 발표하여 비평가로서 관심을 끌기도 하였다. 이미 앞에서 지적했듯이 그 뒤 양주동은 문학 창작보다는 국문학 연구에 심혈을 기울여 신라 향가 등 한국 고가古歌를 연구하여 초기 국문학계에 큰 업적을 남겼다.

양주동은 1942년에 한국인으로는 처음으로 향가 25수 전편을 해독한 『조선고가연구朝鮮古歌研究』를 펴내고, 이어 1947년에는 고려가요에 대한 주석을 집대성한 『여요전주麗謠箋注』를 펴내어 이 분야 연구에 선구자 역할을 하였다. 양주동은 「연북록研北錄」이라는 글에서 자신의 향가 연구를 되돌아보며 "어려서부터 평소의 야망은 오로지 '불후의 문장'에 있었으매, 시인 비평가 사상인이 될지언정 '학자'가 되리란 생각은 별로

77 김진섭, 「번역과 문화」, 『교양의 문학』, 진문사, 1955, 78면. 그는 이 글을 1935년 5월에 『조선일보』에 연재하였다.

없었다"[78]고 술회한 적이 있다. 그러나 이러한 예상을 뒤엎고 그는 시인이나 비평가보다는 오히려 학자로서 두각을 나타내었다.

한편 김진섭은 민족 문학보다는 세계문학에 좀 더 무게를 실었다. 그의 이러한 문학관은 요한 볼프강 폰 괴테가 말하는 '세계문학'의 개념에서 영향 받은 바 적지 않다. 실제로 김진섭은 이 글 저 글에서 괴테가 말하는 세계문학을 언급하였다. 그는 '인류의 아름다운 이상'이 구체적인 모습으로 드러난 것이 국제연맹이라면, 인류의 보편적 정신이 꽃을 피우는 것이 세계문학이라고 생각하였다. 비록 국제연맹을 실패로 돌아가고 말았지만 그가 "인류의 전당"이라고 일컫는 이 국제기구에 자못 큰 기대를 걸고 있었다. 어찌 되었던 김진섭은 "인류의 모든 문화는 누구나 소유할 수 있는 신성한 공동재산"[79]이라고 밝혔다. 그리고 이 공동재산에는 마땅히 문학이 들어가지 않을 수 없을 것이다.

그런데 여기서 한 가지 찬찬히 눈여겨볼 것은 김진섭이 번역이 이룩한 이러한 세계문학을 예술의 공산주의나 문화의 공산주의에 빗댄다는 점이다. 그는 "문화 영역에 있어서는 이 세계는 한 개의 완전하고 이상적인 공산주의의 지배하에 놓였으니 내 것은 네 것이요 네 것은 내 것이며 그리하여 모든 것은 사람에 속하면서도 그러면서도 그것은 어떠한 사람의 것도 아닌 관觀을 정呈하고 있다"[80]고 밝혔다. 양주동이 주장하는 민족문학

78 『양주동 전집』 11, 286면.

79 김진섭, 『교양의 문학』, 진문사, 1955, 47면.

80 번역 문제와 관련하여 김진섭이 아돌프 히틀러나 베네토 무솔리니의 정치 제체를 신봉하는 듯한 발언을 했다는 사실이 흥미롭다. "'팟쇼'는 이태리를 벗어난 지 오래고 '히틀러'의 연설은 오늘 저녁에서 전 세계에 감격을 일으킬 것이다" 하고 말한다. 또 그는 "'볼쉐위즘'은 아세아에만 머물러 있지 않고 이제는 전 세계에 생활을 구하고 있으며 국가사회주의는 독일에 배태된 지 數旬에 벌써 인류의 인지를 얻음과 같은……"이라고 밝힌다.

이 사유재산을 인정하는 자본주의 사회라면, 괴테나 김진섭이 주장하는 세계문학은 재산을 공유하는 공산주의라고 할 수 있다. "신성한 공동재산"이니 "완전하고 이상적인 공산주의"니 하는 표현에서 김진섭의 번역관, 더 나아가 그의 문학관이 과연 어떠한지 쉽게 짐작할 수 있다. 그가 이 글을 처음 발표한 것은 1935년이다. 20세기 말엽이나 21세기 초엽에 들어와 세계화니 지구촌을 부르짖고 있지만 그는 이미 몇 십 년 앞서 세계화를 주창한 사해동포주의자요 세계인이라고 할 수 있을 것이다.

정인섭의 측면 지원

『해외문학』에 번역 작품을 게재한 외국문학연구회 회원 중에서 정인섭은 양주동한테서 비교적 좋은 평가를 받은 사람에 속하지만, 그렇다고 동료 회원들이 비판받는 것을 가만히 보고 있을 수만도 없었다. 그래서 정인섭은 이하윤과 김진섭을 측면으로 지원하면서 양주동을 비판하고 나섰다. 「『해외문학』의 창간」이라는 글에서 정인섭은 김진섭처럼 번역자가 외국문학 작품을 한국어로 번역할 때 겪게 되는 큰 어려움 가운데 하나가 국어가 잘 '정돈되어' 있지 않다는 데 있다고 밝혔다. 그는 한국어에는 "원문의 세밀한 맛을 전할 만한 적당한 역어가 부족한 것은 사실이다"[81]라고 지적하였다. 외국문학연구회의 다른 회원들과 마찬가지로 정인섭에게도 이렇게 부족한 어휘를 보충하고 풍부하게 만드는 방법은 다름 아닌 외국문학 작품을 번역하는 일이었다. 그는 이러한 과정에

한국전쟁 중 행방불명되었기 때문에 월북한 것으로 추정되지만 북한에서의 행적은 전혀 알려져 있지 않고, 또 조선문화협회와 전조선문필가협회에 참여한 우익 문인이었기에 월북 작가보다는 납북 작가로 분류된다.

81 정인섭, 「『해외문학』의 창간」, 『한국문단논고』, 신흥출판사, 1959, 18면.

서 신조어나 외래어, 심지어 비어 같은 것이 생겨나는 것은 마땅하다고 주장하였다. 이하윤이나 김진섭이 그러했듯이 정인섭도 일본문학에서 그 구체적인 예를 찾았다.

> 금일의 일본문학과 자매 예술이 발달된 것도 메이지유신(明治維新)의 수입적 정신과 해외문학의 영향이 많은 힘을 준 것이다. 메이지 초년의 일본문학의 형식과 내용을 현재의 그것에 비할 때에 외국문학의 영향이 위대한 힘을 가지고 있다는 것을 가히 알 수 있을 것이요, 양기(兩期)의 역본(譯本)을 비교할 때도 얼마나 일본어가 초년기보다 풍부해졌는가를 명백히 발견할 수 있을 것이다. (…중략…) 그만큼 일문(日文)이 발달되었다는 것은 외국문학의 영향이 심각함을 승인하지 않을 수가 없다.[82]

정인섭은 일본문학을 비롯한 예술이 발달한 것은 메이지유신의 수입 정신에 따라 외국문학 작품을 많이 번역하면서 그 영향을 받았기 때문이라고 분명히 밝혔다. 실제로 메이지유신을 분수령으로 일본어의 어휘가 풍부하게 된 것은 부정할 수 없는 사실이다. 만약 19세기 중엽 에도 막부의 체제가 막을 내리고 천황이 직접 통치하는 체제로 전환한 메이지유신이 없었더라면 일본은 서구식 근대화는 말할 것도 없고 일본어도 오늘날처럼 그렇게 발전하지 못했을 것이다.

정인섭은 「번역 예술의 유기적 직능」이라는 글에서도 양주동이 문제

82 위의 책, 18면. 정인섭이 「번역 예술의 유기적 직능」에서 지적하듯이 외래어 차용과 번역 문체를 둘러싼 문제는 『해외문학』 제3호에서 제2회 좌담회에서 좀 더 자세히 다룰 예정이었다. 그러나 제3호는 안타깝게도 재정 문제로 간행되지 못하였다.

삼은 비어를 다시 들고 나오면서 외국문학연구회 동료 회원들을 측면 지원하였다. 양주동의 이름을 직접 언급하지는 않지만 누가 보더라도 양주동이 『해외문학』에 실린 번역체를 문제 삼은 비평을 염두에 두고 썼음을 쉽게 알 수 있다.

> [아동(兒童)과 시인(詩人)]은 기성의 표현 수단에 결핍과 부자유를 느낄 때 얼마라도 새로운 음성과 표현 형식을 창조한다. 상식적 문학자로서 보면 거기에 수다(數多)한 비어(非語) 비슷한 것이 있고 비문(非文) 비슷해 보이는 요소가 들어 있는 듯해 보이겠지마는 상상력이 풍부하고 이해력이 강렬한 이는 그것을 능히 감득(感得)할 수 있는 것이다. (…중략…) 문화 정도가 미진한 사회가 그 사회에 없던 다른 신요소를 수입할 때 거기에는 신작(新作)된 별명칭(別名稱)이 생길 것이요, 외국의 사상 예술을 조선화(朝鮮化)할 때 이때까지 듣지 못했던 신어와 또는 외래어를 사용하게 됨은 당연지사(當然之事)라 아니할 수가 없다. '신어창조(新語創造)'는 외부에 대한 자기의 철저한 해방이요 협소에 대한 탈출이다.[83]

제목에서도 엿볼 수 있듯이 정인섭은 번역을 예술의 반열에 올려놓았다. 그러면서 그는 김진섭과 마찬가지로 외국 작품을 자국어로 옮길 때 번역자는 어쩔 수 없이 신조어를 만들어 사용할 수밖에 없다고 주장하

83 정인섭, 『한국문단논고』, 신흥출판사, 1959, 56면. 이 신어 창조의 문제와 관련하여 그는 이 무렵 자주 쓰이던 '모단·걸'을 한 예로 들었다. 영어 'modern girl'이라는 말을 한국어로 어떻게 달리 표현할 수 있겠느냐고 반문한다. "만일 어떠한 新語로서 그 全意를 전할 수 있다면 그러한 신어가 在來의 우리말에 없다 하더라도 그 신어를 사용함에 무슨 躊躇가 있으랴" 하고 물었다. 같은 책, 57면.

였다. 신조어를 창조하는 것이 자국어를 타락시키는 것이 아니라 오히려 편협한 국수주의의 굴레로부터 벗어나는 길이라고도 지적하였다. 그러면서 정인섭은 번역문에서 '비어'나 '비문'을 제대로 이해하지 못하는 양주동이야말로 "상식적 문학자"가 아닐 뿐만 아니라 "상상력이 풍부하고 이해력이 강렬한" 문학자는 아니라고 넌지시 폄하해 버렸다.

위 인용문에서 "'신어 창조'는 외부에 대한 자기의 철저한 해방이요 협소에 대한 탈출이다"라는 마지막 문장을 좀 더 찬찬히 살펴볼 필요가 있다. 양주동은 자국어를 망각한 채 일어를 사용하는 경우가 많다고 지적하면서 "이러한 망국적 폐단을 일부라도 광정匡正키 위하여서는 우리는 매우 자국어의 보존과 발달을 힘쓸 것인 동시에 외어의 침입을 배제하여야 할 것이다"[84]라고 지적하였다. 그는 외래어나 외국어의 침입을 막으려고 애쓰는 것은 궁극적으로 자국어를 보존하기 위한 시도라고 주장하였다. 정인섭의 지적은 바로 양주동의 이러한 주장에 대한 반론이었다.

정인섭은 신조어를 창조함으로써 편협한 국수주의에서 해방되고 소극적 언어관에서 탈출할 수 있다고 맞섰다. 한편 양주동은 외국어의 침입을 막아 모국어를 보존하고 지켜야 한다고 응수하였다. 그러고 보니 양주동의 태도에서는 온갖 수단과 방법을 강구하여 외세의 침입을 막으려고 한 구한말의 보수주의 정치가들이 떠오르는 반면, 정인섭에게서는 쇄국의 빗장을 활짝 열어젖히고 될수록 서양 문물을 받아들여 문명개화를 이룩하려고 한 선각자들의 모습이 떠오른다.

84 『양주동 전집』 11, 215면.

신조어나 외래어가 모국어의 발전에 적잖이 이바지한다고 주장한다는 점에서는 정인섭은 김진섭이나 이하윤과 크게 다르지 않았다. 다만 김진섭이 "비어를 썻스니 엇더탄 말이냐?"라고 사뭇 감정적인 어조로 따지는 반면, 정인섭은 수사적 의문문을 구사하여 완곡하게 말했을 뿐이다.

> 고유명사는 물론이지마는 '모단 · 걸'을 어떻게 우리말로 역(譯)할 수 있을까? 만일 어떠한 신어(新語)로서 그의 전의(全意)를 전할 수 있다면 그러한 신어가 재래의 우리말에 없다 하더라도 그 신어를 사용함에 무슨 주저가 있으랴. 영문학을 역할 때 영문체와 영어적 신어를 발명해 내는 데 무슨 모순이 있고 독문(獨文)의 일작품(一作品)을 한국화하려 할 때 한국에 없는 양식을 전파하기 위하여 외래어 그대로 또는 신구(新句)를 시용(試用)하는 데 무슨 비난이 있으랴! 요건은 그 신어의 성질이 원어(原語)와 합당하냐 또는 적절치 않느냐 하는 문제에 있다.[85]

정인섭의 말대로 '모던 걸'이라는 외국어를 적절한 한국어로 번역하기란 그렇게 쉽지 않을 것이다. '신여성'이나 '현대 여성'으로 옮길 수 있을 터지만 함축적 의미에서는 '모던 걸'과는 조금 다르다. 그의 말대로 한국어에 없는 어휘는 어쩔 수 없이 외국어나 외래어 또는 신조어를 만들어 사용할 수밖에 없을 것이다. 위 인용문에서 "또는 신구를 시용하는 데 무슨 비난이 있으랴!"라는 구절을 주목해 볼 필요가 있다. 신조어

85 정인섭, 앞의 책, 57면.

나 새로운 구를 사용하되 어디까지나 시험 삼아 임시로 사용해 볼 수 있다는 것이다. 이러한 어휘나 구절을 임시로 사용해 보고 난 뒤에 잘 맞지 않으면 얼마든지 다른 표현으로 바꿀 수 있다는 전제가 깔려 있다.

예를 들어 영어 '철학'이라는 용어를 동양에서 번역한 과정만 보아도 이 점을 잘 알 수 있다. 이 '철학'이라는 용어는 1874년에 니시 아마네西周가 영어 'philosophy', 독일어 'Philosophie', 프랑스어 'filosofia'를 일본어로 번역하면서 만들어낸 말이다. 니시는 후쿠자와 유키치福澤諭吉와 함께 수많은 서양어를 일본어로 번역한 사람이다. 메이지유신을 전후하여 일본과 중국에서는 '궁리窮理', '도리道理', '현학玄學', '격치학格致學', '애지학愛智學', '철리哲理', '희철학希哲學' 등 다양한 번역어를 사용하였다. 니시는 처음에는 '희철학'으로 번역했다가 발음할 때 목에 가시처럼 걸리는 '희' 자를 빼버리고 그냥 '철학'이라는 말을 사용하였다. 이렇게 '희철학'이라는 말은 메이지 사회에서 여러 용어들과 서로 치열한 경합을 거치면서 19세기 말엽에 비로소 정착되었다. 이 용어가 정착되는 데는 메이지 10년(1877)에 도쿄대학 문학부에 철학과가 창설되고 철학 사전인 『철학자휘哲學字彙』가 1881년에 간행된 것이 무엇보다도 크게 이바지하였다.

조선에서 이 '철학'이라는 용어가 처음 나타나는 곳은 1888년 2월 6일자 『한성주보』의 「외보」로 알려져 있다. 이 신문은 일본의 자료를 번역하면서 그 명칭만 소개했을 뿐이다. 그 뒤 유길준兪吉濬이 『서유견문』에서 서구 학문을 분류하면서 이 '철학'에 대한 개념을 처음으로 규정하였다. 일본의 영향을 절대적으로 받고 있던 이 무렵 '철학'은 다른 번역어를 물리치고 당당히 학문의 분과 학문으로 입적되었던 것이다.

외국문학연구회에 대한 양주동의 비판 중에서 정인섭은 비어나 외래어 문제에 그치지 않고 더 나아가 한국어 문체에도 문제를 제기하였다. 「『해외문학』의 창간」에서 정인섭은 "천박한 자아몰상식"이라는 거친 표현을 사용했지만 「번역 예술의 유기적 기능」에서는 비판의 강도를 한층 더 높였다.

> 이와 마찬가지로 역문체(譯文體)에 관해서도 그것이 모두 재래의 한국말체(體)로만 되었기만 하면 그것이 다만 읽기 쉽다고 해서 원작의 의의(意義)를 만족시키지 못하거나 원문체(原文體)의 향기를 이식(移植)치 못했더라도 그것을 양역(良譯)이라고 하는 몰상식한 사람은 없을 것이다. 왜냐하면 일반적으로 말해서 "문체는 곧 그 사람이라"는 것은 긍정 아니 할 수가 없으니까 말이다.[86]

여기서도 양주동을 직접 언급하고 있지는 않지만 누가 보더라도 정인섭이 양주동을 염두에 두고 하는 말이라는 것을 알 수 있다. 양주동은 「문단여시아관」에서 "역어譯語의 한계에 관한 것인데 나는 될수록 외국어를 쓰지 않고 순우리말로 되는 것을 귀하다 한다"고 못 박아 말했기 때문이다. 양주동이 '순우리말'이라고 한 것을 정인섭은 '한국말체'나 '순국문체'라고 바꾸어 부를 뿐 의미에서 조금도 다르지 않았다. 또 양주동이 "[일본어식 한자를] 그냥 쓰는 것은 망국무골민亡國無骨民들의 무식몽매無識蒙昧한 수작이다"[87]라고 밝힌 것에 자극을 받아 정인섭은 "자아

86 위의 책, 58면.
87 『양주동 전집』 11, 215면.

몰상식"이라는 원색적인 표현으로 맞받아 비판하였다.

위 인용문에서 정인섭은 뛰어난 번역자라면 한국어 문체에만 집착하지 말고 원천 텍스트의 문체를 살려내는 데 관심을 두어야 한다고 밝혔다. 아무리 순한글 문체를 구사하여 번역하여도 만약 "원작의 의의를 만족시키지 못하거나 원문체의 향기를 이식치" 못한다면 그의 표현 그대로 '양역', 즉 좋은 번역이라고 할 수 없다는 것이다. 그러나 여기서 정인섭은 양주동의 주장을 조금 왜곡하여 비판한다는 비판을 면하기 어렵다. 양주동은 원작의 뜻을 해치면서까지 한국어 문체만을 고집하지 않았기 때문이다. 그는 번역자가 원문의 의미를 고스란히 전달해야 한다고 생각하는 점에서는 추호의 의심도 없었다. 다만 양주동은 그 의미를 전달하는 표현 방법에서 굳이 한자어를 비롯하여 낯선 외국어나 외래어를 사용하는 것보다는 순수한 토착 한국어를 사용하는 쪽이 작품의 가독성으로 보나 한글을 보존하고 발전시킨다는 점으로 보나 더 좋다고 지적했을 뿐이다.

더구나 위 인용문에서 정인섭이 김진섭처럼 뷔퐁의 "문체는 곧 그 사람"이라는 말을 인용하는 것도 흥미롭다. 정인섭도 김진섭과 마찬가지로 뷔퐁의 이 명구를 자신에게 유리하도록 잘못 이해하고 있었다. 실제로 양주동이 될 수 있으면 순수한 한국어 문체를 살려 번역하자는 주장은 "문체가 곧 그 사람"이라는 뷔퐁의 말과는 그렇게 밀접한 관련이 없다. 뷔퐁의 말은 어디까지나 작가와 그의 문체의 관계를 언급하는 것일 뿐 번역자와 그의 번역 문체를 말하는 것은 아니기 때문이다.

어찌 되었든 정인섭은 여기서 양주동에 대한 비판의 고삐를 늦추지 않았다. 계속하여 그는 "외국 문예 작품의 역譯이 모두 재래 한국의 순국문체로 하여야 된다는 편견은 외국 문예의 작품을 하나도 읽어 보지 못한 자거나 또는 표현의 이국적 요소를 무시하려는 고의에서 나오는 의견일 것이다"[88]라고 지적하였다. 그에 따르면 바로 이 점에서 일반 창작 예술과 번역 예술이 서로 적잖이 다르다. 가령 소설 같은 창작 작품에서는 얼마든지 자국어를 살려 문체를 구사할 수 있지만, 외국 작품을 자국어로 옮겨놓는 번역 작품에서는 외국문학에 독특한 '이국적 요소'를 무시해서는 안 된다는 것이다.

그런데 여기서 '이국적 요소'라는 구절을 좀 더 주목해 볼 필요가 있다. 정인섭과 양주동의 주장에는 비교적 최근 번역 이론에서도 아주 중요하게 거론되는 '이국화異國化'와 '자국화自國化'의 문제와 맞닿아 있기 때문이다. 독일 신학자 프리드리히 슐라이어마허를 비롯한 몇몇 이론가는 외국 문헌을 번역할 때 번역자는 원문이 투박하면 투박한 대로 원천 텍스트의 독특한 이질적 요소를 그대로 살려 남겨 두어야 한다고 주장하였다. 다시 말해서 번역한 작품은 번역 작품다워야 하지 자국의 문학 작품과 똑같아서는 안 된다는 것이다.

한편 유진 나이더처럼 자국화를 주장하는 몇몇 번역 이론가들은 독자들이 번역 작품을 읽으면서 될 수 있으면 원천 텍스트의 이질적 요소를 느끼게 해서는 안 된다고 지적하였다.[89] 모국어로 쓴 작품을 읽는 것처럼 자연스럽게 읽히게 번역하는 것이 자국화 번역 전략이다. 다시 말해서 이 방식의 번역에서는 독자들은 번역 작품을 읽으면서 좀처럼 번역

88 정인섭, 앞의 책, 58면.

89 자국화와 이국화 문제에 관해서는 김욱동, 『번역의 미로－번역에 관한 열두 가지 물음』, 글항아리, 2011, 213～229면 참고.

자의 존재를 느끼지 못한다. 번역에서도 문화 제국주의를 표방하려는 영국과 미국 같은 국가에서는 주로 후자의 이론에 무게를 싣는다. 다른 나라들보다 문화적으로 우월하다고 믿는 그들은 오직 자신들에게 필요한 것만을 자기 방식대로 받아들일 뿐이다.

김억의 양주동 옹호

이하윤과 김진섭이 정면으로 비판하고 정인섭이 측면으로 비판하자 양주동은 홀로 수세에 몰리는 형편에 놓여 있었다. 1927년 6월 양주동이 『신민』에 발표한 「문단여시아관」은 바로 이러한 일련의 공격에 맞서 자신의 입장을 다시 한 번 천명한 글이다. 그런데 이러한 와중에 김억이 이 논쟁에 가담하면서 번역을 둘러싼 논쟁은 또 다른 양상을 띠게 되었다. 김진섭이 『동아일보』에 「기괴한 비평 현상」을 기고한 지 몇 달 뒤 김억은 역시 같은 신문에 「이식移植 문제에 대한 관견管見」이라는 글을 두 차례에 걸쳐 기고하였다.

그런데 김억은 이 글에서 직접 또는 간접으로 김진섭 쪽보다는 양주동 쪽에 손을 들어주었다. 물론 그렇다고 처음부터 드러내놓고 그의 편을 드는 것은 아니고 자신의 번역관을 밝히면서 자연스럽게 그렇게 했을 뿐이다. 실제로 김억은 말하자면 양비론兩非論의 입장을 취하였다. 가령 양주동과 김진섭이 서로 누구의 어학 실력이 더 뛰어난지를 두고 벌이는 논쟁은 아무런 의미가 없다고 말하면서 "어학력이 풍부하다고 반듯이 번역은 잘 한다고 할 수가 업는 것이니 싹하지 아니한가"[90]라고 양

90 김안서, 「이식 문제에 대한 관견—번역은 창작이다 2」, 『동아일보』, 1927.6.29.

면을 모두 비판하였다. 그러면서 김억은 어학력이 뛰어나서 무슨 원문이든 마음대로 이해하고 감상할 수 있는 사람은 아주 행복한 사람이라고 할 수 있을지는 몰라도 "그이에게 완전한 번역을 기대할 수는 없는 일이다"[91]라고 잘라 말하였다. 엄밀히 말해서 외국어 구사력이 뛰어나거나 외국문학에 대한 이해가 깊은 것과 외국문학 작품을 감칠맛 나게 번역하는 것은 별개의 문제라는 것이다.

'번역은 창작이다'라는 조금 도전적인 부제를 붙인 이 글에서 김억은 "번역이란 할 수 잇는 것일가 또 할 수 업는 것일가"[92]라고 근본적인 물음을 던지면서 번역에 관한 자신의 의견을 제시하였다. 이 물음에 대한 답은 한 마디로 번역이란 불가능한 작업이라는 것이다. 이러한 불가능은 운율이나 격조 따위를 살려서 옮겨야 하는 운문은 말할 것도 없고 산문에서도 크게 다르지 않다고 밝혔다.

> 번역한다는 그것의 의미가 원문 그대로의 의미와 어미(語美)와 율조(律調)를 조금도 상처내지 아니하고 원문과 쪽갓튼 것을 다른 언어에 재현(再現)식히는 것이라 한다면 역문(譯文)이 원문보다 우승케 되여도 그것은 번역이 안일 것이요, 또 원문보다 역문이 손색이 잇게 되여도 그것은 번역이라 할 수가 업슬 모양이니 번역이란 '나폴레온' 대제(大帝)의 자전(字典)에도 발견될 수 잇는 '불가능(不可能)' 삼자(三字) 밧게 될 것이 업는 것이다.[93]

91 위의 글.
92 김안서, 「이식 문제에 대한 관견－번역은 창작이다 1」, 『동아일보』, 1927.6.28.
93 위의 글.

여기서 김억은 번역자라면 으레 부딪치기 마련인 딜레마를 지적하였다. 그의 말대로 번역이 원문보다 나아서도 안 되고, 원문보다 부족해서도 안 된다면 번역은 불가능하다고 할 수밖에 없을 것이다. 번역자는 이러지도 못하고 저러지도 못하는 어려운 처지에 놓여 있다. 번역에서 흔히 '등가等價'를 말하지만 엄밀한 의미에서 원천 텍스트와 목표 텍스트 사이에 완전한 등가란 존재하지 않는다. 김억가 번역이란 본질적으로 불가능한 작업이며 어쩔 수 없이 처음부터 실패할 수밖에 없다고 주장하는 까닭이 바로 여기에 있다. 한마디로 잘해도 참다운 의미의 '번역'이라고 할 수 없고, 잘못하면 더더욱 좋은 '번역'이 될 수 없다는 것이다.

적어도 이 점에서 김억의 주장은 "번역이란 실패의 예술"이라고 주장한 이탈리아의 작가요 문학 이론가인 움베르트 에코와 비슷하다. 번역하는 과정에서 원전의 어떤 부분이 어쩔 수 없이 손실되는 것을 피할 수 없기 때문이다. 다시 말해서 번역자는 물리학 열역학 제2법칙인 엔트로피 현상에 맞서 싸워야 한다. 그러므로 번역이란 실패의 예술이요 불가능에 대한 도전이라는 것이다. 이렇게 번역이 도전이 큰 만큼 보람도 크다고 할 수 있다.

김억은 번역이란 처음부터 '불가능한' 작업이라고 생각하면서도 그렇다고 번역을 좀처럼 포기하지 않았다. 그는 "엄정한 의미로서의 번역이란 잇슬 수 업는 것이 사실이다. 그러나 잇슬 수 업는 것을 잇슬 수 잇게 할 수가 잇다고 하면 이곳에는 새로히 만들어내는 창작적 노력이 잇슬 셈이다"[94]라고 지적하였다. 그의 주장대로라면 번역은 유통이 아니

94 위의 글.

라 차라리 제조업에 가깝다. 번역자는 단순히 원천 텍스트를 목표 텍스트의 독자들에게 옮겨주는 것으로는 부족하고 새로운 의미를 만들어내야 한다. 김억의 말대로 번역이란 '창작적 노력'이 필요한 작업이라면 번역가에게도 창작가에 못지않은 상상력이 요구될 것이다.

이렇듯 김억은 창작에서 번역의 돌파구에서 찾으려고 하였다. 그가 이 글의 부제에서부터 아예 '번역은 창작이다'라는 명제를 내세우는 까닭이 바로 여기에 있다. 물론 번역은 비록 창작이라고 하여도 '순전한 창작'보다 오히려 '더 고생되고 노력만 만흔 도로徒勞'로 끝나기 쉽다고 밝혔다. 그가 굳이 나폴레옹까지 끌어들이면서 번역 불가론을 힘주어 말하는 것도 그 때문이다. 나폴레옹은 "내 사전에 '불가능'이라는 단어는 없다"고 호언장담한 것으로 유명하다. 알프스를 넘어 이탈리아 북부로 진격할 계획을 세웠을 때 부관들이 만류하자 그가 외쳤다는 말이다. 그런데 지금 김억은 바로 이 에피소드를 들먹이며 나폴레옹의 사전에도 번역이 '불가능'하다는 말은 있을 것이라고 지적하였다.

김억은 이 글을 쓰기 몇 년 앞서 이보다 번역을 '제2의 창작'이라고 보는 것보다 한 발 더 나아가 심지어 번역이 원작보다는 더욱 더 창조적인 작품이라고 밝힌 적이 있다. 영국 시인 아서 시먼스의 작품을 번역한 『잃어진 진주』의 서문에서 그는 "시의 번역이라는 것은 번역이 아닙니다. 창작입니다. 나는 창작보다 더한 정력 드는 일이라 합니다. 시가詩歌는 옮길 수 잇는 것이 아니라 하면 시가의 번역은 더욱 창작 이상의 힘드는 일이라 하지 아니할 수가 업습니다"[95]라고 지적하였다. 산문을 사

95 김억, 「『잃어진 진주』 자서(自序) 대신에」, 박경수 편, 『안서 김억 전집』 2, 한국문화사, 1987, 447면.

용하는 소설 번역도 그러하지만 운문을 사용하는 시 작품은 더더욱 창작 이상의 작업이라는 말이다.

그런데 만약 번역을 '제2의 창작'이나 그 이상으로 간주한다면 축역과 의역 중에서 후자를 택할 수밖에 없다. 실제로 이 무렵의 번역가 중에서 김억만큼 의역을 선호한 사람도 없었다. 그는 "원문에서 쏍아온 사상의 본질에다가 역자 되는 사람의 언어며 습속習俗이며 인정人情이며 모든 것에 마초아서 표현하지 아니하면 아니 될 것이니 번역을 창작이라 한 의미는 이에 지내지 아니한다"[96]고 잘라 말하였다. 이것을 달리 바꾸어 말하면 원문 저자의 문화에 굳이 얽매이지 말고 번역자가 속해 있는 문화에 걸맞게 번역해야 한다는 것이 된다. 방금 앞 장에서 번역 이론에서 말하는 이국화와 자국화 문제를 언급했지만, 김억은 이국화 쪽보다는 자국화 쪽에 무게를 실었다. 이렇게 자국화에 관심을 기울이다 보면 번역자는 어쩔 수 없이 축역보다는 의역을 선택할 수밖에 없을 것이다.

김억은 이렇게 축역보다 의역을 강조하다 보니 오역에 대해서는 그다지 심각하게 생각하지 않았다. 그는 "번역에 오역 갓튼 것은 문제가 될 것이 아니고 원문이란 재료에서 역자가 엇던한 창작품 예술적으로 존재될 만한 가치 잇는 것을 만들엇는가 못하엿는가 하는 것만이 문제거리일 것이다"라고 잘라 말한다. 그러면서 "존재될 만한 가치 잇는 작품이라면 원문과 비교하야는 오역보다도 악역惡譯이라 해도 조금도 책잡을 것이 업는 줄 밋는다"고 밝혔다.[97] 여기서 김억은 악역과 오역 중에서 오히려 악역이 더 나쁘다고 생각하는 것 같다. 그러나 번역학자들이나 번

96 김안서, 「이식 문제에 대한 관견 2」, 『동아일보』, 1927.6.29.
97 김안서, 위의 글.

역 연구가들은 오역이야말로 번역자가 반드시 피해야 할 악이고, '졸역'을 뜻하는 악역도 피할 수만 있다면 피하는 것이 바람직하다고 지적한다. 물론 '창조적 오역'이라는 용어를 사용할 때도 하지만 그것은 규칙이라기보다는 어디까지나 예외에 지나지 않는다.

그런데 김억이 의역을 선호한다는 것은 간접적으로 양주동의 입장을 찬성하는 것과 크게 다르지 않았다. 앞에서 이미 밝혔듯이 양주동은 외국문학연구회 회원들의 번역과 관련하여 "제씨諸氏의 역법을 보건댄 대부분이 직역인데 이 축자적 직역이 까딱하면 도리어 본의 아닌 오역으로 독자들에 느껴진다"고 밝혔다. 직역하기보다는 "전체의 시상詩想과 시태詩態를 소화하여 의역을 취하는 편이 처음 역시를 시험하는 이의 간편한 길이 아닌가 한다"고 말하기도 하였다. 양주동의 이 말은 "전체로 역자가 그 작품을 살니엿는지 하는 것만을 볼 것이다"라는 김억의 말과 비슷하다.

김억은 의역 문제뿐만 아니라 비어 문제와 관련해서도 김진섭 쪽 보다는 양주동 쪽에 손을 들어주었다. 이 무렵 김억이 번역자 못지않게 시인으로도 활약했다는 점을 염두에 두면 쉽게 이해가 갈 것이다. 시인이란 소설가 같은 산문 작가와는 또 달라서 언어에 좀 더 관심을 기울여야 하기 때문이다.

> 김진섭 씨의 사이비(似而非) 조선어(朝鮮語) 외래어를 사용하는 데 대하야는 동의할 수 업다. 그것은 산문에서도 할 수 업는 일이어늘 하물며 가장 언어의 선택을 필요하는 시가(詩歌)에서랴. 시가에서 감흥이 닯지 아니한 섯브른 말 째문에 업서지고 말 모양이니 함브로 외래어를 사용할 수 업는 일이다.

그것보다 도리혀 그 쯧에 마즐 만하게 만들어 쓰는 것이 조흔 줄 안다.[98]

양주동이 '비어'라고 부른 표현을 김억은 '사이비 조선어'라고 불렀다. 여기서 김억은 '사이비 조선어'와 '외래어'를 동의어로 사용하였다. 겉으로는 조선어처럼 보이지만 진짜 조선어가 아닌 가짜 조선어이기 때문일 것이다. 그러나 엄밀히 말하자면 이 두 용어 사이에는 조금 차이가 있다. 외래어란 본디 외국어였던 것이 자국어의 체계에 동화되어 사회적으로 그 사용이 허용된 어휘를 가리킨다. 흔히 번역 연구에서 '차용어'라고도 일컫는 외래어는 한국어에서 자주 사용되는 라디오·드라마·카메라 등 같은 어휘를 말한다. 한편 '사이비'란 겉으로는 그것과 같아 보이지만 실제로는 전혀 다르거나 아닌 것을 이르는 말이기 때문에 '사이비 조선어'는 외래어를 포함하여 좀 더 넓은 영역을 차지할 수 있다.

어찌 되었든 김억은 사이비 조선어나 외래어를 사용하지 말고 될수록 한국어 중에서 뜻에 맞는 말을 만들어 사용할 것을 주장하였다. 가령 북한에서 흔히 사용하는 '얼음보숭이'(아이스크림), '가락지빵'(도넛), '과일단물'(주스), '개수대'(씽크대), '단묵'(젤리) 같은 어휘를 염두에 두고 있는 듯하다. 한편 김진섭이 독일 시를 번역하면서 사용한 '부지화不知火', '소인무대素人舞臺', '도화극道化劇', '도화극역자道化劇役者' 같은 어휘는 '사이비 조선어'에 해당한다. 만약 이 어휘를 외래어로 본다면 일본어에서 주로 사용하는 말이기 때문일 것이다.

98 위의 글.

김억의 이러한 태도는 자신이 직접 외국 시를 한국어로 번역하면서 겪은 경험에서 비롯하였다. 한국 최초의 번역 시집이라고 할 『오뇌의 무도』와 두 번째 역시집 『잃어진 진주』를 출간하면서 그는 외국어 어휘를 옮길 적절한 어휘가 한국어에는 없다는 사실을 뼈저리게 깨달았다. 『잃어진 진주』의 서문에서 김억은 번역자로서 느끼는 이러한 절망감에 대하여 "참말 엇던 때에는 역필譯筆과 원고용지를 내여던지고 역자 내 자신의 무능비적임無能非適任을 깁히 설어하며 가튼 때에 원고의 묘미를 엇더케 표현할가 하는 무엇보다 적당한 문자 업슴을 한갓 어이업시 알앗습니다"[99]라고 고백할 정도였다. 특히 그는 한국어에 형용사와 부사가 부족하다고 한탄하며 원어 그대로라도 그냥 사용하고 싶은 충동을 느꼈다고 털어놓기도 하였다. 따지고 보면 이 무렵에 활약한 번역자들 중에서 김억만큼 번역어를 두고 그렇게 고민한 사람도 아마 찾아보기 힘들 것이다.

새로운 번역 논쟁을 위하여

뒷날 양주동은 「선배연편편先輩然片片」이라는 글에서 번역 문제를 두고 외국문학연구회 회원들과 벌인 일련의 논쟁을 회고한 적이 있다. 이 글에서 그는 "그때 발간한 『해외문학』 지의 여러 외국 시 번역을 보고 어느 지상紙上에 사뭇 선배연先輩然하게 다소 폄貶하여 비평했더니 그 동인 중 김진섭을 위시한 몇 명이 '그대가 여러 국어를 다 통하느냐'고 대들어 딴 지誌에 반박하기를 '그래, 내가 선鮮·한漢·일문日文 외에 영英·불

99 김억, 「『잃어진 진주』 자서(自序) 대신에」, 앞의 책, 445면.

佛·독獨 3개 국어쯤 모르는 줄 아느냐, 또 제군諸君의 그 졸역拙譯쯤 못 평할 것이 무엇이냐'고 아주 대가연大家然히 지상紙上에 일이 회상된다"[100]고 말하였다. 양주동은 이 무렵 『해외문학』의 번역과 관련하여 외국문학연구회를 적잖이 폄하하였다. 좀 더 객관적인 번역 평가에서 벗어나 사사로운 개인감정이 개입했음을 솔직히 인정한 셈이다.

번역과 관련한 양주동의 지적에 대하여 정인섭은 어느 정도 인정하였다. 뒷날 정인섭도 김진섭의 문장이 종래의 한국문단에서는 좀처럼 볼 수 없는 독특한 것이었고, 외국문학연구회의 "다른 동인들의 번역도 첫 시도를 한 만큼 완전했다고는 할 수 없었을 것"[101]이라고 지적하였다. 그러면서 그는 양주동이 연구회 회원들과는 달리 이미 기성 문단에서 활약하고 있는 데다 또 대가처럼 행세하는 성격 때문에 연구회와 대립할 수밖에 없었을 것이라고 밝혔다.

그러나 번역을 양주동과 외국문학연구회 회원들이 벌인 논쟁에는 번역자는 말할 것도 없고 번역에 관심 있는 사람이라면 누구나 마땅히 좀 더 관심 있게 눈여겨보아야 할 중요한 내용이 담겨 있다. 그들이 제기한 문제들은 굳이 동양과 서양의 번역자를 가르지 않고 거의 모든 이론가가 입에 침이 마르도록 논쟁을 벌여 왔고, 지금까지도 여전히 논쟁거리로 남아 있는 것들이다. 가령 경문체/연문체, 축역/의역, 이국화/자국화, 외래어/토착어, 언어 생성 등을 둘러싼 문제가 바로 그러한 예에 속한다. 서양에서도 번역 이론이 본격적으로 대두되기 시작한 것은 2차 세계 대전 이후의 일이다. 번역 연구나 번역학은 서양의 학문 중에서도

100 양주동, 「선배연편편」, 『양주동 전집』 12, 동국대 출판부, 1998, 290~291면.
101 정인섭, 「나의 유학 시절」, 76면.

가장 뒤늦게 태어난 막둥이다. 이렇게 번역 이론이 대두되기 훨씬 전인 1920년대 말과 1930년대 초에 식민지 조선에서 이렇게 번역과 관련한 여러 문제를 제기했다는 것이 여간 놀랍지 않다.

그런데 비록 이하윤을 비롯하여 김진섭과 정인섭 같은 외국문학연구회 회원들한테서 집중포화를 받았지만 양주동이 제기하는 주장은 90여 년 가까운 세월이 흐른 오늘날의 관점에서 보아도 조금도 낡아 보이지 않고 오히려 오월의 신록처럼 아직도 싱그럽다. 그가 축역과 의역 중에서 어느 한쪽만을 고집하기보다는 작품의 성격이나 상황에 따라 적절하게 선택하여 사용하라고 주장하는 것은 탁견이라고 아니할 수 없다. "직역 축역으로 되어 너무나 비문非文 될 염려가 있는 곳에는 의역체를 가미하고, 반대로 의역이 너무나 원작과 상이하게 될 때에는 직역적 필치를 취하라"[102]고 권하였다.

양주동이 자국어에 기울이는 관심도 이만저만이 아니었다. 그의 지적대로 번역이 자국의 발달에 크게 이바지한다고 말하면서도 번역자들이 막상 자국어를 등한시하는 것은 앞뒤가 서로 맞지 않는다. 이 점에서 "자국어를 모르고 더구나 자국 문자를 버리고 만연히 생경한 외자外字를 쓴다는 것은, 나로서는 만만불가萬萬不可하다"는 그의 주장은 적잖이 설득력이 있다. 목표 언어인 자국어를 소홀이한 채 지나치게 원천 언어인 외국어에만 무게를 싣는 번역자들에게 경종을 울리는 말이다.

한마디로 외국문학연구회 회원들과 양주동 사이에서 일어난 일련의 번역 논쟁은 사사로운 개인감정에서 비롯했건 학문적 양심에서 비롯했

102 『양주동 전집』 11, 213면.

건 한국 번역사에서 굵직한 획을 그은 중요한 사건이었다. 특히 양주동의 두 논문은 한국 번역사에서 본격적인 번역 평가로 기록될 만하다. 또한 양주동의 비판에 대응한 외국문학연구회 회원들의 주장에도 번역자들이 늘 염두에 두어야 할 중요한 내용이 담겨 있다. 양주동과 외국문학연구회 회원들의 논쟁에서 볼 수 있는 갈등과 긴장은 문화적으로 척박한 한국에서 번역이라는 나무가 성장하는 데 소중한 밑거름이 되었다. 이 점에서 아널드 토인비의 말대로 역사가 도전과 응전의 과정이라면, 『해외문학』과 관련하여 이루어진 번역 논쟁의 역사도 도전과 응전의 과정으로 볼 수 있다. 바로 이러한 도전과 응전의 과정을 거치면서 한국의 번역문학은 한 단계 도약할 수 있었던 것이다.

제8장

외국문학연구회와 문학 논쟁

일제 강점기에 1920년대와 1930년대의 문학가들은 궁핍한 시대의 어려운 상황에도 불구하고 그 나름대로 활발하게 창작과 비평 활동을 전개해 나갔다. 1919년 기미독립운동 이전에 조선 최초의 문학동인지라고 할 『창조』가 창간된 뒤 『폐허』와 『백조』 같은 동인지나 문예잡지들이 잇달아 창간되면서 조선 작가들에게 전에는 좀처럼 볼 수 없던 창작 공간이 마련되었다. 이러한 동인지나 문예지는 비단 창작 작품뿐만 아니라 외국문학 작품의 번역도 싣고 있어 조선문학과 외국문학을 잇는 가교 역할을 하였다. 비록 일본을 통한 간접 방식이긴 하지만 서구의 문예사조나 이론을 도입함으로써 문예 창작의 원동력으로 삼은 것도 바로 이 무렵의 잡지들이었다.

이 무렵 조선문단에는 계급타파의 깃발을 내걸고 사회주의 사회를 부르짖는 프롤레타리아문학 진영과 민족주의를 부르짖는 민족문학 진영이 양대 산맥을 이루고 있었다. 전자는 1922년 9월에 한국 최초의 프로 문화 단체라고 할 '염군사焰群社'와 그 이듬해 조직된 '파스큘라PASKYULA'를 조직되면서 체계를 처음 갖추기 시작하였다.[1] 1925년 8월에 염군사와 파스큘라를 합쳐 새롭게 만든 단체가 바로 '조선프롤레타리아예술가동맹'이다. 간단히 줄여서 '조선프로예맹', 에스페란토어 'Korea Artista Proleta Federacio'의 약자로 흔히 'KAPF'라고 불렸다. 1935년 5월 해체될 때까지 이 단체는 계급의식에 입각한 조직적인 프롤레타리아 문학과 계급혁명 운동의 깃발을 내걸고 문학이 사회주의 건설에 앞장설 것을 부르짖었다.

한편 민족주의에 뿌리를 두고 있는 민족문학 진영은 이광수李光洙를 중심으로 전개되었다. 그러나 민족문학은 특정한 문학 단체라기보다는 조선프로예맹과 다른 노선을 걸은 다양한 문학 집단을 뭉뚱그려 부르는 포괄적인 용어에 지나지 않는다. 계급문학을 부르짖은 문학가들과는 달리 그는 개인의 자아 각성과 자기 발견에서 문학의 보편적 가치를 찾으려고 하였다. 이광수는 근대문학사에서 한국 최초의 문학 이론이라고 할 「문학이란 하何오」에서 문학이 무엇보다도 개인의 정서에 바탕을 두고 있다고 지적하였다. 그는 문학이란 특정한 형식 아래 인간의 감정을 표현하는 것이라고 전제 한 뒤 "사물을 연구함이 아니라 감각함이니, 고로 문학자라 하면 인人에게 모某 사물에 관한 지식을 교敎하는 자가 아니요, 인人으로 하여금 미감과 쾌감을 발發케 할 만한 서적을 작作하는 인

1 '염군'이란 불꽃 무리라는 뜻으로 세찬 기세로 널리 번져나가는 것을 뜻한다. 한편 'PASKYULA'란 명칭은 이 모임을 조직한 회원들 이름의 두문자(頭文字)를 따서 붙인 이름이다.

人"[2]이라고 주장하였다. 이렇듯 민족주의 문학이 추구하는 이상은 프로문학처럼 계급 타파가 아니라 인간의 감정과 사상을 자유롭게 표현하는 데 있었다. 민족주의 문학 진영에서는 이광수의 지적대로 집단보다는 개인, 어떤 명시적인 목적보다는 인간 감정의 표현에서 문학의 본질을 찾으려고 하였다.

그런데 이 두 문학 진영은 이념은 서로 달랐어도 1920년대 중반까지는 그렇게 첨예하게 서로 대립하지 않았다. 창립 회원은 아니지만 외국문학연구회에서 핵심적인 역할을 한 이헌구는 민족주의 문학 진영과 프로문학 진영을 담을 사이에 두고 있는 이웃집에 빗대었다.

> 그들은 한 울타리 안에서 사이좋게 제 살림살이를 해 왔었다. 서로 담 너머로 이야기도 했고 서로 구차한 살림을 도와주기도 하여 왔으나 1924년 이후 1925년을 비롯하여 계급적 신흥문학(新興文學)이라는 새로운 기치가 한 집안에서 불쑥 힘차게 솟아나왔다. 처음은 다소 방관적 조소(嘲笑)로 맞이하던 그 세력이 점차 확대하게 되었다. 그리하여 드디어 국민주의 문학이라는 것과 사회주의 문학이라는 것이 서로 다른 진영 속에서 서로의 세력을 부식(扶植)하려 하였다.[3]

민족주의 문학 진영과 프로문학 진영이 "한 울타리 안에서 사이좋게

2 이광수, 「문학이란 何오」, 『매일신보』, 1916.11.10~1916.11.23; 윤병로 편, 『한국 근현대 비평의 흐름』, 성균관대 출판부, 2000, 22면. 이광수를 비롯한 작가들이 주창하는 문학은 '민족문학'이 아니라 '민족주의 문학'으로 불러야 한다. '민족문학' 또는 '국민문학'은 요즈음 세계 문학사의 마지막 장을 화려하게 장식하는 '세계문학'과 대립되는 개념이다.

3 이헌구, 「『해외문학』 창간 전후」, 김준현 편, 『이헌구 선집』, 현대문학사, 2011, 391면.

살림살이를 해 왔다"는 이헌구의 지적은 조금 과장되어 있다고 할 수 있다. 이념과 노선이 서로 판이하게 다른 만큼 이 두 진영은 그렇게 사이가 좋지 않았기 때문이다. 다만 그들이 뒷날에 그랬던 것처럼 초기에는 그렇게 날카롭게 맞서지 않은 것만은 부정할 수 없는 사실이다. 두 진영이 한 울타리에 살고 있었다면 그 울타리는 다름 아닌 일제의 식민주의 지배를 받는 조선과 식민지 종주국 일본을 구분 짓는 경계선이었다. 같은 핏줄을 물려받은 한민족으로서 그들은 울타리 밖에서 시시각각으로 옥죄어 오던 일제에 맞서 어느 정도 동류의식을 느꼈을 것이다.

그런데 우익적인 민족주의 문학 진영은 『조선문단』을, 좌익적인 계급문학 진영은 『문예시대』를 거점 무대로 삼아 활약하였다. 바로 이때 혜성처럼 출현한 것이 외국문학연구회와 그 기관지 『해외문학』이었다. 연구회는 양비론적 입장에서 사회주의를 지향하는 프로문학 진영과 민족주의 깃발을 내건 민족문학 진영을 모두 비판 대상으로 삼았다. 1930년 초엽 외국문학연구회와 프로문학 진영 사이에 문학의 본질과 임무를 두고 한바탕 치열한 논쟁이 벌어졌다. 그리고 이 논쟁은 한국문학사에 굵직한 획을 그었다.

정인섭의 프로문학 비판

외국문학연구회가 활동하던 식민지 시대에는 계급문학이 민족문학보다 더욱 큰 영향력을 행사하였다. 민족주의 문학이 문학의 보편성을 부르짖으면서도 여전히 한민족의 좁은 울타리 안에 갇혀 있던 반면, 계급문학은 민족의 울타리에서 벗어나 '계급 해방'을 외치며 인류 전체의 역사 발전과 같은 방향으로 나아가고 있었기 때문이다. 또한 프롤레타리아 문학가들이 계급투쟁이라는 공동 깃발 아래 비교적 서로 단결했다면, 집단보다는 개인에 무게를 싣는 민족문학 계열은 이념으로 한데 뭉치는 응집력이 약하였다. 민족주의 문학 계열의 작가들은 스스로 한 진영을 결성했다기보다는 프롤레타리아 문학운동이 결집하면서 자연스럽게 우익 진영으로 분류되었다고 말하는 편이 더 정확할 것이다. 이 점과 관련하여 외국문학연구회의 창립 회원으로 이 연구회에서 핵심적 역할을 한 정인섭은 "좌익적 문예운동의 출발이 우익파라는 것을 규정해 주었고 [좌익이] 선전宣戰을 포고함으로 말미암아 소극적으로 또는 간접으로 그 대립을 느꼈을 따름이지 아직도 외국의 예例와 같은 '우익포대右翼砲臺의 진영'이라는 것을 볼 수가 없다"[4]고 지적한 적이 있다. 정인섭의 지적대로 우익 문학가들은 좌익 문학가들과는 달리 아직 제대로 진영을 갖추고 있지 않았다.

조선프롤레타리아예술가동맹과 비슷한 시기에 창립된 외국문학연구회는 중역重譯이 아닌 직역直譯 방식을 통하여 외국문학을 올바로 번역하여 소개함으로써 한국문학을 좀 더 풍요롭게 만들려는 분명한 목적 말고도 또 다른 중요한 목적이 있었다. 외국문학연구회는 『해외문학』 창간호의 창간 권두언에서 다섯 가지 임무를 천명한다. 그중 맨 마지막 항목에서 연구회는 어떤 특정한 주의나 주장에 얽매이지 않고 폭넓게 문학을 받아들일 것이라고 밝힌다.

4 정인섭, 「조선 현문단에 訴함」, 『조선일보』 1930.1.4~1.20. 정인섭은 뒷날 단행본으로 출간할 때는 이 글과 며칠 전 역시 『조선일보』에 발표한 「현조선문단에 呼訴함」(1930.1.2)을 합쳐 「한국 현문단에 호소함」이라는 제목을 고쳐 『한국문단논고』, 신흥출판사, 1959, 77~78면에 수록하였다. 정인섭은 이 글을 단행본에 수록하면서 맞춤법을 현대어로 바꾸고 어려운 한자어를 한글로 쉽게 풀어서 사용하였다. 특히 '조선'을 '한국'으로 바꾼 것이 눈에 띈다.

이런 의미에셔 이 잡지는 세상에 흔이 보는 엇더한 문학적 주의하에 모힌 그것과 다르다. 제한된 일부인(一部人)의 발표를 위주로 하는 문예잡지, 동인지 그것도 아니다. 이 잡지는 엇던 시대를 획(劃)하야 우리 문단에 큰 파동(波動)을 일으키는 뜻잇는 운동 전체의 기관(機關)이다. 동시에 주의(主義)나 파분(波分)을 초월한 광범(廣汎)한 그것이 아니면 안 된다.[5]

위 인용문에서 특히 "엇던 시대를 획하야 우리 문단에 큰 파동을 일으키는 뜻잇는 운동 전체의 기관"이라는 구절을 좀 더 찬찬히 주목해 볼 필요가 있다. 외국문학연구회가 한국문단에 한 획을 긋는 의미 있는 운동을 지향하는 단체임을 밝히는 대목이다. 그런데 여기서 '운동 전체의 기관'이라고 힘주어 말하는 것은 특정한 문학 유파나 입장에 서지 않고 어디까지나 좀 더 객관적으로 문단 전체를 아우르겠다는 의지를 표명하기 위해서였다. 정인섭은 『조선일보』에 기고한 글을 조금 고친 「한국 현문단에 호소呼訴함」에서 "그 모임의 출발이 각자各自가 전문하는 각국의 언어를 통하여 실제로 원작과 그 연구의 소화와 한국에서 수입을 공통목적으로 한 까닭에 문학상의 일주의一主義에 구애되지 않은 광범한 학구체學究體이었다. 그러므로 각자의 주의주장이 오늘에 이르기까지 같지 않은 것은 물론이요, 이것이 또한 당연한 처지일 것이다"[6]라고 주장하였다. 한마디로 창간 권두사는 외국문학연구회는 이 무렵 한국의 여러 문학 단체나 기관에서 흔히 볼 수 있는 "주의나 파분을 초월한 광범한" 단체로 좀 더 균형 잡힌 시각을 견지한다고 천명한 일종의 선언문이었다.

5 「창간 권두언」, 『해외문학』 창간호, 1927.1, 1면.
6 정인섭, 『한국문단논고』, 신흥출판사, 1957, 94면.

이러한 선언문에 걸맞게 외국문학연구회는 이 무렵 성난 파도처럼 한국문단을 풍미하던 프롤레타리아 문학과 민족문학에 맞서는 대항 세력으로서의 역할을 맡았다. 특히 이 과정에서 프롤레타리아 해방을 궁극적 목표로 삼고 있던 카프문학과 일련의 문학 논쟁을 벌였다. 앞에서 언급했듯이 카프문학은 철저한 계급의식을 바탕으로 혁명적이고 전투적인 양상을 띠었다. 외국문학을 전공하며 세계정신을 호흡하던 외국문학연구회 회원들에게 카프문학의 이러한 노선은 좀처럼 받아들이기 어려웠다. 그리하여 문학의 기능과 역할을 두고 정인섭은 카프문학의 이론가로 자타가 인정하던 임화林和를 비롯하여 송영宋影이나 백철白鐵 등과 문학 논쟁을 벌이기에 이르렀다.

정인섭의 뒤를 이어 이헌구도 임화·백철·송영 등과 일련의 논쟁을 벌이면서 카프문학 계열 문학가들과 외국문학연구회 회원들의 문학 논쟁은 점점 치열해졌다. 1930년대 이 두 문학 진영 사이에서 일어난 일련의 논쟁은 한국문학사에서 문학 비평이 발전하는 데 크게 이바지하였다. 이 무렵에 일어난 활발한 문학 논쟁을 보면 1930년대는 어떤 의미에서 '창작의 시대'라기보다는 오히려 '비평의 시대'라고 불러도 크게 무리가 없을 것이다. 세계 문학사를 들여다보면 한때 창작이 힘을 떨친 뒤에는 비평이 힘을 떨쳤고, 비평이 문단을 휩쓴 뒤에는 창작이 문단이 휩쓴 경우를 쉽게 엿볼 수 있다.

카프문학 진영과 외국문학연구회의 문학 논쟁은 1931년 1월 초 정인섭이 『조선일보』에 앞에 언급한 두 글을 연재한 것이 발단이 되었다. 「조선 현문단에 호소함」에 그는 '1930년은 사형집행유예'라는 자못 도전적인 부제를 붙였다. 그에 따르면 세계정세는 접어두고 한국 사회로 좁혀보더라도 1930년대에 들어서서 대외적으로는 경제 대공황을 비롯한 문제, 대내적으로는 빈곤, 문맹, 문예 경시, 검역 등으로 몸살을 앓고 있었기 때문이다.

가장 좋은 의미의 코즈모폴리터니즘을 지향하던 정인섭은 그동안 문학가라면 늘 세계문단에 관심을 기울여야 한다고 주장해 왔다. 최근 한국의 주요 일간신문들이 '해외 문단 소식' 난欄을 싣고 있는 사실에 주목하면서 그는 "세계문단의 동향의 대한 관심이 심각하면 할수록 한국문단의 안계眼界가 넓어질 것은 물론이요 또한 기뻐할 일이다"[7]라고 환영하였다. 이러한 주장은 그가 외국문학연구회에서 핵심적 멤버로 활약할 때부터 지속적으로 해 온 것이다. 그러나 그는 안타깝게도 한국문단에서는 여전히 세계문단뿐만 아니라 국제 정세에도 무관심하다고 지적한다.

> 그러한 현상이 있음에도 불구하고 작년 동안의 한국문단에는 국제정세의 동향에 대한 문학의 작품 행동이 희박하엿다는 것이다. 환언하면 국제정세의 여파가 일반 한국 사회층에는 많은 영향을 주었어도 한국문학의 내용적 창작에는 그러한 파문을 발견하기에 어려웠다는 일종의 모순은 과연 무엇에 원인되였을까? 일부 외국문학 연구자들에 의한 세계문단의 연구적 견해와 신문 학예란(學藝欄)의 해외문단 소식의 노력이 있기는 있었지마는 어찌하여 일반 한국문단 전체로서는 재래(在來) 비평가들이나 또는 창작가가 '국제정세의 한국문단적 무위(無爲)'에 침전되어 있을까?[8]

7 위의 책, 71면.
8 위의 책, 71면. 카프문학 진영의 문학가 가운데 송영이 세계 경제 대공황의 결과를 언급

정인섭의 지적대로 1929년과 1930년에 걸쳐 국제 사회는 여러모로 '획기적인' 격변을 겪었다. 가령 소비에트 연방에서는 이오시프 스탈린과 갈등을 겪던 레프 트로츠키가 국외로 망명하자 스탈린은 권력을 독점하면서 독재 체제를 한층 공고히 다졌다. 영국 런던에서는 군축회의가 열려 인도주의를 모색했는가 하면, 인도에서는 모한디스 간디가 '소금 행진'을 벌여 민족주의에 불을 댕겼다. 또한 남아메리카 여러 국가에서 쿠데타가 잇달아 일어나기도 하였다. 그러나 정인섭이 말하는 국제 정세란 특히 1929년 10월에 미국 뉴욕의 월스트리트의 주가 폭락이 촉발한 세계 경제 대공황을 말하는 것 같다. 이 무렵 그의 지적대로 이러한 국제 정세의 여파는 식민지 종주국 일본은 말할 것도 없고 식민지 조선 사회에도 크고 작은 영향을 끼쳤기 때문이다.

정인섭은 사정이 이러한데도 유독 조선문단에서는 이러한 세계정세에 무관심하다고 지적하였다. 그의 지적은 민족주의 문학 계열의 문학가들에게도 해당하지만 특히 카프문학 계열의 문학가들을 겨냥한 것으로 볼 수 있었다. 정인섭은 1930년만큼 프로문학 진영에 "스위트한 시즌", 즉 절호의 찬스가 없을 터인데도 그들의 활약이 저조했다고 평가하였다. 한마디로 이 무렵 카프문학은 침체의 늪에 빠져 있었다는 것이다.

> 한국문단에 있어서 프로문학파는 예술파 또는 민족파보다는 비교적 국제정세에 많이 유의(留意)했으며 또한 그 본질상 당연히 국제정세에 관심하여

하였을 뿐이다. 그는 "세계적 대공황은 노골적 파시즘을 초래하고 말았다"고 전제한 뒤 "실업자 홍수, 대공장의 폐쇄, 戰債 모라토리움, 자본가적 산업 분리화, 검거의 대선풍" 등과 함께 농촌의 궁핍화와 유랑민의 격증 등을 들었다. 송영, 「1931년의 조선문단 개관」, 『조선일보』, 1931.12.17.

> 야 될 것인데 사실상 그러한 현상에 불구하고 그 문예운동의 실제적 효과에 있어서는 다른 단일(單一) 정체(政體)로서의 독립 사회와는 다른 능률을 보이고 있다. 일례(一例)를 든다 하더라도 세계적 공황(恐慌)의 추세로 다른 사회에서는 1930년이 그 '프로 문예운동'에 있어서 필연적 활약을 농후하게 보였으되 한국의 프로문예 진영에는 일종의 반비례가 잇는 듯하게 그 수확이 기대보다는 훨신 저조한 듯하다는 것은 이미 이상(以上)에 말한 바이다. 이것은 하필 1930년만을 말함이 아니요, 더 광의(廣義)로 말한다면 '한국 문예운동의 특수성'이란 것이 물론 우파(右派)에도 있겠지마는 좌익(左翼)의 '프로 문예운동'에도 마땅히 잇는 것을 말하고자 하는 바이다.[9]

정인섭은 프로문학 진영이 예술지상주의 진영이나 민족주의 문학 진영보다 국제정세에 훨씬 더 깊은 관심을 기울여야 하는데도 실제로는 그렇지 못하다고 비판하였다. 지금까지 한국문단에서는 흔히 카프문학과 민족주의 문학의 두 진영이 대두되고 있었지만 여기서 그가 예술지상주의 진영을 나란히 언급하는 것이 관심을 끈다. 실제로 정인섭은 이 글에서 이 무렵 활동하던 우익 진영의 한국 작가를 ① 순수 예술지상주의자, ② 통속적 모더니스트, ③ 심리 해부적 리얼리스트, ④ 민족적 인도주의 등 크게 네 부류로 나누었다. 그는 ①의 대표적인 작가로 김동인金東仁, ②의 대표적인 작가로 최독견崔獨鵑, ③의 대표적인 작가로 염상섭廉想燮, 그리고 ④의 대표적인 작가로 이광수를 꼽았다. 그러므로 예술지상주의 진영은 넓은 의미에서 민족주의 문학 계열로 넣어도 무방할 것

9 위의 책, 87면.

이다. 정인섭은 이 네 우익 작가들을 소설 장르를 본령으로 삼아 꾸준히 노력해 온 "한국 문예계의 공로자"라고 높이 평가하였다.

한편 정인섭은 "일종의 반비례가 잇는 듯하게"라는 표현에서도 엿볼 수 있듯이 계급문학을 부르짖는 카프문학 진영이 국제정세에 관심을 두기는커녕 오히려 시대에 역행하고 있다고 주장하였다. 앞에서 이미 언급했듯이 카프문학 진영의 문학가들은 무산계급 예술운동의 선봉에 서서 봉건주의와 자본주의의 관념을 철저히 배격한다는 깃발을 내세웠기 때문이다. 한편 정인섭은 이러한 무관심 가운데에서도 외국문학연구회를 비롯한 외국문학 연구자들이 일간신문의 문화부 기자들과 함께 그나마 해외문단 소식을 전하고 있다고 평가하였다. 이렇게 그는 카프문학 진영이 내세우는 이념적 목표와 실천 사이에는 큰 괴리가 있음을 은근히 비판하였다.

조선문단에 대한 이러한 비판에 이어 정인섭은 외국의 문단과 비교해 볼 때 조선문단이 유난히 '조숙'과 '조로' 현상에 빠져 있다고 경고하였다. 이 점과 관련하여 그는 "요컨댄 한국의 문인은 '조숙早熟'과 '조로早老'로 멸망하려는 자부自負와 자위自慰에 모든 과정過程을 과정하는 것 같다"[10] 고 잘라 말하였다. 조선문단이 이렇게 조숙과 조로의 함정에 빠져 있는 것은 바로 문학가의 연구 정신, 즉 "심각한 관찰과 면학적 태도"가 부족하기 때문이라고 그는 진단하였다. 그에 따르면 문학가는 부단히 연구에 정진하는 노력을 아끼지 말아야 한다. 정인섭은 이러한 연구가 학자들이나 비평가들에게만 필요한 것으로 생각하기 쉽지만 실제로는 창작

10 위의 책, 72면. 정인섭은 자못 시적으로 "'조숙'이 잘못 미끄러진 '조로'의 막다른 골목"이라는 표현을 사용하기도 하였다.

가에게도 마찬가지로 필요하다고 역설하였다. 그가 말하는 '감각의 시련試鍊'은 단순히 예술적 영감에서 비롯하기보다는 부단한 노력과 연구 결과에서 비롯하기 때문이다. 이 주장 또한 비록 간접적이기는 하지만 유난히 구체적 행동과 실천에만 무게를 싣는 카프문학 진영을 향한 비판으로 보아 크게 틀리지 않기 것이다.

카프문학에 대한 정인섭의 비판이 가장 뚜렷이 드러나는 것은 바로 '조선 문예운동의 특수성'과 관련한 대목이다. 그는 무엇보다도 카프문학이 조선의 특수성을 제대로 인식하지 못한 채 외국을 철저하게 모방하고 있을 뿐만 아니라 세계정세를 제대로 파악하지도 못하는 맹목적인 국제주의에 빠져 있다고 신랄하게 비판하였다. 그러면서 정인섭은 한국의 계급차별 타파를 부르짖는 카프문학이 한낱 "유행심리적流行心理的 소아병적小兒病的 감응주의感應主義 또는 모방적模倣的 직역적直譯的 국제주의國際主義"에 지나지 않는다고 혹평하였다. 외국문학을 전공하던 정인섭의 관점에서 보면 그렇게 평가하는 것도 그다지 무리는 아니었다. 카프문학 진영에서는 선정적인 구호를 앞세웠을 뿐 외국문학에 대한 전문적 지식이나 문예 이론이 턱없이 부족하고, 그렇다고 그러한 지식을 얻으려고 노력하지도 않았기 때문이다.

그렇다면 정인섭이 말하는 "유행심리적 소아병적 감응주의"란 과연 무엇을 말하는 것일까? 프로문학 진영에 속한 문학가들이 마치 어린아이들처럼 시대에 풍미하는 유행에 민감하고 감정에 치우쳐 생각하고 판단한다는 뜻일 것이다. 정인섭은 독일 작가 에리히 레마르크의 소설 『서부전선은 별일 없다』, 즉 『서부전선 이상 없다』를 한 실례로 들었다. 이 무렵 이 작품은 독일을 비롯한 서유럽과 미국에서 큰 관심을 끌고 있었고, 일본에서도 프로문학가들이 반전反戰소설로 인기몰이를 하고 있었다. 그런데 정인섭이 판단하기로는 조선의 프로문학 진영에서는 식민지 조선의 특수한 상황을 전혀 고려하지도 않은 채 마치 유행을 따르듯이 서구나 일본을 그대로 추종하고 있었다. 이러한 태도는 철없는 어린아이들은 몰라도 성인이 취해야 할 행동은 아니라는 것이다.

정인섭이 프로문학 진영이 "모방적 직역적 국제주의"에 빠져 있다고 말하는 까닭이 바로 여기에 있다. '모방적 국제주의'라는 용어는 그런대로 이해할 수 있지만 '직역적 국제주의'라는 말은 꽤 낯설다. '직역적 국제주의'란 어설픈 번역가가 외국 작품을 전후 맥락도 모르고 글자 그대로 축어적逐語的으로 옮기는 것처럼, 프로문학 진영이 외국문학을 자국의 사정에 맞지 않게 받아들이는 것이 아니라 외국에서 사용하는 그대로 고지식하게 받아들이는 태도로 해석하여도 크게 틀리지 않을 것 같다. 다시 말해서 국제주의를 표방하되 지나치게 글자 그대로 표방한다는 뜻이다. "재래在來는 한국문단의 푸로 진영에서는 대부분 그 표면적 동향을 일본의 그것에서 직역直譯해 오는 경향이 심한 것같이 생각된다"[11]는 정인섭의 말은 이 점을 뒷받침한다. 정인섭은 '직역적' 국제주의 대신 '맹목적' 국제주의라는 용어를 사용하기도 하였다. 실제로 이 무렵 프로문학 진영에서는 일본프롤레타리아예술동맹JAPF을 매개로 하지 않고서는 그들의 이론을 제대로 정립할 수 없다시피 하였다. 정인섭은 이 점과 관련하여 카프문학 진영이 초기 단계의 모방에서 벗어나 좀 더 홀로 서서 한국문단에 이바지하기를 바라마지 않았다.

11 위의 책, 88면.

> 대다수의 민중이 생활에 절박(切迫)이 있었고 일제(日帝)의 위정자의 구제(救濟) 무능에 대해서 민중의 자발적 각성이 보이는 때 — 더구나 각국 사회에서 경제적 공황으로 말미암아 여러 가지 사변(事變)이 한국의 고막(鼓膜)을 울리는 때 — 한국의 '푸로 문예운동'은 그 모든 것을 얼마만 한 문학 내용으로서 민중에게 제시하였던가? 벌써 '푸로문학 원리의 개념'과 그 추상적(抽象的) 공식론(公式論)의 연장(延長)으로서의 '초기 문학 운동기'는 지나가지 않았는가?[12]

'직역적 국제주의'나 '조선 문예운동의 특수성'과 관련하여 정인섭이 1930년에 소련 하리코프에서 열린 프로문학 국제대회를 언급한다는 점을 좀 더 찬찬히 눈여겨볼 필요가 있다. 그는 "1930년 11월 8일에 소련 하리코프에서 개최되었던 전세계의 '푸로작가단체 대표의 확대총회擴大總會'에서는 22개국의 출석이 있었는데 그 세계 최초인 '프로문학' 국제대회에서도 각국의 대표자들은 각기 사회상의 현단계을[를] 말하고 그 특수한 당면 상태를 참작한 문예운동의 개별적 차이에 유의하였다"[13]고 지적하였다. 정인섭이 하리코프 프로작가대회를 언급하는 것은 국제주의 공식이 조선의 식민지 특수성에 비추어 그것에 걸맞게 변형되어 적

12 위의 책, 86면.

13 위의 책, 92면. 정인섭은 『동아일보』에 발표한 「1932년 문단 전망」에서도 "하리코프에서 개최된 국제 푸로작가대회에서도 각국의 특수적 적용 이론을 提唱 혹은 勸說하였다" 고 주장하였다. 정인섭, 『한국문단논고』, 신흥출판사, 1957, 112면. 물론 프로문학 진영에서는 권한(權煥)이 『동아일보』에 「하리코프 대회에서 조선프로 예술가의 얻은 교훈」을 발표하였다. "불과 3년 동안에 세계 프롤레타리아 운동은 어느 영역에서든지 위대한 발전을 보여 주었다"고 말하는 등 균형 있게 대회를 보고하지는 못하였다. 『동아일보』, 1931.5.14~5.17.

용해야 한다는 주장을 뒷받침하기 위해서였다. 이렇게 프로문학 작가들의 국제대회에 관한 구체적인 언급이 카프문학 진영에서 직접 나오지 못하고 오히려 우익으로 지탄받는 외국문학연구회 쪽에서 나온다는 것은 그들로서는 부끄러운 일이 아닐 수 없었을 것이다.

그렇다면 정인섭이 말하는 이 무렵 조선이 놓여 있는 특수한 당면 문제란 과연 무엇일까? 두말할 나위 없이 일본 제국주의에 의한 식민지 지배일 것이다. 그것은 그가 프로문학 진영에게 "일정하日政下의 약소민족을 해방시키는 방법의 특수성을 고려해 주기 바라는 바이다"라고 주문하는 데서도 엿볼 수 있다. 뒷날 정인섭은 「나의 유학 시절」이라는 글에서 카프문학 진영과의 논쟁을 회고하며 "그 당시 카프 동인同人들은 언어나 문장에 그다지 관심을 갖지 않고 오로지 문학 사상을 주요시하여, 그 유물주의적 목적에 적합한 것만이 옳은 문학이고 그 밖의 것은 모두 배척하는 그런 공식적인 태도를 갖기 때문에 해외문학파의 다양한 포섭적 종합성을 무조건 배척하려 했다"[14]고 지적하였다. 물론 이러한 이념 편향과 독단성은 비단 카프문학에 그치지 않고 특정한 정치·사회적 또는 윤리·도덕적 목표를 염두에 두고 있는 목적지향적 문학이 하나같이 안고 있는 본질적인 문제다. 그러나 이러한 경향은 이 무렵 노동자·농민 해방을 기치로 내세우던 카프문학 진영에서 가장 뚜렷하게 드러났다.

정인섭은 「조선 현문단에 소함」을 기고한 지 1년 뒤 다시 『동아일보』에 「1932년 문단 전망」이라는 글을 발표하였다. 이 글은 1932년 새해를 맞아 조선문단이 어떻게 전개될 것인지, 또는 어떻게 전개시켜야

14 정인섭, 『못 다한 인생』, 휘문출판사, 1989, 148면.

할 것인지 문학가들에게 묻는 질문에 답하는 형식을 취하였다. 정인섭은 이 글에서도 민족주의 문학 진영과 함께 프로문학 진영에게 '우정 어린 충고'를 아끼지 않았다. 여기서 그는 프로문학이 지향해야 할 사항을 ① 보편 이론의 한국적 적용, ② 그 적용 방법으로 쉬운 글쓰기와 감정 자제, ③ 작품의 민중화 등 세 가지를 제안하였다.[15] 그런데 이 세 가지는 그동안 외국문학연구회가 지향해 온 목표이기도 하였다.

정인섭에 대한 송영과 임화의 반론

정인섭의 「조선 현문단에 호소함」은 여러모로 카프문학 진영 문학가들의 심기를 건드리기에 충분하였다. 그는 계급문학을 표방하는 작가들과 비평가들을 직접 또는 간접으로 신랄하게 비판했기 때문이다. 아니나 다를까 이 글이 발표되자 얼마 안 되어 송영은 1931년 12월 『조선일보』에 발표한 「1931년의 조선문단 개관」에서 외국문학연구회를 맹렬히 공격하고 나섰다. 앞에서 지적했듯이 송영은 염군사와 카프 핵심적 역할을 하였다. 그를 두고 임화는 "우리 카프 작가 중에 있어서도 가장 오랜 역사를 가지고 있는 동지"[16]라고 부를 만큼 송영은 카프 진영에서 중추적 역할을 한 인물이었다.

송영은 무엇보다도 먼저 위국문학연구회의 위상을 우익이라고 못 박았다. 그는 "동경 유학생 중의 우익적 문학인들이 수삼 년 전에 외국문학연구회라는 문학 단체를 조직이라거나[조직하였고] '해외문학파'는 조

15 정인섭, 「1932년 문단 전망」, 『한국문단논고』, 신흥출판사, 1957, 108~112면.

16 임화, 「1931년간의 카프예술운동의 정황」, 『중앙일보』, 1931.12.7~12.13. 임화문학예술전집 편찬위원회 편, 『임화문학예술전집』 4, 소명출판, 2009, 179면.

선의 좌우를 다 비난하엿으나 실은 우익에 입각하여 잇다"[17]고 지적하였다. 여기서 무엇보다 눈길을 끄는 것은 송영이 외국문학연구회에 참여한 유학생들을 '우익적 문학인들'로 단정 짓고 있다는 점이다. 그에 따르면 연구회 회원들이 겉으로는 중간적 입장을 취하고 있는 듯하지만 그것은 어디까지나 우익의 신분을 숨기기 위한 교묘한 술책에 지나지 않다는 것이다.

더구나 송영은 이렇게 우익 진영에 속해 있는 외국문학연구회의 활동이 한낱 노동자 민중을 도외시한 소부르주아적 행위에 지나지 않는다고 주장하였다. 특히 그는 연구회 회원들이 주로 번역한 문학 장르와 작품을 문제 삼았다. 송영은 "1931년은 비교적 해외문학 그룹의 활동이 있으나, 그 번역 행위는 소부르적 행위에 그치고 말앗다. 기실 번역해도 시가詩歌와 소설은 중간계급 이상의 소시민과 인텔리층을 표준한 것이었다"[18]고 지적하였다. 송영을 비롯한 카프문학 진영에게 외국문학도들의 이러한 태도는 사회주의의 도도한 물결에 역행하는 시대착오적인 행동으로밖에는 보이지 않았다. 두말할 나위 없이 이러한 비판은 정인섭이 카프문학 진영을 "유행심리적 소아병적 감응주의 또는 모방적 직역적 국제주의"에 빠져 있다고 혹평한 것에 대한 대응이었다.

송영은 여기서 한 발 더 나아가 외국문학연구회가 단순히 우익 진영에 속한 단체일 뿐만 아니라 궁극적으로는 예술지상주의를 지향하고 있다고 비판하였다. 그는 연구회가 "소설파小說派를 중심으로 해서 예술파의[를] 형성 조직하려는 운동이 연말에 와서는 더욱 주의할 사실의 하

17 송영, 「1931년의 조선문단 개관」, 『조선일보』, 1931.12.27.
18 위의 글.

나"[19]라고 결론을 지었다. 여기서 정인섭이 「조선 현문단에 소함」에서 이 무렵 활동하던 우익 진영의 작가들을 네 부류로 분류한다는 사실을 다시 한 번 떠올리는 것이 좋을 것 같다. 송영을 비롯한 카프문학 진영에게는 통속적 모더니즘이나 심리 해부적 리얼리즘 또는 민족적 인도주의보다도 이 예술지상주의가 가장 타도해야 할 대상이었다.

송영의 비판에 이어 이번에는 카프문학 진영에서 자타가 논객으로 인정하는 임화가 직접 외국문학연구회를 비판하고 나섰다. 1930년에 도쿄에서 돌아온 임화는 카프의 서기장을 맡으면서 이기영李箕永, 김남천金南天, 안막安漠 등과 함께 이 진영을 주도하였다. 임화는 1931년 11월에 『중앙일보』에 「1931년간의 카프 예술운동의 정황」이라는 글을 발표하였다. 이 글은 그가 몇 해 전부터 일간신문과 잡지에 발표한 글들의 연장선상에 있었다. 가령 임화는 1926년 11월에 『조선일보』에 발표한 「정신분석학을 기초한 계급문학의 비판」에서 "현재에 있어서 계급문학을 부인하는, 또는 성립 여부도 논하는 순예술지상주의純藝術至上主義를 표방하여 가지고 떠드는 초계급주의超階級主義 작가란 자들같이 어리석은 자들은 없을 것이다"[20]라고 잘라 말하였다. 1928년 1월에 같은 신문에 발표한 「신건설新建設 도정에 오르는 1928년의 문단」에서도 임화는 "부르 작가군群과의 과감한 투쟁"을 선언한 바 있다. 그런데 정인섭이 카프문학 진영에 도전을 걸어오니 임화로서는 그 도전에 응전하지 않을 수 없었다. 일찍부터 유물론적 변증법을 문예 이론으로 받아들인 임화는 그

19 위의 글.

20 임화, 「정신분석학을 기초한 계급문학의 비판」, 『조선일보』, 1916.11.22~24; 임화문학예술전집 편찬위원회 편, 『임화문학예술전집』 4, 소명출판, 2009, 14~15면.

동안 프롤레타리아를 자본가의 굴레에서 해방시켜 사회주의나 공산사회를 건설하는 데 온힘을 기울여 왔다.

외국문학연구회에 대한 임화의 비판을 가장 뚜렷이 읽을 수 있는 것은 그가 1931년 12월에 『중앙일보』에 발표한 「1931년간의 카프 예술운동의 정황」이라는 글이다. 이 글에서 외국문학연구회를 "소小부르적 그룹"이니, "프롤레타리아 예술 전상의 적"이니, "소부르 중간층의 예술적 분자로부터 우右로 전향한 일군"이니 등으로 부르면서 그들의 정치적 입장을 규정 지었다. 이렇게 외국문학연구회 회원들을 프롤레타리아 계급과 다르다고 보는 점에서는 그의 입장은 송영의 입장과 크게 다르지 않았다.

> 물론 1931년의 카프 운동의 중요 방향이 ××××적(的)의 슬로건을 작품상(作品上)에 있어 실천하는 데, 즉 ×××× 예술의 확립에 있었던 까닭이라고 하겠으나, 그러나 주의하지 아니하면 아니 될 것은 이 일 년간의 조선의 문화 ××은 극성기(極盛期)를 이루고 있다는 것이다. 특히 민족××주의 사상가의 심대한[방대한] 진출과 봉건적 역사문학, 소(小)부르적 크룹—소위 『해외문학』의 일파—의 왕성한 극간(極間), 이삼(二三)의 동반자적 작가의 우(右)로의 전향의 개척—절박한 정세(情勢)는 그들을 우(右)편으로 모으는 것이다. 그들에 의해 점차 넓혀지고 있는 반(反)프롤레타리아 예술전선의 형성 과정이 추행(追行[進行])되고 있다는 것이다. 몰락한 부르주아문학의 정서(情緖)들이 대중문학의 이름 밑에 봉건적 유제에 얽매여 있는 농민을 독자로써 획득하는 데 명대(名大[多大])한 성과를 얻고 잇다는 것은, 이광수의 『이순신』, 『단종애사』 기외(其外)의 그 통속적 노작(勞作)과

또 다른 작가의 소위 통속적 역사문학에의 전문(轉問[轉向])의 경향에서 볼 수 있는 것으로, 우리들 카프 평론가와 작가들의 농민문학에 관한 심각한 주의를 환기하는 사실이 아니 되면 안 될 것이다.[21]

위 인용문에서는 유난히 눈에 띄는 것이 '×××'로 처리해 놓은 부분이다. 이 무렵 조선총독부의 검열 때문에 신문이나 잡지 기사는 일본 제국주의의 정책에 어긋나는 핵심적 어휘나 구절은 흔히 이렇게 빈 공간(× 또는 ○)으로 처리할 수밖에 없었다. 그런데 이렇게 일제에 의하여 '억압된' 빈 공간을 채우는 것이야말로 후대 학자들이나 비평가들에게는 큰 도전인 동시에 적지 않은 즐거움이다. 행간行間을 읽는 독서법이 아니라 가히 '공간空間을 읽는 독서법'이라고 할 만하다. 프랑스의 마르크스주의적 구조주의자 피에르 마슈레는 일찍이 '증후적 독서' 이론에서 텍스트의 의식 못지않게 텍스트의 무의식을 읽어내야 한다고 지적한다. 일제 강점기에 검열에 삭제된 빈 공간을 채워 넣은 것이야말로 곧 텍스트의 억압된 무의식을 읽어내는 것과 크게 다르지 않다.[22] 특히 카프 문학 진영에서는 일제로부터 검열 받은 부분을 이렇게 일부러 빈칸 그대로 남겨둠으로써 비록 간접적인 방법으로나마 독자의 반항심을 유도하려고 했다고 볼 수 있다.

위 인용문에서 첫 번째 공간은 '볼셰비키'일 것이고, 두 번째 공간은 '공산주의' 또는 '사회주의'일 것이다. 그런데 문제는 나머지 두 공간이

21 임화, 「1931년간의 카프 예술운동의 정황」, 임화문학예술전집 편찬위원회 편, 『임화문학예술전집』 4, 소명출판, 2009, 184~185면.

22 마슈레의 이론에 대해서는 Pierre Macherey, Geoffrey Wall trans., *A Theory of Literary Production*, London : Routledge, 2006 참고.

다. "문화 ××은 극성기"와 "민족××주의 사상가"에서 두 공간을 어떻게 채워 넣느냐에 따라 임화의 논지를 제대로 이해하느냐 못하느냐가 달려 있다고 하여도 그다지 틀리지 않을 것 같다. 첫 번째 공간은 가령 '집단', '세력' 등이 들어갈 수 있을 터이지만 검열에 걸릴 만한 어휘는 아니다. 모르기는 몰라도 아마 '자본'이나 '계급' 또는 '반동'이라는 어휘가 아닌가 싶다. 이 무렵 세 어휘는 금기어였기 때문이다. 임화는 위 인용문 바로 다음에 "문화 반동은 갈수록 심해지고 있다"고 말하는 것을 보면 '반동'일 가능성이 크지만 왜 여기서는 '××'로 처리하지 않고 그냥 '반동'으로 표기했는지 여전히 의구심이 남는다.

두 번째 공간에 들어갈 말도 문맥에 따라 미루어 짐작해 볼 수밖에 없다. 전후 맥락을 보면 아마 '자본'이나 '개량'일 듯하다. 이 무렵 이헌구는 "사회의 모순과 부정, 즉 ××주의 사회의 병폐, ××을 정면으로 적발하여 새로운 ××를 위한 새로운 문화 건설"[23]이라는 구절을 쓰면서 '자본'을 빈칸으로 남겨 두었다. 이 무렵 '자본'이라는 말은 식민지 조선에서는 함부로 사용해서는 안 될 금기어 중의 하나였다. 한편 이 무렵 민족개량주의는 카프문학 진영에 가장 큰 위협이었다.

임화는 1931년 한 해의 조선문단을 회고하면서 먼저 카프문학이 부진을 면치 못한 반면, 민족주의 문학은 전성기라고 할 만큼 왕성하게 활약했다고 지적하였다. 민족주의 문학 진영의 활약으로 그는 ① 민족자본주의 사상가의 괄목할 만한 진출, ② 봉건적 역사문학의 출현, ③ 소부르주아 집단인 '해외문학파', 즉 외국문학연구회의 왕성한 활동, ④ 동

23 이헌구, 「해외문학과 조선 문학에 잇서서 해외문학인의 임무와 장래」, 1931.1.12; 『이헌구 선집』, 현대문학사, 2011, 46면.

반자 작가의 우파 문학으로의 전향 등을 들었다. 임화가 ①에서 말하는 민족자본주의 또는 민족개량주의 사상가의 출현은 아마 흥사단興士團, 수양동우회修養同友會, 신간회新幹會 같은 단체에서 정신적 지도자 역할을 한 안창호安昌鎬나 김동원金東元 등을 언급하는 것 같다.

한편 임화가 말하는 ②는 이광수를 비롯한 민족주의 문학 계열의 작가들이 조선의 역사적 인물이나 영웅에서 소재를 찾아 일련의 역사소설을 발표한 것을 염두에 두고 한 언급이다. 임화도 언급하듯이 이광수는 『이순신』과 『단종애사』 말고도 『마의태자麻衣太子』와 『원효대사』 같은 역사소설을 써서 꽤 인기를 끌었다. 특히 『단종애사』는 이 무렵 일반 독자들로부터 큰 관심을 받았다. 임화가 말하는 "또 다른 작가의 소위 통속적 역사문학"이란 벽초碧初 홍명희洪命熹가 1928년부터 『조선일보』에 연재하기 시작한 『임꺽정』을 두고 말하는 듯하다. 이 점과 관련하여 송영도 역사소설을 출간하는 민족문학 진영의 작가들이 "의식 수준이 낮은 절대다수의 농민층을 기만하기 위해 그들의 봉건 취미 심리에 영합"[24]한다고 지적한 바 있다.

임화가 ③에서 동반자 작가의 우파 문학으로의 전향을 언급하는 것은 이 무렵 카프문학이 그만큼 위기에 놓여 있었다는 것을 보여 주는 반증이다. 그가 경향적 작품을 쓰다가 점차 우익 진영으로 기운 작가가 누구인지 구체적으로 밝히고 있지는 않지만 아마 유진오兪鎭午, 이효석李孝石, 채만식蔡萬植 같은 작가를 염두에 두고 있었던 것 같다. 카프에 직접 참여

24 송영, 앞의 글. 그러나 정인섭은 「1932년 문단 전망」에서 하리코프에서 열린 국제 프롤레타리아작가대회를 언급하면서 "막연히 歷史物이라고 해서 傳統 藝術이라고 배격하는 것도 公式的 弊害라고 하겠거니와 현실 取題의 농민문학도 성립해야 한다"고 주장하였다. 정인섭, 『한국문단논고』, 신흥출판사, 1957, 112면.

하지는 않으면서도 경향적인 작품을 쓰던 '동반자同伴者' 작가들이 카프 문학에 염증을 느끼거나 급변하는 시대의 흐름에 따라 조금씩 우익 쪽으로 방향을 틀기 시작했다는 것은 프롤레타리아 문학이 전성기를 지나 쇠퇴기에 접어들고 있다는 것을 뜻하였다.

그런데 임화가 말하는 네 가지 중에서도 특히 ③은 눈여겨보아야 한다. 그는 소부르주아적 집단인 외국문학연구회의 왕성한 활동을 가장 경계해야 할 대상으로 꼽았다. 먼저 그가 위 인용문에서 사용하는 '소부르 크룹'과 '왕성한 극간'이라는 구절이 눈길을 끈다. '소부르'는 그렇다 치더라도 '크룹'이라는 말을 보면 이 무렵 임화의 외국어 실력이 어떠했는지 미루어볼 수 있다. 어쩌면 그는 송영처럼 '그룹'과 '클럽'을 혼동하고 있었는지 모른다. 이헌구는 '그룹'의 오식이라고 점잖게 말하고 그냥 넘어가지만 신문사 식자공의 오식이라기보다는 임화가 처음부터 잘못 표기한 말이라고 보는 쪽이 더 옳을 것이다. 1931년 1월 『조선일보』에 발표한 「당면 과제의 특질과 예술운동의 일반적 방향」에서도 '크룹'이라는 말을 일관되게 사용하기 때문이다. 또 이헌구는 "소부르적 크룹 — 소위 『해외문학』의 일파 — 의 왕성한 극간"에서 '극간'이라는 말이 불분명하다고 하여 '극항極項'이라는 말로 바꾸어 놓았지만 '극간'도 '극항'도 무슨 뜻인지 분명하지 않기는 마찬가지다.[25]

어찌 되었든 임화는 송영과 마찬가지로 외국문학연구회의 계급적 위치를 소부르주아 집단으로 규정지음으로써 카프문학 진영과 변별적으로 구분 지으려 하였다. 이 두 진영을 서로 비교하면서 임화는 "영예 있

25 소명출판에서 출간한 『임화문학예술전집』에서 편집자(신두원)는 이렇다 할 설명도 없이 '극간'이나 '극항'을 '대두'라는 말로 바꾸어놓았다.

는 전통을 자랑하는 우리들 카프의 작가들은 의연히 '갑프'주의 전선戰線의 유일의 최강부대이었으며 타락하고 진부해지고 있는 부르주아문학에 대하여 비할 수 없이 우월한 것이었다"[26]고 지적하였다. 그렇게 이 두 진영을 뚜렷이 변별 지음으로써 임화는 외국문학연구회를 그가 비판하고 있는 민족주의 문학 진영과 같은 차원에 놓으려고 하였다. 자신들과 반대편 진영에 있는 만큼 외국문학연구회는 마땅히 경계하고 타도해야 할 대상이었을 것이다. 더구나 임화는 "소위 해외문학의 일파"라는 구절에서 엿볼 수 있듯이 의도적으로 외국문학연구회를 낮추어 보려고 하였다. 그것은 마치 우파 진영에서 카프문학 진영을 "소위 계급문학의 일파"로 부르는 것과 크게 다르지 않았다.

그렇다면 임화는 도대체 왜 외국문학연구회를 가장 위협적인 존재로 간주했을까? 외국어와 외국문학을 전공하고 외국 이론으로 무장한 젊은 유학생들이야말로 "반프롤레타리아 예술전선의 형성 과정"에서 가장 큰 걸림돌이었기 때문이다. 임화는 중동보통고등학교와 보성보통고등학교를 중퇴한 뒤 일본에 건너가 몇 해 전 카프 창립에 주도적인 역할을 한 이북만李北滿의 집에 얹혀 살며 일 년 남짓 니혼대학에 유학했을 뿐 외국문학연구회 회원들처럼 체계적으로 외국문학과 외국문화를 전공하거나 호흡하지는 못하였다. 방금 앞에서 언급한 "소부르 크룹"의 표기에서도 엿볼 수 있듯이 그는 외국어에서나 외국 이론에서나 외국문학연구회 회원들에게 어쩔 수 없이 열등감을 느낄 수밖에 없었다.

여기서 잠깐 '소부르'니 '소부르적'이니 하는 용어를 짚고 넘어가는

26 임화, 임화문학예술전집 편찬위원회 편, 『임화문학예술전집』 4, 소명출판, 2009, 181면.

것이 좋을 것 같다. 두말할 나위 없이 이 용어는 프랑스어 '프티 부르주아지petit bourgeoisie' 또는 영어 '스몰 부르주아지small bourgeoisie'라는 말을 일본어식으로 줄여서 부르는 말이다. 오늘날 흔히 '소시민小市民'이라고 사용하는 용어다. 임화처럼 백철도 「조선문단의 전망」에서 외국문학연구회 회원들을 "부동浮動하는 중간적 사회군을 대표하는 인텔리 소시민적 비겁자"로 매도하였다. 이러한 논쟁 때문에 정인섭은 백철과 한동안 소원한 관계에 있었다.

프티 부르주아지는 본디 18세기와 19세기 초엽 프랑스에서 한 사회 계급을 가리키던 용어였지만, 지금은 '부르주아지'와 '프롤레타리아트'의 중간계급의 의미로 널리 사용하고 있었다. 프티 부르주아지는 비록 부르주아지는 아니지만 부르주아지적인 사고방식을 지닌다. 그러나 정통 마르크스주의에서는 소시민들도 궁극적으로는 부르주아지에게 고용되어 살아갈 수밖에 없기 때문에 프롤레타리아의 일부로 간주하였다. 그렇다면 카프문학 진영의 몇몇 문학가들은 마르크주의 이론을 제대로 소화하지 못하고 있었던 셈이다. 특히 송영은 방금 앞에서 인용했듯이 외국문학연구회 회원들을 '소부르적'이라고 부르면서 동시에 그들이 번역한 "시가와 소설은 중간계급 이상의 소시민과 인텔리층을 표준한 것이었다"고 말하였다. 정통 마르크스주의 이론에 따르면 프롤레타리아에 속하는 소시민이 어떻게 중간계급 이상의 계급에 속할 수 있는지 적잖이 혼란스럽다. 외국문학연구회의 몇몇 회원이 카프문학 진영 문학가들이 전면에 내세우는 마르크스주의 이론에서 철저하지 못하다고 비판한 까닭이 바로 여기에 있다.

임화의 「1931년간의 카프 예술운동의 정황」에서 또 한 가지 주목해 볼 것은 외국문학연구회의 활동 중에서 극예술연구회의 결성과 학생극의 지도를 '최근의 적극화된 활동'으로 꼽고 있다는 점이다. 연구회가 학생극 운동에 적극적으로 활약하는 것에 위협을 느낀 임화는 카프문학 진영 쪽에서 그러한 활동에 완강히 투쟁해야 한다고 지적하였다. 실제로 카프 진영에서는 '신건설'이라는 극단을 만들어 학교에 침투해 들어가기도 하였다. 임화가 카프 진영 작가들에게 학생극에 관심을 기울일 것을 독려하는 것은 성인보다는 젊은이들을 의식화하는 것이 훨씬 용이하고 효과적이기 때문일 것이다.

송영과 임화에 대한 이헌구의 반론

송영과 임화의 글이 발표되자 이헌구는 그들의 주장에 반론을 펴는 글을 발표하였다. 1931년 1월 『조선일보』에 발표한 「해외문학과 조선에 있어서 해외문학인의 임무와 장래」라는 글이 바로 그것이다. 이 글은 『혜성』 1932년 신년호에 실린 백철의 글에 대한 반론이기도 하였다. 백철도 다른 프로문학 진영 문학가들처럼 외국문학연구회의 활동을 경계할 것을 지적하였다. 외국문학연구회에서 활약하다가 와세다대학에서 유학을 마치고 귀국한 이헌구가 비평가로서의 능력을 인정받기 시작한 것은 바로 이 글 때문이다. 연구회 회원 중에서 이헌구만큼 외국 이론을 두루 섭렵하고 논리적으로 자신의 주장을 설득력 있게 전개하는 사람도 드물었다.

이헌구는 카프문학을 비판하기에 앞서 먼저 조선문단과 외국문학과의 관계를 설명하였다. 그에 따르면 한국문학사에서 외국문학은 그동안 ① 외국의 명작 경개梗槪 소개, ② 외국 작가의 독자적인 탐상探賞, ③ 외국문학연구회의 창립 등 세 단계로 소개되어 왔다. 그는 이 세 번째 단계에 이르러 외국문학은 비로소 조선문단에서 엄연한 존재로 인정받기 시작하면서 문학 운동의 일익을 담당하게 되었다고 지적하였다. 이헌구는 외국문학을 연구하고 소개하는 태도와 입장을 크게 네 가지로 분류하였다. ① 지배계급을 적극적으로 지지하는 태도, ② 지배계급을 소극적으로 지지하는 태도, ③ 자본주의 사회의 병폐를 정면으로 비판하는 태도, ④ 자본주의 사회의 모순을 깨닫고 있으면서도 행동에서는 소극적인 태도 등이 바로 그것이다. 흥미롭게도 이헌구는 이 네 가지 태도를 다시 문학 전통이나 문학 사조에 따라 구분 지었다. 즉 ①은 민족주의적 문학이나 부르주아문학, ②는 부르주아 리얼리즘 중에서 대중문학이나 통속문학, ③은 프롤레타리아문학, ④는 데카당스, 모더니즘, 쉬르레알리즘과 깊이 연관되어 있다는 것이다.

그러면서 이헌구는 외국문학을 소개하고 연구하는 사람은 "조선을 대표할 만한 지식계급", 즉 인텔리겐치아라고 못 박았다. 여기서 이헌구 자신이 연구회 회원들을 '인텔리겐치아'라고 분명히 밝힌다는 점을 주목해 볼 필요가 있다. 카프문학 진영에는 그동안 이헌구를 비롯한 연구회 회원들을 노동자 농민의 삶과는 완전히 동떨어진 지식인 계급으로 몰아세워 왔기 때문이다. 적어도 이 점에 그는 카프문학 진영의 주장을 솔직히 인정한 셈이다. 그러나 지식계급으로 말하자면 임화를 비롯하여 카프 진영에서 활약하는 문학가들도 예외는 아닐 것이다.

이렇게 조선문단에서 외국문학이 수용된 과정을 설명하고 난 뒤 이헌구는 임화의 「1931년간 카프 예술운동의 정황」을 조목조목 반박하고 나섰다. 이헌구는 우선 카프문학 진영의 비판이 객관적 사실에 바탕을 두고 논리를 전개하기보다는 다분히 정략적 의도에서 비판하고 있다고 지적하였다. 한마디로 그들의 의도가 자못 불순하고 독단적이라는 것이다. 이 점과 관련하여 이헌구는 "독단적 내지 사측적邪測的 억단臆斷을 내리어서 해외문학파를 간단히 조선문단에서 규정짓고 소멸시키려는 의도가 역력히 보인다"[27]고 잘라 말하였다. 그러면서 그는 카프문학 진영의 주장에 대하여 "이러한 논지가 충분한 이론적 근거와, 또는 정당한 검토에 의한 처단이라고 볼 수 있을 것인가?"[28]라고 수사적 의문을 던졌다. 두말할 나위 없이 그렇게 볼 수 없다고 힘주어 말하기 위한 수사법이다.

이헌구는 외국문학연구회가 카프문학 진영에서 주장하는 것처럼 그렇게 뚜렷한 주의나 주장을 세상에 공표한 집단이 아니라고 지적하였다. 앞에서 언급했듯이 이 점에서는 정인섭도 크게 다르지 않았다. 그들은 전공 외국어를 바탕으로 외국문학을 연구하고 소개한다는 분명한 기치 아래 모였을 뿐 특정한 문예 유파나 사조를 표방하고 나서지는 않았던 것이 사실이다. 이러한 태도를 두고 이헌구는 '학구적'이고 '자유주의적'이라고 불렀다.

이렇듯 이헌구는 그동안 카프문학 진영이 문학가들을 지나치게 좌익과 우익으로 나누는 태도를 못마땅하게 생각해 왔다. 외국문학연구회 회원 중에도 사회적 문제에 좀 더 관심을 기울이는 사람들이 있는가 하면, 카프문학 진영에도 마르크스주의의 한계를 깨닫는 사람들이 얼마든지 있기 때문이다. 이 점과 관련하여 이헌구는 "해외문학파 중에는 적지

27 이헌구, 『이헌구 선집』, 현대문학사, 2011, 51면.
28 위의 책, 51면.

않은 새로운 문예운동의 열렬한 애찬자, 지지자가 있으며, 좀 더 새로운 운동의 전개를 자체 내부에서 필연적으로 요구하게 되어오는 것이요, 결코 예술파의 형성조직은 아니다"[29]라고 지적하였다. 문학과 예술에서 이론과 실천 사이에 괴리나 간극이 존재한다는 그의 주장은 탁견이라고 아니할 수 없다.

실제로 외국문학연구회 회원 중에는 카프문학 진영에 속한 문학가 못지않게 계급 문제나 새로운 이론에 깊은 관심을 기울이는 사람들이 있었다. 가령 이 연구회의 창립 회원으로 도쿄외국어대학에서 러시아문학을 전공하던 김준엽은 '김온'이라는 필명으로 활약하였다. 그런데 그는 앞에서 언급했듯이 조선프롤레타리아예술가동맹의 창단 발기인 중 한 사람이었다. 김온과 함께 도쿄외국어대학에서 러시아문학을 전공하던 함대훈도 이 무렵 사회 문제에 깊은 관심을 기울이고 있었다. 1933년에 함대훈은 카프문학 진영의 임화와 함께 백철의 우경화된 인간 묘사론을 공격하면서 이른바 '형상 논쟁'을 주도하기도 하였다. 그러나 함대훈은 프롤레타리아문학의 본질과 관련하여 점차 임화와 의견 차이를 드러내었다. 그런가 하면 이상화도 파스큘라에 참여하는 한편 외국문학연구회에도 관여하였다. 이헌구는 외국문학을 연구하는 사람 중에는 "자본주의 사회에서는 노예의 말과 글로써 쓰라"는 블라디미르 레닌의 말에 따라 자본주의 사회의 모순과 병폐를 정면으로 직시함으로써 새로운 문화 건설에 앞장서는 사람이 적지 않다고 지적하였다. 모르긴 몰라도 아마 김온이나 함대훈 또는 이상화를 염두에 두고 한 말일 것이다.

29 위의 책, 52면.

더구나 이헌구는 카프문학 진영이 건설적인 비판 대신에 파당적이고 파벌적인 행동을 일삼는 것에도 비판의 고삐를 늦추지 않았다. 만약 외국문학연구회의 외국문학 소개와 연구가 불충분하다면 어떻게 하는 것이 좋을지 좀 더 건설적으로 제안하거나 요구하는 것이 바람직할 것이다. 그런데도 카프 계열의 문학가들은 아무런 대안도 제시하지 않은 채 무조건 연구회를 '소부르주아적'이니 '우익적'이니 하고 비판만 할 뿐이다. 이헌구는 이 무렵 조선 사회가 직면한 여러 문제를 고려해서라도 서로 지혜와 힘을 합치는 것이 오히려 현명한 전술이라고 밝혔다. 그는 "가능한 한도에 있어서 새로운 동반자 내지 동지의 획득은 고립된 조선 문예운동에 있어서는 특히 필연한 전술이며, 그리되지 아니하면 새로운 문학운동의 전면적 계몽 역할을 감행할지 못할 줄 안다"[30]고 지적하였다. 그러고 보니 그가 이렇게 동반자나 동지 운운하는 것은 임화가 「1931년간 카프 예술운동의 정황」에서 몇몇 동반자 작가들이 우익으로 전향한 것을 언급한 것에 대한 반응으로 볼 수도 있다. 이 점에서는 정인섭도 마찬가지였다. 앞에서 언급한 「조선 현문단의 소함」에서 그는 '조선 문예운동의 특수성'을 언급하면서 지나치게 이분법적으로 좌파나 우파로 구별 짓는 태도를 경계하였다.

정인섭이 민족문학이 나아갈 방향 중의 하나로 '민족주의적 무산문학'을 제안한 것도 이러한 맥락에서 이해할 수 있다. '민족주의'와 '무산문학'은 서로 대척 관계에 있기 때문에 얼핏 보면 '민족주의적 무산문학'이라는 용어는 모순어법 같다. 그러나 정인섭은 이 두 문학 사이에서

30 위의 책, 52면.

제3의 절충적 대안을 찾으려고 하였다. 그는 조국의 운명이 백척간두에 놓여 있는 식민지 상황에서 지식인들이 우익과 좌익으로 나뉘어 다투는 것은 바람직하지 않다고 판단하였다. 비유적으로 말하자면 왼쪽 선실에 타고 있건 오른쪽 선실에 타고 있건 조선의 모든 지식인들은 식민지 조국이라는 한 배에 타 있고 조국 광복이라는 동일한 항구를 향하여 항해하고 있기 때문이다. 이왕 항해 이야기가 나왔으니 말이지만 짐이 왼쪽에 실려 있어 배가 기운다고 짐을 오른쪽으로 옮겨다 놓으면 마찬가지로 기울 것이다. 배가 기울지 않고 제대로 항해하기 위해서는 짐을 배의 중심에 놓아야 할 것이다.

더구나 이헌구는 송영이나 임화가 주장하듯이 외국문학연구회가 "프로문학에 대립하여 우익적 문학으로 결성된 반동단체도 물론 아니었다"[31]고 주장하였다. 특히 그가 문제 삼는 것은 '우익'이라는 말이었다. 카프문학 진영 문학가들이 자신의 입장과 다른 집단을 걸핏하면 '우익'이니 '반동'이니 하고 자리매김하는 것은 지나친 배타성과 이념 편향성 때문이라고 지적하였다. 이헌구는 특정한 이념에 함몰되면 배타적이 되어 사물이나 현상을 균형 있게 바라보지 못한다고 지적하였다.

그러나 이헌구가 외국문학연구회를 '자유주의적'인 단체라 규정짓고 나서 '우익'은 아니라고 주장하는 것은 얼핏 모순처럼 보일지 모른다. 사회적 안정을 바탕으로 온건한 개혁을 주장하는 개인이나 단체를 흔히 우익이라고 부른다면 외국문학연구회는 우익에 속한다고 볼 수도 있기 때문이다. 그는 "만일 무입장無立場(즉 공허한 심장心胸을 가지고)에서, 즉 백

31 위의 글, 44면.

지白紙로써 외국문학을 소개한다는 것은 일종 언어의 유희 불과할 것이다. 무입장은 곧 현실 도피적 또는 현실 타협 추종에 불과할 것이다"[32]라고 말하였다. 진공 속에서는 어떠한 유기체도 살 수 없듯이 문학에서도 순수한 중립을 지킬 수는 없다는 논리다. 어찌 되었든 이헌구는 외국문학연구회가 민족주의 문학 진영에 속한 우익 단체가 아니요, 프로문학 진영에 속한 좌익 단체는 더더욱 아니라고 주장하였다.

> 결코 해외문학파는 어떤 중심으로 가진 한 조직체라고 보기보담도 자유로운 각자의 입장에서 해외문학을 사적(史的)으로, 또는 학구적(學究的)으로, 또는 조선 현실문단(現實文壇)에 '가장 현대적인, 가장 진보된 문학의 소개를' 목적으로 하는 우의적(友誼的) 그룹이라고 보는 것이다. 그렇다면 그 가운데는 여러 가지 문학적 유파(流派)와 주의(主義)를 가지고 있는 것은 물론이다. 이러함에도 불구하고 어떠한 이론적 근저를 가지고 그저 '소(小)부르'니 '우익적 문학인'이니 하는 단안을 내릴 수 있는가?[33]

위 인용문에서 핵심적인 말은 '사적'과 '학구적' 그리고 '우의적'이라는 세 어휘다. 이헌구는 외국문학연구회가 외국문학을 단순히 공시적으로 소개하는 것이 아니라 통시적으로 소개한다고 말하였다. 이러한 지적은 역사 전개를 유물사관으로 해석하려는 카프문학 진영에 대한 우회적인 비판으로 볼 수 있다. 다시 말해서 역사에 대한 관심은 카프문학 진영의 전유물이 아니라는 것이다. 또한 이헌구가 정인섭처럼

32 위의 글, 47면.
33 위의 글, 51면.

외국문학연구회의 학구적 성격을 강조하는 것은 카프문학이 다분히 아마추어적이라고 은근히 비판하는 것과 다름없었다. 그리고 무엇보다도 이헌구가 연구회를 '우의적' 그룹으로 자리매김하는 것은 카프문학 진영이 그들을 '우익적' 집단이라고 몰아세웠기 때문이다. 어찌 보면 그는 여기서 표기법이나 발음이 비슷한 이 두 어휘로써 말장난을 하고 있는 셈이다.

이헌구의 글에서 가장 돋보이는 대목은 단순히 송영과 임화 같은 카프문학 문학가들이 제기한 문제에 반론을 펴는 것에 그치지 않고 더 나아가 외국문학연구회의 반성을 촉구한다는 점이다. 좌익이건 우익이건 어느 집단도 그 자체 안에서 자기반성과 도전이 없이는 건강하게 발전할 수 없기 때문이다.

> 그러므로 금후의 조선 문예운동은 결코 프로문학과 부르문학, 해외문학의 세 분야로 구분하여 해외문학을 그 중간적 소시민 인텔리층의 그룹이라고 결정짓는 데 있는 것이 아니요, 마땅히 해외문학은 유기적으로 조선문단과 적극적으로 교섭하고 제(提[携])□하여 늘 새로운 제창을 하는 동시에 문학의 국제성, 더 나아가 조선문학 운동의 획기적 발전을 위한 선구적 역할을 행사하여야 할 것이다.
>
> 끝으로 오인(吾人)은 다시 제창한다. 진정한 신문예(新文藝)의 수립, 확대, 강화를 위하여 해외문학의 연구, 소개, 비평은 절대 필요하며, 그리하는 데서 조선의 문예운동은 자체 자국 내(內)의 성장에만 그치지 아니하고 세계적 문학 조류와 공통되는 보조를 밟아 조선문예의 국제적 진출을 보게 될 것이다. 그리하여 새로운 세계의 전인류적 호흡을 호흡하는 위대한 문화의 꽃

이 피게 될 것이다.[34]

이헌구는 무엇보다도 먼저 조선 사회에서 외국문학을 체계적으로 연구하고 소개하는 일은 절대적으로 필요하다고 역설하였다. 그러면서도 그는 외국문학연구회가 카프문학을 비롯한 조선에서 일어나고 있는 문예운동에서 눈을 돌려서는 안 된다고 경계하였다. 이헌구는 동료 연구가들에게 마땅히 조선문단에 좀 더 유기적으로 교섭할 것을 요구하였다. 그런가 하면 그는 조선문학의 국제화에도 관심을 기울여야 한다고 지적하였다. 외국문학연구회가 지향하는 궁극적 목표는 곧 전 세계의 인류와 함께 호흡하는 '위대한 문화의 꽃'을 피우는 데 있기 때문이다.

외국문학연구회 회원 중에서 이헌구만큼 이렇게 균형 있게 외국문학을 수용하려고 노력한 사람도 아마 찾아보기 어려울 것 같다. 그는 무엇보다 먼저 외국문학을 수용하되 어디까지나 주체적으로 수용할 것을 주창하였다. 서구 문학을 수동적으로 받아들이는 것만으로 부족하고 조선문학과의 유기적 상관관계를 고려하여 받아들여야 한다고 보았다. 그러면서도 이헌구는 1930년대의 식민지 상황이라는 특수성을 늘 염두에 둘 것을 주문하였다. 이와 함께 이헌구는 조선문학의 정체성 확립에도 깊은 관심을 보여 주었다. 문학은 특수성과 보편성, 구체성과 일반성이 조화와 균형을 이룰 때 가장 찬란한 빛을 내뿜기 때문이다. 이헌구가 외국문학연구회의 특성을 '자유주의적'이라고 규정 지었지만, 이헌구야말로 진정한 의미에서 자유주의자라고 할 만하다. 그는 무엇보다도 인

34 위의 책, 53~54면.

간의 자유와 개성에 무게를 두려고 하였다. 이러한 자유주의적 태도는 아마 그가 자유와 개성에 기반을 둔 휴머니즘을 중시하는 불문학을 전공한 것과 무관하지 않을 것이다.

이헌구에 대한 임화의 재반론

이헌구의 「해외문학과 조선에 있어서 해외문학인의 임무와 장래」가 발표되자 임화는 곧바로 반격에 나섰다. 임화는 1932년 1월 『조선일보』에 「당면 정세의 특질과 예술운동의 일반적 방향」을, 같은 해 2월에는 『조선지광』에 「소위 '해외문학파'의 정체와 장래」라는 글을 잇달아 발표하였다. 이 두 글에서 임화는 이헌구의 주장에 반론을 펴는 동시에 외국문학연구회를 정면으로 반박하였다. 또한 임화의 목소리가 다른 어떤 글보다 자못 격앙되어 있는 것으로 보아 이헌구를 비롯한 외국문학연구회 회원들을 노골적으로 비판하기로 작심하고 이 글을 쓴 것 같다. 그는 부르주아예술을 두고 "악질의 소小부르 예술적 인텔리 배輩"라는 거친 표현을 서슴지 않았다.

임화는 첫 번째 글 「당면 정세의 특질과 예술운동의 일반적 방향」에 '그의 결단적 전향을 위하여'라는 부제를 붙였다. 여기서 '그'란 과연 누구를 가리키는 것일까? 어쩌면 그가 야유적인 어투로 "그들[외국문학연구회 회원들]의 경하할 만한 일성원一成員"이라고 부른 이헌구를 염두에 두고 있었는지 모른다. 어찌 되었든 이 글에서 임화는 무엇보다도 먼저 카프 진영의 동료들에게 프롤레타리아 문학과 예술의 역사적 우월성에 만족하지 말고 적대 세력의 위상을 정확히 평가하는 일을 조금도 게을리 해서는 안 된다고 역설하였다.

부르주아적 예술에 대하여 그것을 단순히 '반동적(反動的)'이란 결론적 단정을 가지고 간단히 처리할 것이 아니라, 이 반동적 예술의 전(全) 세력은 과연 얼마마한 것인가, 전체로 반동적이라고 불러지는 예술은 어떠한 것이며, 그것들은 서로 어떠한 조건하(條件下)에 결합하며 또는 …… 하나, 또 전반적으로 어떻게 움직이고 있나, 그리고 특히 중요한 것이 …… 계급 그 외의 모든 노력 대중에게 유해한 사상적 영향을 전달하고 있는 …… 예술은 그것이 반동적임에도 불구하고 …… 서 …… 도 비교적 넓은 대중적 기초를 가지고 있는가, 하는 문제를 구체적으로 천명하여 강점(强點)과 허소(虛所)를 구별하여 진(進[展])×하고 또한 그 속에서 우리들의 예술이 진실로 대중의 것이 되기 위한 조건에 관한 교훈을 끄집어내야 할 것이다.[35]

임화가 이렇게 부르주아 예술의 동향을 철저하게 이해해야 한다고 주장하는 데는 그럴 만한 까닭이 있었다. 그의 말대로 "[적]의 세력과 그 동향을 모르고 [전투]하는 군대가 제 아무리 강하고 정예한 무기를 가졌다고 하더라도 얼마 패배하기가 용이한가 하는 것을"[36] 잘 알고 있었기 때문이다. 여기서 그는 『손자병법孫子兵法』 「모공謀攻」 편에 나오는 "지피지기백전백승知彼知己百戰百勝"라는 말을 언급하였다. 임화는 카프 진영이 지금껏 늘 그리 해 왔던 것처럼 부르주아 예술을 단순히 '반동적'이라는 한 마디 말로 치부해 버리는 것으로는 충분하지 않고 그것을 좀 더 구체적이고도 체계적으로 연구해야 한다고 지적하였다. 그렇게 하지 않

35 임화, 「당면 정세의 특질과 예술운동의 일반적 방향」, 『조선일보』, 1932.1.1~2.10; 『임화문학예술전집』 4, 소명출판, 2009, 220~221면. 줄임표(……)는 원문에 따른 것임.

36 위의 글, 220~221면.

고서는 광범위하게 영향력을 행사하고 있는 "문화적 반동 세력, 특히 반反프로 예술전선"을 방어할 수가 없기 때문이라는 것이다. 더구나 그에 따르면 이 무렵 부르주아 예술은 카프문학에 새로운 공격을 준비하고 있었기 때문이기도 하다.

임화는 부르주아 예술을 크게 두 부류로 나누었다. 하나는 민족주의 문학이고 다른 하나는 외국문학연구회가 주장하는 문학이다. 전자에 대하여 그는 민족주의 문학이 그동안 변화를 겪으면서 1930년대 초엽에 이르러서는 프롤레타리아 운동의 반대자로서의 위치를 확고하게 굳혔다고 지적하였다. 민족주의 문학은 1920년대 전후의 문학과는 전혀 다르다는 것이다. 좀 더 구체적으로 말해서 임화는 민족주의 문학이 "그들의 이데오구—[이데올로그]들의 정치적 본질인 민족개량주의民族改良主義의 노선상路線上을 걷고 있다"[37]고 역설하였다. 여기서 그가 말하는 '그들의 이데올로그들'이란 다름 아닌 이광수와 염상섭을 말한다. 임화는 이광수를 "민족주의화한 민족문학의 최적最適의 대표자"라고 불렀다. 특히 그들이 강담講談이나 영웅전英雄傳 같은 통속적인 문학을 통하여 광범위하게 농민 독자층을 파고들고 있다는 사실에 우려를 표하였다. 임화는 문학 외의 영역에서 김동환金東煥 등이 민족 가요나 서화書畫 운동을 전개하고 있는 사실에도 주목하였다.[38]

37 『임화문학예술전집』 4, 소명출판, 2009, 223면. 앞에서 임화가 '크룹'(그룹)의 경우처럼 외래어나 외국어를 잘못 표기한다는 점을 지적했지만, 이 글에서도 '이데오구—'(이데올로기), '아루미후—'(아르키브, 아카이브), '썩손'(섹션) 같은 서툰 외국어가 자주 나온다.

38 임화가 이 글에서 토월회(土月會)와 무용가 최승희(崔承喜)를 민족개량주의자로 몰아 비판한다는 점이 무척 흥미롭다. 그는 "조선의 유수한 신극단으로서 그 무엇이고 조선의 연극적 문화 위에다 기여하는 것을 목적으로 한다는 토월회 일파가 거리낌 없이 민족

임화가 말하는 민족개량주의 예술이란 두말할 나위 없이 민족개량주의의 이데올로기를 기반으로 삼는 예술을 가리킨다. 이광수를 비롯한 몇몇 지식인들은 정치적 투쟁보다는 점진적이고 개량적인 방법으로 식민지 민족 문제를 해결하려고 하였다. 문학과 예술을 비롯한 문화의 영역으로 좁혀 보면, 서구 중심적 근대의 문화 관념을 받아들여 민족 전통의 문화와 접목시키려고 하였다. 적어도 임화가 보기에는 식민 지배를 인정하고 그 내부에서 종속적 발전을 꾀하는 민족개량주의 예술은 분명한 한계가 있기 때문에 카프문학에 그렇게 큰 위협이 되지 못한다고 생각하였다.

그렇다면 민족문학에 선두에 서 있던 이광수는 민족문학에 대한 카프문학 진영의 비판을 어떻게 받아들였을까? 나이로 보나 문학 경력으로 보나 카프 진영의 문학가들보다 선배인 그는 정면대결을 피하는 쪽으로 대응하였다. "민족주의란 세계주의에 대립할 것이요, 결코 사회주의에 대립할 성질의 것이 아니다"[39]라고 잘라 말하였다. 돌이켜 보면 그의 이러한 대응은 효과적이었다고 할 수 있다. 어차피 본질적으로 이념이 다른 두 진영은 서로 타협점을 찾을 수 없었고, 결국에는 인신공격 같은 엉뚱한 방향으로 논쟁의 방향이 흐를 수밖에 없었기 때문이다.

그러나 임화가 카프문학에 가장 위협적인 존재로 파악하는 것이 바로 외국문학연구회의 눈부신 활약이었다. 그는 "소부르 예술 크룹의 왕성

개량주의의 從僕으로 등장한 것"을 신랄하게 비판하였다. 또한 임화는 "무용가 최승희를 수반을 하는 최승희 무용연구소의 일단이 일체의 기대를 배반하고 공연히 민족개량주의의 ×적 企圖와 野各[野合]하고 또한 영화 흥행사와 협동하여 예술적 從僕으로서의 충성을 표시하였다"고 비판하였다.

39 이광수, 「余의 작가적 태도」, 『동광』, 1931.4, 85면.

한 대두"에 도저히 눈을 감을 수 없다고 밝혔다. 소부르주아 예술 중에서도 그가 '해외문학파'로 일컫는 외국문학연구회를 어떤 단체보다도 가장 경계할 것을 주문하였다. 이 연구회는 임화의 지적대로 "조선 푸로레타리아의 예술전선의 파괴의 선봉"에 서 있을 뿐만 아니라 "민족개량주의의 최신의 예술적 비병備兵"였기 때문이다.

> 특히 1931년을 송(送[通])하야 세칭 '해외문학파'로서 불러지는 일군(一群)의 활동이 상당히 활발하였다는 데서 구체적적으로 알 수가 있는 것이다.
>
> 이 크룹[그룹]은 말할 것도 없이 광범한 소(小)부르 중간층의 예술적 분자로부터 우(右)로의 전향한 일군으로써 특히 그들이 해외문학을 조선에 소개하는 것에 의하여 조선문화 건설에 공헌하고 아울러 이 건설 사업에 몸을 가지고 참가하는 것을 그들의 임무로 하고 있다는 점은 일층 명확히 폭로되어야 할 것이다.
>
> 왜 그런고 하니, 이 유상무상(有象無象)의 인테리로써 형성된 소위 해외문학파의 크룹이라는 것은 공연히 적극화하고 잇는 민족개량주의 예술보다도 일층 위험한 프롤레타리아 예술전상(藝術戰上)의 적(敵)인 까닭이다.[40]

임화가 이 글 첫머리에서 '세칭 해외문학파'라고 말하는 것은 짐짓 연구회를 중요하게 생각하고 있지 않다는 사실을 강조하기 위해서였다. 앞에서 이미 지적했듯이 그는 외국문학연구회를 지칭할 때면 정식 명칭을 사용하지 않고 으레 '소위'니 '세칭'이니 하는 표현을 사용하였다. 또

40 임화, 앞의 책, 225~226면.

프로문학 진영의 대표적인 논객 임화. 그는 문학의 기능과 임무를 두고 이헌구와 일련의 문학 논쟁을 벌였다.

한 '외국문학연구회'라는 정식 이름 대신 '해외문학파'라는 용어를 즐겨 썼다. '무상유상의 인테리'라는 표현도 부정적이기는 마찬가지다. 여기서 '유상무상'은 우주에 존재하는 모든 물체라는 일차적 의미 말고도 이차적으로는 여러 사람을 통틀어 낮잡아 이르는 '별의별 사람' 또는 '어중이떠중이'를 일컫는 말이다. 한마디로 연구회가 특색이나 실체가 없는 단체라는 것을 암시하기 위한 언어 구사법이다.

또한 임화가 외국문학연구회 회원들을 '인테리'라고 부르는 것은 그들이 도쿄에서 외국문학을 전공하는 유학생들로 카프문학 진영에 속한 문학가들과 비교해 보면 지적 수준이 상당히 높았기 때문이다. 물론 이헌구가 연구회 회원들을 "조선을 대표할 만한 지식 계급"이라고 부르기 때문에 그렇게 말할 수도 있다. 어느 쪽이든 마르크스주의 입장에서 보면 인텔리겐치아는 흔히 지배 계급의 이익에 봉사하는 부류로 가장 위험한 분자일 수밖에 없었다.

그러면서도 임화는 「1931년간 카프 예술운동의 정황」과 마찬가지로 이 글에서도 외국문학연구회의 활약이 눈에 띄게 두드러졌다는 점을 솔직히 인정하였다. 또한 연구회를 "광범한 소부르 중간층의 예술적 분자로부터 우로의 전향한 일군"으로 규정짓는 것도 앞의 글과 크게 다르지 않았다. 다만 차이가 있다면 연구회 회원들이 처음에는 프티 부르주아지의 중간층으로 예술 활동을 시작했지만 점차 우파로 전향했다고 밝힌다는 점이다.

여기서 한 가지 더 주목해 볼 것은 임화가 이 무렵 외국문학을 조선에 소개하는 외국문학연구회의 임무와 역할을 "일층 명확히 폭로되어야" 한다고 주장한다는 점이다. 순한글로 '들추어내다'나 '까발리다'라는 뜻의 '폭로'라는 말은 흔히 나쁜 일이나 음모 따위를 사람들에게 널리 알린다는 부정적인 함의가 짙다. 달리 바꾸면 외국문학연구회의 실체를 사람들이 잘 모르고 현혹되고 있다는 말이다.

이렇게 임화가 외국문학연구회의 위상을 깎아내리고 부정적으로 보려는 것은 이 무렵 그 힘이 무척 컸기 때문이다. 그의 말대로 연구회는 다름 아닌 "소부르주아적 이데올로기로서 대표되는 층"이다. 임화가 생각하기에도 지적 능력으로 보나 문학적 야심으로 보나 이 무렵 조선에서 외국문학연구회를 당할 만한 문학 집단이 없었다. 임화는 연구회를 "×[착搾]취자적取者的 세계관의 새로운 세련된 전파자"로 규정지었다. 그가 예술전쟁에서 외국문학연구회의 활약이 민족개량주의 예술보다도 훨씬 더 위험하다고 지적하는 까닭이 바로 여기에 있다. 민족문학은 민족개량주의의 옷으로 변장하고 농민 독자들을 파고 든다면, 연구회는 조선문화 건설의 허울을 쓰고 극예술연구회의 활동을 통하여 학생층과 지식층을 파고들었기 때문이다.

방금 앞에서 임화가 '폭로'라는 말을 사용한 것을 언급했지만 그는 외국문학연구회의 임무와 목표를 일종의 '문화주의적 가면'으로 파악하기도 하였다. 연구회가 『해외문학』 창간호 권두언에서 내세운 조선문화의 건설은 한낱 속임수에 지나지 않는다고 보았다. 이 점에서는 1920년대 민족문학이 기치로 내건 조선문화의 건설과 조금도 다르지 않다는 것이다. 임화는 연구회가 내세우는 조선문화 건설은 사회주의 혁명의 주체인 노동자 농민과는 아무런 관계가 없다고 잘라 말하였다.

그들이 말하는 바 장래할 조선문화 건설이라는 것은 결코 근로하는 대중과 그 지도적 계급인 노동자 계급의 생산적 문화가 아니라 사회적 계급과는 전연 무관계(無關係)한 초계급적(超階級的) 문화 건설이란 반(反)푸로레타리아적 견해가 내포되어 있고 아울러 신문화라는 것은 조선에 있어 부르주아적 예술의 일층(一層)의 연장(延長)을 위한 문화를 의미하는 것으로 푸로레타리아를 그××자(者)로 한 근로인민의 문화예술과는 조그만 인연도 없다.[41]

임화는 외국문학연구회의 활동이 "노동자 계급의 생산적 문화"가 결코 아니라고 단정적으로 말하였다. 이 말을 뒤집어 보면 그들의 문학 활동은 비생산적인 것, 즉 한낱 소비적이고 향락적인 것에 지나지 않는다는 것이 된다. 다시 말해서 연구회가 말하는 건설은 '초계급적 문화 건설'로 궁극적으로는 사회 변혁의 주체인 프롤레타리아와는 '전연 무관계한' 것일 뿐만 아니라 '조그만 인연도' 없었다. 계급투쟁에 무게를 싣는 프로문학에 이바지하기는커녕 오히려 부르주아문학을 한층 더 연장하는 데 이바지할 따름이라는 것이다.

임화는 『조선일보』에 발표한 글에 이어 1932년 2월에 『조선지광』에 「소위 '해외문학파'의 정체와 장래」라는 글을 잇달아 발표하였다. 이 글에서는 임화는 '철우鐵友'라는 필명을 사용하였다. '성아星兒', '청로靑爐', '쌍수대인雙樹臺人' 등 그가 사용한 필명이나 아호가 많지만 '무쇠의 친구'라는 뜻의 이 필명에서는 계급투쟁에 대한 그의 굳은 의지를 읽을 수 있다. 이헌구와 보성보통고등학교 동기생인 그는 아마 자신의 신분을 감

41 위의 책, 226면. 위 인용문의 마지막 구절 "푸로레타리아를 그 ××자로 한 근로인민의 문화 예술"에서 '××'는 '자본'인 듯하다.

추고 싶어 '철우'라는 필명을 사용했는지도 모른다. 이 점과 관련하여 이헌구는 "임화 씨가 동지적 우의友誼로 가명假名(?)한 모양이다"[42]라고 밝힌 바 있다.

무엇보다 임화의 논문은 제목이 먼저 눈길을 끌기에 충분하다. 앞의 글에서 '세칭'이라는 말처럼 여기서도 '소위'라는 말을 사용함으로써 외국문학연구회를 폄하하려는 의도를 분명히 드러내었다. 또한 임화는 이 글에서 이헌구가 제목에서 사용한 '임무와 장래'를 패러디하여 '정체와 장래'로 살짝 바꾸어 놓은 점도 무척 흥미롭다. '임무'와 '정체'는 의미에서 큰 차이가 난다. 임화는 앞의 글에서 '폭로'라는 말을 사용한 것처럼 이 글에서도 역시 부정적 함의가 짙은 '정체'라는 말을 사용하였다.

이 글의 제목에서도 엿볼 수 있듯이 임화는 외국문학연구회에 대한 비판의 강도를 좀 더 높인다. 이헌구가 연구회가 특정한 유파에 속하지 않고 학구적 관점에서 외국문학을 연구하고 소개한다고 밝힌 데 대하여 임화는 그러한 태도는 결국 '소부르적 리벌리즘'과 크게 다르지 않다고 비판하였다. 또한 이헌구가 외국문학연구회도 카프와 얼마든지 동반자나 동지가 될 수 있다고 말한 점에 대해서도 임화는 문예운동의 볼셰비키화를 주창하는 자신들이 소부르주아적인 연구회 회원들과는 결코 동반자나 동지가 될 수 없다는 점을 분명히 하였다. 그보다는 오히려 계급적인 연대와 국제적인 연대를 강화하여 프로문학 운동을 진전시킬 것을

42 임화, 「문화 유산에 대한 맑스주의자의 견해」, 『이헌구 선집』, 현대문학사, 2011, 62면. 이헌구는 보성중학 동창생인 임화에 대하여 "중학 시절 林仁植은 나보다 수년 연하이기도 하고 그 당시는 일종의 軟派的 불량성을 띤 모던보이형이어서 반에서도 좀 놀림을 받고 학교에서도 문제아(?)로 여겼던 사람이었고, 따라서 나와는 그렇게 친교할 상대가 되지 않았던 것이다"라고 밝혔다. 앞의 책, 435면.

다짐하였다.

이헌구가 "자본주의 사회에서는 노예의 말과 글로써 쓰라"는 레닌의 말을 인용한 것과 관련하여 임화는 외국문학연구회가 한낱 노동자 농민 같은 프롤레타리아 계급과는 아무런 관계가 없는 자본가의 앞장이일 뿐이라고 지적하였다.

> 그들은 '선출된 사람'에게 가면을 씌우고 노동복을 입히어 노력 대중 가운데에 침투하여 노동자식 사투리를 말하게 한다. 하물며 지상에서 사[상(上)]으로 자본가의 앞잡이가 아니고 따라서 노력 대중의 편이고 아주 노력 대중을 위하여 싸우는 듯이 거짓말하고 가장하기쯤이야. (…중략…) 이같이 말하면 영웅주의자들인 그들은 일반 자기네의 정체가 폭로된 것을 부끄러워하는 동시에 시방 자기네가 이같이 과대히 문제 삼아진 것을 저으기 만족할지도 모른다.[43]

임화는 다른 글과 마찬가지로 이 글에서도 '가면'이나 '가장'이라는 어휘를 즐겨 사용하였다. 외국문학연구회가 겉으로 표방하는 것과는 달리 자못 위선적이고 기만적이라는 말이다. 또한 임화는 연구회가 위선과 자기기만으로도 모자라 영웅주의적 성격까지 드러낸다고 지적하였다. 그러면서 그는 연구회가 "동경 유학생 도련님들"의 집단에 지나지 않는다고 조롱하기도 하였다. 소작농을 착취하는 지주나 소지주의 아들들로서 도쿄에서 편안하게 외국문학을 공부하는 백면서생白面書生이라고

43 임화, 「소위 '해외문학파'의 정체와 장래」, 『조선지광』 100, 1932.2, 55~60면. 임화의 이 글은 무슨 연유에서인지 『임화문학예술전집』에 누락되어 있다.

비꼬는 말이다. 이 표현은 그들이 노동자 농민과는 전혀 관련이 없는 소부르주아 계급이라는 것을 강하게 함축하는 말이기도 하였다. 그러므로 임화는 카프가 나아가야 할 방향의 하나로 외국문학연구회의 '박멸'을 꼽았다. 한마디로 "타도 해외문학광 일파!"를 부르짖었던 것이다.

이헌구의 재반론

임화의 반론이 잇달아 쏟아져 나오자 이헌구도 다시 한 번 반격에 나섰다. 이헌구는 1932년 3월 『조선일보』에 「비과학적 이론」을 발표하였고, 그 뒤를 이어 『동아일보』에 「문학 유산에 대한 맑스주의자의 견해」를 잇달아 발표하였다. 제목부터가 임화를 비롯한 카프문학 문학가들을 겨냥하고 쓴 글이라는 것을 쉽게 알 수 있다. 임화의 글에 몹시 화가 난 듯이 이헌구는 이전에 쓴 글과는 달리 이 두 글에서는 사뭇 조롱적인 말투를 사용하였다. 그도 그럴 것이 임화는 그의 글을 "나는 문필가도 아니요, 문학에 특별한 관심을 갖고 있는 것도 아닌데 신병身病으로 드러누웠다가 심심해서 뒤적거리던 신문 지상에서 이헌구李軒求란 사람의 쓴 글을 눈여겨보았더니, 그것이 도무지 돼먹지 않았다"[44]로 시작했기 때문이다.

이헌구는 임화를 비판하는 「비과학적 이론」에 '철우鐵友 씨에 대한 일답변'이라는 부제를 붙였다. 이헌구는 임화의 태도를 "아주 깔보고 덤벼든 그 치졸한 깡패적 태도"라고 매도하였다. 그러면서 그는 임화를 "대중을 지도하려 하며 자기만이 가장 프롤레타리아를 이해한다는 현명하

44 위의 글.

고도 과감한 동지(투사)인 철우 씨"니 "일 다망多忙한 동지"니 "적어도 유물론적 과학적 변증법적 입장에서 사무를[사물을] 시찰 비평하여야 될 어른"이니 하고 비아냥거렸다.[45]

이렇게 임화를 '동지'니 '투사'니 하고 부르는 것은 문학가라기보다는 차라리 전쟁에서 전투를 벌이는 전사에 가까웠기 때문이다. 실제로 임화는 그동안 '문학전투'나 '예술전투'라는 용어를 즐겨 사용해 왔다. 또한 이헌구가 임화를 '어른'이라고 비아냥거리는 것은 그가 외국문학연구회 회원들을 "동경 유학생 도련님들"이라고 조롱했기 때문이다. 자신들이 도련님들이라면 카프문학 진영에서 대가처럼 행세하는 임화야말로 마땅히 어르신이 될 것이다. 자신이 "도련님 그룹에 수속된 일 문학광"인 반면, 어른인 임화는 "예술과는 직접 관계가 없는 일 문외한"이라고 못 박았다.

이헌구는 임화가 외국문학연구회 회원들을 '자본가의 앞잡이'로서 "노력 대중을 위하는 싸우는 듯이 거짓말하고 가장하기" 좋아하는 집단이라는 주장에 몹시 불편한 심기를 드러내었다. 위의 주장에 대하여 이헌구는 임화에게 과연 이러한 태도가 "각모角帽를 갓 벗은 도련님 그룹 해외문학파에서 하는 것인지" 가슴에 손을 얹고 양심에 비추어 진지하게 생각해 볼 것을 권하였다. 그러면서 그는 "진실로 프롤레타리아를 위하여 싸운다는 씨氏들의 모든 언변과 행동이 어느 정도까지 노동자 대중과 일치 또는 전면적 행동을 감행하고 있는가?"[46]라고 따져 물었다.

적어도 이 점에서는 정인섭도 이헌구와 마찬가지였다. 1932년의 조

---

45 이헌구, 「비과학적 이론」, 『조선일보』, 1932.3.10~3.11; 『이헌구 선집』, 55면.

46 위의 책, 55면.

선문단을 전망하는 글에서 정인섭은 '사이비 비판'을 비판하였다. 비록 임화라고 못 박아 말하지는 말하는 않았지만 그를 비롯한 프로문학 진영을 염두에 두고 말한 것만은 틀림없었다.

> 세상에는 남을 중상(重傷)하고 사업이 조금 더 왕성해져서 남의 이목에 들어나면 그것을 질투하여 자기가 그 이상의 인기물(人氣物)이 되고 싶어 하는 자도 있는 것이다. 더구나 자세한 논증도 없이 또는 사실도 자세히 모르면서 인신공격을 일삼으며 그것으로써 가장 승리자가 된 것 같이 자업자찬(自業自讚)만에 흐르는 사이비 비판도 있는 듯하다. (…중략…) 모든 일은 좀 더 신중한 고려와 관찰을 요한다. 사실은 사실이요 감정은 감정이다. 이 두 가지가 혼동될 때 실용의 해독을 끼치는 것이다. 진정한 흥분은 정당한 관찰에서만 나오는 것이 아니냐.[47]

더구나 이헌구는 임화가 「소위 '해외문학파'의 임무와 정체」에서 외국문학연구회의 성격을 잘못 알고 있다고 지적하였다. 이헌구는 「해외문학과 조선에 있어서 해외문학인의 임무와 장래」에서 연구회의 성격을 두고 "학구적 입장에서 또는 자유주의적 입장에서 외국문예를 조선사회에 제공하는 것이요 이러함으로써 조선문학은 좀 더 활발하고 또 건전한 진전을 볼 수 있으리라"고 설명하였다. 그러나 임화는 연구회가 '자유로운 입장'이니 '자유주의적 입장'이니 하는 표현을 아주 못마땅하게 생각한다. 이에 대하여 이헌구는 "여기에 씨의 비인텔리적 무식을

47 정인섭, 『한국문단논고』, 신흥출판사, 1957, 120면.

폭로했으니 그러면 씨들은 자유를 절대로 부정하는 것인가? 또는 씨 등이 밤낮 어떤 구속되고 억압된 그 밑에서만 행동함을 만족으로 생각하는가?"[48]라고 되물었다. 그러면서 그는 "그보다도 자유롭다는 말과 자유 주장이라는 말을 혼동하는 데는 실로 한심타고 할 뿐이다"[49]라고 일갈하였다.

이헌구는 이어 임화가 외국문학연구회가 문학을 역사적으로 과학적으로 연구하는 점을 문제 삼은 것에 대해서도 신랄하게 비판하였다. 그는 임화가 프롤레타리아 혁명을 부르짖는 마르크스주의 대가로 자처하면서도 실제로는 마르크주의 이론에 무지하다고 지적하였다.

> 맑스주의란 환언하면 역사적 세계관이다. — 대체 역사적 고찰 연구를 무시하는 맑스주의자가 어디 있을까? 맑스는 오직 인류의 산 역사의 연구에서 새로운 ×회를 제출하지 않았는가? 파리코뮌은 맑스주의자 중에서도 노동××의 지도자의 유일한 전감(典鑑)이 아니었던가? 어디서 역사적 연구란 말이 골동품과 같이 이리 뒤척 저리 뒤척 한다는 새로운 발견을 해 내는가? 오! 비인텔리적 위대한 문학관이여, 비맑스주의자의 골동품적 이상이여![50]

이헌구는 마르크스주의가 곧 역사적 세계관인데도 불구하고 임화가 역사 연구를 '골동품'처럼 취급한다고 날카롭게 비판하였다. 계급투쟁을 부르짖는 마르크주의자가 막상 마르크스주의를 제대로 모른다는 것

48 이헌구, 『이헌구 선집』, 58면.
49 위의 책, 58면.
50 위의 책, 58~59면.

소천 이헌구. 그는 외국문학연구회를 대표하여 임화를 비롯한 프로문학 진영과 일련의 논쟁을 벌였다.

은 마치 기독교인이 기독교를 잘 모르는 것과 같다고 할 수 있다. 이헌구는 임화가 「소위 '해외문학파'의 임무와 정체」에서 주장하는 내용이 한마디로 "너무나도 비과학적이요 비변증법임에는 자못 경이하여 마지않는다"[51]라고 비판을 고삐를 늦추지 않았다. 마르크주의를 종교처럼 굳게 신봉하는 사람에게 비과학적이고 비변증법적이라고 비판하는 것보다 아마 더 큰 모욕은 없을 것이다.

이헌구는 「문학 유산에 대한 맑스주의자의 견해」에서는 격양된 감정을 조금 누그러뜨리고 좀 더 차분하게 임화의 '무지'를 폭로하였다. 물론 "문외한인(그야말로 문예의 ABC도 모르는 조선의 유명한 '동지'인) 철우씨"라는 표현에서 엿볼 수 있듯이 임화를 무시하는 발언은 여전하였다. 이열치열以熱治熱이라는 동양의 격언도 있고 "불로써 불을 끈다"는 서양 격언도 있듯이, 이헌구는 카를 마르크스와 프리드리히 엥겔스의 이론을 들어 "근일近日에 자주 나오는 비맑스주의적 비과학적 폭론暴論과 미망迷妄"에 답하려고 하였다. 방금 앞에서 언급한 글처럼 이헌구는 임화를 직접 언급하지는 않지만 누가 보아도 비판 대상이 누구인지 쉽게 알 수 있다.

이헌구는 먼저 마르크스가 평생 영국의 대문호 윌리엄 셰익스피어를 비롯하여 독일의 문호 요한 볼프강 폰 괴테, 그리고 고대 그리스 비극 작가를 애호했다는 점을 지적하였다. 그러면서 이헌구는 "유물적 변증법적 입장에서 모든 세계를 설명하며 더 나아가 어떻게 변혁할까를 역사적 세계관에서 출발한 맑스, 그는 결코 편협한 입장에서 예술을 부정하

51 위의 책, 55면.

거나 부르주아문학이라거나 고전문학이라고 논박하지 않았다"[52]고 잘라 말하였다. 이헌구는 마르크스에 이어 이번에는 블라디미르 레닌의 문학관을 인용하기도 하였다. 레닌은 인류가 그동안 이룩한 위대한 문화유산 모두를 정확히 이해 않고서는 진정한 프롤레타리아 문화를 건설할 수 없다고 역설했기 때문이다. 이를 달리 바꾸면 지나치게 편협한 입장에서 부르주아 문학이나 예술을 부정하는 임화는 진정한 의미에서 마르크스주의자가 아니라는 말이다.

이헌구는 이보다 한 발 더 나아가 독일의 저명한 마르크스주의자요 예술 비평가인 프란츠 메링을 언급하며 임화를 비롯한 카프문학 진영에 대한 비판의 고삐를 한층 더 바짝 당겼다. 메링은 독일의 고전 작가와 프롤레타리아를 접근시키는 데 온갖 노력을 기울였다. 심지어 그는 오직 사회주의 사회에서만 괴테를 정당하게 이해할 수 있고 정당하게 평가할 수 있다고 주장하기에 이르렀다. 이헌구는 메링의 이러한 입장은 역시 독일의 마르크스주의 이론가요 여권운동가인 클라라 체트킨에게서도 엿볼 수 있다고 지적하였다. 그녀는 고전 철학의 계승자라는 엥겔스의 말을 인용하면서 프롤레타리아를 자국의 고전 예술의 계승자로 보아야 한다고 주장하였다.

이헌구는 시야를 좁혀 이번에는 카프문학 진영이 전적으로 의존하고 있는 일본의 경우를 예로 들기도 하였다. 가령 일본 프롤레타리아 작가로 세계적 명성을 얻고 있는 도쿠나가 스나오德永直도 노동자 대중에게 대중소설이 얼마나 중요한지 역설하였다. 일본에서 프롤레타리아 순회

52 이헌구, 「문학 유산에 대한 맑스주의자의 견해」, 『동아일보』, 1932.3.10~3.13; 『이헌구 선집』, 61면.

도서관이 노동자 대중에게 빌려준 도서를 집계한 결과 고단사講談社의 『킹』을 비롯한 통속 오락잡지가 1위를, 부르주아 대중소설이 2위를, 좌익 이론 잡지가 3위를, 계급의식을 고취시키는 프롤레타리아 소설이 4위를 차지했다는 것이다. 이러한 사실에 주목하면서 이헌구는 "진실로 대중을 문예를 통해서 움직일 수 있게 하기 위해서는 그 가운데 다만 천편일률적 프로이데올로기의 설교만으로 되는 것이 아니요, 그 가운데 생생한 반역적叛逆的 의식과 감정을 고조함에 있으며 이러한 중대한 역할은 그가 다만 프로문학 내지 이론은[을] 저작咀嚼하는 데서만 생기는 것이 아니요 비상한 기술과 노력과 체험이 필요하다"[53]고 역설하였다.

이헌구는 "폭력적 이데올로그"로서의 임화에게 그의 무지하고 편협한 생각으로써는 조선에서 사회주의 사회를 건설하는 길은 요원하다고 지적하였다. 진정으로 무산자 계급을 해방시키기 위해서는 지금과 같은 태도를 지양하고 좀 더 새로운 방식을 택할 것을 권고하였다.

> 이러한 무지한 우소(愚笑)할 만한 폭론(暴論)에, 이러한 속정적 조선의 맑스주의자의 모든 행동과 언사에 너무도 비인간적 비계급적 비양심적 환멸을 느끼며, 따라[서] 이러한 이론으로써 조선 무산대중이 새로운 미래 사회의 건설의 유일의 호위대가 되리라는 것에 상도(想到)하고는 실로 최대의 한심과 통분을 철우 씨와 함께 다시 느끼고 싶다.[54]

위 인용문에서 이헌구가 임화의 태도에 "비인간적 비계급적 비양심

53 위의 책, 62~63면.
54 위의 책, 66면.

적 환멸"을 느낀다고 말하는 점을 주목해볼 필요가 있다. '비~적'이라는 형용사를 무려 세 번에 걸쳐 반복함으로써 일종의 주문呪文 같은 효과를 자아낸다. 이헌구 자신은 임화의 태도에 한심함과 함께 통분을 느낀다고 말하였다. 그것으로도 부족하여 그는 임화와 함께 다시 한 번 그러한 통분을 느끼고 싶다고 말한다는 것은 임화로서는 모욕적인 발언이 아닐 수 없을 것이다.

이헌구는 마지막으로 '동지' 임화를 비롯한 카프문학 진영에게 '우정 어린 충고'를 해 줌으로써 이 글을 끝맺었다. 조선의 새로운 미래 사회를 건설하기 위해서는 "일체의 편견과 불순한 당파적 언사와 소화消化 못된 번역적飜譯的 이론자 렬列에서 완전히 이탈함에 있는 줄 믿는다"[55]고 말하였다. 이헌구는 카프문학 진영이 외국문학연구회를 비롯한 문학 집단을 사시안적인 편견으로 판단하고 또한 불순하고 편협한 당파적 관점에서 현실을 바라보는 한 그들의 목표를 이룰 수 없을 것이라고 충고하였다. 더구나 마르크스주의의 원전도 잘 모른 채 일본어 번역을 읽고 어설프게 소화한 이론으로써는 그들이 추구하는 이상을 결코 성취할 수 없다고 비판하였다.

이헌구의 두 글은 임화에게 엄청난 충격을 주었음에 틀림없다. 실제로 임화는 「소위 해외문학파의 정체와 장래」를 끝으로 외국문학연구회를 더 이상 일관되게 비판하지 않았다. 1936년 7월에 『사해공론』에 발표한 「문단 논단의 분야와 동향」에서 그해 상반기 문학을 평가하면서 연구회를 잠깐 짚고 넘어갈 뿐이었다. 임화는 "해외문학연구 근 십년에

55 위의 책, 67면.

이 크룹이 한 일이란 축문祝文과 도장悼章 쓴 외에 무엇이 있는지 의문이다"[56]라고 뻐대 있는 말을 한마디 남겼다.

이헌구가 마르크스주의에 대한 이해 부족을 카프문학 진영의 한계로 지적했다면, 정인섭은 외국어와 외국문학에 대한 이해 부족을 그들의 한계로 지적하였다. 정인섭은 카프 진영과의 논쟁을 회고하는 글에서 카프문학 진영에 속한 문인들이 비전문적인 집단이라고 신랄하게 매도하였다.

> 카프 동인들은 전통적인 국내의 민족문학을 배척하고 국제주의적인 계급문학을 직수입하려 했지만, 그들 대부분이 외국어에 능하지 못했을 뿐 아니라 외국문학 전공자도 아니었기 때문에 러시아문학까지 전공하는 해외문학파 동인들이 주장하는 "전문은 전문가에"라는 부르짖음에 대해서 입장이 곤란해지자 해외문학파에게 두려움을 느꼈다."[57]

정인섭은 카프문학이 민족문학을 배척하면서 국제주의적 계급문학을 외국에서 직수입하려 했지만 그들의 이러한 목표나 이상은 한낱 구호에 그치고 말았다고 지적하였다. 그 이유는 두말할 나위 없이 카프 진영에 속한 문인들이 외국어 독해 능력이 부족하여 전적으로 일본어 번역에 의존하였고, 이러한 과정에서 계급문학을 잘못 받아들이기 일쑤였기 때문이라는 것이다. 이렇게 외국어 독해력이 부족하다 보니 외국문학을 받아들이는 데도 한계가 있을 수밖에 없었다. 한편 외국문학연구

56 임화, 「문단 논단의 분야와 동향」, 『사해공론』, 1936.7; 『임화문학예술전집』 4, 689면.
57 정인섭, 「나의 유학 시절」, 84면.

회는 영어를 비롯하여 독어, 불어, 러시아와 해당 문학을 전공하는 젊은 유학생들이 포진하고 있어 외국어와 외국문학을 이해하는 데 카프문학 진영과는 크게 달랐다고 밝혔다.

홍효민과 유재소의 외국문학연구회 비판

외국어와 관련한 정인섭의 비판을 의식한 듯이 홍효민洪曉民은 외국문학연구회에 몹시 불편한 심기를 그대로 드러내었다. 특히 "전문은 전문가에게" 맡기라는 정인섭의 구호가 그에게 못마땅했을 것이다. 여기서 정인섭은 이헌구처럼 카프문학 진영을 아마추어적이라고 몰아세웠기 때문이다. 홍효민은 1932년 5월 『삼천리』에 발표한 「해외문학파의 근거와 임무, 조선문학과 해외문학론」에서 자못 호전적인 어투로 '문학 행동'과 '어학 행동'은 근본적으로 서로 다르다고 역설하면서 포문을 열었다.

> 그러면 이들 이론적 근거는 어대 잇는 것일가. 곳 "어학적 기술의 공통성을 그 표면적 연쇄체로 한 잡동사니적 소시민 중간층"(현민(玄民)—筆者)이라고 할 수 잇는 것은 극히 타당한 말이다. 쌀하서 '아나크로'적인 애매한 주의주장이 아닐 수 업는 것이다. 이러한 주의주장을 가젓슴으로 피등(彼等)의 '문학 행동'은 그 정상적 궤도를 밟을 수 업고 쏘한 활발한 X쟁을[투쟁으로] 볼 수 업고 그들이 말하는 ① 유령(幽靈) 연구, ② 유령 번역, ③ 유령 소식만을 극복할 수 잇다고 가정하드래도 이것으로서 완전한 '문학 행동'이라고 할 수 잇슬가. (…중략…) 이것은 무엇이냐 하면 '해외문학'을[이] 어써한 '문학'인 것을 몰으고 '어학'으로 전용하자는 것에 지나지 안는 것의 이론이다.[58]

위 인용문에서 "그들이 말하는 ① 유령 연구, ② 유령 번역, ③ 유령 소식"이라는 구절을 좀 더 찬찬히 살펴볼 필요가 있다. 이 구절은 바로 정인섭이 몇 달 전 「1932년 문단 전망」에서 사용한 표현이다. 그는 외국문학연구회 회원들을 비롯한 외국문학 연구자들의 성과에 힙 입어 "재래在來로 한국문단에 유행하던 ① 유령 연구, ② 유령 번역, ③ 유령 소식 — 이상 삼개三個 경향은 점차로 청산되어 전면적으로 각기 전문 분야의 노력을 일반사회가 요구하는 동시에 전문적 토대가 없는 것을 발표하는 맹동盲動을 부정하는 시기에 점점 접근되는 것만은 자타가 찬성할 것인 줄 생각한다"[59]고 밝혔다. 그런데 이 문장이 홍효민의 심기를 크게 건드렸던 것이다.

홍효민은 외국문학연구회의 이론적 근거를 어학적 기술에서 찾았다. 그러면서 연구회 회원들은 이러한 '어학적 기술'을 공통적으로 지닌 집단으로 "잡동사니적 소시민 중간층"이라고 규정지은 '현인玄人'의 주장에 전적으로 동의하였다. 여기서 '현인'이란 1930년대 초반부터 카프의 맹원으로 활동하면서 민족문학 진영과 외국문학연구회를 비판해 온 이갑기李甲基의 필명이었다. 홍효민은 외국문학연구회 회원들을 '해외문학 연구자'라기보다는 차라리 '외국어 연구자'라고 불러야 마땅하다고 주장하였다. 그러나 연구회는 외국어에 기반을 두고 있을 뿐더러 소시민

58 홍효민, 「해외문학파의 근거와 임무, 조선문학과 해외문학론(속)」, 『삼천리』 4-5, 1932.5, 27면. 본명이 홍순준(洪淳俊)인 홍효민은 이 무렵 '안재좌(安在左)', '정복영(鄭復榮)', '홍훈(洪熏)', '효민학인(曉民學人)' 등의 여러 필명을 사용하였다. 특히 '安在左'라는 필명에서는 좌파에 편히 존재한다는 뜻이 담겨 있어 그의 문학적 성향을 단적으로 읽을 수 있다. 홍효민과 함께 외국문학연구회를 신랄하게 비판한 현인(이갑기)은 「해외문학파와 그의 기본적 동향」, 『조선일보』, 1933.2.18에서 계속 그 비판을 이어 나갔다.

59 정인섭, 「1932년 문단 전망」, 『한국문단논고』, 신흥출판사, 1957, 118면.

적 중간층이기 때문에 '아나크로적', 즉 시대착오적이라는 홍효민의 주장은 논리적 비약으로 볼 수밖에 없다.

더구나 홍효민은 외국문학연구회가 외국어에 기반을 두고 있기 때문에 정상적인 '문학 행동'이 될 수 없다고 주장하였다. 그러나 이 주장도 좀처럼 받아들이기 쉽지 않았다. 외국어를 전공하는 사람들이 외국어를 기반으로 해당 외국문학을 올바로 연구하고 번역하여 조선문단에 소개하는 것이 어째서 시대착오적 작업인지 선뜻 이해가 가지 않았기 때문이다. 연구회의 야심찬 작업을 "활발한 ×쟁[투쟁]"으로 볼 수 없다고 단정 짓는 것을 보면 오직 카프문학만이 실체가 있는 문학으로 간주하는 것과 같다. 일본 유학 시절 1927년에는 『제3전선』을 발행하였고, 귀국한 뒤에는 카프를 좀 더 계급투쟁 쪽을 방향 전환을 유도한 홍효민으로서는 어찌 보면 당연한 주장이라고 할 수 있을지도 모른다.

위 인용문의 후반부에서 홍효민은 외국문학연구회가 해외문학이 무엇인지도 제대로 모르면서 외국에만 초점을 맞추고 있다고 비판하였다. 그는 연구회가 "'해외문학'을[이] 어써한 '문학'인 것을 몰으고 '어학'으로 전용하자는 것"에 지나지 않는다고 지적하였다. 외국어를 제대로 모르고 어떻게 외국문학을 번역하고 소개할 수 있는지 자못 의심스럽다. 외국문학연구회에 대한 좌파 진영 비판 중에서 홍효민의 비판이 가장 비논리적이고 감정적인 만큼 설득력이 가장 약한 것도 사실이다.

홍효민은 외국문학연구회가 문학보다는 어학에 무게를 싣다 보니 어떠한 분명한 철학적 이데올로기도 갖추지 못한 채 사상적으로 방황하고 있다고 지적하였다. 이렇게 특정한 이데올로기가 없이 외국어에만 초점을 맞추어 활동하다 보니 "잡동사니적 해외문학 운동"이 될 수밖에 없다는 것이다. 홍효민은 이렇게 '잡동사니적으로' 외국문학 작품을 번역하여 한국문단에 소개하는 가장 대표적인 연구회 회원으로 다름 아닌 이하윤을 꼽았다.

> 그 다음 번역 행동에 잇서서 볼 것 가트면 이하윤(異河潤) 씨는 『해외문학』 창간호에 「신부(神父)의 목서초(木犀草)」라는 아나톨르 프란스의 작품을 번역하다가 최근 발행된 『문예월간』 제1권 제2호에는 「성탄송(聖誕頌)」 가튼 것을 역(譯)하는 것이다. 그런가 하면 그는 다시 인도(印度) 나이두 여사의 시를 역한다. 또 그런가 하면 미국의 샌드벅의 시를 역하는 것이다. 한 개의 자연주의의 반대를 포지(抱持)하고 아울너 회의적(懷疑的) 허무적(虛無的)의 작가 아나톨르 프란스를 역하다가 인도의 국민회의파 투사요 여시인인 나이두 여사를 역한다. 대체 씨야말로 철저한 한 문학상의 일화견주의자(日和見主義者)인 것이다. 무철학자(無哲學者)인 것이다. 아울너 오늘 푸란스[,] 내일 나이두[,] 또 샌드벅 이려케 닥치는 대로이다.[60]

위 인용문에서 홍효민이 두 번이나 사용하는 '일화견주의ひよりみしゅぎ'란 유리한 쪽에 붙으려고 거취를 결정하지 않고 형세나 기회를 엿보는 기회주의자들을 말한다. 임화를 비롯한 카프문학 진영에서 자주 사용하는 일본어 용어다. 말하자면 연구회는 태양을 향하여 고개를 돌리는 해바라기와 같은 집단이라는 것이다. 홍효민은 이렇게 외국 작품을 마구잡이로 번역하는 것은 비단 이하윤 한 사람에 그치지 않고 정인섭

60 홍효민, 「해외문학파의 근거와 임무, 조선문학과 해외문학론」, 28면.

과 이헌구 등 거의 모든 연구회 회원이 그러하다는 것이다. 그러면서도 홍효민은 이선근이 알렉산드르 푸슈킨을 일관되게 번역한다고 칭찬하였다. 그는 "사회학파적 문학 연구가가 못 되드래도 독문학 하면 또는 불문학 하면 일정한 문학자의 철학을 소유할 필요가 잇지 아니한가?"[61] 라고 질문을 던졌다.

> 이것은 마티 정치상에 일화견주의(日和見主義)와 가티 되는 것이니 조선의 현계단의 신간회(新幹會)의 형태와 외국문학 연구파의 형태가 조금도 다름이 업시 되는 방법론상에 써러지고 마는 것이다. 쌀하서 그러한 이론으로 보면 독문학을 한다고 하는 사람이 고전주의도 내지(乃至) 신즉물주의(新卽物主義)도 닥치는 대로 번역, 소개될 것이오 영문학 불문학 역시 그러케 되지 안흘 수 업는 것이다. (…중략…) 가령 이곳에 독문학 연구자가 잇다면 그의 철학적 '이데올로기'를 근거로 한 번역, 소개 행동이 잇서야 할 것이다. 독문학 전반을 통하야 알드래도 그 속에서 어썬 철학이든지 그가 취하지 아니하면 아니되는 것이라는 말이다. 독문학을 한다고 오늘에는 푸란츠 메링크를 연구하다가 내일은 괴테를 연구한다 하면 이는 무엇일가. 독문학상의 무정견한 일화견주의자(日和見主義者)가 아니고 무엇이랴.[62]

위 인용문에서 홍효민이 연구회를 신간회와 같은 차원에서 보는 것이 무척 흥미롭다. 좌우 합작을 결성된 독립운동 단체인 신간회는 처음에는 민족 해방이라는 깃발 아래 모였지만 점차 이념의 차이가 드러나면

61 위의 글, 28면.
62 위의 글, 27면.

서 해체될 수밖에 없었다. 홍효민은 그나마 김진섭이 표현주의 이론과 작품에 전념하고 있다고 밝혔다. "이 점에 잇서서는 차라리 김진섭 씨의 표현파 이론이 얼마나 정당하고 훌융한 것이지 알 수 잇는 것이다"[63]라고 말하였다. 물론 홍효민은 김진섭의 문학이 예술지상주의에 빠져 있는 한계가 있다고 지적하기도 하였다.

홍효민에 이어 이번에는 유재소柳在蘇가 외국문학연구회를 비판하고 나섰다. 유재소는 연구회 회원을 두고 "민중의 세금으로 고부랑글자나 배운 것으로 배부른 향락적享樂的 예술관을 가공적架空的으로 작품화하여 민중의 의식意識을 가리며……"라고 자칫 인신공격에 가까운 비판을 하였다. 그에게 "참담慘憺한 생활을 하는 일반대중에게는 아무 관계가 없는"[64] 외국 작품들이나 골라 소개하고 있는 외국문학연구회는 마땅히 타도해야 할 대상일 따름이라는 것이다. 홍효민이 '외국어'라고 표현한 것을 유재소는 일부러 '고부랑글자'라고 폄하하여 불렀다. 두말할 나위 없이 '고부랑(꼬부랑)글자'란 영어 따위의 서양 글자를 속되게 이르는 말이다. 유재소가 연구회 회원들이 민중의 세금으로 이러한 '고부랑글자'를 배웠다는 것은 그들의 부모가 대부분 소부르주아지로 소작농을 착취하여 얻은 돈으로 자식들을 유학 보냈다는 것을 지적하는 말이다.

송영, 임화, 홍효민, 유재소 같은 프롤레타리아 문학가의 주장은 카프가 일본 제국주의에 의하여 강제 해산되고 조국이 일제 식민지의 굴레에서 벗어난 뒤에도 여전히 계속되었다. 북한의 사회과학원 문학연구소에서 펴낸 『조선 문학통사』에서는 "반동 문화단체인 '구인회'와 '해외

63 위의 글.
64 유재소, 「타도! 해외문학」, 『전선』, 1933.4, 59~60면.

문학파' 등을 극도로 비호하면서 그들의 활동을 백방으로 보장해 주었다"[65]고 기술하였다. 광복 후 '조선프롤레타리아문학동맹'을 결성하고 활동하던 중 월북하여 '윤세평'으로 이름을 바꾸고 활약하면서 북한의 기본적인 문예정책 확립에 이바지한 윤규섭尹圭涉도 북한 사회과학원의 주장을 거의 똑같이 되풀이하였다. 그는 『해방전 조선 문학』에서 1930년대 중엽 카프가 일제로부터 온갖 탄압을 받은 반면 외국문학연구회를 비롯한 단체가 일제의 비호를 받고 있다고 주장하였다.

> 실지 이 시기는 일제의 파쑈적 탄압으로 가프[카프] 작가들에 대한 검거 투옥이 거듭되고 마침내는 1935년에 카프를 강제 해산시키는 폭거에까지 이르렀으며 다른 방면으로는 '순수 예술'의 간판 밑에 리태준을 중심으로 규합된 '구인회(九人會)', 꼬스모뽈리찌즘을 표방하고 나온 '해외문학파' 등이 일제의 비호 하에 카프에 대한 도전을 감행하고 급기야는 일제의 직접적인 어용문학 단체로서 리광수, 림화, 리태준을 중심한 문인보국회(文人保國會)까지 조작된[조직된] 가장 험난한 시기였다.[66]

위 인용문에서 구인회와 외국문학연구회가 일제의 비호를 받았다는

65 조선사회주의인민공화국 사회과학원 문학연구소 편, 『조선 문학통사—현대문학편』, 1959, 인동(1988 재출간), 104면. 이 책은 계속하여 "이 시기에 리태준은 반동 문학단체 '9인회'(1933년 8월)를 조직해 가지고 '해외문학파'와 마찬가지로 예술지상주의 문학의 중간 로선 등을 고창하면서 카프문학을 반대하여 진출하였다"고 주장하였다. 같은 책, 169~170면.

66 윤세평, 『해방 전 조선문학』, 조선작가동맹출판사, 1958, 228면. 여기서 윤세평이 외국문학연구회를 '꼬스모뽈리찌즘(코즈모폴리터니즘)'과 연관시키는 것은 그동안 정인섭이 여러 글에서 이 용어를 사용해 왔고, 이헌구도 자신을 '진보적 세계주의자'로 자처해 왔기 때문일 것이다.

윤세평의 주장은 실제 사실과 적잖이 다르다. 물론 카프가 일제의 감시를 받은 것은 사실이다. 1931년과 1934년 두 차례에 걸쳐 일제의 검거 선풍과 탄압이 있었지만 해체는 자체 내의 내분과 일부 회원의 전향, 그리고 일제의 정책 변화 때문이었다. 만주사변 이후 파시즘을 향해 치닫던 일제는 '전일본무산자예술동맹(NAPF)'을 비롯한 사회주의 문학 단체를 잇달아 해체하였고, 카프 해산도 이러한 맥락에서 이해할 수 있을 것이다. 일제의 감시를 받은 것은 비록 정도의 차이는 있을망정 외국문학연구회도 마찬가지였다. 1929년을 전후하여 연구회 회원들은 대다수 귀국하였고, 그중 정인섭, 이하윤, 김진섭, 손우성 넷이 제동 입구 한옥에 하숙을 하였다. 그런데 정인섭에 따르면 "우리들 네 사람과 해외문학파의 중심인물들이 출입하고 있었기 때문에 경찰은 은연중 이 하숙집을 감시하고 있었던 것으로 짐작된다"[67]고 회고한 적이 있다.

위 인용문에서 윤세평이 이태준과 임화를 조선문인보국회朝鮮文人報國會를 조직하는 데 관여했다고 비판하고 있는 것도 흥미롭다. 조선문인보국회란 1943년 일제가 "조선에 세계 최고의 황도문학皇道文學을 수립한다"는 취지로 조선문인협회를 비롯한 기존의 문인 단체를 통합하여 결성한 단체였다. 해방 후 이 단체에서 활약한 문인들은 거의 모두 '친일문학가'라는 낙인이 찍혔다. 이태준은 카프와 대립각을 세우고 프로문학에 반대하는 순수문학의 대표적 단체라고 할 구인회를 결성하여 주도한 것은 사실이다. 그러나 그는 문학의 현실 참여를 부르짖은 프로문학의 경향성을 반대한 것일 뿐 결코 좌익 사상 자체를 거부한 것은 아니었

67 정인섭, 「나의 유학 시절」, 101면.

현순 목사의 딸 현미옥(현앨리스). 그녀는 경성 관철동에 문을 연 한국 최초의 다방 '카카듀'의 여주인이었다. 이 다방은 외국문학연구회 회원들의 집합소였다.

다. 이태준은 해방 후에는 '조선문학가동맹' 부위원장, 월북한 뒤에는 '북조선예술문학예술총연맹' 부위원장을 역임했다는 사실은 이를 뒷받침한다. 그러나 1957년에 숙청 시기에 종파분자와 해당害黨 행위자로 비판을 받고 추방당하였다.

한편 임화는 이태준보다 사회주의문학 건설에 온힘을 쏟았지만 결국 그보다 훨씬 더 비극적인 운명을 맞았다. 박헌영朴憲永의 열렬한 추종자였던 임화는 해방 직후 여운형呂運亨과 안재홍安在鴻이 이끄는 건국준비위원회에 가담했지만, 박헌영이 경성에 나타나자 그와 함께 조선공산당 재건운동에 동참하였다. 1947년에 두 번째 아내며 소설가인 지하련池河蓮과 함께 월북한 그는 조선민주주의인민공화국 정부 수립에 동참하였다. 그러나 1953년에 박헌영, 이강국李康國, 리승엽李承燁 등 남로당 수뇌부와 함께 스파이 혐의로 체포되어 사형 선고를 받고 그해 총살된 것으로 알려져 있다. 이 과정에서 외국문학연구회 회원들이 귀국 후 경성에 조선 최초의 다방 '카카듀'를 열었을 때 한때 그곳에서 일하던 현미옥玄美玉(앨리스)도 함께 처형되었다.

비록 홍효민이나 유재소를 염두에 둔 것은 아니지만 프로문학 진영에 대한 이하윤의 지적은 주목해 볼 만하다. 이하윤은 「1932년 문단 전망」이라는 글에서 민족문학 진영에도 문제가 없지 않지만 카프문학 진영의 문제가 심각하다고 지적하였다. 그는 프로문학 진영에 실망 수준을 넘어 환멸을 느낀다고 말하였다.

> 그 작품의 실제에서뿐만 아니라 근거 엷은 이론에서 종종 환멸을 느끼게 됨은 이 방면에 유의(有意)하고 있는 후진(後進)을 위하여 큰 유감일 줄로 생각한다. 천박한 관찰에서 나오는 성실을 결(缺)한 비평이 이 파(派)의 전 활약을 의미하는 것 같음은 실로 진지한 태도를 갖고 침체해 버린 작가와 평가를 위하여서라도 미안한 일이며 오히려 그 치기 있는 대담(大膽)이 우리를 아연경탄(啞然敬歎)시킬 뿐이다. 절실한 각오와 충분한 고려가 없이는 소위 부르 문단에 대항하는 의의(意義)를 저절로 상실하고 마는 것이라고 생각한다.[68]

이하윤은 프로문학 진영이 창작 같은 실제 영역뿐만 아니라 이론 영역에서도 이렇다 할 성과를 내지 못하고 있다고 지적하였다. 창작 쪽보다는 그나마 비평 쪽이 활발한 편이지만 그 또한 깊은 성찰이 부족하여 성실한 비평이 없다고 주장하였다. 그 대신 그들은 치기어린 대담함으로 맞설 뿐이었다는 것이다. 그러므로 이하윤은 현재의 프로문학 진영이 부르주아문학 진영에 대적할 준비가 되어 있지 않다고 결론 지었다.

아나키즘 진영의 카프 비판

외국문학연구회와는 직접 관련은 없지만 『해외문학』 창간호의 발행

68 이하윤, 「1932년 문단 전망」, 『이하윤 선집－평론 · 수필』, 47~48면.

인 겸 편집인인 이은송이 관련된 만큼 여기서 잠깐 카프문학 진영에 대한 아나키스트들의 비판을 짚고 넘어가는 것이 좋을 것 같다. 아나키즘은 공동체적 집산주의에서 극단적 개인주의에 이르기까지 그 스펙트럼이 무척 넓다. 일본 제국주의의 식민지 상황에서 아나키즘은 조선 지식인들에게 큰 유혹이 아닐 수 없었다. 이러한 사정은 비단 조선 지식인들에 그치지 않고 아니라 일본 유학생들한테도 큰 인기를 끌었다. 이헌구에 따르면 이 무렵 일본에 유학 중인 조선인 학생들은 ① 민족주의 그룹, ② 사회주의 그룹, ③ 무정부주의 그룹의 3파로 대립하였다.

물론 한국 프롤레타리아 문학 운동에서 아나키즘 문학이 차지한 비중은 카프문학이나 민족문학에 비교하여 그렇게 크다고 할 수는 없었다. 아나키즘 운동은 신채호申采浩, 박열朴烈, 권구현權九玄 등을 중심으로 전개되었고, 그 밖에도 김화산金華山, 강허봉姜虛峰, 이향李鄕, 고한용高漢容, 조명희趙命熙, 이기영, 임화 등이 한때 참여하였다. '고따따'라는 필명을 사용한 고한용은 일본 니혼대학에 다닐 때 임화를 처음 만난 듯하다.[69] 무엇보다도 다른 문학 진영과 비교하여 아나키즘 문학에 참여한 문학가의 수가 절대적으로 적었다. 더구나 카프는 처음에는 세력을 확장하기 위하여 아나키스트들을 자신의 진영에 끌어들였지만 일단 조직이 체계를 갖추자 이번에는 그들을 조직에서 축출하였다.

그러나 이러한 불리한 조건에서도 아나키즘 문학은 그 나름대로 한국 문학사에 이바지하였다. 첫째, 아나키즘은 조선문단에 다다이즘 운동을

69 '고따따'에서 '고'는 고한용의 성씨이고 '따따'란 다다이즘을 가리킨다. 임화도 한때 '임다다'라는 필명을 사용한 적이 있다. 이 두 사람은 필명으로 삼을 정도로 다다이즘에 심취해 있었다.

처음 소개하였다. 고한용은 1923년 9월에 『개벽』에 「다다이슴」이라는 글을 처음 발표하였다. 임화도 다다이스트로 문단에 발을 들여놓았고 김화산도 다다이스트로 자처했다는 것은 이미 잘 알려진 사실이다. 둘째, 아나키즘은 프롤레타리아 문학의 이념 편향성을 비판하였다. 아나키즘은 외국문학연구회와 함께 그 어느 때보다 문학의 사회적 기능을 강조하던 이 무렵 문학의 본질을 다시 한 번 성찰할 수 있는 기회를 갖도록 해 주었다.

셋째, 아나키즘 문학은 외국문학연구회가 발전하는 데도 적잖이 이바지하였다. 앞장에서 이미 자세히 언급했듯이 연구회의 기관지 『해외문학』이 창간되는 데는 아나키즘 운동에서 활약하던 이은송의 재정적 도움이 무척 컸다. 충청남도 연기에서 태어났지만 이하윤과 같이 강원도 이천에서 활약한 이은송은 이 잡지의 창간호가 발행되도록 재정적인 후원을 아끼지 않았다. 재정적 후원뿐만 아니라 이 잡지의 창간호 발행인과 편집인으로의 역할을 하였다. 러시아의 대표적인 아나키즘 작가인 바실리 예로센코의 작품을 번역하여 실은 것도 바로 이은송이었다. 만약 이은송이 없었더라면 『해외문학』은 출간되지 않은 채 유산되었거나, 비록 출간되었다고 하여도 내용과 형식에서 현재와는 다른 모습이었을 것이다.

아나키즘이 카프문학 진영과 벌인 논쟁은 김화산이 카프문학의 정치적 역할을 비판한 것이 그 발단이었다. 아나키즘 문학에서 핵심적 역할을 한 그는 1927년 3월 『조선문단』에 「계급예술의 신전개」를, 같은 해 6월에는 『현대평론』에 「뇌동성雷同性 문예론의 극복」을 잇달아 발표하였다. 앞의 글은 『조선문단』 1927년 신년호에 실린 박영희의 「투쟁기에 있는 문예비평가의 태도」라는 글에 대한 반론이었다. 이 글은 1926년에 김기진과 벌인 문학의 내용과 형식을 둘러싼 논쟁의 연장선에 이루어진 것으로 카프의 이론적 정지 작업의 일부였다.

김화산은 '공산파 문예이론가에 대한 일一 소검토小檢討'라는 부제를 붙인 「계급예술의 신전개」에서 아나키즘의 입장에서 카프문학이 기반을 두고 있는 마르크스주의를 정면으로 비판하였다. 카프는 지나치게 계급투쟁을 목표로 삼는 나머지 예술의 기능에 무관심하다는 것이다. 그는 마르크스주의만이 유일한 문학 이론이라고 보는 것은 독단이라고 천명하였다.

> 조선의 사회 운동이 거의 전부가 다 노농(勞農) 러시아 계통의 맑스주의에 의하여 지도되는 것과 같이 무산(無産) 문예운동도 역시 이 맑스주의 내지 막연한 사회주의적 견지에서 창조되어 왔다.
>
> 우리는 맑스주의 이외의 견지에서 맑스주의와 병존하는 모든 해방 운동 사상의 존재를 시인하여 동시에 이 해방운동 사상을 출발점으로 삼는 문예운동을 시인한다.[70]

여기서 "맑스주의 이외의 견지에서 맑스주의와 병존하는 모든 해방 운동 사상"이란 다름아닌 아나키즘을 비롯한 여러 사상을 두루 가리킨다. 카프문학 진영으로서는 마르크스주의 외의 다른 사상을 운운 하는 것을 도저히 받아들일 수 없었다. 조직에서 자유주의를 지향하는 아나

70 김화산, 『조선문단』 20, 1927.3, 19면.

키즘과 중앙집권주의를 견지하는 카프 진영과의 갈등은 뿌리 깊은 것으로 화해하기란 거의 불가능하였다. 김화산은 오직 정치적 역할만을 강조하며 예술로서의 성립 요건을 무시하는 작품은 한낱 선전 포스터나 정견 발표문에 지나지 않을 뿐 진정한 문학은 아니라고 날카롭게 비판하였다. 적어도 이 점에서 그의 주장은 외국문학연구회의 입장과 거의 같았다. 그러나 그의 글은 '계급예술의 신전개'라는 제목에 걸맞게 계급투쟁에 기반을 둔 예술의 새로운 발전을 논리적으로 체계화하는 데까지는 이르지 못하였다. 다만 그는 박영희의 작품을 실례로 들어 마르크스주의 문학의 지나친 이념 편향을 경계하는 한편, 그러한 편향에서 비롯하는 카프문학의 한계를 날카롭게 비판했을 따름이다.

한편 김화산은 「뇌동성 문예론의 극복」에서는 그 제목에서 엿볼 수 있듯이 카프문학을 '뇌동성'의 문학으로 파악하면서 그것을 극복할 것을 제시하였다. '뇌동'이란 부화뇌동附和雷同할 때의 바로 그 뇌동으로 줏대 없이 남의 의견에 따라 움직이는 것을 말한다. 그의 관점에서 보면 카프문학은 바로 소비에트 연방의 마르크스주의 문학을 그대로 따르는 문학에 지나지 않았다. 적어도 이 점에서는 김화산의 '뇌동'의 개념은 정인섭이 말한 '유행심리적 소아병적 감응주의'이나 '모방적 직역적 국제주의'와 비슷하다. 김화산은 마르크주의와는 달리 아나키즘이 외부의 강권에 따른 이론이 아니라 어디까지나 개성과 자유를 고취시키는 이론이라고 역설하였다.

김화산의 두 글이 발표되자 카프문학 진영에서는 박영희를 비롯한 임화, 윤기정尹基鼎, 한설야韓雪野, 조중곤趙重滾 등이 나서 공박하기 시작하였다. 그중 박영희는 직접 반론을 전개하는 대신 '무정부주의적 예언'을 경계하는 것으로 그쳤고, 나머지 문학가들의 반론도 김화산의 수준을 크게 넘어서지 못하였다. 가령 임화는 김화산의 주장을 비판하면서도 개인성과 자유성의 개념에 논리적으로 대응하지 못하였다. 한설야를 비롯한 다른 문학가들은 김화산의 계급관이 공상적이고 허구라고 말하면서 아나키즘에 대한 이론 제시가 없다는 점, 그의 주장이 프롤레타리아 문예운동을 교란하기 위한 시도에 지나지 않는다는 점을 지적할 따름이었다.

그러나 김화산이 처음 제기한 문학의 본질이나 기능과 관련한 문제는 마르크스주의 문학을 지지하는 문학가들에게는 언제나 아킬레스건腱과 다름없었다. 김기진이 문학에서 형식 내용 못지않게 중요하다고 역설한 점도 이와 궤를 같이한다고 볼 수 있다. 김화산의 아나키스트적 도전을 받자 카프는 1927년 이후 새로운 방향 전환을 모색하지 않을 수 없었다. 결국 김화산을 비롯한 아나키스트들은 카프 진영에서 제명당하고 말았다.

외국문학연구회의 민족주의 문학 비판

외국문학연구회는 카프문학 진영과 논쟁을 벌이는 한편 민족주의 문학에도 적잖이 비판을 가하였다. 물론 후자에 대한 비판은 전자에 대한 비판과 비교해 볼 때 그렇게 조직적이지도 않았을 뿐더러 그렇게 신랄하지도 않았다. 그러나 비록 정도의 차이는 있을망정 연구회가 양비론의 입장에서 1920년대 말엽과 1930년대 초엽 여러모로 대척 관계에 있던 카프문학과 민족문학을 모두 비판의 대상으로 삼은 것만은 틀림없는 사실이다. 물론 연구회는 양쪽 진영 모두에서 비판을 받았다. 이 점과 관련하여 정인섭은 "서울에서는 좌익들도 우리를 질시하고 우익에서도 못마땅하게 생각했었다"[71] 고 지적하였다.

민족주의 문학 진영에서는 나름대로 세계문학에 관심이 있는 데다 문학관에서도 대척 관계에 있지 않은 외국문학연구회에 이렇다 할 반감을 보이지 않았다. 다만 연구회 활동을 '중간파 운동'이라고 비판하고 독일 관념론의 영향을 받은 김진섭의 난해한 문체를 문제 삼았을 따름이다. 그래서 연구회에서도 민족주의 문학의 한계를 지적하는 데 그쳤을 뿐 두 진영 사이에서는 외국문학연구회와 카프문학 진영 사이에서 볼 수 있는 치열한 논쟁은 없었다.

외국문학연구회의 창립과 관련하여 정인섭은 카프문학 진영과 함께 민족주의 문학 진영의 한계를 지적하였다. 도쿄에서 외국문학을 전공하는 젊은 유학생들로서는 우파문학을 돌아보아도, 좌파문학을 돌아보아도 어느 쪽에도 만족할 수 없었다.

> 그 당시 한국문학은 이광수, 김동인, 염상섭 등을 중심한 민족문학의 주류에 의하여 좌우되고 있었던 것이나, 그들이 외국문학의 수준에 비하면 아직도 거리가 멀고 또 일면으로 좁은 보수적 또는 국수적인 테두리에 머뭇거리고 있었기 때문에 구미문학(歐美文學) 사조(思潮)에 대해서 옹졸함에 만족할 수 없었던 이들 외국문학 전공학도들은 타면으로는 1925년에 결성된 카프(한국프롤레타리아문학동맹)의 문학 이론과 사조가 너무 형식적이요, 공식적인 마르크스의 계급의식에 급급함에 불만을 느꼈다.[72]

71 정인섭, 「나의 교우록」, 『이제는 하고 싶은 이야기』, 158면.

72 정인섭, 「나의 유학시절」, 58면.

정인섭은 민족문학이 보수적이고 국수주의적이라는 점에서 한계가 있다면 프로문학은 형식적이고 공식적이라는 점에서 한계가 있다고 지적하였다. 한마디로 외국문학연구회 회원들은 이 두 문학 진영에 불만을 느끼지 않을 수 없었다. 더구나 정인섭은 앞에 언급한 「조선 현문단에 소함」에서 민족주의 문학 진영이나 카프문학 진영이나 격변하는 국제정세에 무관심하다고 비판하였다. 진정한 문학인이라면 세계정세를 호흡하여야 할 터인데 이 점에서 너무 소홀했다는 것이다. 그가 말하는 "낭만적 조숙과 퇴행적 조로"는 프로문학 진영보다는 아무래도 민족주의 문학 진영에 더 걸맞은 지적인 듯하다. 정인섭은 민족주의 문학 진영 작가들에게 현 상태에 안주하지 말고 시대와 보조를 맞추어 독자에 앞서 진보하고 발전해야 한다고 역설하였다.

> 순수 예술파는 순수 예술파로서의 입장과 내용에 좀 더 새로운 진전과 심각(深刻)한 걸작이 있어야 하겠고 민족적 인도주의파면 그 파(派) 자체로서의 발전이 문화사적 견지로 보아 훨씬 진출이 있어 그 예술 발생의 초기보다는 현저한 무엇을 가지고서야 민중에게 제공한 보람이 있고 시대상에 감동을 줄 만한 것이 되는 것이다.[73]

여기서 정인섭은 순수 예술파의 대표적인 작가로 김동인을, 민족적 인도주의파의 대표적인 작가로 이광수를 꼽았다. 정인섭은 김동인의 단편소설 「신앙으로」라는 작품을 실례로 들면서 초기 작품과 비교하여 이

73 정인섭, 『한국문단논고』, 신흥출판사, 1957, 80면.

렇다 할 차이가 없다고 지적하였다. 외국의 예술지상주의 작가들이 늘 새로운 주제를 신선한 감각으로 표현하는 것과 비교하여 김동인은 구태의연하다는 것이다. 정인섭은 이 점에서는 이광수도 크게 다르지 않다고 주장하였다. 이 무렵 양주동이 『조선일보』에 발표하는 「문단 측면관」에서 주장한 내용을 언급하며 정인섭은 "민족문학 또는 인도주의의 문학의 골동화骨董化"를 경계하였다. 그는 이광수의 문학을 "봉건적 내지 원시 민족주의 문학"이라고 매도했던 것이다. 정인섭은 아무리 민족을 강조하는 문학일지라도 새로운 시대에 부흥하는 민족문학이 되지 않고서는 살아남을 수 없다고 역설하였다. 그래서 그가 조선의 민족문학이 나아가야 할 목표로 제안한 것이 앞에서 언급한 "민족주의적 무산문학無産文學"이었다.

더구나 정인섭은 「1935년의 문단론」에서도 카프문학 진영과 함께 민족주의 문학 진영을 날카롭게 비판하였다. 그러면서 오직 외국문학연구회만이 중립적 입장에서 조선문학이 나아갈 길을 제시했다고 역설하였다.

> 예술파는 민족문학과 계급문학의 대립 가운데서 그 질식적(窒息的) 여명(餘命)을 이어 왔고, 민족파는 그 전통적 의식을 고수하다가 역사물로 도피하고, 계급파는 공식적 정치 과제로 흥분하다가 자체 모순과 외부 정세로 몰락의 과정에 들어가게 되었다. 그동안 해외문학파는 예술파에 대해서는 사회적 관심 내지 문학의 문화적 의의를 말해 왔고, 민족파에 대해서는 편협한 퇴영적 전통에서 해방된 세계적 호흡의 필요를 역설해 왔고, 계급파에 대해서는 그 기계적 현실 유리의 국제주의에 도전하는 동시에 예술적 완성과 한국의 특수성을 고려해야 된다고 해 왔다.[74]

이렇게 민족주의 문학에 불만을 느끼기는 이하윤도 마찬가지였다. 민족문학 진영에 대하여 그는 "쇄국적鎖國的 의미의 숭고적崇古的 민족주의"에서 탈피하여 "세계문단의 일우一隅를 점點할 수 있는" 문학이 되라고 권고하였다. 그러면서 "온전히 민족적 감정의 발로"만을 일삼는 민족문학 진영의 일부 문학가들도 새롭게 방향을 모색해야 한다고 지적하였다. 한편 프로문학 진영에 대해서는 이하윤은 "조선에 있어서는 너무나 그 활동이 기대에 어그러지는 일이 많다"[75]고 주장하였다.

적어도 이 점에서는 이헌구도 정인섭이나 이하윤과 크게 다르지 않았다. 그는 한 인터뷰에서 "도쿄에서 각자가 섭렵한 외국문학을 토론하고 공부하면서 우리 문학을 읽으면 유치하기 짝이 없어요. 카프문학은 억지로 두드려 맞춘 관념이거나 안이한 도식에 빠져 수준도 낮고 재미가 없었으며, 민족문학도 복고적이거나 통속성의 냄새가 물씬했어요"[76]라고 밝힌 적이 있다. 계급의 깃발을 내세우는 카프문학이나, 국수주의의 깃발을 내세우는 민족주의 문학이나 '유치'하기는 마찬가지였다는 것이다. 게오르크 빌헬름 프리드리히 헤겔의 변증법으로 설명하자면, 외국문학연구회는 카프문학과 민족주의 문학이라는 '정'과 '반'의 모순을 극복하고 지양하여 제3의 '합'에 이르려고 노력했던 것이다.

74 정인섭, 「1935년의 문단론」, 『한국문단논고』, 신흥출판사, 1957, 142~143면.
75 이하윤, 「1932년 문단 전망」, 『이하윤 선집-평론 · 수필』, 47면.
76 김병익, 『한국문단사』, 일지사, 1974, 182면.

제9장

외국문학연구회의 내연과 외연

외국문학연구회는 1925년과 1926년에 걸쳐 일본 도쿄에서 결성한 뒤 『해외문학』을 발간한 1927년까지 가장 왕성하게 활동하였다. 그러나 연구회의 활동을 1925년부터 1927년으로 한정 짓는 것은 좁은 생각이다. 좀 더 넓은 의미에서 연구회의 활동은 창립 바로 직전과 1928년부터 회원들이 유학을 마치고 귀국한 뒤에 벌인 일련의 활동까지 포함시켜야 하기 때문이다. 외국문학연구회를 둥근 원에 견준다면, 도쿄 유학 시절이 내접원에 해당하는 한편, 귀국 후 벌인 일련의 활동은 외접원에 해당한다고 할 수 있다. 이번에는 논리학 용어를 빌려 말하자면, 전자는 내연內延에 해당하고 후자는 외연外延에 해당할 것이다. 이렇듯 연구회는 원심적으로 계속 활동 영역을 넓혀 나갔다. 그러므로 연구회의 활동은 지금까지 문학사가들이 흔히 간주했던 것보다 훨씬 더 넓은 영역을 차지한다고 할 수 있다.

와세다대학에서 영문학을 전공하면서 외국문학연구회에서 가장 핵심적 역할을 한 정인섭은 연구회의 발전과 관련하여 "'극예술연구회'를 조직하고 '실험무대'를 시작하여 번역극을 주로 상연한 이래로 해외문학파 운동은 적극적으로 진전되었었다"[1]고 밝혔다. 이 말은 앞으로 외국문학연구회가 벌일 일련의 활동이나 운동은 어디까지나 그 연장선에서 이해해야 한다는 뜻으로 받아들일 수 있다. 더 나아가 정인섭은 외국문학연구회의 활동을 지리적 구분에 따라 크게 '도쿄 시대'와 '경성 시대'의 두 가지로 나눌 수 있다고 하였다. 도쿄시대가 동호인적 친목이나 외국문학의 번역 소개 같은 비교적 구심적으로 활동하던 시기였다면, 1920년대 말엽과 1930년대 초엽에 그들이 학업을 마치고 귀국하면서 시작된 경성 시대는 좀 더 원심적으로 활약하던 시대라고 할 수 있다. 유학을 마치고 귀국한 뒤 젊고 유능한 연구회 회원들은 여러 분야에 걸쳐 그야말로 역동적으로 활약하며 조국의 문단과 문화계에 상당한 영향력을 행사하였다.

외국문학연구회는 처음에는 외국문학을 본격적으로 연구하고 소개하는 것을 일차적 목표로 삼고 출발했지만 시간이 흐르면서 회원들의 관심사는 점차 문학의 범주를 뛰어넘어 다른 영역으로 옮겨갔다. 그들은 색동회 같은 어린이를 위한 단체에서 한글 운동, 연극 운동, 민속학, 그리고 순수문학 운동에도 깊은 관심을 기울였다. 어떤 의미에서는 '외국문학연구회'보다는 차라리 '외국문화연구회'라고 부르는 쪽이 더 정확할지도 모른다. 전자는 도쿄 시대에, 후자는 경성 시대에 더 어울리는 명칭이라고 할 수 있다.

1 정인섭, 「자서自序」, 『한국문단논고』, 신흥출판사, 1959, 3면.

외국문학연구회와 다방 '카카듀'

외국문학연구회 회원들 중 가장 먼저 일본에서 학업을 마치고 귀국한 사람은 호세이대학에서 독문학을 전공한 김진섭이었다. 1927년에 귀국한 김진섭을 시작으로 1929년 봄에는 정인섭을 비롯하여 이선근, 이하윤, 손우성, 장기제, 유치진, 김한용, 서항석, 조희순 등이 귀국하였다. 1931년에는 함대훈, 박용철, 이헌구 등이, 1932년 봄에는 김광섭이 잇달아 귀국하면서 외국문학연구회는 도쿄에서 경성으로 베이스캠프를 옮긴 것과 크게 다름없었다.

1925년 봄 외국문학연구회를 발족한 회원들은 이해 여름에 방학을 맞아 모두 귀국하였다. 고향은 전국 각지에 흩어져 있었지만 그들은 대부분 서울에 다시 모였다. 이렇게 경성에 자주 모인 회원들로는 정인섭, 이하윤, 김진섭, 손우성, 이선근, 김명엽(필명 김석향) 등이었다. 그러던 어느 날 이선근이 정인섭에게 미국 하와이에 거주하는 '현'이라는 젊은 여성이 귀국하여 무슨 사업을 하고 싶다고 하는데 무슨 좋은 사업이 없겠느냐고 물었다. 현은 경성 견지동에서 '부인기예사'라는 여성 용품을 취급하는 상점을 경영하고 있던 이선근의 누이 이경지와 잘 아는 사이였다. 그래서 정인섭은 서울에 끽다실, 즉 다방을 차리는 것이 어떻겠느냐고 제안하였다. 뒷날 그는 "그때 마침 해외문학파 그룹이 사실상 한 덩어리가 되어 한국에 새로운 '루네상스' 운동을 일으키려는 판이었기 때문에 그들이 기분 좋게 자주 만날 수 있는 장소가 필요하니 다방을 차리라고 했다"[2]고 회고하였다. 앞장에서 잠깐 밝혔듯이 '현'이라는 여성

2 정인섭, 「해외문학파와 다방 카카듀」, 『이제는 하고 싶은 이야기』, 55면.

은 독립운동가요 하와이에서 감리교 목사로 있던 현순玄楯의 딸 현미옥(미국 이름 앨리스)이었다. 뒷날 한국에서는 좌익이나 북한 첩자, 북한에서는 미국 스파이로 취급받은 현미옥은 북한에 입국했다가 박헌영 숙청 사건에 연루되어 그곳에서 비운을 맞았다.

정인섭의 말대로 외국문학연구회 회원들은 비록 도쿄에서 창립되었지만 식민지 조국과 좀 더 유기적으로 관련을 맺고 싶어 하였다. 그러한 방법 중 첫 번째가 기관지 『해외문학』을 발간하는 것이었고, 두 번째는 외국문학 작품을 번역하여 직접 고국의 무대에 올리는 것이었으며, 세 번째는 경성에 동인들의 집합소 같은 것을 마련하는 것이었다. 현앨리스가 계획하고 있던 사업은 연구회 회원들의 세 번째 방법에 비교적 잘 맞아떨어졌다. 그래서 회원들은 그녀를 설득하여 마침내 흔히 한국 최초의 다방으로 꼽히는 '카카듀'의 문을 열게 되었다.

현앨리스는 안국동 네거리에서 관훈동 쪽으로 내려가는 곳에 위치한 2층집 아래층을 얻어 다방을 차렸다. 다방의 이름은 김진섭의 제안에 따라 '카카듀'라고 정하였다. 오스트리아의 극작가 아르투르 슈니츨러의 작품에 『초록 앵무새Der grüne Kakadu』라는 희곡이 있어 그 이름을 따서 그렇게 붙인 것이다. 작품 제목뿐만 아니라 작품의 내용도 다방에서 일어난 사건을 다루고 있다. 다방 한쪽에 무대가 있어 촌극을 하는데 손님들도 흥이 나면 배우들과 함께 연기를 한다는 내용이다. 또한 다방의 이름은 상쾌한 느낌을 주는 '카카~'라는 소리에 '~듀'라는 소리가 한데 어울려 독특한 음성적 효과를 자아내기도 하였다. '카카듀'는 이 다방의 이름으로는 그야말로 안성맞춤이었다.

정인섭은 '카카듀' 다방에서 지배인 비슷한 역할을 맡았다. 그로테스

크한 간판이며 실내장식을 모두 그가 맡았다. 테이블은 검은 색에다 그 위에 까는 보褓도 상복을 만드는 누런 삼베를 길게 끊어 늘어뜨렸고, 카운터 뒷벽에는 그가 소유하고 있던 오광대五廣大 탈바가지를 달고 그 속에 붉은색 전구를 집어넣어 환상적 분위기를 자아내었다. 카운터 한쪽에는 역시 그가 "비장秘藏하고 있던 한 자 길이의 천하대장군"을 장식품으로 앉혀 놓았다. 앨리스를 돕기 위하여 정인섭은 메뉴의 정가표나 광고 표어까지도 만들 정도로 적극적이었다. 원래 커피만 팔게 되어 있었지만 밤에는 단골손님들에게 몰래 위스키도 팔았다. 손님이 없는 밤 시간에는 외국문학연구회 회원들은 촛불을 켜놓고 술을 마시면서 그들만의 조용한 시간을 갖기도 하였다. '카카듀' 다방은 이하윤의 말을 빌리자면 회원들의 '공적 집회소'이기도 하였다.

정인섭은 자기보다 한 살 위인 앨리스를 은근히 좋아했지만 그녀는 오히려 김진섭에게 관심을 두는 눈치였다고 회고하였다. 이 무렵 '카카듀'에는 문인과 예술가들이 자주 출입했지만 역시 그곳은 외국문학연구회 회원들의 소굴과 다름없었다. 도쿄의 하숙집을 이곳에 옮겨다 놓은 것과 같았기 때문이다. 몇 달 뒤 영화감독 이경손李慶孫이 이 다방에 자주 출입하여 턱시도 차림으로 손님들에게 차를 대접하기도 하였다. 그러나 그가 앨리스와 가까워지면서 결국 '카카듀'는 문을 닫고 말았다.[3]

3 남한에서는 '한국의 마타하리'로, 북한에서는 박헌영의 애인으로 알려진 현미옥은 냉전의 희양이었다. 그녀의 아버지 현순은 대한제국 정부가 설립한 관립영어학교 출신으로 일본에 유학한 뒤 노동 이민의 통역으로 미국 하와이로 떠나 호놀룰루와 카우아이 섬에서 목사로 활동하였다. 민족주의자였던 현순은 3·1운동 직전 독립운동의 열기로 달아오르던 상하이로 향하였다. 그곳에서 현순은 유학생들의 중심인물이었던 박헌영을 만나게 되고, 박헌영은 자연스럽게 현순의 딸 앨리스와 아들 피터를 만나 교분을 쌓았다. 북한에서 박헌영을 처형할 때 기소장에는 현앨리스가 "1920년 상해 시절 박헌영의 첫

얼핏 대수롭지 않게 보일지 모르지만 다방 '카카듀'는 뒷날 좁게는 정인섭 한 개인, 더 넓게는 외국문학연구회 회원들의 활약과 관련하여 그 나름대로 의미가 있었다. 정인섭이 1925년에 이미 오광대 탈바가지를 소장하고 있었다는 것은 이 무렵 그가 그만큼 한국 민속예술에 관심이 있었음을 뜻한다. 실제로 그는 1928년 8월 진주 유치원에서 말뚝이 춤을 추는 강석진姜錫珍의 구술을 받아 처음으로 진주오광대를 채록하여 학계에 발표하여 주목을 받았다. 또한 정인섭은 그가 '카카듀' 다방의 장식품을 사용한 천하대장군은 통영의 나전칠기 집에서 눈과 코, 입 등에 나전을 박아서 어떤 상점에서 장식으로 사용하던 것을 구입하여 소장하고 있던 물건이었다. 뒷날 정인섭은 경상남도 울주군 언양보통학교 동창인 송석하宋錫夏와 손진태孫晉泰를 비롯하여 이선근, 백낙준白樂濬 등과 함께 '조선민속학회朝鮮民俗學會'를 창립하여 이 분야에 나름대로 크게 이바지하였다. 이 학회는 외국문학연구회 회원들이 중심이 되어 창립하는 '극예술연구회劇藝術研究會'와도 관계가 있었다. 이렇게 외국문학연구회는 비록 외국문학 작품을 연구하고 한국에 소개하는 것을 중요한 목표로 삼고 있으면서도 한국의 문학과 문화에도 늘 관심을 두고 있었던 것이다.

애인"이었으며 미국의 스파이로서 박헌영의 도움으로 북한에 입국해 스파이 활동을 했다고 나온다. 그러나 앨리스의 신분과 행적에 관해서는 아직도 자세히 밝혀져 있지 않다. 김욱동, 『한국계 미국 이민 자서전 작가』(소명출판, 2012); 정병준, 『현앨리스와 그의 시대』(돌베개, 2015) 참고. 한편 서울 견지동에 차린 카카듀 다방에서 현미옥을 처음 만나 알고 지내던 정인섭은 "그 후 현 앨시[앨리스]는 20년 동안 전연 소식이 없더니 해방 직후 미군 대위의 여군복을 입고 서울에 와서 내가 남대문통에서 경영하던 '영어 문학사'라는 번역소에 찾아와 반가이 만났으나 지금은 어디 사는지 알 수 없다"고 밝혔다. 정인섭, 「나의 유학 시절」, 62면.

색동회와 아동예술전람회

외국문학연구회는 비록 간접적으로나마 한국 최초의 어린이 단체라고 할 '색동회'와도 관련이 있었다. 색동회가 창립된 것은 연구회가 창립되기 2년쯤 전의 일이었다. 1923년 3월 도쿄에서 유학하던 소파小派 방정환方定煥을 중심으로 손진태, 강영호姜英鎬, 고한승高漢承, 정순철鄭順哲, 조준기趙俊基, 진장섭秦長燮, 정병기丁炳基 등 8명이 창립하였고, 그 뒤 정인섭을 비롯하여 윤극영尹克榮, 조재호曺在鎬, 최진순崔晉淳, 마해송馬海松 등이 가담하였다. 색동회 창립보다 2년 앞서 1921년에 역시 방정환이 주동이 되어 '천도교 소년회'가 창립되어 1922년 5월 1일을 '어린이의 날'을 제정하는 등 어린이를 위한 여러 행사를 벌였다. 그러나 어린이 운동은 색동회가 창립되면서 본격적으로 활동하기 시작되었다. 외국문학연구회가 그러했듯이 색동회도 단순히 어린이들의 권익을 신장하기 위한 모임이 아니라 조국 광복과도 깊이 관련이 있었다. 뒷날 정인섭은 색동회가 "아동문학 및 아동예술을 주축으로 한 어린이 운동이면서 동시에 하나의 민족 운동이었다"[4]고 회고하였다.

정인섭을 색동회에 가입하도록 권유한 사람은 부산 동래 출신으로 와세다대학에서 역사학을 전공하던 손진태였다. 그는 같은 대학 1년 후배인 정인섭에게 색동회에 가입할 것을 권유하였다. 이 무렵 아동문학과 민속에 관심이 많던 정인섭은 이미 한국의 민담과 설화를 모아 일본에서 일본어로 『온돌야화』를, 영어로 『세계 동화집』을 발간하였고, 일본

4 정인섭, 「문단의 뒷골목」, 『이제는 하고 싶은 이야기』, 88면. '색동회'라는 이름은 두 번째 모임에 참가한 윤극영이 제안하여 세 번째 모임에서 비로소 정식 명칭으로 채택되었다. 그리고 '천도교 소년회'를 창립한 5월 1일에 맞추어 색동회 발회식을 거행하였다.

색동회에서 함께 활약하던 회원들이 조재호 집에 모였다. 왼쪽부터 정인섭, 조재호, 마해송, 진장섭, 이헌구, 윤극영.

에서 발행하던 잡지 『향토 연구』에 「한국의 향토 무용」이라는 일본어 논문을 발표하여 관심을 끌고 있었기 때문이다. 평소 어린이에 관심이 많던 정인섭은 손진태의 제안을 받아들여 곧 색동회에 가입하였다.

이렇게 색동회에 가입한 정인섭은 천도교 소년회의 기관 잡지 『어린이』에 동화와 동극을 발표했을 뿐만 아니라, 색동회에서 주관하는 행사에 동극을 연출하는 등 활발하게 활동하였다. 1974년에 그는 윤극영에 이어 제5대 색동회 회장을 맡아 어린이의 위상을 제고하는 데 앞장섰다. 그가 사망한 뒤 1985년부터 색동회는 지금도 어린이 문화 운동에 공이 큰 사람이나 단체를 대상으로 정인섭의 아호를 딴 '눈솔상'을 제정하여 시상하고 있다.

외국문학연구회와 색동회는 1928년에 이르러 그 관계가 더욱 깊어졌다. 외국문학연구회 회원 중에서 색동회와 관련한 사람으로는 정인섭 말고도 이헌구와 김광섭이 있었다. 이헌구는 1928년에 색동회에 정식으로 가입하지만 그 전에도 이미 정인섭과 함께 이 단체에서 활약하였다. 이헌구는 일찍이 고향 함경북도 명천의 양견良見의숙에서 어린이들을 가르치고 고향에 '영천 소년회'를 조직하는 등 어린이 운동에 적극적이었다. 1923년 3월 처음 경성에 올라간 이헌구는 이 무렵 창간된 『어린이』 잡지를 읽고 개벽사를 찾아가 방정환을 만나기도 하였다. 그는 1925년 일본 도쿄 와세다대학 제1고등학원에 입학하여 '아동예술연구회'라는 서클에 가입하여 활약하였다. 뒷날 그는 이 연구회에 가입한 조선인 학생은 그 혼자뿐이었지만 1년 동안 아동예술의 이론과 실제를 착실히 배웠다고 회고한 적이 있다.

정인섭처럼 평소 어린이에 관심을 많던 이헌구는 여름방학을 이용하여 조국에서 계몽 활동을 계획하고 있었다. 이 무렵 유학생들은 거의 대부분 계몽 활동에 참여하고 있었다. 그러나 그는 그 무렵 유행하던 하기 순회 강연회나 연극 순회 공연 대신 새로운 그 무엇이 없을까 생각하고 있었다. 그가 생각해 낸 아이디어가 바로 세계 아동과 관련한 자료를 수집하여 순회 전시회를 여는 것이었다. 그래서 이헌구는 와세다대학의 불문과 교수로 일본의 저명한 시인이요 동요 작가인 사이조 야소西條八十와 일본동화협회 회장이요 일본의 유명한 아동미술 화가인 다케이 다케오武井武雄의 도움을 받아 세계 여러 나라의 어린이들이 그린 그림을 비롯하여 동화 · 동극 · 인형극 · 아동영화와 관련한 자료 1천여 점을 수집하였다. 이 무렵 이헌구는 와세다대학 선배인 정인섭과 와세다대학 근처 쓰루마키초鶴巻町에서 방을 얻어 자취하고 있었다. 두 사람은 역시 와세다대학 후배로 외국문학연구회에 가입한 김광섭과 함께 여름방학을 이용하여 부산을 시작으로 동래, 양산, 마산, 통영, 진주 등 경상남도 일대를 돌며 한 달 동안 순회 전시회를 열었다. 뒷날 정인섭은 "젊은 시대의 청춘을 이런 예술 운동에 바치고 있었다. 그때의 우리 용기는 하늘을 찌를 듯했고, 우리의 나래는 세계를 나는 것 같았다"[5]고 술회한 적이 있다.

이렇게 이헌구와 정인섭은 아동 예술 전람회를 성공적으로 마친 뒤 상경하여 방정환에게 이 일을 보고하자 색동회에서는 경성에서도 개최하는 것이 좋겠다는 데 의견을 모았다. 외국문학연구회 측에서는 이헌구, 정인섭, 김광섭 세 사람, 색동회 측에서는 방정환, 조재호, 정순철, 진장섭 등이 모임을 갖고 '세계아동예술전람회' 개최에 관하여 구체적으로 의견을 나누었다. 그래서 그해 10월 마침내 색동회와 어린이사 공동 주최로 천도교 기념 강당에서 전람회를 열었고, 이 전람회는 그야말로 대성공을 거두었다.

> 당시 신문 지상을 통해 도쿄에 있는 '외국문학연구회'가 작품을 제공했다는 기사와 더불어 대대적인 선전을 개시해서 '개회도 되기 전에 대인기인 국제적 대전람회'라는 제목 아래 그 내용을 자세히 설명했다. 그랬더니 각 지방에서 수학여행을 이용해서 이 전람회 구경을 오겠다는 신청이 쇄도했다. 안국동과 제동 네거리에는 커다란 광고탑이 세워졌고, 시내 곳곳에 포스터

5 정인섭, 「나의 유학시절」, 95면.

가 붙었으며 삐라도 뿌려졌다.[6]

위 인용문에서 주목해 볼 것은 일간신문에서 전시회의 작품을 제공한 것이 바로 외국문학연구회라고 밝혔다는 점이다. 물론 연구회의 회원 중 한 사람인 이헌구가 주로 수집했지만 다른 회원들도 직접 간접으로 도움을 주었다. 특히 경남 지방을 순회하면서 연구회 회원들은 지방 어린이들이 그린 그림을 수집하였다. 외국문학연구회는 단순히 전시회에 작품만 제공한 것은 아니라 색동회와 함께 세계아동예술전람회를 성공적으로 이끌기 위하여 세심한 노력을 아끼지 않았다. 그들은 전람회 준비 부서를 조직하여 치밀하게 계획을 세웠다. 준비 부서와 위원 명단은 다음과 같다.

총무부 : 방정환, 김기전, 이성환

재무부 : 신형철, 최경화

정리부 : 차상찬, 이구(헌구), 이석호

설비부 : 조재호, 김규택, 손성엽, 홍세환 외

진열부 : 정인섭, 진장섭, 정순철, 이정호

선전부 : 이울, 김기진, 유광열, 이익상, 유도순, 이두성, 최의순[7]

6 위의 책, 97면.

7 이헌구, 「색동회와 아동문화 운동」, 김준현 편, 『이헌구 선집』, 현대문학사, 2011, 468면. 이헌구를 '이구'로 표기한 것은 동명이인이 있어 혼동을 피하기 위한 것으로 그는 이 무렵 '이구'를 필명으로 삼았다. 아니나다를까 뒷날 임종국(林鍾國)이 『친일문학론』을 출간했을 때 '이헌구'라는 동명이인이 있어 문제가 된 적이 있다. 이화여대 문리과대학 학장이던 이헌구는 책에 실린 글 가운데 하나는 휘문고등학교 교장 '이헌구'의 글이니 빼 달라고 요구하였다. 출판사는 재판을 찍을 때 잘못된 곳을 수정하였다.

그러나 이 전람회에 외국 어린이들의 작품을 전시하는 것만으로는 세계아동예술전람회라는 이름에 걸맞지 않았다. 그래서 국내 어린이들의 작품도 모집하기로 하였다. 이때 당시 16세 소년 이인성李仁星이 〈촌락의 풍경〉이라는 작품을 출품하였다. 물론 그의 작품은 선정되었고, 그는 곧 화가로서의 길을 걸어 뒷날 '조선의 고갱'으로 한국 화단에 굵직한 획을 그었다. 이인성은 보통학교를 졸업한 뒤 가난하여 학업을 계속할 수 없자 독학과 일제 문화통치로 시작한 전람회를 통하여 화가로 데뷔하였다. 1929년 17세의 어린 나이에 수채화 〈그늘〉로 조선미술전람회에 처음으로 입선하였고, 19살에는 특선을 차지하며 그 후 거의 모든 상을 휩쓸다시피 하였다.

세계아동예술전람회에는 이헌구가 수집한 작품에 이렇게 어린이사와 한 일간신문사에서 모집한 국내 아동 작품까지 합쳐 수 천 점의 작품을 전시하였다. 이헌구에 따르면 이 전람회에서는 모두 10부분과 특별부분으로 나누어 작품을 전시하였다.

제1부 : 전 조선 아동 작품

제2부 : 세계 각국 아동 작품 (10수 개국)

제3부 : 내외국 유치원 아동 작품

제4부 : 아동극, 인형극, 가면극 (내외국 사용 실물과 사진)

제5부 : 내외국 아동영화 사진, 세계 저명 동화극 사진

제6부 : 각국 아동잡지 및 과외 독물(讀物) 및 각국 아동서적

제7부 : 각국 아동 생활 풍습 사진

제8부 : 세계 각국 아동 예술가 초상, 동화 작가, 동요 작가 기타

제9부 : 각지 소년소녀회합 포스터 및 프로그램

제10부 : 내외국 아동 장난감

특별판 : 일본동화가협회 걸작 원화 및 특작 원화 40점[8]

열흘 동안 열 예정이었던 전시회는 기간을 연장하고 낮 시간에 관람할 수 없는 관객을 위하여 밤에도 열 정도로 대단한 인기를 끌었다. 7만 8천 명이 넘는 사람들이 관람한 것으로 집계되었다. 이 무렵 경성 인구가 36만 정도였으니 무려 20퍼센트 넘는 사람들이 관람한 셈이다. 방정환은 『동아일보』에 기고한 「세계아동예술전을 마치고!」에서 이 전람회가 한국 어린이 운동에서 획기적 사건이었음을 밝혔다.

> 어린 사람들이 成人 되어갈 때에 전적 생활을 잘 把持해 갈 밑천을 짓기 위해서는 예술 생활에 관한 陶冶가 그 대부분이라 하여도 좋은 만큼 중대한 것이지마는, 조선에서는 그것을 전혀 모르고 (혹은 잊어버려) 왔습니다. 이 점에 心絶히 느끼는 것이 있어서 우리는 좋은 참고와 많은 충동을 이바지하기 위하여 이번에 세계아동예술전람회를 계획한 것이었습니다.[9]

색동회는 전람회를 찾아온 어린이들을 위하여 특별 여흥 프로그램을 마련하는 등 이 전람회의 효과를 극대화하려고 온갖 노력을 아끼지 않았다. 가령 방정환은 어린이들에게 동화를 구연口演하였고, 유치원 원아들의 율동, 배재학당 음악대의 연주, 천도교 소년회의 찬조 음악 경연

8 위의 책, 468면.

9 위의 책, 427면에서 재인용.

등을 곁들여 한껏 흥을 돋웠다. 이 전람회는 한마디로 어린이들을 위한 한바탕 풍성한 잔치와 다름없었다.

이 전람회가 자못 큰 인기를 끌었다는 것은 한 인간신문에서 그해 10월 '세계아동전람회'라는 긴 사설까지 실었다는 사실만 보아도 잘 알 수 있다. 이 사설에서 필자는 "이것이 조선의 교육계 및 소년 운동 선상線上에 다대多大한 참고 내지 자극이 될 것을 오인吾人은 확신한다"라고 지적하였다. 그러면서 사설 필자는 계속하여 "20세기는 아동의 세기라고 말한 자者 있다. 조선의 아동으로 하여금 그 고유의 권리를 갖게 하자. 그들의 아동예술전람회는 우리에게 이렇게 가르치지 않는가?"[10]라고 부르짖었다.

그 이듬해 1929년 7월과 8월에도 이헌구와 김광섭은 무려 40일 동안 함경북도 회령, 청진, 나남, 경성, 어랑, 동면, 길주, 성진 등을 돌며 전람회를 개최하였다. 이 두 사람은 심지어 북간도北間島 용정龍井을 찾아가 그곳에 사는 교민 어린이들을 위하여 전람회를 열기도 하였다. 정인섭이 이 행사에 합류하지 못한 것은 아마 이 무렵 와세다대학을 졸업하자마자 연희전문학교 교수로 임용된 지 얼마 되지 않아 무척 바쁜 시간을 보내고 있었기 때문일 것이다.

이헌구의 색동회 활약은 이번에는 유치원 교사를 양성하는 보육학교 교육으로 이어졌다. 그는 불문학을 전공했으면서도 세계 아동 그림 수집에서도 엿볼 수 있듯이 유아나 아동 교육에 남다른 관심이 있었다. 와세다대학을 졸업한 뒤 경성에 머물고 있던 그는 방정환이 맡고 있다가

10 정인섭, 『못 다한 인생』, 휘문출판사, 1989, 97면.

병원에 입원하는 바람에 맡지 못하게 된 중앙보육학교 강의를 대신 맡았다. 그 뒤 방정환이 경영하던 경성보육학교로 자리를 옮긴 이헌구는 병으로 결국 사망한 방정환의 정신을 이어받아 중앙보육학교에서 다른 색동회 회원들과 함께 어린이에 대한 꿈을 펼쳤다. 색동회 회원 중 최영주崔泳柱를 비롯하여 소설가 이태준李泰俊 부부와 유형목兪亨穆 등으로 교원을 재편하는 등 유치원 교사 양성에 온힘을 쏟았다. 정인섭도 한때 경성보육학교에서 강의를 한 적이 있을 정도로 외국문학연구회 회원들이 직접 간접으로 이 학교에 관여하였다.

이 점과 관련하여 외국문학연구회가 『해외문학』 창간호 창간 권두사에서 천명한 첫 번째 목표와 임무를 다시 한번 살펴보는 것을 좋을 것이다. "1927년 새해부터 『해외문학』을 세상에 내놓는다. 비참한 과거, 희미한 현실보다도 원대한 미래의 거룩한 이상을 위하야 우리는 하로밧비 뜻잇는 운동을 실지화實地化식히는 것이다."[11] 비참한 과거를 청산하고 희미한 현실을 타개하여 원대한 미래를 건설하려는 이상을 실천하기 위해서는 무엇보다도 먼저 새싹 같은 어린이들에게 희망을 둘 필요가 있었다. 연구회는 어린이들에게 정체성을 심어주고 그들을 올바른 길로 인도하는 것이야말로 조국 독립을 앞당기는 지름길이라고 생각했기 때문이다.

외국문학연구회와 색동회의 활동과 관련하여 이보다 몇 해 앞서 1926년 1월 도쿄에서 있은 한 행사를 언급하는 것이 좋을 것 같다. 색동회는 박춘금朴春琴이 주동으로 도쿄에서 운영하던 '상애회相愛會'와 기독

11 『해외문학』 창간호, 외국문학연구회, 1927.1, 1면.

교 일요학교와 연대하여 신년 축하 모임을 열었다. 상애회는 도쿄에서 노동으로 생계를 유지하던 조선인 교포들이 많았고 그들의 열악한 환경을 개선하고 선도하려는 취지에서 만든 자선단체였다. 이때 도쿄에서 신학을 공부하던 조선인 유학생 하나가 불우한 교포 어린이들을 위하여 일요일마다 학교를 열었다. 색동회 동인 조재호는 일요일이면 이 학교에 나가 어린이들을 위하여 동화를 들려주었다. 이것이 계기가 되어 1926년 1월 색동회는 어린이들을 위한 신년 축하 파티를 열기로 결정하였다. 회원들은 우에노上野 공원에 있는 음식점으로 어린이들과 학부모들을 초대하여 잔치를 베풀어 주었다. 이 모임에는 색동회 회원 거의 대부분이 참석했지만 정인섭과 이헌구를 비롯하여 이선근과 김명엽(김석향) 같은 외국문학연구회 회원들도 참석하였다.

극예술연구회

외국문학연구회 회원이 주축이 되어 개최한 세계아동예술전람회는 극예술연구회와 자연스럽게 연결되었다. 1930년에 이헌구가 귀국한 며칠 뒤 동아일보사에서는 '극영동호회劇映同好會' 주최로 이 신문사 3층 홀에서 연극영화전이 열렸다. 일본의 연극 전문가 마야우치 가오루小山內薰가 설립한 쓰키지築地 소극장에서 그동안 배우로 활약하던 홍해성洪海星이 소장한 작품을 중심으로 연 행사였다. 그런데 이 행사에 이헌구는 1928년과 1929년에 걸쳐 한국과 북간도에서 순회 전람회를 열 때 전시한 작품 일부를 전시하였다. 동아일보 문화부 기자 서항석徐恒錫이 윤백남尹白南과 홍해성과 함께 연극영화 전람회를 개최하려고 일시적으로 조직한 단체인 극영동호회는 뒷날 극예술연구회가 태어나는 데 산파 역할을 맡았다.

이 무렵 외국문학연구회 회원들은 문학예술에서 무대예술로 관심을 돌리고 있었다. 그래서 그들은 1931년 7월 6일 경성에서 신극 운동 단체 극예술연구회를 조직하였다. 극예술연구회 조직과 관련하여 정인섭은 한 인터뷰에서 "1931년, 해외문학파들이 세계문학을 소개하는 데는 출판보다 연극이 호소력이 있다고 생각, 무대예술로 승화시킨 겁니다"[12] 라고 말한 적이 있다. 그의 말대로 출판을 통한 문화 전파는 글을 읽을 수 있는 독해력이 없이는 불가능하였다. 그러나 이 무렵 조선의 현실은 문맹률이 무척 높았다. 한편 연극은 독해력과는 상관없이 거의 누구나 관람할 수 있다는 장점이 있었다. 이렇게 일반대중에게 좀 더 가까이 다가가려면 활자매체를 통한 문학보다는 종합예술인 연극이 안성맞춤이었을 것이다.

짧게 줄여서 흔히 '극연'이라고 부르는 극예술연구회는 1938년 3월 일본 제국주의가 강제로 해산시킬 때까지 침체된 식민지 연극에 그야말로 싱그러운 바람을 불러일으켰다. 조선에서는 예로부터 연극을 '광대놀이'라고 하고 배우를 '광대'라고 하여 천시하는 경향이 있었다. 그러나 서양문학을 전공하고 또 일본에서 연극이 큰 비중을 차지하고 있는 것을 목도한 외국문학연구회 회원들은 이 무렵 그 누구보다도 연극의 중요성을 깊이 깨닫고 있었다. 연극의 사회적 역할을 깨닫고 있던 연구회 회원들은 이헌구처럼 "극예술은 인류 문화의 총화"라는 생각을 품고 있었다. 이 점과 관련하여 그는 "우리가 극예술 운동을 제창하며 신극

12 정인섭, 「만나고 싶었습니다」, 『이제는 하고 싶은 이야기』, 205면.

1933년에 극예술연구회가 홍해성의 연출로 유치진의 〈토막〉 공연을 마치고 기념 사진을 찍었다. 유치진, 이헌구, 함대훈, 정인섭, 장기제 등의 얼굴이 보인다.

수립을 목표로 하는 것도 결국은 이러한 전全 조선적 귀일歸一된 문화운동의 일익으로서의 출현에 불과하다"[13]고 밝힌 적이 있다.

이렇게 조선 사회에서 연극이 절실하다고 절실히 느낀 외국문학연구회는 4개월이라는 기간을 두고 극예술연구회의 목표와 임무, 구체적인 실천 방향 등을 심도 있게 논의하였다. 이 연구회의 창립에는 김진섭, 정인섭, 이하윤, 이헌구, 장기제, 조희순, 함대훈을 비롯한 연구회 회원 거의 모두가 참여하였고, 여기에 그동안 문학 쪽보다는 연극 쪽에 더 큰 관심을 기울이던 서항석과 유치진을 비롯하여 도쿄제국대학에서 영문

13 이헌구, 「극예술 운동의 현 단계」, 『이헌구 선집』, 385면.

학을 전공하고 돌아온 최정우 등 도쿄 유학생들이 가담하였다. 외국문학연구회 회원들은 연극계 선배인 윤백남과 홍해성을 영입하여 모두 12명의 동인으로 출범하였다. 그들은 7월 4일 당시 경성 종로 전동식당典洞食堂이라는 음식점 2층을 빌려 극예술연구회 창립총회를 열었다.

외국문학연구회가 기존의 중역重譯 방식에서 탈피하여 직역直譯 방식을 부르짖은 것처럼 극예술연구회는 흥행을 목표로 한 대중연극에 맞서 순수연극을 천명하였다. 극예술연구회는 "극예술에 대한 일반의 이해를 넓히고, 기성극단의 사도邪道에 흐름을 구제하는 동시에 나아가서는 진정한 의미의 우리나라에 신극을 수립하는" 것을 창립 목적으로 삼았다. 또한 상업주의에 따른 신파극 위주의 연극 풍토를 개혁함으로써 한국 신극이 나아가야 할 방향을 뚜렷이 설정하였다. 한마디로 연구회는 1920년대의 토월회土月會가 신파극을 극복하기 위하여 이룩한 공적을 이어받아 신극 운동을 본격화시켰다. 정인섭은 "이 극예술 운동은 한국 연극 사회에서 토월회 이후 처음으로 가장 획기적인 신극 운동이었다. 그 구성 인사와 규모와 실력으로 보아 한국의 신극 수립은 실로 여기서 이루어졌다고 해도 과언은 아니다"[14]라고 밝혔다.

극예술연구회는 산하 직속 극단으로 '실험무대實驗舞臺'를 조직하였다. 실험무대는 그 이름에서도 엿볼 수 있듯이 상업적이고 영리적인 목적을 철저히 배격한 채 오직 올바른 신극을 정착시키는 데 온힘을 쏟았다. 실험무대는 윤백남을 비롯하여 홍해성, 유치진, 서항석이 주로 연출을 맡았다. 한편 무대 경험이 없는 다른 연구회 동인들도 여러 형태로 적극적

14 정인섭, 「나의 유학시절」, 『못 다한 인생』, 휘문출판사, 1989, 103면.

으로 참여하였다. 뒷날 이하윤은 "일보一步 함대훈咸大勳은 우리 '실험극장'의 명배우(?)의 한 사람"[15]이었다고 회고한 적이 있다. 함대훈은 배우로서 연기를 했을 뿐만 아니라 니콜라이 고골, 막심 고르키, 안톤 체홉 등 러시아 극작가들의 작품을 번역하고 연출하기도 하였다. 극예술연구회 회원들은 일정한 배역이 없어도 무대에 출연하는 것은 말할 것도 없고 연극 팸플릿을 돌리고 포스터도 붙이고 입장권도 팔고 받는 일을 하였다. 심지어는 연극이 끝난 뒤 장내 정리에 이르기까지 연구회 회원 모두가 분담하였다. 적자가 나면 회원들이 조금씩 돈을 모아 적자를 메꾸기도 하였다.

더구나 연구회 회원들은 외국의 희곡 작품을 번역하는 일과 전속 배우를 양성하는 일을 맡았다. 그들은 세브란스병원이 있던 남대문 근처 호러스 H. 언더우드元漢慶 선교사가 소유하고 있던 2층집을 무상으로 빌려 사무실 겸 교육장으로 사용하였다. 이 무렵 연극 강좌를 듣고 실기 연습을 위하여 찾아온 사람 중에는 뒷날 연극배우나 문인으로 활약하는 이웅李雄, 김복진金福眞, 모윤숙毛允淑, 노천명盧天命, 김수임金壽任, 김영옥金瑛玉, 윤태림尹泰林, 박상익朴商翊 등이 있었다. 이밖에도 박용철, 이무영, 최봉칙崔鳳則, 이해남李海南, 윤석중尹石重, 김정환金正煥, 유형목, 최영수, 심재홍沈載鴻, 현정주玄正柱, 이석훈李石薰, 장서언張瑞彦, 김진수金眞洙, 이진순李鎭淳, 이해랑李海浪, 김동원金東園, 이광래李光來 등도 극예술연구회에 참여하였다.

극예술연구회는 크게 세 가지 점에서 한국 연극계에 크게 이바지하였

15 이하윤, 「나와 『해외문학』 시대」, 『이하윤 선집－평론 · 수필』, 195면.

다. 첫째, 외국문학연구회의 취지에 걸맞게 극예술연구회는 외국 희곡 작품의 번역과 공연에 힘썼다. 1932년 5월 제1회 시연회로 니콜라이 고골리의 〈검찰관〉을 홍해성이 연출하여 무대에 올렸다. 공연 장소는 이 무렵 서울에서 제일 크다는 조선호텔 맞은편 상공회의소 2층 강당이었다. 남자 주인공 역은 이웅이 맡았고, 여자 주인공은 역은 김수임, 김복진, 김영옥 등이 맡았다. 함대훈, 이헌구, 이하윤, 박용철, 이무영 등이 무대에 올라와 박수갈채를 받기도 하였다. 공연에 앞서 이 작품의 각본이 일제의 검열을 받는 과정에서 어려움을 겪은 것으로 전해진다. 이 무렵 언론에서는 1923년 토월회의 제2회 공연 이후 "10년 만에 보는 최대의 수확"이라고 호평하였다.

이후 극예술연구회가 공연한 작품으로는 1932년 6월 제2회 라인하르트 괴링의 〈해전海戰〉, 1933년 7월 제4회 조지 버나드 쇼의 〈무기와 인간〉, 1934년 4월 제6회 헨리크 입센의 〈인형의 집〉, 1934년 12월 제7회 안톤 체홉의 〈앵화원櫻花園〉 등이 있다. 이밖에도 1936년 2월 제9회 레프 톨스토이의 〈어둠의 힘〉, 1936년 12월 제13회 칼 쉰헤르의 〈신앙과 고향〉, 1937년 1월 제14회 듀보스 헤이워드 부부의 〈포기〉, 1937년 4월 제16회 톨스토이 원작의 〈부활〉 등을 무대에 올렸다. 톨스토이 작품을 시작으로 연구회에서는 "난삽하고 침통한" 북유럽 희곡에서 벗어나 상업주의적 성향이 뚜렷한 작품을 공연하기 시작하였다. 홍해성이 1934년 말 〈앵화원〉 연출을 끝으로 극예술연구회를 떠나 상업극단인 동양극장으로 옮겨간 뒤에는 유치진과 서항석이 극단 운영을 맡았다.

둘째, 극예술연구회는 번역극에 이어 창작극의 개발에도 노력하였다. 연구회 동인들 사이에서 외국 작품 공연이 자칫 "고답적 입장에서 대중을 멀리하고" 있을 뿐만 아니라 "조선의 감정에 맞지 않는다"는 비판이 일어나기 시작하였다. 그래서 유치진을 필두로 이무영, 이광래, 이서향李曙鄕 등의 신인 극작가들이 나타나 창작극의 새로운 지평을 열었다. 1933년 2월 제3회 공연으로 유치진의 〈토막土幕〉을 무대에 올려 호평을 받았다. 이 기간의 주요 공연 작품으로는 1935년 1월 제8회 이무영의 『한낮에 꿈꾸는 사람들』, 1936년 4월 제10회 이광래의 〈촌선생〉, 1936년 5월 제11회 유치진의 〈자매〉, 1936년 9월 제12회 유치진이 각색한 〈춘향전〉, 1937년 2월 제15회 유치진의 〈풍년기〉 등이 있었다. 마지막 작품은 유치진의 작품 〈소〉를 제목을 바꾸어 공연한 것이다.

극예술연구회는 총 24회의 정기공연 동안 장막극과 단막극을 합쳐 모두 36편을 무대에 올렸다. 그중 번역극이 24편, 창작극이 12편으로 번역극이 압도적으로 많았다. 창작극 가운데는 유치진의 작품이 6편으로 가장 많았다. 그런데 번역극 중에서도 절대 다수가 북유럽 중심의 근대 사실주의 연극이었다. 연구회는 서구 근대 사실주의를 도입하여 조선 신극에 기틀을 마련했다는 평가를 받는다. 그러나 극예술연구회가 창립하면서 기치로 내세웠던 창작극의 토착화라는 목표에는 미치지 못하였고, 유치진 한 작가에만 치중되어 있다는 한계가 있었다.

셋째, 극예술연구회는 연극배우를 직업적으로 전문화하는 데 이바지하였다. 앞에서 방금 언급했듯이 연구회에서는 여름방학을 이용하여 극예술 강습회를 열고 연구생을 모집한 뒤 1931년 11월 직속극단인 '실험무대'를 조직하였다. 이처럼 신인 연기자를 모집한 것은 동인들이 기성배우를 기용하지 않는다는 당초의 방침을 고수했기 때문이다. 한편 극예술연구회에서는 정인섭이 주동이 되어 학생극에도 깊은 관심을 기울였다. 이 무렵 연희전문학교 교수로 있던 그는 홍해성 연출로 이광수가 번역한 톨스토이의 〈어둠의 힘〉을 무대에 올렸다. 또한 정인섭이 직접 연출을 맡아 입센의 〈바다의 부인〉을 연희전문학교 입구 돌계단에서 야외극으로 공연하였다. 이것이 출발점이 되어 전문학교를 중심으로 학생극이 점차 퍼져나갔다. 앞장에서 이미 지적했듯이 프롤레타리아 문학 진영의 임화가 외국문학연구회가 주도하는 학생극에 남달리 예민한 반응을 보인 것은 바로 이 때문이었다. 참신한 젊은 학생들이 무대에 서는 만큼 그 파급 효과가 무척 컸다. 이렇게 위협을 느끼자 프로문학 진영에서도 학생극단을 만들어 공연하기 시작했지만 극예술연구회의 학생극에는 크게 미치지 못하였다.

1931년 극예술연구회는 정인섭이 교수로 근무하던 연희전문학교 학생회 주최로 천도교 기념관에서 극예술 대강연회를 연 적이 있었다. 이때 연구회 회원 대부분이 연사로 나설 정도로 학생들의 연극 활동에도 깊은 관심을 기울였다. 이 강연회에서 이하윤은 「애란의 신극 운동」이라는 제목으로, 함대훈은 러시아 희곡 문학에 대하여 강연하였다. 한마디로 이 연구회는 이론과 공연 모두에 관심을 기울이려고 하였다. 일차적으로는 무대 공연에 힘을 쏟았지만 그 못지않게 연극 이론 쪽도 게을리 하지 않았다.

극예술연구회의 활동과 관련하여 한 가지 눈여겨볼 것은 일제의 검열로 무대에 올리기로 예정된 몇몇 작품을 미처 공연하지 못했다는 점이다. 일본 제국주의가 문화 탄압을 통하여 식민지 통치의 고삐를 바짝 조이기 시작하면서 연극 작품을 엄격히 검열하였다. 예를 들어 이미 6회 공연 때 존 골즈워디의 〈은연상銀煙箱〉이 검열에 저촉되어 공연이 좌절된

데 이어 8회 공연으로 예정된 유치진의 〈소〉도 검열을 통과되지 못하였다. 〈소〉 대신 선정된 심재순沈載淳의 〈줄행랑에 사는 사람들〉, 한태천韓泰泉의 〈토성랑土星娘〉, 아일랜드 극작가 숀 오케이시의 〈쥬노와 공작孔雀〉 등도 하나같이 검열을 통과하지 못하였다. 일제의 탄압은 비단 이것으로 그치지 않고 더 나아가 연극 동인들을 자주 소환하여 심문하였고 심지어 투옥까지 시켰다. 어떤 예술 단체보다도 극예술연구회는 일제로부터 사상 단체로 지목받고 있었기 때문이다. 그래서 연구회는 1938년 3월 어쩔 수 없이 대단원의 막을 내릴 수밖에 없었다. 동인 중 서항석과 유치진만이 남아 '극연좌劇演座'로 재출발했지만 이마저도 1939년 5월 해산되고 말았다.

한편 이 무렵 극예술연구회에는 연구부가 있어 함대훈·김광섭·조희순·이헌구 등 네 명이 책임을 맡았다. 그들은 동인들의 비평 활동을 돕고 희곡을 좀 더 널리 확산시키기 위하여 1934년에 한국 최초의 연극 전문지 『극예술』을 창간하여 간행하였다. 잡지의 편집책임은 극예술연구회의 연구부 부원이 편집을 맡아 총 60면 내외로 간행된 이 잡지는 1936년까지 총 5권을 발행하고 종간되고 말았다. 입센의 사진을 중앙에 실은 창간호의 '창간사'에서 "'조선에 진정한 극 문화를 수립하자.' 이것이 『극예술』이 가지는 전의도全意圖요 지표指標다"[16]라고 부르짖었다. 이헌구의 「조선 연극사상演劇史上의 극연劇研의 지위」라는 논문과 김광섭의 「입센의 예술과 사상」이 창간호를 화려하게 장식하고 있었다.

극예술연구회는 처음에는 소극장에서 공연하다가 부민관 공연으로

16 '창간사', 『극예술』, 1934.4, 1면.

대중성을 꾀했다는 점도 눈여겨볼 만하다. 그러나 극예술연구회가 극연좌로 바뀌면서 대중연극 공연에 치중하게 되었고, 이로써 순수연극을 지향하던 초기의 성격은 적잖이 변질될 수밖에 없었다. 그것은 일제가 태평양 전쟁으로 치닫던 복잡한 정세 속에서 극예술연구회의 사상을 더욱 문제 삼았기 때문이다.

1971년 7월 세종호텔에서는 극예술연구회 창립 40주년을 기념하기 위하여 창립 회원들이 모였다. 이 자축 모임에 참가한 사람은 김광섭, 서항석, 유치진, 이헌구, 이하윤, 조희순, 정인섭 등이었다. 그 기념 모임을 알리는 취지문에는 "그 9년 동안에 우리들이 겪어온 고난은 얼마나 많았으며, 그러한 고난을 겪으면서도 꾸준히 싸워 나온 우리들의 긍지는 얼마나 컸습니까?"[17]라는 문장이 적혀 있다. 이렇게 질문을 던지고 난 뒤 취지문의 필자는 "그 고난은 오직 젊음만이 이겨낼 수 있는 고난이었으며, 그 긍지는 오직 젊었기에 가질 수 있는 긍지였던 것입니다. 우리들은 일제의 탄압으로도 어찌할 수 없었던 공고한 인적 결합을 가졌던 것이 아니겠습니까?"[18]라고 적었다.

그런데 이렇게 극예술연구회 창립 회원들이 자축 모임을 갖고 난 바로 이틀 뒤 한국연극협회도 연구회 창립 40주년을 축하는 만찬회를 서소문동 동화빌딩 연회실에서 개최하였다. 앞의 모임이 사적인 것과는 달리 이번 모임은 공식적인 자리라고 할 수 있다. 초청장에는 "한국 신극 운동의 중추적 역할을 한 극예술연구회 창립 40년을 맞이하여 그 날을 기념하는 동시에 당시를 회고하는"[19] 만찬회를 개최한다는 내용이

17 정인섭, 「국제극예술협회」, 『이제는 하고 싶은 이야기』, 21면.
18 위의 책, 21면.

적혀 있다. 한국 연극계를 총망라하는 단체들이 마련한 이 자리에 창립 회원들이 참석하여 회고담을 들려주었다.

그러나 극예술연구회는 해방을 맞이한 뒤 국제극예술협회(ITI)에 가입하여 한국 연극을 국제적 수준으로 끌어올렸다. 유네스코 산하 단체인 이 협회는 세계 평화를 증진하고 각국 무대예술인 사이에 국제 친선과 교류를 도모하고 무대예술 연구를 진작하기 위하여 1948년에 체코의 프라하에서 창립되었다. 특히 1961년 5월 오스트리아 수도 빈에서 열린 대회에서 '세계무대의 날'을 정하여 해마다 기념행사를 하고 있었다.

1958년에 한국에서도 유치진을 중심으로 정인섭과 오영진吳泳鎭 등이 참여하여 서울에 한국본부를 설립하고 같은 해 국제극예술협회에 정식 가입함으로써 한국 연극의 국제교류를 본격화하기 시작하였다. 이보다 3년 전 정인섭은 한국의 극작품을 영어로 번역하여 *Plays from Korea*라는 책을 출간한 적이 있어 한국이 극예술로 국제무대에 참여하는 것은 자연스러운 일이었다. 한국은 1981년에 제3세계연극제를 개최하였으며, 1986년에는 서울에서 아시아올림픽연극제와 1988년에는 올림픽세계연극제를, 그리고 1991년에는 아시아-태평양연극제를 개최하였다. 1994년부터는 한국·일본·중국 등 동아시아 세 나라가 해마다 각국 수도에서 번갈아 가며 개최하는 '베세토BESETO연극제'를 창설하여 오늘에 이르고 있다. 정인섭은 뒷날 극예술연구회에서 국제극예술 한국본부 창립에 이르는 과정을 회고하며 이 두 단체가 유기적으로 관련되어 있다고 지적하였다.

19 위의 책, 21~22면.

원래 우리가 시작한 극예술연구회가 먼저 외국의 극예술을 통해서 번역극의 상연을 시발점으로 하여 그 다음에 창작극으로까지 연장 발전시키자는 것이었기에 이와 같은 연극을 국제문화 교류에 이바지시킨 점에 있어서 극연(劇硏)의 정신과 마찬가지로 국제극예술협회에 한국이 가담하고 또 내가 관계한다는 것은 극히 자연스러운 일이라 하겠다.[20]

정인섭의 지적대로 외국문학연구회 회원들이 중심이 되어 1931년에 창립한 극예술연구회가 27년의 세월이 흐른 뒤인 1958년에 국제극예술협회에 가입한 것은 지극히 자연스러운 일이었다. 더구나 외국문학연구회 창립과 극예술연구회에서 핵심적 역할을 한 정인섭 개인으로서도 다시 국제극예술협회에서 그 나름대로 역할을 하고 있다는 것이 자못 의미 있는 일이었을 것이다.

이렇듯 정인섭과 유치진을 비롯한 외국문학연구회 회원들은 한국 연극사에 굵직한 획을 그었다. 정인섭과 동갑에다 같은 경상남도 출신인 유치진은 외국문학연구회에 늦게 가입했지만 연극 분야에서 독보적인 존재와 다름없었다. 릿쿄대학에서 영문학을 전공한 유치진은 『문예월간』에 연재한 『토막』을 시작으로 농촌을 무대로 한 사실주의 작품을 잇달아 발표하며 극작가로 활동하기 시작하였다. 유치진을 두고 정인섭은 "일찍 1931년부터 같이 조직한 극예술연구회의 동지로서 평생을 두고 연극에 종사하던 바, 마침내 드라마센터를 건설했고 또 연극학교까지 설립했다"[21]고 칭찬을 아끼지 않았다. 정인섭은 정인섭대로 한국 연극

20 위의 책, 19~20면.
21 위의 책, 19면.

발전에 그 나름대로 이바지하였다. 그가 조선의 민속극인 진주 오광대를 처음 채록했다는 것은 이미 앞에서 밝혔다. 또한 그는 1956년에 한국 희곡을 영어로 번역하여 출간함으로써 한국 연극의 국제화에 크게 이바지하기도 하였다.

『시문학』, 『문예월간』, 『문학』

외국문학연구회는 지나치게 계급의식을 강조함으로써 문학을 사회 변혁의 수단을 삼는 조선프롤레타리아예술동맹(카프) 진영의 계급문학을 비판하는 동시에 국수주의적인 민족주의 문학을 비판하였다. 정인섭은 『한국문단논고』의 「자서自序」에서 이 점을 다시 한 번 분명히 하였다. 그에 따르면 "편협한 국수주의적 문학과 계급적 푸로문학이 대립되어 있었을 때도 해외문학 운동은 그 두 가지를 다 비판하여 제삼자적 위치에서 자유민주주의적 문학론을 지향하였다"[22]고 역설하였다. 외국문학연구회의 입장을 한마디로 요약한다면 그의 말대로 '종합적 문학론'이 될 것이다.

외국문학연구회는 1930년대 초엽부터 이러한 종합적 문학론에 입각하여 순수문학의 문을 활짝 여는 데도 크게 이바지하였다. 어찌 보면 순수문학은 대중문학이나 계급문학과 대립되는 개념으로 연구회가 지향하던 '종합적' 문학론과는 적잖이 차이가 나는 것 같다. 그러나 '해외문학파'라는 명칭이 카프문학 진영에서 경멸적인 의미로 처음 사용했듯이 '순수문학'이라는 명칭도 외국문학연구회에서 처음 사용한 용어는 아

22 정인섭, 『한국문단논고』, 신흥출판사, 1959, 3면.

니었다. 그들은 편협한 국수주의나 계급주의의 덫에 걸리지 않고 가능한 한 폭넓게 문학을 받아들이려고 했을 뿐이다. 종합적 문학론이나 신흥 문학론이 그들이 문학을 받아들이는 입장이요 태도였다. 이헌구도 지적한 바 있듯이 '무입장無立場'에서, 다시 말해서 가치중립적으로 문학을 받아들인다는 것은 불가능하기 때문이다. 다시 말해서 종합적 문학론을 지향하되 특정한 목적을 염두에 둔 문학 쪽보다는 자기목적성을 중시하는 문학 쪽에 좀 더 형평이 기울어져 있었다.

외국문학연구회는 1927년 7월 『해외문학』 제2호를 끝으로 종간되자 1930년에 『시문학』, 그 뒤를 이어 곧 1931년에 『문예월간』, 그리고 1933년에 『문학』을 잇달아 창간하는 데 견인차 역할을 하였다. 이 세 잡지는 하나같이 박용철이 사재를 털어 출간한 것들이다. 박용철을 두고 뒷날 이헌구는 "일종의 문학적 청교도로서, 수학적인 명철한 두뇌로 정밀한 계산 하에 이런 잡지들을 출간했다"[23]고 밝혔다. 이 잡지들을 창간하고 발간하는 데는 박용철을 비롯하여 이하윤, 정인섭, 이헌구, 김진섭, 장기제, 함일돈, 서항석, 홍일오 같은 외국문학연구회 회원들이 많이 참여하였다. 그밖에 정지용, 김영랑, 신석정, 김기림, 허보, 변영로 같은 시인들이 서정시 운동을 펼치면서 한국문학에 싱그러운 바람을 불어넣었다.

물론 외국문학회와 흔히 '시문학파'로 일컫는 집단과 동일시할 수는 없을지 모른다. 그러나 이 두 그룹이 서로 유기적으로 연관되어 있었던 것은 부정할 수 없는 사실이다. 외국문학연구회 회원들은 1930년을 전

23 이헌구, 「산주편편 1」, 『이헌구 선집』, 438면.

외국문학연구회 회원 중 일부는 순수시를 목표로 『시문학』 잡지를 창간하였다. 앞줄 왼쪽부터 김영랑, 정인보, 변영로, 뒷줄 왼쪽부터 이하윤, 박용철, 정지용.

후하여 일본 유학을 마치고 모두 귀국하면서 새로운 방향을 모색하고 있었고, 그들이 택한 방향이 극예술연구회의 조직과 함께 『시문학』을 비롯한 순수문학 잡지를 창간하여 활동하는 것이었다. 『시문학』을 비롯하여 『문예월간』과 『문학』은 각각 3~4호로 종간되고 말았지만 한국문학사에 끼친 영향은 흔히 생각하는 것보다 훨씬 컸다.

이러한 문학잡지들이 창간되는 데 외국문학연구회 회원들의 역할이 컸지만 재정적인 후원자는 다름 아닌 박용철이었다. 배재고등보통학교를 거쳐 일본 도쿄 아오야마 학원과 연희전문학교에서 영문학을 전공한 박용철은 지방 고향에서 비교적 넉넉한 생활비를 받아 그 돈으로 잡지를 내고 있었다. 그래서 『시문학』이나 『문예월간』의 편집을 이하윤 같은 시인에게 맡기면서도 편집에 깊이 관여하였다. 잡지에 실린 작품을 선별하는 데 박용철은 시어의 조탁彫琢과 시의 음악적 효과에 무게를 실었다.

이렇듯 시문학파는 계급 타파의 구호를 외친 프롤레타리아 진영의 문학과는 달리 시문학파는 새로운 시어를 찾아내어 연마하고 은유와 상징 등 좀 더 세련된 시적 기교를 중시했기 때문에 흔히 '기교파'라는 별명을 얻었다. 박용철과 김영랑을 비롯하여 정지용, 신석정, 이하윤 등의 시는 한국 시단에 순수 서정시 전통을 굳건한 발판에 올려놓았다. 시의 형식에 무게를 싣다 보니 내용이나 사상성에는 자연히 거리를 둘 수밖에 없었다. 시문학파는 이 무렵 큰 세력을 얻으면서 절정을 이룬 계급투쟁을 비롯한 사상 과잉의 카프 진영에 반기를 들었다는 점에서 외국문학연구회와 아주 비슷하다.

1930년 3월 『시문학』 제1호가 간행되었을 때 문단에 준 파급력은 그렇게 크지 않았다. 그러나 점차 호수를 늘려가면서 한국문학사에 길이 남을 작품들을 싣기 시작하자 조선문단에서 위치가 점차 확고해졌다. 가령 김영랑, 정지용, 이하윤, 박용철, 정인보 등이 참여하여 27편의 창작시와 5편의 번역시를 발표하였다. 박용철이 주도적으로 기획하였고, 김영랑의 시가 13편으로 대부분을 차지하고 있었으며, 정지용은 여기에 겨우 4편의 시를 발표했을 뿐이다. 1935년에 시문학사에서 『정지용 시집』과 『영랑시집』을 출간하면서 시문학파로서의 위상을 뚜렷이 정립하게 되었다.

『시문학』이 시 전문 잡지라면 『문예월간』은 문학을 전문을 하는 월간잡지였다. 후자는 지나치게 예술성 추구하려는 전자의 시도에서 조금 벗어나 순수한 문예 작품 말고도 소화笑話나 사화史話 같은 독자의 흥미를 끌 만한 글을 신기도 하였다. 『문예월간』은 1931년 11월 창간되어 이듬해 1932년 3월 통권 제4호로 종간되었다. 편집 겸 발행인은 박용철로 되어 있었지만 편집은 주로 이하윤이 맡다시피 하였다. 이하윤 말고도 김진섭이나 이헌구 같은 외국문학연구회 회원들이 중심적인 역할을 하였다. 이 잡지에서도 『시문학』처럼 카프문학 진영에서 볼 수 있는 정치적 색채를 배제한 채 순수문학을 지향하려고 노력하였다. 외국문학연구회 회원이 많이 참여한 만큼 이 잡지는 외국문학 작품의 번역에도 자못 큰 관심을 기울였다. 이하윤은 이 잡지의 '창간사'에서 "이제 모든 문예운동은 세계를 무대로 하야 향상하고 진전해 나간다"고 전제한 뒤 "어서 밧비 억개를 세계 수준에 견우어 보지 안흐랴는가?(…중략…) 남붓그럽지 안흔 우리의 우리다운 문학을 가지기에 노력하자. 그리하야 세계문학의 조류 속에 들어스자"[24]라고 천명하였다. 또한 창간호의 편집후기에서도 "내외 문예 동향의 신속한 보도와 비판, 일상생활과 문예와의 접근, 고상한 취미의 함양"을 표방하였다.

『문예월간』은 무엇보다도 문학의 모든 장르를 골고루 실었다는 데 특징이 있었다. 예를 들어 박용철과 정지용을 비롯하여 유치환, 허보, 신석정 등의 시 작품을 실었다. 소설로는 유진오와 홍일오 등의 작품을 실었다. 평론으로는 김진섭의 「문학의 진보 퇴보」와 「작품과 독자」, 박용철의 「효과주의적 비평논강」, 조희순의 「현대 독일문단 점묘」, 이헌구의 「불우不遇의 여시인女詩人 데보르드 빨모—르」, 함대훈의 「노서아 혁명과 여간첩」, 그리고 함일돈의 월평 등을 실었다. 그밖에도 장기제가

24 이하윤, 「창간사」, 『월간문예』, 1931.11, 1면.

번역한 아일랜드의 극작가 에드워드 던세이니의 「황금 운명」을 비롯하여 인도 여성 시인 사로지니 나이두, 역시 프랑스의 여성 시인 발모르 등의 시를 번역하여 신기도 하였다. 그런가 하면 제4호는 괴테 특집으로 꾸밀 정도였다. 이처럼 『문예월간』은 외국문학연구회 회원들이 주로 활동무대로 삼았다. 외국문학의 소개에 역점을 두면서 순수문학 운동을 전개했다는 점에서 『해외문학』의 후신이라고 하여도 크게 틀리지 않을 것이다.

시문학파가 외국문학연구회의 후신 역할을 했다는 사실은 잡지의 내용뿐만 아니라 지리적 인접성에서도 찾아볼 수 있다. 시문학사는 박용철이 새로 이사한 견지동 개인집의 서재를 사무실로 사용하였다. 이하윤에 따르면 이 사무실은 편집실을 겸한 문인들의 집회 장소요 휴게실과 다름없었다. 문필가들을 비롯하여 언론사 기자들, 심지어 고급 룸펜들이 모이는 장소였다. 이하윤은 "박[용철]의 동창同窓과 동향同鄕을 제외하면 세칭 '해외문학파'에 속하는 문학도들이 유대를 증가해 가는 총 본영本營이었다"[25]고 밝힌 적이 있다.

여기서 한 가지 주목해 볼 것은 시문학파가 과연 외국문학연구회와 유기적 관련을 맺고 있었는지 하는 점이다. 앞에서 지적했듯이 『시문학』, 『문예월간』, 『문학』을 비롯한 잡지를 창간하는 데 연구회 회원들이 많이 참여했을 뿐만 아니라 이하윤이나 박용철처럼 실제로 잡지에 작품을 발표한 사람들이 있었다. 더구나 기본적인 문학관에서도 이 두 단체는 서로 비슷한 점이 적지 않았다. 뒷날 이하윤은 "외국문학연구회

25 이하윤, 「나와 『해외문학』 시대」, 『이하윤 선집—평론 · 수필』, 189면.

는 비록 『해외문학』은 내지 못하게 되었지만 『시문학』에서 『월간문예』로, 또 극예술연구회에까지 손을 뻗치게 되는 동안의 노력은 실로 비상非常하였음을 자찬自讚한다”[26]고 회고한 적이 있다. 그러나 이헌구는 이하윤과는 달리 외국문학연구회가 시문학파와는 이렇다 하게 유기적 관련성이 없다고 지적하였다.

> 이러한 허구적 단안(虛構的 斷案)으로 말미암아 해외문학파와 유기적 관련이 없는 『문예월간』과 『시문학』을 흡사(恰似)히 해외문학파의 기관지 시(視)하는 것을 더욱 우리는 유감으로 생각하는 바이며 좀더 이러한 사물에 대한 관찰이 주도(周到)하며 공정하야 조선문학의 건전한 발전을 위하여 진심으로서써 노력과 토의가 있어야 할 것이다.[27]

이헌구는 외국문학연구회와 시문학파를 동일시하려는 태도를 “허구적 단안”이라고 불렀다. ‘허구’란 말은 실제 사실과는 거리가 멀다는 말이다. 그는 이 두 집단의 관계를 감정에 따르지 말고 이성적으로 좀더 치밀하고 공정하게 따져보아야 한다고 지적하였다. 1929년 봄 이헌구는 이미 외국문학연구회에 대한 일종의 비판적 반작용으로서 ‘신흥문학연구회’를 조직했다는 점을 염두에 두면 그로서는 이 두 집단의 관계를 ‘유기적’으로 보는 데는 무리가 따랐을 것이다.

그러나 좀 더 넓은 의미에서 보면 외국문학연구회가 극예술연구회와

26 이하윤, 「나와 『해외문학』 시대」, 『이하윤 선집－평론・수필』, 190면.
27 이헌구, 「해외문학과 조선문학에 있어서 해외문학인의 임무와 장래」, 『조선일보』, 1932.1.1～1.13; 『이헌구선집』, 52～53면.

관련을 맺었듯이 시문학파와도 관계를 맺었다고 할 수 있다. 물론 시 장르에 국한되어 있기 때문이지만 외국문학연구회 회원들이 전자에 비하여 후자에는 그렇게 많이 참여하지 않은 것은 사실이다. 될 수 있는 대로 문학의 정치적 기능을 배제한 채 문학의 자기목적성을 강조했다는 점에서 시문학파는 외국문학연구회가 지향하던 목표와 상당 부분 일치하였다. 더구나 시문학파는 창간사에서 볼 수 있듯이 외국문학연구회와 마찬가지로 외국문학 작품과 이론에 깊은 관심을 두었다. 외국문학연구회와 시문학파는 조선문학을 발전시켜 세계문학의 수준으로 올려놓으려고 하는 데 온갖 노력을 기울였다. 시문학파의 이러한 태도는 『문예월간』 창간사에서 단적으로 엿볼 수 있다.

> 이제 모든 문학 운동은 세계를 무대로 하여 향상하고 진전해 나간다. 일개인(一個人) 일류파(一流派)의 문학은 그것이 일국민문학(一國民文學)이 되기도 하는 동시에 또한 세계문학의 권내(圈內)로 포괄되어야만 하는 것이다. (…중략…)
>
> 우리는 이제 흩으러진 문단을 감히 정리해 보려는 부질없는 야심이 있다. 동시에 아직껏 침묵을 지켜 오던 동인들을 끌어내야 할 의무를 절실히 느낀다. 그리하여 어서 바삐 어깨를 세계 수준에 겨누어 보지 않으련가.
>
> 남부끄럽지 않은 우리의 우리다운 문학을 가지기에 노력하자. 그리하여 세계문학의 조류 속에 들어서자. 우리는 이 사실의 일조(一助)가 도기 위하여 이 잡지의 전부를 바쳐 나가고자 한다.[28]

28 「창간사」, 『월간문예』, 1931.3, 1면.

위 인용문은 여러모로 『해외문학』 창간호의 창간 권두언과 비슷하다. 모든 문학은 궁극적으로 세계문학과 유기적 관련을 맺지 않으면 안 된다고 주장하는 것도 그러하고, 한국문학을 세계문학의 수준으로 끌어올리려고 시도한다는 점에서도 그러하다. "아직껏 침묵을 지켜 오던 동인들을 끌어내야 할 의무를 절실히 느낀다"는 문장에서는 『해외문학』의 종간 이후 외국문학연구회 회원들의 활동을 다시 결집하려는 의도마저 읽을 수 있다. 이 점과 관련하여 조연현趙演鉉은 "이러한 욕망이 처음부터 시문학파가 해외문학파와 손을 잡게 된 동기며 시문학파의 중심인물들이 해외문학파와 함께 열심히 해외의 명작을 소개 및 번역하게 한 원인이 되었던 것으로 볼 수 있다"[29]고 주장하였다.

이렇게 『시문학』을 비롯한 잡지를 『해외문학』의 연장선에서 파악한다는 점에서는 북학의 학자들도 조연현과 같다. 가령 사회과학원 문학연구소가 펴낸 『조선문학통사』에서는 "'카프'가 창립된 이듬해인 1926년에 이미 맑스주의 문학 운동을 반대하여 동경에서 '해외문학연구회'라는 문학 단체를 조직해 가지고 있던 리헌구, 김광섭 등의 꼬스모뽈리스트들은 30년대로 들어서면서부터 하나의 문단 세력을 형성하여 『시문학』과 『문예월간』, 『해외문학연구』 등을 발간하면서 반동사상을 선전하기에 광분했다"[30]고 기술하였다.

그러나 외국문학연구회와 관련한 『조선문학통사』의 기술에는 몇 가

29 조연현, 『한국현대문학사』, 인간사, 1961, 681면. 조연현은 계속하여 "시문학파가 처음부터 해외문학파의 협력을 필요로 했고 또한 시문학파가 처음부터 그들의 일련의 표현기관을 해외문학 소개 및 번역에 대부분의 지면을 제공했던 것으로 표시되어 있다"(680면)고 지적하였다.

30 조선사회주의인민공화국 사회과학원 문학연구소 편, 『조선 문학통사-현대문학편』, 1959, 인동(1988 재출간), 169면.

지 오류가 있다. 외국문학연구회를 '해외문학연구회'로 표기한 것은 『해외문학』 창간호 표지에 따른 것이라고 하더라도 이헌구와 김광섭이 주축이 되어 이 연구회를 조직했다는 것은 실제 사실과는 적잖이 다르다. 연구회를 창립한 것은 김진섭, 정인섭, 이하윤을 비롯한 7명이었고, 이헌구와 김광섭은 2차로 영입한 사람들이다. 또 이헌구와 김광섭이 문단 세력을 형성하여 간행했다는 『해외문학연구』는 실제로는 없는 잡지다. 외국문학연구회가 발행한 잡지는 『해외문학』이지 『해외문학연구』가 아니다. 모르긴 몰라도 아마 『문학』을 『해외문학연구』로 착각한 듯하다.

여기서 한 가지 염두에 두어야 할 것은 외국문학연구회가 처음부터 외국문학의 번역이나 소개 또는 연구 못지않게 창작에도 관심을 기울였다는 점이다. 정인섭은 일찍이 1926년에 「『해외문학』의 창간」이라는 글에서 "『해외문학』은 그 이름 자체가 표시함과 같이 외국문예의 연구와 소개와 번역, 그리고 창작 기타 문학의 모든 부문에 긍亘하여 각기 전문적인 부문과 어학을 통하여 소산되는 일체의 문학적 재료를 발표하려는 것"[31]이고 천명하였다. 실제로 연구회 회원 중에는 이하윤과 정인섭은 시를 썼다. 이헌구도 처음에 문학 평론보다는 시에 뜻을 두었지만 『시문학』에 참여하면서 박용철로부터 시인으로서 큰 호응을 받지 못하자 결국 시작詩作에서 점점 멀어지게 되었다고 회고한 적이 있다.

당시 나는 시(詩)를 쓰려고도 했고 또 적지 않은 습작들도 했었다. 그런데

31 정인섭, 『한국문단논고』, 신흥출판사, 1959, 17면.

> 용아(龍兒)는 그가 『시문학』에서 시도함과 같이 언어의 조탁(彫琢)을 상당히 중요시하여 지용(芝溶)의 감각적인 표현과 영랑(永郎)의 음악적 서정을 높이 사고 있었다. 그리하여 이 두 시인을 먼저 꼽고 다음 신석정(辛夕汀), 허보(許保), 편석촌(片石村) 김기림(金起林)의 산문 등을 골라 싣는 것이었다.[32]

이헌구는 말하자면 '실패한 시인'이라고 할 수 있다. 그의 문학적 재능은 시보다는 평론에 있었다. 전자가 직관적이고 감각적인 반면 후자는 추론적이고 논리적이어서 서로 공존하기란 여간 힘들지 않다. 이헌구는 비록 시인으로서는 실패했지만 문학 평론에서 빛을 발하였다. 한편 위 인용문을 보면 박용철의 시적 안목이 높았다는 것을 알 수 있다. 그가 시적 수준을 높이 평가하면서 『시문학』에 즐겨 실은 정지용, 김영랑, 신석정, 김기림은 한국 현대시사에 길이 남을 시인들이기 때문이다. 다만 행려의식行旅意識 등 관념론적 색채가 짙은 작품을 쓴 허보만이 예외라면 예외라고 할 수 있다.

펜클럽한국본부 설립

외국문학연구회는 비록 간접적일망정 국제펜클럽과도 깊이 연관되어 있다. 한국은 일본 제국주의의 굴레에서 벗어나고 한국전쟁이 끝난 뒤 그 어느 때보다 국제사회와 문화적으로 교류를 맺어야 필요성을 절감하였다. 그래서 1954년 9월 영국으로 국제펜본부를 방문하고 돌아온 모윤숙을 중심으로 몇몇 문인들이 그해 10월에 모여 한국펜본부 결성

32 이헌구, 「산주편편 1」, 『이헌구 선집』, 438~439면.

을 위한 발기인 모임을 가졌다. 그러고 난 뒤 곧바로 총회를 열어 초대 위원장에 변영로, 부위원장에 김기진과 모윤숙, 사무국장에 주요섭을 선출하였다. 한국펜본부는 세계에 널리 알려지지 않은 한민족의 예술과 문화를 소개함으로써 세계 각 문인들과 문화적으로 친선을 도모함을 목적으로 삼는다고 밝혔다. 또한 한국의 우수한 문학 작품을 번역하여 국제펜클럽을 통하여 세계 각국에 소개할 뿐만 아니라 더 나아가 한국의 고유문화와 전통 문화 등을 교류하는 데도 목표를 두었다.

한국펜본부는 그 이듬해 1955년 6월 오스트리아의 수도 빈에서 열린 제27차 세계연차대회에서 국제펜클럽의 회원국으로 가입하여 그해 7월에 인준을 받았다. 이 대회에는 변영로, 김광섭, 모윤숙 세 사람이 참석하였고, 그 이듬해 영국 런던에서 열린 제28차 대회에는 이헌구, 이하윤, 백철, 이무영 네 사람이 참석하였다. 잘 알려진 것처럼 국제펜클럽은 영국 여성 소설가 도슨 스콧이 1차 세계 대전으로 정신문화가 파괴되는 것을 목격하고 그것을 막기 위하여 1921년 10월 40명의 문인들로 처음 발족한 국제단체다. 영국 소설가 존 골즈워디가 초대회장을 맡았고, 회원으로는 조셉 콘래드, 조지 버너드 쇼, 허버트 조지 웰즈 등 주로 영국 작가들이 참여하였다. 이 단체는 작가들이 사상과 감정을 마음껏 표현할 수 있는 권리와 창작의 자유를 신장하고 세계 문예가들의 친교를 통하여 국제간의 이해를 증진시키는 데 목적을 두었다. 이 국제단체는 세계에서 가장 오래 된 인권 단체일 뿐만 아니라 세계에서 가장 오래 된 국제적 규모의 문학 단체이기도 하다.

그런데 펜클럽한국본부를 설립하는 데는 일제 강점기에 활약한 외국문학연구회 회원들의 역할이 작지 않았다. 가령 이하윤, 이헌구, 정인섭, 손우성, 김광섭, 조용만 같은 연구회 회원들이 발기인으로 참여하였다. 그밖에 변영로, 주요섭, 모윤숙, 김기진, 이무영, 양주동, 오상순, 이은상, 백철 등의 문인들이 발기인으로 참여하였다. 1970년 6월에는 제37차 세계펜대회를 한국펜본부가 주관하여 개최하여 한국의 문화적 위상을 세계에 널리 알리는 계기로 삼았다. 이때 정인섭은 한국펜본부의 섭외부 위원으로 준비에 몰두하였다. 이 대회에는 33개 국가에서 온 157명의 외국 대표와 우리 대표 60여 명이 함께 모여 '동서문학의 해학'이라는 주제로 일주일 동안 토의하였다. 이때 한국인으로 미국에서 활동하는 『초당』과 『동양사람 서양에 가다』의 작가 강용흘姜鏞訖(미국 이름 Younghill Kang)이 특별 손님 자격으로 참석하여 눈길을 끌었다.

제37차 서울 대회 때 국제펜본부 실행위원회에서는 동서문화 교류를 위하여 직속기관으로 '아시아 문학 번역국'을 한국에 설치하기로 만장일치로 결의하였고, 초대 회장으로 정인섭을 선임하였다. 그는 한국문학 작품을 비롯한 아시아 문학 작품집을 영어로 번역하여 단행본으로 출간하였다. 또한 번역국의 사업으로 아시아 각국의 작품을 영어나 불어로 번역하여 계간지 『아시아 문학』을 발행하였다. 올림픽이 열린 1988년 한국은 다시 제52차 국제펜대회를 서울에 유치하여 문화 강국으로 부상한 한국의 모습을 전 세계에 알렸다.

국제펜본부와 관련하여 외국문학연구회 회원 중 누구보다도 큰 역할을 한 사람이 바로 정인섭이었다. 변영로에 이어 제2대 한국펜본부 회장으로 추대된 정인섭은 1957년 일본 도쿄에서 열린 제29차 국제펜대회에 모윤숙 등 한국 대표 19명을 인솔하고 참석하였다. 9월 12일 재일교포가 경영하는 일간신문 주최로 도쿄에서 '한국문학의 밤'을 열어 한국의 문학과 문화를 널리 알렸다. 정인섭은 이 대회에서 동서 문학의 상호교류에 관하여 강연하여 주목을 받았다. 특히 그는 이 강연에서 주제와는 조금 벗어났지만 일제 강점기에 일본이 한국의 말과 글을 말살함으로써 한국 문화를 송두리째 없애려 했을 뿐만 아니라 한국의 고미술품 등 많은 문화재를 약탈해 갔다고 지적하였다. 그러면서 그는 일본 정부에 문화재 반환을 강력히 요구하였다.[33]

더구나 정인섭은 이 대회에 참석한 각국 대표 중 15명을 한국에 초청하였다. 그중에는 『한 줌의 흙』을 출간하여 명성을 얻은 영국의 소설가 이블린 워가 포함되어 있었다. 이 당시 문교부 장관 최규남崔奎南이 김포공항으로 그들을 마중 나갈 정도로 한국 정부에서도 큰 관심을 보였다. 외국 작가들은 한국 작가들과 만나 친선을 도모한 것을 비롯하여 국악 등 한국 전통예술 공연 관람, 경주 고적 답사, 판문점 방문 등 다채로운 프로그램에 참가하였다. 초청 받은 외국 문인들은 경무대로 이승만 대통령을 방문하여 환담을 나누고 기념사진을 찍었다. 이때 이 대통령은 "펜은 칼보다 강하다"는 서양 격언을 언급하여 각국 대표들을 격려하였고 그들로부터 찬사를 받았다. 국제펜클럽의 '펜'은 필기도구인 펜을 가리키는 것 같지만 실제로는 'Poets, Essayists and Novelists'의 머리글자를 따온 말로 시인들 · 수필가들 · 소설가들로 이루어진 문학 단체라는 뜻이다. 물론 이 단체에는 극작가와 문학평론가들도 포함되어 있

33 정인섭이 한국어의 말살과 문화재 약탈에 관한 내용은 원래 강연 원고에는 없었다. 강연 전날 밤 주일 공사 최규하(崔圭夏)가 그를 호텔로 불러 서울에서 급히 전보가 왔으니 강연에서 그 두 가지 점을 강조해 달라고 부탁해서 집어넣었다. 정인섭, 「국제무대의 진출」, 『이제는 하고 싶은 이야기』, 24면. 일제 강점기 정인섭은 조선어학회 사건에도 연루되어 함경남도 홍원 경찰서에 압송된 뒤 함흥 교도소에서 옥고를 치렀다. 이 교도소에서 그는 열한 살 위인 고향(울주) 선배인 외솔 최현배(崔鉉培)를 처음 만났다.

음은 두말할 나위가 없다.

물론 이 무렵 도쿄 국제펜대회에 참가한 외국 작가들을 초빙하여 융숭하게 대접한 것에 이의를 제기하는 사람들이 없지 않았다. 가령 초빙된 사람들이 그다지 유명한 작가들이 아니라는 둥, 이왕 초빙하려면 국제펜클럽 회원 여부를 가리지 말고 폭넓게 초빙했어야 한다는 등의 비판이 있었다. 이 문제와 관련하여 정인섭은 "문단 일부에서는 펜클럽 회원 아닌 분들로부터 문호를 개방하지 않는다고 비난받은 일도 있으나, 그것은 부득이한 일이었고, 또 그들이 일류작가가 아니라는 등 잡음을 일으킨 사람도 있었으나 지금은 다 잊어버린 옛 이야기가 됐다"[34]고 회고한 적이 있다.

이렇듯 외국문학연구회는 단순히 외국문학 작품을 번역하는 것에 그치지 않고 더 나아가 좁게는 한국의 신문학, 넓게는 한국의 신문화 창조에 크게 이바지하였다. 오늘날 같은 국제화 시대 또는 세계화 시대에 돌이켜보면 연구회의 활동은 가히 선구적이었다고 할 수 있다. 외국문학을 올바로 소개하고 이해함으로써 세계정신을 호흡하면서 암울한 식민지 조국에 해방의 빛을 안겨주려고 했던 것이다.

34 정인섭, 「펜은 무기보다 강하다」, 『이제는 하고 싶은 이야기』, 14면.

제10장

외국문학연구회의 성과와 전망

1920년 중엽 일본 도쿄에서 외국문학을 전공하던 조선의 젊은 유학생들은 식민주의 지배라는 암울한 상황에서도 외국문학연구회를 창립할 무렵 자못 희망에 부풀어 있었다. 이 연구회에서 핵심적 역할을 한 이하윤은 뒷날 이 무렵 회원들의 의기충천한 기상을 회고하며 "우리들에겐 원대한 포부와 부푼 희망과 찬란한 꿈이 있었다"[1]고 말한 적이 있다. 일본 제국주의의 식민지 상황이 한편으로는 젊은 지식들이 한껏 꿈과 희망을 펼치는 데 멍에와 족쇄가 되었지만, 다른 한편으로는 그들을 재촉하는 채찍 역할을 하였다. 비록 그들이 가슴속에 품고 있던 원대한 포부와 희망과 꿈을 모두 성취했는지 하는 문제는 접어두고라도 그들은 여러 분야에 걸쳐 눈부시게 활약을 한 것만은 틀림없다. 그들은 온갖 어

1 이하윤, 「나와 『해외문학』 시대」, 『이하윤 선집－평론 · 수필』, 185면.

려움 속에서도 좀처럼 희망의 끈을 놓지 않고 조국의 문화 발전을 위하여 온갖 노력을 아끼지 않았다. 개인적으로나 단체로 외국문학연구회 회원들은 좁게는 한국문학사, 넓게는 한국 문화사에서 획기적인 업적을 이룩하였다.

외국문학연구회 회원들은 뒷날 문인으로, 학자로, 문화 행정가로 여러 방면에서 두각을 나타내었다. 가령 창립 회원들을 비롯하여 연구회에서 핵심적 역할을 한 몇 사람으로만 좁혀 보더라도 그들의 활동은 좁게는 한국문단, 더 넓게는 한국 문화계와 학계에서 그야말로 눈부신 활동을 전개해 나갔다. 만약 외국문학연구회 회원들이 없었더라면 한국문단을 비롯한 문화계와 학계는 그만큼 삭막하고 빈약했을 것이라고 말하여도 크게 틀리지 않을 것이다.

외국문학연구회 회원들의 역할은 19세기 말엽 일본에서 일어난 메이로쿠샤샤明六社의 역할에 견줄 수 있다. 1873년 모리 아리노리森有礼가 주축이 되어 니시무라 시게키西村茂樹, 쓰다 마미치津田眞道, 니시 아마네西周, 나카무라 마사나오中村正直, 가토 히로유키加藤弘之, 후쿠자와 유키치福澤諭吉, 미쓰쿠리 슈헤이箕作秋坪, 간다 다키히라神田孝平 등이 참여한 만든 이 모임은 매월 2회씩 정기 모임을 가졌으며 기관지 『메이로쿠잣시明六雜誌』를 발행하였다. 정치와 경제를 비롯하여 교육 · 종교 · 사상 · 철학 · 여성 문제 등 여러 분야에서 문명개화와 자유주의 입장에서 봉건사상을 비판하고 개국 정책의 이론적 대변자로서 활동을 했다는 점에서 외국문학연구회와 비슷하다. 다만 차이가 있다면 외국문학연구회는 오직 문학과 문화 쪽에 초점을 맞추었을 뿐이다.

외국문학연구회 회원들의 활동

외국문학연구회 창립 회원 중 가장 나이가 많은 김진섭은 호세이대학에서 독문학을 전공하고 제일 먼저 귀국하였다. 귀국하자마자 그는 경성제국대학 도서관 촉탁으로 근무하였다. 해방 뒤 미군정 시절에는 경성중앙방송국 편성과장을 맡아 방송인으로도 활약하였다. 태평양 전쟁이 끝난 뒤에는 서울대학교 중앙도서관장을 맡은 것을 비롯하여 서울대학교와 성균관대학교에서 독문학 교수로 재직하기도 하였다. 한국전쟁 때 그는 납북되어 지금으로는 생사를 알 수 없다.

김진섭은 1946년 제대로 된 외국어 교재가 별로 없던 시절에 『독일어 교본』을 엮어내어 독일어 교육에 관심을 기울였다. 또한 김진섭은 그동안 발표한 글을 한데 묶어 『교양의 문학』이라는 평론집을 출간하였다. 그가 납북되기 전 1950년에 나온 이 책에는 「번역과 문화」를 비롯하여 「고전 탐구의 의의」, 「수필의 문학적 영역」, 「소설의 도道」 같은 중요한 글이 수록되어 있다. 김진섭은 이 책에서 문학 일반과 세계문학, 그리고 번역의 문제 등 중요한 주제를 다루고 있어 제목과는 달리 '교양'의 수준을 훨씬 넘어선다. 한편 이 책에는 이러한 중량감 있는 글 말고도 전적典籍에 관한 산문과 문인, 수집가로서 겪은 일화 등 책과 관련이 있는 수필도 여러 편 실려 있다.

그러나 『교양의 문학』 중에서 가장 눈길을 끄는 글은 역시 「번역과 문화」라는 긴 글이다. 요한 볼프강 폰 괴테의 '세계문학'의 개념에 큰 영향을 받은 그는 문학에 대한 시야를 넓혀 자국의 문학을 세계문학의 큰 테두리 속에서 파악할 것을 주장하였다. 김진섭의 이러한 입장은 "문학은 오직 세계문학으로서만 존재할 수 있고, 문화는 오직 세계문화로서만 존재할 수 있는 것이듯이……"[2]라는 말에서 단적으로 드러난다. 그의 이 말은 쇄국적인 민족주의 문학 진영이나 정치 이데올로기에 갇혀 있는 프로문학 진영 모두가 귀담아 들어야 할 내용이었다.

더구나 「번역과 문화」를 읽다 보면 김진섭이 번역의 이론과 실제 모두에 상당히 해박하다는 사실을 쉽게 알 수 있다. 그는 번역을 '문화적 교량' 또는 세계와 세계를 "원활하게 연결하는 심적心的 교량"이라고 규정 지었다. 그런데 실제로 '번역'이라는 서양어는 거의 대부분 라틴어 '트란슬라티오translatio'에서 파생되었다. 이 말은 '건너서'나 '넘어서'를 뜻하는 '트란스'와 '나르다'나 '운반한다'를 뜻하는 '페로'가 결합된 것이다. 그러므로 '트란슬라티오'란 마치 나룻배가 짐을 싣고 강을 건너는 것처럼 서로 떨어져 있는 두 공간 사이에 어떤 물건을 실어 나르는 행위를 가리킨다. 다리가 없이는 육지와 육지를 연결할 수 없는 것처럼 번역 없이는 한 문화와 다른 문화 사이에 의미 있는 교류는 이루어질 수 없을 것이다. 이밖에도 김진섭이 일찍이 '등량주의', '적합성', '충실성' 같은 요즈음 번역 이론이나 번역학에서 자주 사용하는 핵심적 개념을 사용하고 있다는 것이 무척 놀랍다.

김진섭은 외문국문학연구회에 대한 언급으로 이 글을 끝맺었다. 그는 "요사이 문단 유식有識의 사士가 걸핏하면 모든 해외 문화의 수입을 홀로 청부請負[한]다는 것 같이 피칭彼稱 해외문학파의 무위無爲를 통론痛論함을 듣는다"고 먼저 운을 떼었다. 그러고 난 뒤 그는 계속하여 "이것은 실로 문화 개념에 대한 상식의 전무全無를 폭로함에 그칠 뿐이니 한국에 있어

2 김진섭, 『교양의 문학』, 진문사, 1955, 52면.

서는 펜을 잡는 데 있어서 모든 사람이 형제가 되는 문필의 인人은 그가 설령 누구이든 간에 당연히 해외문학파에 속하는 영광을 가져야 할 것이다"라고 지적하였다. 다시 말해서 '해외문학파'란 특정한 집단을 가리키기보다는 외국문학을 연구하는 사람, 더 나아가 문학에 종사하는 모든 사람을 일컫는 말이라는 것이다. 문필가라면 모름지기 외국문학에 마땅히 깊은 관심을 기울여야 한다고 말하였다. 이 점에서는 이하윤도 마찬가지였다. 그는 "대체 외국의 어느 나라 문단을 예로 들더라도 문인치고 외국어를 모르며 외국문학에 접하지 않는 자가 몇이나 되느냐. 항상 외국에서 받고 외국에다 주고 하는 것이 우리 문학사를 뒤지며 느끼는 사실일진대 연구나 소개나 번역이 어찌 해외문학을 간행한 해외문학파만의 독점으로 단정해 버릴 것이랴"[3]라고 일갈하였다.

더구나 김진섭은 번역의 대상에 대해서도 충고를 아끼지 않았다. 그는 번역자들에게 외국문학 작품을 번역할 때는 작품 선별에 각별히 유의할 것을 권고하였다.

> 외국문화 속에 영향을 구하여 이를 한국적으로 살리려는 데 있어 모든 문필업자의 의무는 적어도 이곳에서는 일치하는 까닭이다. 한국에 있어서는 참으로 어떤 책을 번역하여야 될가 하는 문제는 어떤 책을 저술하여야 할가 하는 문제와 같이, 혹은 그 이상으로 중대하고 곤란한 것이니 장차 창조될 모든 한국의 문화는 실로 모든 사람 앞에 놓인 바 일(一)의 과제에 속한다.

3 이하윤, 「세계문학과 조선의 번역문학」, 『이하윤 선집－평론・수필』, 79면. 또한 그는 "實로 조선에 있어서 이 '해외문학파'라는 한 기이한 區別的 存在 대우를 받고 있는 一群의 稱은 조선문단이 아니고서는 찾아보기 힘든 일이 아닐까 한다"(78면)고 밝혔다.

한국문학에서 수필 문학의 수준을 한 단계 끌어올린 김진섭의 수필집『생활인의 철학』. 김진섭은 이양하와 피천득과 더불어 한국 수필 문학의 세 봉우리로 평가받는다.

위 인용문에서 어떤 책을 번역할까 하는 것은 어떤 책을 집필할 것 못지않게 중요하다는 구절을 찬찬히 눈여겨볼 필요가 있다. 외국문학 작품이라고 닥치는 대로 번역하지 말라는 경고다. 번역 인력과 시간 등 여러 조건에서 제한을 받는 상황에서 번역할 대상을 엄격히 선별하여 번역해야 함은 두말할 나위가 없을 것이다. 그러나 지금까지 한국은 일본에서 번역한 것을 주로 중역해 온 나머지 작품 선에는 소홀했던 것이 사실이다. 한편 김진섭의 위 지적은 어떤 의미에서는 양주동의 지적에 대한 응답이기도 하다. 앞 장에서 번역 논쟁과 관련하여 자세히 언급했지만 양주동은 외국문학연구회 회원을 비롯한 번역자들에게 "될수록은 원작의 선택이 조선문학과 어떠한 연락이 되도록 하기를 바란다"[4]고 충고했던 것이다.

그러나 김진섭의 업적은 방송 언론인이나 독문학자나 번역가로서보다는 한국문단에 수필문학의 새 지평을 활짝 열었다는 점에서 찾아야

4 양주동, 「『해외문학』을 읽고」, 『양주동 전집』 11, 동국대 출판부, 1998, 189면.

한다. 1947년에 첫 수필집 『인생예찬』, 1948년에는 두 번째 수필집 『생활인의 철학』을 출간함으로써 그는 한국 수필 문학을 본 궤도에 올려놓는 데 크게 이바지하였다. 김진섭은 영문학자인 이양하李敭河와 피천득皮千得과 함께 흔히 '한국 수필문학의 세 봉우리'로 일컫는다. 1930년대부터 1950년 납북될 때까지 김진섭은 무려 1백여 편에 이르는 많은 수필을 썼다. 김진섭의 수필은 두 번째 수필집 제목에서도 엿볼 수 있듯이 일상생활에 기반을 둔 철학을 즐겨 다루었다. 다시 말해서 그의 수필은 신변잡기식의 소소한 일상의 기록이 아니라 명상과 사색의 반추를 거쳐 나온 정제된 삶의 통찰을 진지하게 다루고 있어 서양에서 말하는 '에세이'의 개념에 가장 가깝다.

김진섭의 수필 문학과 관련하여 정인섭은 그의 수필이 종래의 수필과는 질적으로 다르다고 지적하였다. 그러면서 그는 김진섭이 한국문단에 수필 문학을 본격적인 문학 장르로 올려놓는 데 크게 이바지했다고 평가하였다.

> 수필 문학의 대두는 확실히 한 개의 조류라고 할 수 있는 바 본래도 보이던 횡설수설의 잡담식 소감과는 그 품격과 구상과 수법을 달리하여 당당한 보조를 보여 주었다. 『문장』에 실렸던 「창(窓)」, 중앙(中央)[일보(日報)] 지(紙)의 「동일한사(冬日寒思)」 기타 조선일보에 철학적인 명상과 현대적 감각과 곡절 있고 능청스런 수필의 주인공—김진(金晉○)의 활약은 한국문단에 있어서 주목할 만하다.[5]

5 정인섭, 「한국 문단의 현계급과 수준」, 『한국문단논고』, 신흥출판사, 1959, 139면. 위 인용문에서 김진섭의 이름을 굳이 '金晉○'으로 표기한 것은 그가 한국전쟁 중 납북되었

이렇게 김진섭의 수필을 높이 평가하는 것은 이하윤도 마찬가지였다. 김진섭이 『중외일보』에 발표한 수필을 언급하며 이하윤은 "김진섭은 우리 문예계에서 참으로 달리 볼 수 없는 유일의 에세이스트였음을 특히 우리가 잊을 수 없으니 양씨兩氏의 전도前途를 더욱 기대하여 마지않는 바이다"[6]라고 지적하였다. 여기서 '양씨'란 김진섭과 이 무렵 『동아일보』에 잇달아 글을 발표한 김성근金聲根 두 사람을 가리킨다.

여기서 잠깐 김진섭의 정치관을 살펴보는 것이 좋을 것 같다. 어떤 의미에서 그는 때로 파시즘이나 나치주의에 경도되어 있다는 인상을 준다. 예를 들어 「번역과 문화」에서 그는 번역을 통한 문화의 유동성에 언급하면서 "오늘의 문화는 항상 언제든지 세계를 일관하여 힘센 폭사적幅射的 영향 밑에 발전되고 있는 것이니 마르크스주의는 이제 벌써 낡다. 팟쇼는 이태리를 벗어난 지 오래고 히틀러의 연설은 오늘 저녁에도 전 세계에 감격을 일으킬 것이다"[7]라고 밝혔다. 김진섭이 마르크스주의는 이제 한물 지났다고 하면서도 무솔리니의 파시즘이 이태리를 벗어나 전 세계로 퍼져 나갔다고 지적하는 대목은 자칫 오해 받을 수 있다. 더구나 히틀러의 연설이 전 세계에 걸쳐 감격을 일으키고 있다는 말은 나치주의를 옹호하는 발언으로 받아들일 수도 있다.

이하윤은 김진섭보다는 세 살 아래고 정인섭보다는 한 살 아래다. 김진섭처럼 호세이대학에서 영문학과 불문학을 전공한 이하윤은 1929년에 귀국하여 경성여자미술학교 교원으로 첫발을 내딛었다. 창립회원 중

기 때문이다.

6 이하윤, 「庚午 문예계 총관」, 『이하윤 선집－평론 · 수필』, 33면.

7 김진섭, 앞의 책, 60면.

에서 나이가 제일 어리지만 그는 정인섭과 함께 외국문학연구회에서 가장 활발하게 활약한 회원이었다. 특히 발행인으로 이은송을 참여시키고 편집 일을 맡는 등 『해외문학』이 태어나는 데 산파 역할을 맡았다.

이하윤은 1930년 『중외일보』 학예부 기자를 시작으로 언론인의 길로 들어섰다. 1932년부터는 김진섭처럼 경성방송국 편성계에 근무하였고, 1937년에 다시 『동아일보』 학예부 기자로 취직하였다. 해방이 되던 1945년부터 이하윤은 동국대학 교수 겸 문과과장에 취임하였고, 그 해 중앙문화협회 상무위원에 선출되었다. 1949년에는 서울대학교 법과대학 교수를 거쳐 1952년에 서울대학교 사범대학 교수로 근무하다가 은퇴하였다. 그밖에 그는 전국문화단체총연합회 최고 위원, 비교문학회 장에, 방송용어 심의위원장 등을 역임하면서 한국 문화계에서 크게 활약하다가 1974년에 사망하였다.

이하윤의 업적은 뭐니 뭐니 하여도 시인과 번역가로서의 역할에서 찾을 수 있다. 호세이대학에 유학하던 1926년 그는 이미 『시대일보』에 「잃어버린 무덤」이라는 시를 발표하면서 시인으로 등단하였다. 1930년에 그가 『시문학』 동인으로 참여했다는 것은 이미 앞장에서 밝혔다. 이하윤은 1939년에 처녀 시집 『물레방아』를 출간하여 관심을 끌었다. 그는 창작 시집 말고도 번역 시집 『불란서 시선』을 발간하는 등 영미 시와 프랑스 시를 번역하여 소개하는 데 온힘을 기울였다.

이하윤보다 한 살 위인 이헌구는 와세다대학에서 불문학을 전공한 뒤 다른 회원들보다 조금 늦게 귀국하였다. 졸업한 뒤 일본 도쿄에서 몇 달 머물다가 귀국하여 이광수를 찾아가 장래 문제를 상의했지만 별다른 소득이 없었다. 그래서 이헌구는 유치원 교사를 양성하는 기관인 중앙보육학교와 경성보육학교에서 근무하였다. 그러다가 그는 이하윤처럼 언론인으로 활약하였다. 1936년부터 『조선일보』 학예부 기자로 근무하였고, 광복 후에는 『민중일보』의 편집인으로 참여하다가 1948년에 『민중일보』 사장이던 윤보선이 공직에 임명되면서 이 신문사의 편집국장 겸 사장을 역임하였다. 해방 후 1949년부터 1953년까지 제2대와 제3대 공보처 차관을 역임하였다. 그가 이렇게 공직에 앉은 데는 대한민국 정부가 수립되면서 이승만 정권 초기 공보비서관을 지낸 김광섭의 도움이 컸다. 또한 이헌구가 이화여자대학교 불문과 교수로 부임하는 데도 김광섭이 역할이 적지 않았다고 전해진다.

그러나 이헌구의 업적은 한국문단에 문학비평의 위상을 한 단계 높였다는 점이다. 이미 앞장에서 자세히 밝혔듯이 그는 잇달아 일련의 비평문을 발표하여 조선프롤레타리아예술연맹(카프) 진영의 문학가들에 맞서 문학이 단순히 계급투쟁의 도구가 될 수 없다고 천명하였다. 특히 그가 카프 진영의 이론가로 꼽히는 송영이나 임화 같은 비평가들과 벌인 일련의 논쟁은 한국 비평사의 한 장을 화려하게 장식하였다.

이헌구는 감정이나 인상에 치우친 비평을 지양하고 좀 더 객관적이고 논리적으로 자신의 논지를 전개해 나갔다. 이하윤은 외국문학연구회를 회고하는 글에서 이헌구의 업적에 대하여 "동요를 쓰는 아동문학가로만 알았는데, 연극과 영화에 통효通曉한 프랑스문학자—그것도 주로 평론에 주력하는 그가 비록 보육학교에서 보모 양성에 한때 헌신한 일이 있기는 하지만, 우리나라 평론 문학에 공로가 적지 않다고 나는 생각한다"[8]고 밝혔다. 이하윤의 지적대로 한국 비평 문학에 이헌구가 이룩한 업적이 적지 않다.

이헌구처럼 불문학을 전공하고 '려재비'라는 필명으로 활약한 손우성은 호세이대학을 졸업하고 귀국한 뒤 동료 회원들과 이렇다 할 관계를 유지하지 않았다. 그도 그럴 것이 그는 1928년에 대학을 졸업하고 도쿄의 '아테네 프랑세'에서 5년 동안 프랑스어를 가르치면서 프랑스문학 문학을 공부했기 때문이다. 1945년에는 전공과는 전혀 관계없는 전매국에서 공무원으로 근무하다가 청주사범학교 교사를 시작으로 교단에 첫발을 들여놓았다. 1947년에 성균관대학교 문리과대학 교수가 되었고, 그 후 성균관대와 서울대학교 등에서 프랑스문학을 강의하였다. 1970년에 정년퇴임한 손우성은 2006년 노환으로 세상을 떠났는데 그 때 그의 나이 무려 102세였다.

손우성은 대학에서 후학을 가르치면서 주로 프랑스 상징주의와 장폴 사르트르의 실존주의에 깊은 관심을 기울였다. 그러나 그는 외국의 문예사조나 사상을 수동적으로 받아들이는 대신 비판적으로 소개하는 작업을 하여 관심을 끌었다. 1950년대 말엽부터 손우성은 한국의 문학과 사회를 분석하는 일련의 글을 발표하였다. 가령 그가 『사상계』에 발표한 「하늘과 땅의 비중」은 김동리金東里의 『사반의 십자가』를 본격적으로 비평한 평문으로 유명하다. 그의 평론은 주로 자유정신과 사회참여에 대한 문제의식에 맞닿아 있다. 손우성은 1960년에 프랑스 정부로부터 문화훈장을 수여받은 후 같은 해 12월 프랑스 정부 초청으로 세 달 프랑스의 교육 제도를 시찰하고 한 달 동안 영국·스위스·이탈리아를 순방하였다. 평론집 『의욕의 장원』과 『비정통 사상』을 출간하였고, 사르트

8 이하윤, 「나와 『해외문학』 시대」, 『이하윤 선집—평론·수필』, 191면.

르의 『존재와 무』, 알렉상드르 뒤마 피스의 『춘희椿姬』와 『몽테뉴의 수상록』 등을 번역하였다.

외국문학연구회 회원 중에서 귀국 후에도 연구회의 취지와 목적에 가장 걸맞게 활동한 사람은 역시 정인섭이다. 그는 이헌구와 동갑으로 김진섭보다는 두 살 아래고, 이하윤보다는 한 살 위다. 이하윤은 『해외문학』 시대를 회고하는 글에서 "정인섭은 정력과 의욕이 왕성한 영어영문학도로 이미 일문日文으로 한국의 동화와 전설을 소개하는 『온돌야화突夜話』를 저술하였으며, 조대早大에서 영문학을 강의하던 레이먼드 밴톡[밴토크]과 영문 『세계동화선집世界童話選集』을 편역한 종횡무진의 재사, 영어회화도 능통하였거니와 그의 독특한 위트와 유우머는 언제나 도度가 지나치는데 애교가 잇었다"[9]고 말한 적이 있다.

정인섭은 와세다대학 영문과를 졸업한 뒤 귀국한 스물다섯 살의 젊은 나이에 연희전문학교의 교수가 될 만큼 실력을 인정받았다. 메이지明治 유신을 이끈 후쿠자와 유기치福澤諭吉는 자신의 삶을 되돌아보며 '일신이생一身二生', 즉 한 몸으로 두 삶을 살았다고 말한 적이 있다. 그런데 이 말은 정인섭의 경우에도 비교적 잘 들어맞는다. 외국문학연구회 회원 중 비교적 나이가 어린 그는 연구회를 위하여 가장 열심히 활약한 사람 중 하나였다. 재정난에 부딪혀 『해외문학』 제2호를 간행하지 못할 때는 사비를 털어 잡지 출간을 도울 정도였다.

일본 유학을 마치고 귀국하기 전이나 귀국한 뒤 정인섭은 약방의 감초처럼 참여하지 않은 단체나 기관이 거의 없다시피 하였다. 1922년에

9 위의 글, 182면.

방정환이 중심이 되어 만든 색동회에 참여하고 잡지 『어린이』에 동시와 동화를 발표하는 것을 시작으로 창작 활동에 뛰어들었다. 외국문학연구회를 비롯하여 조선민속학회, 극예술연구회, 조선어학회(한글학회)와 한글맞춤법통일안과 외래어표기법통일안 제정위원회, 국제펜클럽 한국본부 창립 등 다양한 분야에서 활약하였다.

일본과 영국 대학에서 연수와 강의를 위하여 연희전문학교를 떠난 정인섭은 그 뒤로는 서울대학교 대우교수에 이어 중앙대학교와 한국외국어대학교 교수로 영문학을 강의하였다. 또한 문학비평가, 시인, 수필가, 아동문학가로 활약하는 한편, 한국 시와 설화 등을 영어로 번역하는 데도 주력하였다. 외국문학연구회 회원 중에서 아마 그만큼 외국을 자주 드나들면서 적극적으로 국제사회의 일원으로 활약한 사람도 찾아보기 쉽지 않다. 요즈음 유행하는 말을 빌려 표현한다면 그는 참다운 의미의 '글로벌 맨'이라고 할 수 있을 것이다.

정인섭의 다양한 활동 중에서 그가 이룩한 업적 하나만 꼽는다면 아마 한국문학을 외국에 널리 알린 번역가로서의 그의 역할을 들어야 할 것이다. 정인섭은 일찍이 일본 유학 시절 한국의 설화와 전설을 한데 묶어 일본 일본에 출간한 『온돌야화』는 이 무렵 큰 관심을 끌었다. 1936년 그는 한국시를 영어로 번역하여 영국시인협회에서 발행하는 계간잡지 『영국시』에 발표하였다. 이 일과 관련하여 정인섭은 "한국 현대시가 조직적으로 해외의 문예지에 실린 것은 아마도 이것이 처음일 것으로 생각된다"[10]고 회고한 적이 있다. 한편 『정선 한국 현대시*Best Modern Korean*

10 정인섭, 「한국시를 영역 외국에 소개」, 『이제는 하고 싶은 이야기』, 85면.

1935년에 조선어학회(뒷날 한글학회) 표준어사정위원회 회원들이 현충사를 방문하였다. 맨 뒷쪽 오른쪽에서 네 번째가 정인섭이다.

Poems Selected by Living Authors』라는 번역 시집을 그가 설립한 한국영어문학협회에서 프린트본으로 출간하였다. 일본 유학 시절 일본어로 출간한 『온돌야화』를 번역하여 1950년 영국의 저명한 출판사인 키건폴에서 『한국 고담*Folk Tales from Korea*』를 출간하였고, 1958년에는 『현대한국 소설집*Modern Short Stories from Korea*』을 간행하였다. 또한 『한국시의 장관*A Pageant of Korean Poetry*』이라는 제목으로 한국 시를 번역한 책을 출간하였다. 정인섭은 『영역 한국시선』로 제4회 번역문학상을 수상하였다. 그런가 하면 한국문학을 소개하는 영문 저서 『한국문학 가이드*A Guide to Korean Literature*』를 출간하기도 하였다. 이 책에는 '서구 문학이 현대 한국문학에 끼친 영향에 특히 주목한다'는 긴 부제가 붙어 있다.

외국문학연구회에 참여한 회원 중에서 가장 뚜렷하게 변신을 꾀한 사람은 다름 아닌 이선근이다. 1930년 연구회 회원들이 연말 모임 뒤에 찍은 사진을 보면 그는 맨 앞줄 중앙에 자리 잡고 앉아 있다. 일본 유학 시절 '대원군'이라는 별명이 붙은 것을 보면 그의 처세술이 과연 어떠했는지 쉽게 미루어볼 수 있다. 평소 술을 좋아하는 그는 하숙집으로 연구회 회원들을 불러 자주 파티를 벌이곤 하였다. 술에 취하여 기분이 나면 이선근은 『춘향전』과 알렉산드르 푸슈킨의 애국적인 서정시를 낭독하는 버릇이 있었다. 이하윤의 회고에 따르면 그는 특히 이반 투르게네프의 작품 『그 전날 밤』의 남녀 주인공의 사랑을 몹시 부러워하였다.

이선근은 와세다대학에서 한때 러시아문학을 전공하기도 했지만 사학으로 전공을 바꾸었다. 『조선 최근세사』를 비롯하여 『화랑도 연구』, 『한국사 최근세편 · 현대편』, 『대한국사』 등 한국의 근현대사를 다룬 저서를 출간하기도 했지만 그는 사학자보다는 언론인이나 교육 행정가로서 더 활약하였다. 와세다대학을 졸업하자마자 귀국한 이선근은 『조선일보』에 입사하여 정치부장과 편집부장을 지냈다. 한때 경신고등보통학교와 송도고등보통학교에서 교사로 근무했지만 1934년에 한성도서 상무이사로 자리를 옮겼다. 그 뒤 1937년에 이선근은 만주로 가서 만몽滿蒙산업주식회사의 상무이사와 전무이사로 근무하였으며, 만주국 협화회協和會의 협의원을 지냈다. 해방 후 귀국하여 그는 『조선일보』의 편집국장, 『한성일보』의 주필 등 언론인으로 활약하였다. 1946년에는 조선청년당朝鮮青年黨을, 이듬해에는 대동청년당大同青年團을 창단하여 이승만을 총재로 추대하고 자신은 부단장 겸 기획위원장이 되었다. 1947년에는 서울대학교 학생처장을 맡아 흔히 '국대안'으로 일컫는 국립서울종합

대학안 파동을 수습했는가 하면, 1950년 2월 국방부 정훈국장이 되었다. 한국전쟁 이후에는 문교부 장관을 지내는 등 교육 행정가로 활약하였다. 문교부 장관으로 재직하면서 1956년 정부통령 부정 선거에 개입하여 민주당으로부터 고소를 당하기도 하였으며, 결국 1956년 6월 국회에서 그에 대한 불신임안을 통과시켜 불명예 퇴진하였다.

이선근은 1956년에 동아대학교 교수, 1957년에 성균관대학교 총장, 1959년부터 1960년까지 대한상무회(현 대한민국 재향군인회) 회장, 1962년에 경희대학교 교수를 지냈다. 박정희 정권이 들어선 뒤에는 1969년에 영남대학교 총장, 1974년에 동국대학교 총장, 1976년에 대한교련(현 한국교원단체총연합회) 회장, 1978년 정신문화연구원(현 한국학중앙연구원) 초대 원장을 등을 잇달아 지내면서 유신 체제를 적극 찬양하였다. 이선근은 박정희 정권이 무너진 뒤에도 다시 전두환의 집권을 찬양하여 흔히 어용학자라는 꼬리표가 붙어 다녔다.

창립 회원은 아니지만 이선근과 가장 비슷한 인물로는 함대훈을 꼽을 수 있다. 중앙고등보통학교를 졸업하고 일본에 유학하여 도쿄외국어학교에서 러시아문학을 전공한 함대훈은 1931년에 귀국한 뒤 조선일보사에 입사하여 사회부 · 학예부 · 출판부 기자로 활동하였으며, 1937년에 편집주임을 맡았다. 그는 태평양 전쟁 종전 직후 『한성일보』 편집국장을 역임하였다. 외국문학연구회 회원들이 극예술연구회를 조직할 때 적극적으로 참여했을 뿐만 아니라, 그 뒤에는 조선연극문화협회 회원으로 유치진과 함세덕과 함께 친일 연극 활동인 '국민연극' 운동을 전개하기도 하였다. 그가 친일 문인으로 낙인이 찍히는 것은 바로 이러한 활동 때문이었다. 그러나 이러한 친일 활동과는 달리 함대훈은 1931년에 니콜라이 고골의 『검찰관』을 번역하여 직접 연출을 맡았다. 그 뒤 그는 막심 고리키의 『밤주막』, 안톤 체홉의 『앵화원』을 번역하고 공연의 연출을 맡기도 하였다. 해방 후 해주에서 소련군에 체되었다가 풀려난 뒤 월남한 함대훈은 경찰에 투신하여 미군정 기간 군정청 공안국장과 공보국장을 맡았으며, 국립경찰전문학교 교장을 역임하였다. 그는 국립경찰전문학교 교장으로 재직하던 중 뇌일혈로 사망하였다.

외국문학연구회에서 활약한 회원 중에는 귀국 후의 행적이나 행방이 거의 알려져 있지 않은 사람들도 더러 있다. 예를 들어 '김석향'이라는 필명으로 활약한 김명엽은 도쿄고등사범학교대학에서 영문학을 전공했지만 귀국 후 그의 행적에 대해서는 거의 알려져 있지 않다. 김명엽의 형제인 김온(본명 김준엽)은 도쿄외국어학교에서 러시아문학을 전공한 뒤 귀국하여 체홉의 극작품을 번역하거나 「체홉과 그의 신로新路」과 「코론타이 연애관 비평」 같은 평문을 발표하였다. 러시아 영사관에 근무하다가 그는 1935년 독일로 유학하여 문학과는 전혀 다른 분야인 의학을 전공하였다. 유학 중 2차 세계대전을 맞이한 김온은 러시아군의 포로로 잡힌 뒤 온갖 역경을 견디며 러시아를 탈출하여 마침내 고국에 돌아와 다시 3・8선을 넘어 남한으로 건너왔다. 『사선만리 — 백림-모스크바-삼팔선까지』는 이러한 고난과 역경을 생생하게 기록한 책이다. 김온은 서울에서 여자의과전문학교 교수로 재직하던 중 한국전쟁 때 남북된 것으로 알려져 있다. 정인섭이 『한국문단논고』 「자서自序」에서 김온의 이름을 직접 밝히지 않고 '김○'으로 표기하는 것을 보면 납북이 아니라 자신 월북했을 가능성을 배제할 수 없다.

이밖에도 장기제는 귀국 후 극예술연구회에서 활약하고 『문예월

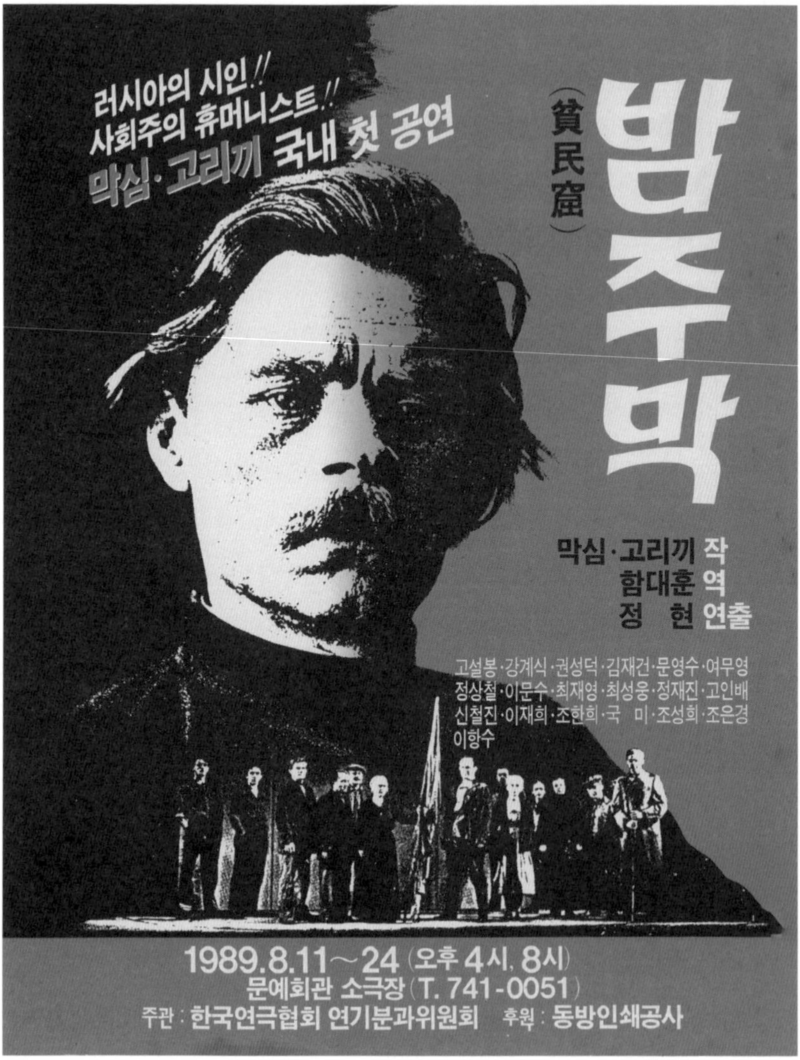

막심 고리키의 〈밤주막〉 공연 포스터. 함대훈이 번역하고 정현이 연출을 맡았다.

간』과 『대중공론』 같은 잡지에 아일랜드의 극작가 존 밀링턴 싱의 대표작 「바다로 가는 기자騎者」를 번역하는 등 활동을 했지만 곧 자취를 감추고 말았다. 호세이대학에서 철학을 전공한 홍재범은 문예지 『금성』에 시를 발표하는 등 비교적 일찍 문단에 데뷔하고 소설을 썼지만 해방 후 부산에 내려가 농장을 경영하며 돼지 사육에 전념한 것으로 알려져 있을 뿐 그의 행적도 묘연하였다. 이하윤은 한국전쟁 중 부산 피난 시절에 한빛회와 외국문학연구회에서 활약하던 김윤기, 전진한, 이선근 등과 함께 부산 범일동에서 농사를 짓고 있는 홍재범의 집에 초대받아 방문한 적이 있었다. 이하윤은 그 뒤에도 홍재범을 만나 술자리를 같이했지만 그 후로는 연락이 끊기고 말았다.[11]

외국문학연구회 회원들의 친일 활동

빛이 있으면 그늘이 있듯이 외국문학연구회 회원들은 한국의 문단과 문화계, 학계에 큰 영향을 끼쳤지만 일제 강점기에 친일 활동을 함으로써 그들에게는 언제나 '친일 문학가'라는 어두운 그림자가 따라다닌다. 연구회에 핵심적으로 활동한 회원 거의 대부분이 친일 행동을 하다시피 하였다. 한국전쟁 때 납북된 김진섭과 김온을 비롯하여 손우성과 홍재범 등이 겨우 친일 문학가의 오명에서 벗어나 있을 정도다.

이하윤은 1937년에 군국가요軍國歌謠 「총후銃後의 기원」을 작사하는 등 일제 강점기 말기에 대중가요 작사가로도 활동하였다. 군국가요란 일제의 군국주의 침략전쟁에 직접 또는 간접적으로 부응하기 위한 목적으로

11 이하윤, 「나와 『해외문학』 시대」, 『이하윤 선집—평론 · 수필』, 183면. 양주동도 홍재범을 회고하면서 말한다.

만든 노래 중에서 상업적인 유행가의 생산과 유통 과정을 거쳐 유포된 노래를 말한다. 이하윤을 비롯하여 김억과 최남선 같은 이 무렵 유명한 시인들도 군국가요를 작사하였다. 물론 이하윤은 이 무렵 태평양전쟁을 정당화하기 위하여 일제가 정책적으로 보급한 군국가요 말고도 「고향의 노래」 같은 일반 가요도 작사하였다.

이헌구는 일제 강점기 말기에 '조선문인협회朝鮮文人協會'와 '조선문인보국회朝鮮文人保國會'에 참여하여 친일 행동을 하였다. 특히 그는 1943년에 일본 제국이 태평양 전쟁에서 승리하여 미국의 수도인 워싱턴 D.C.에 일장기를 꽂자고 선동하는 「화성돈華盛頓에 일장기 날리라」를 비롯한 4편의 친일 저작물도 발표하였다. 그래서 이헌구는 2002년 발표된 '친일 문학인 42인' 명단과 2008년에 발표된 민족문제연구소의 '친일인명사전' 수록예정자 명단 중 교육/학술 부문에 들어 있다.

정인섭도 이헌구와 마찬가지로 일제 강점기 말기에 조선문인협회의 간사와 상무간사 등을 지내며 친일 평론을 발표하였다. 1938년부터 시작된 정인섭의 적극적인 친일 활동은 1941년에 일제가 미국을 침략하면서 시작된 태평양전쟁과 그 이듬해 싱가포르를 함락할 즈음에 절정을 이루었다. 이 시기에 그가 보여 준 친일 활동 중에는 문필을 통한 친일 활동, 강연과 좌담회를 통한 친일 활동, 일본군 위문·학병 지원과 신사 근로봉사 활동, 친일단체 활동 등이 있다. 이를 다시 성격별로 보면 ① 식민지 지배와 침략전쟁의 미화와 선전, ② 침략전쟁 협조, ③ 민족정신의 말살로 크게 세 가지로 나눌 수 있다. 1940년에 정인섭이 『매일신보』에 발표한 「애국문학의 제창」을 시작으로 태평양전쟁 지원을 위한 순회 강연에 참가한 뒤 이를 기록으로 남기는 등 일제를 찬양하는 글이 적지 않다. 정인섭은 2002년에 발표된 '친일 문학인 42인' 명단과 2008년에 발표된 민족문제연구소의 '친일인명사전' 수록 예정자 명단에 모두 들어 있다. 또한 그는 친일반민족행위 진상규명위원회가 발표한 '친일반민족행위 705인' 명단에도 포함되어 있다. 더구나 대한민국의 대통령 소속 친일반민족행위진상규명위원회가 일제 강점하 반민족행위 진상규명에 관한 특별법을 적용하고 조사하여 공식 발표한 '친일반민족행위자' 명단 중 문화 부문에 포함되어 있기도 하다.

외국문학연구회의 다른 회원들이 주로 일제 강점기 말엽에 친일 행위를 한 것과는 달리 이선근은 비교적 일찍부터 친일 행위에 나섰다. 그의 친일 행동은 1937년 만주 만몽산업 상무이사와 전무이사로 근무할 때 이미 시작되었다. 만주국은 제정 러시아의 남하정책을 맞서 일제가 만든 괴뢰정부였고, 괴뢰정부의 이 회사 상무이사와 전무는 조선인이 올라갈 수 있는 가장 높은 지위였다. 이렇게 최고 지위에 있으면서 이선근은 관동군에 군량미를 공급하는 일을 맡았다. 또한 만주국협화회의 협의원을 지낸 것도 '열혈 친일파'라는 꼬리표가 붙기에 충분하였다. 이선근은 2008년 민족문제연구소의 『친일인명사전』에 수록되었다.

한편 외문학연구회 회원들 중에서 친일 행동으로 얼룩진 회원들과는 달리 김광섭은 일제에 맞서 끝까지 반일운동을 한 것으로 유명하다. 1933년부터 모교인 중동中東보통고등학교 교사로 근무하던 그는 1941년 강의 시간에 학생들에게 민족 사상을 고취했다는 이유로 일본 경찰에 체포되어 3년 8개월 동안 옥고를 치렀다. 이 무렵 태평양전쟁으로 치닫고 있던 일제의 발악은 1940년대에 접어들면서 최고조에 달하였다. 일제가 창씨개명을 강요했을 때 이헌구나 정인섭을 비롯한 대부분의 외국문학연구회 회원들은 응했지만 김광섭은 끝까지 버텼다.

앞 장에서 정인섭이 도쿄 유학 시절 이헌구와 김광섭과 자신이 마치 의형제와 같았다고 회고했다는 점을 말한 바 있다. 특히 김광섭과 이헌구의 우정은 의형제가 아니라 실제 피붙이처럼 아주 돈독하였다. 김광섭이 서대문 형무소에서 수형 생활을 하고 있을 때 이헌구 사이에서 일어난 일화는 너무 유명하다. 그 무렵 조선일보 학예부 기자로 근무하던 이헌구가 어느 날 서대문 형무소로 김광섭을 면회 갔다. 형무소 당국은 조선말로는 면회가 불가하다고 압박하였다. 이헌구는 그렇게 하겠다고 약속하고 면회실에 들어가 김광섭을 만나자마자 일본말로 위로의 말을 건넸다. 그 순간 김광섭의 입에서 욕설이 터져 나왔고 "일본말을 하려면 내 앞에 나타나지도 말라"며 쳐다보지도 않고 돌아서 버렸다. 김광섭이 마침내 수형생활을 끝내고 1944년에 출감했을 때 처음 만난 사람이 이헌구였다. 이헌구가 그때의 사정을 설명하자 김광섭은 "그렇다면 면회를 하지 말았어야 했다"며 사과를 요구하였다. 이헌구가 선뜻 사과함으로써 두 사람의 우정은 다시 그 이전처럼 되돌아갈 수 있었다는 것이다.[12]

김광섭은 해방 뒤 대한민국 건국운동 과정에서 새로운 문단 건설 작업에 온힘을 쏟은 사람 중 한 사람으로 평가받는다. 민족주의 문학과 프롤레타리아 문학이 첨예하게 대립하면서 좌우 대립이 극심하던 무렵 '문단 헤게모니'를 둘러싼 투쟁은 1949년에 '한국문학가협회韓國文學家協會'라는 새로운 문단 조직가 발족함으로써 마무리되었다. 그런데 이때 김광섭이 새로운 문단의 핵심 인물로 활약하였다. 광복 뒤 좌익 진영이

12 정규웅, 『글 속 풍경, 풍경 속 사람들—문단 뒤안길』, 이가서, 2010, 46~49면.

‘조선문학가동맹朝鮮文學家同盟’ 등을 출범시킨 것에 맞서 김광섭은 그 대항 세력으로 ‘전조선문필가협회全朝鮮文筆家協會’를 결성했던 것이다.

함대훈도 일제 강점기 말기에 친일 활동을 하였다. 예를 들어 1939년에 ‘조선문인협회朝鮮文人協會’ 발기인으로 참여하였고, 1941년 간사로 활동하였다. 이 무렵 그는 시국강연대 일원으로 문예보국강연회에서 강연을 하였다. 1940년 조선일보사 출판부 주임으로 친일 종합문예지인 『조광』의 편집 업무를 담당하기도 하였다. 1941년 친일 연극단체 현대극장 설립에 참여했으며, 정인섭과 유치진 등과 함께 친일 연극 단체인 ‘국민연극연구소’를 설립하여 그 소장을 맡았다. 이를 바탕으로 『매일신보』와 『경성일보』에 「국민연극의 첫 봉화」, 「근대극과 국민연극」, 「국민연극의 전향」, 「국민연극의 건설」 같은 친일 비평을 잇달아 발표하였다. 또한 그는 조선문인협회에서도 활동하였다. 2008년 민족문제연구소가 선정한 ‘친일인명사전’ 수록 예정자 명단 연극/영화 부문에 포함되었다. 그런가 하면 1940년 『매일신보』에 「우리들과 지원병」을 기고하는 등 모두 11편에 이르는 친일 저작물을 집필한 것으로 확인되어 ‘친일 문학인 42인 명단’에 들어 있다. 2009년 친일반민족행위진상규명위원회가 발표한 ‘친일반민족행위 705인 명단’에도 포함되었다.

도쿄 시절보다는 귀국 후 활발하게 활동한 유치진에게도 ‘친일행위’라는 꼬리표가 늘 따라다닌다. 그는 해방 후 1958년에 서울예술대학의 전신인 한국연극연구소를 설립하였고, 1960년대 이후로는 드라마센터 건립 등 연극 교육에 몰두하였다. 그러나 이렇게 한국 연극계의 기초를 다졌음에도 유치진은 태평양 전쟁 시기에 조선총독부의 지원으로 친일 연극을 다수 공연했기 때문이다. 예를 들어 1942년에 발표한 「북진대」

는 일진회一進會 회장 이용구李容九의 생애를 찬양한 작품이다. 유치진은 관제 연극 공연을 위한 '현대극장'을 주도했는가 하면, 현대극장 창립 작품으로 일본의 만주 침략을 긍정적으로 묘사한 「흑룡강」의 희곡을 썼다. 그런가 하면 함세덕咸世德과 조천석朝天石(본명 朴露兒) 등의 친일 작품을 연출하고 친일 수필도 발표하였다. 조선연극협회와 조선문인협회의 간부를 지냈을 뿐만 아니라 1944년에는 어용문인 단체인 조선문인보국회의 소설·희곡부 회장 역할을 맡았다. 유치진은 2008년 민족문제연구소가 발표한 '친일인명사전' 수록예정자 명단 연극 부문에 포함되었다. 총 12편의 친일 저작물이 밝혀져 2002년 발표된 '친일 문학인 42인' 명단, 2009년 친일반민족행위진상규명위원회가 발표한 '친일반민족행위 705인' 명단에도 포함되어 있다.

직역 전통의 정립

외국문학연구회가 이룩한 가장 중요한 업적 중 하나는 한국문단에 직역 전통을 정립하는 등 번역을 제고시켰다는 점이다. 그동안 조선에서는 일본에서 번역한 일역이나 중국에서 번역한 한역을 다시 한국어로 번역하기 일쑤였다. 외국문학 작품을 번역할 만한 외국어 독해력도 별로 없었던 데다 번역 인력도 턱없이 부족했기 때문이다. 더구나 일본 제국주의의 식민지 지배를 받으면서 한국은 서구 문물을 직접 받아들이지 못하고 상당 부분 일본을 통하여 간접적으로 받아들일 수밖에 없었다. 이렇게 서양을 직접 만나지 못하고 일본의 매개를 통하여 만난 것이 바로 한국 근대화가 안고 있는 비극이었다.

이러한 역경에도 불구하고 외국문학연구회 회원들은 번역의 문화적

의의를 새롭게 조명하는 한편 번역의 위상을 높이려고 노력하였다. 첫째, 그들은 번역을 창작의 시녀가 아니라 오히려 창작과 동등한 위치에 놓으려고 하였다. 정인섭은 "부정不正과 불필요의 정도에 따라 역譯이 창작보다는 저급인 것도 있겠지마는 참다운 좋은 역은 시시한 창작의 몇 배 이상의 가치를 가졌다는 것을 알아야 한다"[13]고 역설하였다. 다시 말해서 정인섭은 무조건 창작을 중시하고 번역을 경시하는 이 무렵 한국 문단의 태도를 경계하였다.

> 되지도 못한 덜된 작품보다는 참다운 역(譯)의 진가를 깨닫게 할 일. 현재 한국 작가 가운데는 자체의 인식 부족은 선반에 올려놓고 자기가 창작을 하노라고 어떠한 자만스러운 우월감으로 자기의 시시한 작품 활동에 비(比)하여 역(譯)의 가치를 경멸하려는 가련한 소위 '서푼짜리 문사(文士)'가 얼마나 많은가?[14]

위 인용문에서 정인섭이 자신의 창작 작품은 수준 이하인데도 번역을 경멸하는 작가를 '서푼짜리 문사'라고 부르는 것이 흥미롭다. 그가 말하는 '서푼짜리 문사'에 대척 관계에 있는 사람이 '뛰어난 번역자'가 될 것이다. '창조적 번역'이라는 말도 있듯이 원천 텍스트를 어떻게 목표 텍스트로 옮겨놓느냐에 따라 번역도 얼마든지 창조성을 발휘할 수 있을 것이다.

둘째, 외국문학연구회는 번역이란 무척 힘이 드는 작업이라는 사실을

13 정인섭, 「한국 현문단에 호소함」, 『한국문단논고』, 신흥출판사, 1959, 98면.
14 위의 책, 98면.

다시 한 번 천명하였다. 이 점은 번역을 해 본 사람이라면 아마 누구나 인정하는 점일 것이다. 이를 테면 김억이나 양주동도 번역이 얼마나 힘든 일인지 고백한 적이 있다. 광고문이나 사용자 매뉴얼 같은 기술 문서를 번역하는 기술 번역은 몰라도 문학 번역에서는 더더욱 그러하다. 이 점과 관련하여 정인섭은 "역이 결코 창작보다 용이하지 않다"[15]고 잘라 말하였다.

셋째, 외국문학연구회에서는 번역이 비록 아무리 힘든 작업이라고 하여도 중역重譯 방식을 피하고 원천 언어에서 직접 옮기는 직역直譯 방식을 주창하였다. 정인섭은 1920년대와 1930년대에 걸쳐 유행하던 번역 형태를 "유령역幽靈譯, 부정역不正譯, 이중삼중역二重三重譯"이라고 불렀다. 여기서 '유령역'이란 원저자나 역자를 밝히지 않아 그 실체를 알 수 없는 엉터리 번역을 말한다. 이렇게 역자가 귀신처럼 행세하다 보니 책임을 지지 않고, 책임을 지지 않으니 번역이 불실할 수밖에 없을 것이다. 그러므로 유령 번역이란 엄밀한 의미에서 번역이라기보다는 출처를 제대로 밝히지 않은 번안飜案에 가까웠다. 정인섭은 "'유령역'의 악풍은 한국 번역 문단을 크게 해독害毒하였고 그 여파가 아직도 크다"[16]고 지적하였다.

한편 '부정역'이란 원천 텍스트를 부정확하게 옮긴 번역을 말한다. 번역에서는 원천 언어인 해당 외국어에 대한 독해력과 이해는 필수불가결하다. 그런데 외국어 독해력과 이해력이 부족하면 원천 텍스트를 목표 텍스트로 제대로 옮길 수 없다. 앞에서 '번역'이라는 서양어의 어원과

15 위의 책, 98면.
16 위의 책, 98~99면.

관련하여 번역을 나룻배에 빗댔지만, 원천 언어를 잘 모르고 번역하는 것은 마치 시각 장애인이나 신체 장애인이 나룻배를 저어 강을 건너는 것과 같다. 정인섭은 '부정역'을 '거짓 번역'이라고도 불렀다. 올바른 직역을 '정품' 번역이라면 부를 수 있다면 부정확하게 거짓으로 번역한 것은 '모조품' 번역이라고 부를 수 있을 것이다.

'이중삼중역'이란 두말할 나위 없이 원천 텍스트에서 직접 번역하지 않고 다른 언어로 옮겨놓은 것은 것을 다시 목표 언어로 옮겨놓은 번역을 말한다. 외국문학 작품을 이입하는 과정에서 어쩔 수 없이 중역 방식을 채택할 수밖에 없는 저간의 사정이 있을 수 있다. 가령 고대 그리스 시인 호메로스의 『일리아스』나 『오뒷세이아』를 한국어로 번역할 때 고대 그리스어를 제대로 해독할 수 있는 사람이 없다면 어쩔 수 없이 영어를 비롯한 다른 외국어로 번역해 놓은 것을 다시 번역할 수밖에 없을 것이다. 이러한 과정을 한 번 거치면 이중 번역이 되고, 두 번 거치면 삼중 번역이 된다. 외국문학연구회가 활약하던 일제 강점기에는 직역의 깃발을 높이 치켜세우면서도 막상 이중 번역이나 삼중 번역을 하는 번역자들이 적지 않았다는 사실은 직역이 그만큼 힘들다는 것을 뒷받침한다.

이렇게 외국문학연구회는 번역의 위상을 새롭게 정립하는 한편 직접 원천 텍스트에서 목표 텍스트로 옮기는 직역 방식을 시도하기도 하였다. 연구회 회원들은 두 번에 걸쳐 발행한 『해외문학』에서는 말할 것도 없고 귀국 후에도 해당 전공 외국어로 국내 일간신문과 잡지에 외국문학 작품을 번역하였다. 이헌구와 이하윤과 손우성이 프랑스 작품 번역에 온힘을 쏟은 반면, 김온과 함대훈은 러시아문학 번역에 온힘을 기울였다. 이 점에서는 조희순을 비롯하여 다른 회원들도 마찬가지였다.

영어권으로 좁혀 보자면 19세기 서유럽과 미국의 대표적인 시를 번역하여 수록한 『해외 서정시집』은 좀 더 찬찬히 눈여겨볼 필요가 있다. 이 번역 시집에 수록한 작품을 번역한 11명은 이헌구, 손우성, 김진섭, 서항석, 함대훈 등 외국문학연구회에 속하는 회원들이 거의 대부분이었다. 연구회 회원이 아닌 사람들은 이양하, 최재서崔載瑞, 임학수林學洙, 이원조李源朝 등 네 사람뿐이었다. 이밖에 정지용과 김상용이 있지만 그들은 외국문학연구회의 동반자 회원이라고 할 수 있다. 이 시집에 대하여 이하윤은 "편자編者가 가장 방향芳香 있는 19세기 구미歐美 낭만시의 일대집성一大集成을 기획한 것은 우리 문단에 커다란 재보財寶를 하나 더 추가한 것이라고 생각한다"[17]고 밝힌 적이 있다.

외국문학연구회는 외국문학 작품의 올바른 번역과 함께 외국문학 연구를 본격적인 궤도에 올려놓았다. 1920년대 중엽 이전 한국에서 이루어진 외국문학 연구가 다분히 아마추어적인 단계에 머물러 있었다면 연구회는 좀 더 전문가의 입장에서 외국문학을 학구적으로 연구하려고 하였다. 그동안 국내에서 나온 외국문학에 관한 글은 일본에서 나온 문헌을 다시 옮긴 것으로 잘못되거나 왜곡된 곳이 적지 않았다. 예를 들어 작가 이름과 작품 제목부터 부정확하기 일쑤였다. 정인섭은 "역문譯文을 비평의 대상으로 하는 자는 적어도 각기 원작을 능히 이해하고 고려한 결과라야 자격이 있다"[18]고 잘라 말하였다. 여러모로 미숙한 점은 있지만 『해외문학』 창간호와 제2호에 실린 외국문학 연구 논문 중에는 20대 젊은 문학도가 썼다고 좀처럼 믿어지지 않을 만큼 훌륭한 것들도

17 이하윤, 「譯詩 詩歌의 史的 고찰」, 『이하윤 선집－평론 · 수필』, 73면.
18 정인섭, 「번역 예술의 유기적 직능」, 『한국문단논고』, 신흥출판사, 1959, 58면.

더러 있다.

외국문학의 문예사조나 문예개념을 본격적으로 소개한 것도 외국문학연구회가 이룩한 업적 중의 하나로 결코 작지 않다. 서유럽과 미국에서 새로운 문예사조가 마치 조수처럼 밀려왔지만 그 개념에 대한 올바른 이해는 그만두고라도 용어조차 제대로 사용하지 못하였다. 이 점과 관련하여 백철은 "한국은 항상 근대적인 그 모든 문학사상을 직접으로 수입하지 못하고 간접적으로밖에는 받아들이지 못하게 되어 여기서 한국문학 자체가 시대적으로나 또는 실질적으로나 항상 외국문예 수중에 뒤떨어진 형태밖에는 못 가지게 되었다"고 밝혔다. 그러면서 그는 "그 때문에 한국의 신문학은 그것이 프로문학이고 그 전기의 고전문학임을 막론하고 외국문예 사상을 실로 빈약한 아류적인 섭취밖에 해오지 못하였다"고 지적하였다.[19] 그러면서 백철은 외국문학연구회가 발족한 것은 바로 이러한 현실을 통감했기 때문이라고 주장하였다.

한국문학의 번역과 소개

외국문학연구회는 외국문학 작품을 올바로 번역하여 한국문단과 독자들에게 소개하는 것에 그치지 않고 더 나아가 한국문학 작품을 외국어로 번역하여 세계문단에 널리 알리는 데도 관심을 기울였다. 연구회가 발족하기 전까지는 주로 외국문학이나 외국문화를 '수입'하는 문제에만 관심을 쏟았다면, 그 이후에는 역으로 한국문학과 한국문화를 '수출'하는 문제에도 관심을 두었다. 국가와 국가 사이에 이루어지는 무역

19 백철, 『신문학사조사』, 신구문화사, 2003, 396면.

도 수입과 수출이 서로 균형을 이루어야 하듯이 문학과 문화의 교류도 서로 균형과 조화를 이루는 것이 가장 이상적일 것이다. 정인섭은 외국문학연구회가 앞으로 좀 더 발전하기 위하여 힘써야 할 사항으로 한국문학을 번역하여 세계 시장에 수출할 것을 부르짖었다.

> 한국문단 작품을 외국에 소개 겸 역(譯)으로 수출할 것. 해외문학파의 사업은 외국 작품과 논설의 수입에만 있는 것이 아니고 자국(自國)의 문예를 타국에 소개 겸 외국어로 역하여 수출하는 것도 또한 필요한 임무의 하나이다. 그리하여 미급(未及)한 작품일지라도 세계 문예계에 진출시키는 노력에 힘 쓸 필요가 있지 않을까? 외국인이 — 한국에 와 있는 — 혹(惑) 한국 것을 외국에 소개할 때 일반 다른 것은 가능할지 몰라도 '예술의 맛의 수출'은 전연 그들에게 맡겨 둘 수 없는 것이다.[20]

여기서 한 가지 눈여겨볼 것은 정인섭이 다른 것은 몰라도 문학과 예술 작품만은 한국 번역자의 손으로 직접 번역하여 '수출'해야 한다고 지적한다는 점이다. 그렇다면 그는 도대체 왜 한국의 문예 작품을 외국 번역자에게 '전연' 맡길 수 없다고 주장하는 것일까? 어쩌면 문학을 비롯한 예술 작품은 그 나름대로 그것이 창작된 나라나 문화의 고유한 '맛'을 지니고 있기 때문일 것이다. 그러나 이러한 주장은 논리적으로 잘 들어맞지 않는다. 정인섭의 논리에 따른다면 외국문학 작품도 원천 언어의 번역자가 번역해야 맞을 것이다. 가령 영국의 대문호 윌리엄 셰익스

20 정인섭, 「한국 현문단에 호소함」, 『한국문단논고』, 신흥출판사, 1959, 99면.

피어의 작품은 영국 번역자가 한국어로 옮겨야 한다는 것이 된다. 실제로 최근 번역 이론이나 번역학에서는 번역자의 모국어가 목표 언어일 때 가장 이상적이라는 데 별다른 이견이 없다.

외국문학연구회는 외국문학의 '수입'뿐만 아니라 한국문학의 '수출'에도 적잖이 관심을 두었다. 연구회는 『해외문학』 창간 권두언 중에서 "세계문학의 호상 범위를 넓히는 데" 있다고 천명한 점을 다시 한 번 눈여겨보아야 한다. 외국문학과 한국문학의 관계는 일방적이 아니라 어디까지나 쌍방적이라는 것이다. 연구회 회원들은 외국문학을 번역하고 소개하고 연구하면서도 한국문학을 외국에 널리 소개할 필요성을 느꼈다. 연구회 회원 중에서 정인섭은 아마 한국문학을 외국에 '수출'하는 데 가장 크게 기여한 사람으로 꼽힌다. 그는 1936년에 영국을 방문했을 때 자신이 직접 영어로 번역한 한국 현대시 등사본을 영국시인협회에 전달하면서 그 일부를 런던에서 발행하던 계간지 『영국시*English Poetry*』에 발표하였다.[21] 한국의 현대시가 영어로 번역되어 외국의 문예지에 실린 것은 아마 이것이 최초일 것이다.

평소 아일랜드 문예부흥에 관심이 깊던 정인섭은 같은 해 9월에 더블린 근교로 아일랜드의 시인 윌리엄 버틀러 예이츠를 방문하였다. 이 무렵 병석에 있던 예이츠는 동양에서 온 방문객을 반갑게 맞이하였다. 그는 정인섭이 영어로 번역한 한국 현대시 몇 편 읽은 뒤 소감을 아내에게

21 등사로 만든 프린트 본의 표지에는 "Best Modern Korean Poems Selected by Living Authors"라는 제목에 번역자로는 정인섭, 미국 선교사로 연희전문학교에서 영어를 가르치던 로스코 코엔, 연희전문학교 문과 졸업생으로 영어로 시를 창작하던 김병서로 표기되어 있다. "The Korean English Literature Society"가 이 프린트 본을 발행한 것으로 되어 있다. Wook-Dong Kim, *Global Perspectives on Korean Literature*, London : Palgrave Macmillan, 2019, pp. 255~260.

타자기로 받아 치도록 하였다. 이 글에서 예이츠는 "나는 당신이 영역英譯한 현대 조선 시인집을 보여 주신 데 대해 대단히 감사하는 바입니다. 출판해 줄 사람을 구하는 대 조곰이라도 어려움이 있으리라고는 생각되지 않습니다. 소녀와 빗과 반지에 대해서 쓴 당신 자신의 자미滋味있는 소곡小曲이 있음니다 그려"[22]라고 적었다. 뒷날 정인섭은 자신이 영어로 번역한 한국 현대 시인들의 작품을 『대한 현대시 영역 대조집』이라는 제목으로 출간하였다. 이 책에는 100명에 이르는 현대 시인들의 작품 125편이 원문과 영어 번역이 실려 있다.

뒷날 정인섭은 『영역 한국시선』으로 제4회 번역문학상을 수상하였다. 그가 국내외에서 일본어나 영어로 집필하여 출간한 한국문학 저서로는 와세다대학 유학 시절에 일본에서 펴낸 『온돌야화』(1927)를 비롯하여 *The Korean Novel* (1948), *Folk Tales from Korea* (1952), *Plays from Korea* (1956), *Modern Short Stories from Korea* (1958), *A Pageant of Korean Poetry* (1963), *An Introduction to Korean Literature* (1970), *A Guide to Korean Literature* (1982) 등이 있다.

외국문학연구회 비판

외국문학연구회의 번역 업적과 관련하여 박진영朴珍英의 비판을 짚고 넘어가야 할 것 같다. 『번역가의 탄생과 동아시아 세계문학』에서 그는 연구회의 업적을 그다지 높게 평가하지 않는다. 높게 평가하기는커녕 오히려 실제보다도 훨씬 낮게 평가한다. '해외문학파의 허상'이라는 소

22 정인섭, 『대한 현대시 영역 대조집』, 문화당, 1948, 4면. 위에 인용한 번역문은 정인섭이 직접 번역한 것이다.

제목 아래 박진영은 몇 가지 중요한 점에서 연구회의 업적이 부풀려졌다고 주장한다. 과연 그들의 업적이 한낱 '허상'에 지나지 않는지, 턱없이 과장되었는지 조목조목 따져볼 필요가 있다. 무엇보다 먼저 박진영은 연구회 회원들이 귀국 후 외국문학의 전공과는 무관한 일에 종사했다고 지적한다.

> 유학을 마치고 돌아온 신진 엘리트로서 해외문학파의 주요 구성원은 실제로 각자의 전공 분야에 얽매이지 않은 채 몇 차례 중요한 논쟁에 집단적으로 대응하거나 국내 일간지의 학예란 담당 기자로서 평론계를 장악했을 따름이다.[23]

외국문학연구회 회원들은 김진섭을 시작으로 1920년대 말엽부터 학업을 마치고 속속 귀국하기 시작하였다. 가장 뒤늦게 귀국한 회원은 이헌구와 김광섭 등으로 그들도 1930년대 초엽이면 모두 귀국하였다. 1920년대 말과 1930년대 초에 식민지 조선에는 대학이 별로 없었고, 그나마 그곳에 교수직으로 취직한다는 것은 하늘의 별을 따는 것처럼 무척 어려웠다. 영어를 유창하게 하던 정인섭이 연희전문학교에 전임강사로 임명될 정도였다. 그러므로 회원들이 귀국한 뒤 각자의 전공 분야에서 계속 활동하기란 그렇게 쉽지 않았다. 그들이 택한 차선책은 일간 신문사, 잡지사, 또는 방송국 등에서 근무하면서 기회가 있을 때마다 학교로 자리를 옮기는 것이었다. 회원들이 "중요한 논쟁에 집단적으로 대

23 박진영, 『번역가의 탄생과 동아시아의 세계문학』, 소명출판, 2019, 31면.

응"했다는 것은 번역을 둘러싸고 양주동과 벌인 일련의 논쟁, 문학의 기능과 임무를 두고 프로문학 진영과 벌인 논쟁을 말한다.

> 더욱 중요한 사실은 러시아, 프랑스, 독일, 아일랜드 문학을 전공했노라는 구성원 대부분이 소수의 시와 단편소설 번역으로 그쳤을 뿐 마땅한 성과를 내놓지 못했다는 점이다. 특히 단행본이나 장편 규모의 번역에는 어느 누구도 손대지 못했다. (…중략…) 그런데 해방 이후 해외문학파의 손으로 주요 대학의 외국어문학과가 창설되고 교수진이 편성되면서 해외문학파의 신화가 소급되고 부풀려졌다.[24]

박진영은 위 인용문에 이어 이하윤이 번역 시집『실향의 화원』한 권을 단행본으로 출간한 것을 제외하고는 외국문학연구회 회원 어느 누구도 번역에서 뚜렷한 업적을 남기지 못했다고 주장한다. 그러면서 그는 김억金億과 임학수林學洙의 번역 활동과 비교하면서 "해외문학파는 논쟁에만 정력을 소모했을 뿐 번역을 역사적 실천으로 전환시키지 못했다"[25]라고 말한다. 1911년에 태어난 임학수는 몰라도 김억을 외국문학연구회 회원들과 비교하는 데는 조금 무리가 따른다. 적어도 연륜에서 보면 김억은 연구회 회원들과 비교 대상이 될 수 없다. 연구회 창립 회원 중 가장 나이가 많은 사람은 김진섭으로 1903년에 태어났고, 가장 나이가 어린 이하윤은 1906년에 태어났다. 십 년 터울이라면 지적 능력에서 아주 큰 차이이다. 외국문학연구회가 번역에서 이렇다 할 성과를 내지 못했

24 위의 책, 31~32면.
25 위의 책, 32면.

다는 박진영의 주장은 받아들이기 어렵다. 그의 주장은 실제 사실과는 크게 다르다. 『해외문학』이 종간된 뒤 1928년과 1929년 두 해의 번역 상황을 살펴보아도 이 점을 잘 알 수 있다. 정인섭, 이하윤 (필명 '花山學人'), 김온, 장기제, 김한용, 서항석 등이 『자력』이나 『신생』을 비롯한 잡지에 번역 작품을 11편 발표하였다. 1930년 한 해에는 김진섭, 이하윤, 장기제, 김온, 이병호, 박용철, 서항석 등이 무려 100편의 번역 작품을 발표함으로써 비록 『해외문학』은 종간했어도 외국문학연구회가 건재하다는 사실을 과시하였다. 이해에 번역된 179편 중 100편이라면 줄잡아 56퍼센트를 차지하는 셈이다. 물론 이 통계는 김병철이 『한국 근대 서양문학 이입사 연구』의 부록으로 작성한 '서양문학 번역 연표'에 따른 것이니 빠진 작품도 없지 않을 것이다.

또한 "특히 단행본이나 장편 규모의 번역에는 어느 누구도 손대지 못했다"는 박진영의 주장도 사실과는 적잖이 다르다. 외국문학연구회의 창립 회원으로만 좁혀 보더라도 이하윤은 박진영이 예로 든 『실향의 화원』을 비롯하여 『불란서 시선』과 『영국애란 시선』, 신화학자 토머스 불핀치의 『전설의 시대』 등을 번역하여 출간하였다. 특히 『실향의 화원』은 시기에서는 뒤늦어도 적어도 번역의 질에서는 김억의 『오뇌의 무도』(1921)를 훨씬 앞선다는 평가를 받는다. 러시아문학 전공자 김온은 귀국 후 의학을 공부하려 독일에 갈 때까지 안톤 체홉의 희곡 작품 전집을 번역하였다. 정인섭은 1964년 정음사에서 펴낸 '셰익스피어 전집'에 『로미오와 줄리엣』을 번역하였고, 난해하기로 이름난 윌리엄 포크너의 『음향과 분노』(삼중당, 1977)를 번역하였다. '려재비'라는 필명으로 활약한 손우성은 장 폴 사르트르의 『존재와 무』를 비롯하여 『몽테뉴 수상록』 등을 번역하였다.

창립 회원 말고도 2차와 3차로 영입한 외국문학연구회 회원까지 넣는다면 외국문학 작품을 단행본으로 번역한 사람의 수는 훨씬 더 늘어난다. 예를 들어 함대훈은 니콜라이 고골의 『검찰관』과 막심 고리키의 『밤주막』 등을 번역하였다. 이헌구, 김광섭, 서항석은 헨리크 입센의 희곡 작품을 번역하였다. 도쿄제국대학에서 독문학을 전공한 서항석은 입센의 『유령』를 번역하였고, 『파우스트』를 번역하여 국립극장 무대에 올린 공로를 인정받아 독일 정부로부터 괴테훈장을 받기도 하였다. 뒷날 시인으로 활약하는 박용철도 극예술연구회 공연 대본으로 입센의 『인형의 집』을 번역하였다. 최정우는 셰익스피어의 『베니스의 상인』을 번역하였다. 중국 베이징의 민궈대학에서 영문학과 중국문학을 전공한 정래동은 중국의 근대문학을 번역하였다.

더구나 박진영은 번역을 너무 좁은 의미로 해석한다. 특히 '번역가의 탄생과 동아시아의 세계문학'이라는 제목에 비추어 보면 더더욱 그러하다. 번역이란 외국문학 작품을 자국어로 옮기는 작업뿐 아니라 더 나아가 자국의 문학을 외국어로 옮기는 작업을 가리키기도 한다. 번역은 쌍무무역과 같아서 어디까지나 두 문화권 사이에서 쌍방으로 이루어지는 행위다. 방금 앞에서 살폈듯이 외국문학연구회에서 핵심적 역할을 한 정인섭은 와세다대학 유학 시절부터 1983년 사망할 때까지 한국문학을 외국어로 번역하여 세계에 널리 알리는 데 지칠 줄 모르는 정열을 보였다. 이러한 작업은 외국문학연구회 회원들이 아니고서는 엄두도 내지 못하는 작업이었다. 박진영이 "한국 근대문학사가 반드시 기억해야 할 선구적인 번역 주체"[26] 두 사람 중 하나로 꼽는 김억이 김동인의 「감자」

와 「붉은 산」, 현진건의 「피아노」 같은 몇몇 단편 작품을 에스페란토로 번역했을 뿐이다.

물론 외국문학연구회의 번역 작품 선정이나 번역 태도 그리고 번역의 질이 언제나 옳았다는 것은 아니다. 앞에서도 여러 번 언급했듯이 그들은 어디까지나 혈기 넘치는 20대 초중반의 젊은이들, 그것도 궁핍한 식민지 시대의 청년 지식인들이었다. 의욕과 비교하여 그들이 막상 이룬 성과는 그렇게 탐탁하지 않을 수도 있다. 이 점과 관련하여 유진오俞鎭五는 「해외문학파의 재출발」에서 외국문학연구회의 활동이 상식적인 데다 일반교양의 수준을 크게 벗어나지 못한다고 신랄하게 지적한 적이 있다.

> 그들은 일반적으로 너무 초보적 · 개념적이었고, 그들이 소개하는 해외문학은 너무나 무계통 · 무질서였다. 대학졸업 논문의 수준을 넘은 일이 없고 지금까지 소개한 작품의 거의 90%가 해외문학에 대한 문외한인 우리로서도 이미 10년 이전 또는 그보다 이전에 재(再) · 삼독(三讀)한 것이었다. 이런 정도의 행동이라면 하필 해외문학파라고 할 것이 없다.[27]

유진호가 지적하는 외국문학연구회의 활동은 대체로 맞다. 앞에서도 지적했듯이 그들은 작품을 선정하는 데 일관성이 없었다. 그들이 선정

26 위의 책, 28면. 김억과 함께 또 다른 선구적 주체는 흔히 '백화(白樺)' 또는 '국여(菊如)'의 필명으로 활동한 양건식(梁建植)이다. 1910년부터 10여 년 동안 중국 베이징 핑민대학(平民大)에서 유학한 그는 『삼국연의(三國演義)』, 『홍루몽(紅樓夢)』, 『수호전(水滸傳)』, 「아Q정전」 등 중국문학을 많이 번역하였다.

27 현민(玄民), 「海外文學派의 再出發」, 『동아일보』, 1933.10.3.

한 번역 작품은 특정한 시대, 특정한 문화권에 치워져 있었던 것이 사실이다. 유진호에게 그들의 작업이 "너무나 무계통 · 무질서"하게 보인 것은 마땅하다. 번역의 질에서도 유진호는 "대학 졸업논문의 수준을 넘은 일이 없고……"라고 지적한다. 실제로 연구회를 창립하여 활동할 무렵 그들은 대학에 적을 두고 있던 유학생이었다. 그들에게서 그 이상의 수준을 요구하는 것은 아무래도 무리일 것이다. 유진호가 십여 년에 두세 번씩 읽었다는 외국 문학 작품은 아마 원서로 읽었거나 일본어로 읽은 것일 것이다. 원서나 일본어 번역으로도 읽을 수도 있을 터지만 해당 외국어를 해독하지 못하는 독자들에게는 그림의 떡일 수밖에 없다. 한국어 번역이 필요한 이유가 바로 여기에 있다.

이렇게 외국문학연구회의 성과를 높게 보지 않는다는 점에서는 김병철金秉喆도 유진호와 크게 다르지 않다. 이 분야의 기념비적 저서라고 할 『한국 근대번역문학사 연구』에서 김병철은 이하윤을 실례로 들면서 그가 번역하여 『해외문학』에 발표한 한 번역시를 검토한 뒤 이렇게 밝혔다.

> 물론 이하윤은 당시 예과생이었을 터이니 영시에 관한 기본지식에 있어 아직 미숙한 점이 있었을지도 모른다. 또한 그가 우리 말 다루는 솜씨도 당시의 우리 문단의 수준 이하밖에는 안 된다. 이것은 그가 문단인이 아니라 이제 막 학생의 몸으로 그 야욕과 열의로 역출(譯出)해 냈다는 점을 고려에 넣을 때 수긍이 가는 점이기도 하다. 그러나 이러한 전문적인 문제를 잠깐 고려 밖에 넣는다고 하더라도 이 시의 역출 솜씨에는 기본적인 영문법을 무시한 데에서 오는 실수를 범하고 있다는 사실이다.[28]

여기서 김병철은 이하윤을 예로 들지만 이러한 평가는 비록 정도의 차이는 조금 있을지언정 외국문학연구회에 속한 다른 회원들에게도 거의 그대로 해당할 것이다. 그러나 한 가지 분명한 것은 그들 자신도 이 점을 잘 알고 있었다는 점이다. 예를 들어 김병철로부터 신랄한 비판을 받은 이하윤은 일찍이 "무엇보다도 먼저 우리는 얼마나한 번역 활동을 해 왔는냐 한번 자성해 볼 필요가 있을 줄 안다. 이 가장 어려운 사업이야말로 이틀에 걸린[릴] 것이 아니고 실로 오랜 시일과 적당한 일꾼과 많은 금품金品을 요要하고서야 기초를 잡게 되며 안으로 영원한 노력을 지속해 할 것이니 적어도 사회가 노력하지 않고서는 매우 그 융성을 보기 힘들까 한다"[29]라고 솔직하게 인정하였다. 더구나 외국문학연구회 회원들은 대학을 졸업하고 귀국한 뒤 창작을 비롯한 여러 분야에서 괄목할 만한 성과를 보여주었다. 좁게는 외국문학 연구 분야, 더 넓게는 문화 분야에서 그야말로 눈부시게 활약하였다.

한편 외국문학연구회 회원들은 외국문학 관련 논문에서도 눈에 띄게 활약하였다. 1930년대에 러시아문학과 관련한 논문으로 좁혀 보면 회원들의 활약이 두드러진다. 『한국 근대서양문학 이입사 연구』에서 김병철은 특히 함대훈의 업적을 높이 평가하였다.

> 3편 이상의 논문을 쓴 사람으로는 함대훈 (50), 백철 (7), 이운곡 (7), 한식 (6), 이하윤 (4), 안서 (4), 이기영 (4), 한설야 (3), 이헌구 (3) 등을 들 수 있는데, 함대훈과 한식의 논문은 지적으로 발군적(拔群的)이며, 특히 함

28 김병철, 『한국 근대번역문학사 연구』, 을유문화사, 1975, 500~501면.
29 이하윤, 「세계문학과 조선의 번역 운동」, 『조선중앙일보』, 1933.1.1.

대훈의 공적은 질량에 있어 발군적일 뿐만 아니라 전공자로서의 사명감을 다하고 있음을 알 수 있다.[30]

비단 함대훈만이 아니라 이하윤과 이헌구 같은 외국문학연구회 회원들의 활약이 눈에 띈다. 여기서 외국문학연구회는 출발할 무렵부터 단순히 번역에서 직역 전통을 세우는 데 그치지 않고 더 나아가 한국문단에 세계문학을 올바로 소개한다는 목적을 염두에 두었다는 점을 다시 한번 떠올릴 필요가 있다. 이 점에서 회원들은 목표를 충실히 달성했다고 볼 수 있다.

번역에서 창작으로

외국문학연구회는 외국문학 작품을 한국어로 번역하고 이와는 반대로 한국문학 작품을 외국어로 번역하는 일 말고도 창작에도 관심을 두었다. 정인섭은 연구회 회원들에게 번역이 중요한 작업이기는 하지만 굳이 번역에만 얽매이지 말고 "창작 능력 있는 자는 창작으로도 나갈 것"을 주문하였다. 그는 "영원한 자중自重은 영원한 무위無爲이다"라고 말한 뒤 회원들 중에 창작에 관심 있는 사람은 주저하지 말고 창작에서 재능을 발휘하라고 권하였다. 정인섭은 "창작 표준이 높은 까닭에 주저함이 있는 것은 당연하려니와 창작의 능력을 가진 자로서는 속히 적극적 시련試鍊으로 창작에 투신함으로써 말미암아 주저의 과정을 청산할 수 있는 것이다"라고 밝힌다. 물론 그는 "너무 흔히 보이는 '서푼짜리

30 김병철, 『한국 근대서양문학 이입사 연구』, 을유문화사, 1982, 693면.

문사' 같은 작란作亂과 다작多作은 결코 취할 바 길이 아니다"라는 단서를 붙였다.[31]

그런데 정인섭이 말하는 '창작'에는 단순히 시나 소설만을 뜻하지 않았다. 여기에는 희곡과 비평, 수필 등도 얼마든지 들어갈 수 있다. 실제로 외국문학연구회 회원 중에는 창작 분야에서 두각을 나타낸 사람이 적지 않았다.

> 광의의 해석에 있어서 평론에 이헌구(李軒求) 씨, 김광섭(金珖燮) 씨 등, 연구에 서항석(徐恒錫) 씨, 이하윤(異河潤) 씨 등, 시가(詩歌)에 정◯용(鄭◯鎔[溶]) 씨, 박용철(朴龍喆) 씨, 희곡에 유치진(柳致眞) 씨, 조용만(趙容萬) 씨 등, 수필에 김진◯(金晉◯) 씨, 김상용(金尙鎔) 씨 등, 소설에 함대훈(咸大勳) 씨 등 기타 모든 방면에 일류 또는 최고의 수준을 점하며 특히 실천을 요(要)하는 희곡 방면에까지 보기 드문 진실한 상연을 극연(劇研)을 통하여 계속하고 있는 것이다.[32]

정인섭의 지적대로 시 분야에서는 이하윤, 김광섭, 박용철, 김상용 등이 크게 활약하였다. 여기에 비록 정식 회원을 아니었지만 외국문학연구회와 간접적으로나마 관련을 맺고 있던 정지용을 넣을 수도 있다. 1923년 교토에 위치한 도시샤대학에서 영문학을 전공한 정지용은 유학시절인 1926년 6월 유학생 잡지인 『학조』에 시 「카페 프란스」 등을 발표하였다. 1929년에 귀국한 뒤 그는 김영랑과 박용철이 창간한 『시문

31 정인섭, 『한국문단논고』, 신흥출판사, 1959, 99~100면.
32 정인섭, 「1953년의 문단론」, 『한국문단논고』, 신흥출판사, 1959, 144면.

학』의 동인으로 참가하면서 이헌구와 이하윤과 특히 친하게 지냈다. 그는 외국문학연구회의 송년 파티에 참여할 정도로 연구회 회원들과 자주 어울렸다. 만약 정지용이 교토가 아닌 도쿄에서 유학했더라면 틀림없이 외국문학연구회에 참여했을 것이다.

정인섭도 위에 언급한 쟁쟁한 시인들의 그늘에 가려 빛을 보지 못하였지만 그 나름대로 시인으로 시를 창작하였다. 그가 발표한 「산들바람」을 비롯한 「물방아」, 「홍초紅草」, 「기사騎士의 독백」 같은 작품들은 시집 『산 넘고 물 건너』에 수록되어 있다. 『세계문학산고』를 비롯한 문학비평집이나 논집 말고도 정인섭은 아동문학 작품 『색동 저고리』, 아동극 『오뚜기』와 『쳉기통』, 5막 장편극 『금강산』 등을 남겼다. 또한 그는 수필집 『버릴 수 없는 꽃다발』과 『비소리 바람소리』에도 주옥같은 수필이 실려 있다.

시 분야와 비교하여 소설 분야에서는 외국문학연구회 회원들의 활동이 그렇게 활발하지는 않았다. 정인섭은 겨우 함대훈 한 사람을 언급할 뿐이다. 함대훈은 외국문학연구회가 설립한 극예술연구회의 초연 작품인 니콜라이 고골리의 풍자극 『검찰관』을 번역하였다. 그는 이 시기에 러시아문학 전공자 가운데 독보적인 인물로서 당시 일본어 번역을 통한 중역을 하지 않고 러시아문학을 직접 번역하여 소개한 점에서 의의가 크다. 신극 운동에 많은 영향을 끼친 그는 그동안 번역한 희곡을 한데 묶어 번역 희곡집 『밤주막』을 출간하였다. 극예술연구회가 일제의 탄압에 의하여 해산되자 그 후신인 '극연좌劇硏座'에서 활동하다가 그마저 해체되자 유치진·함세덕과 함께 친일 연극 단체인 조선연극문화협회 회원으로 활동하였다.

함대훈은 마침내 희곡 번역가나 연출가를 그만두고 대신 소설가로 변신하였다. 1934년에 장편소설 『폭풍전야』를 발표하였고, 1937년에는 장편소설 『순정해협純情海峽』을 『조광』에 연재하였으며, 『북풍의 정열』 등을 잇달아 발표하였다. 『순정해협』은 신경균申敬均이 각색하고 연출하여 맡아 영화로 만들어 인기를 끌었다. 그런데 흥미롭게도 함대훈은 소설 장르 중에서도 특히 애정소설 같은 통속소설에 깊은 관심을 기울였다. 그의 작품은 주로 남녀 애정의 갈등을 그린 통속소설이었다. 함대훈은 『순정해협』을 『조광』에 연재하면서 '작가의 말'에서 "정情이란 가장 높은 인생의 보물"이며 "티 없는 순정일진댄 금으로도 바꿀 수 없는 최고최귀最高最貴의 것"이라고 말할 만큼 청춘남녀의 순정에 관심이 많았다. 그의 주요 소설 작품으로는 앞에 언급한 작품 말고도 장편소설 『청춘보』와 『무풍지대』 등이 있다. 김말봉金末峰이나 방인근方仁根 등과 함께 함대훈은 한국문학사에서 통속소설 장르를 개척한 작가로 꼽을 만하다. 통속소설이나 대중 문학과의 연관성을 떠나 김진영은 함대훈을 "1930년대의 가장 왕성한 러시아통 문필가" 또는 "일본 유학 후 번역·창작·언론·연극 등 분야에서 문화계를 통틀어 가장 전문적인 러시아통으로 활약했던"[33] 사람으로 자리매김한다. 함대훈에게는 다른 어떤 호칭보다도 '문필가'라는 표현이 가장 잘 어울릴 것 같다.

위 인용문에서 정인섭이 언급하고 있지는 않지만 외국문학연구회의 창립 회원 홍재범도 함대훈과 함께 소설을 썼다. 홍재범은 '홍일오洪一吾'라는 필명으로 『문예월간』에 단편소설 「진맥診脈」을 발표하여 소설가로

33 김진영, 『시베리아의 향수—근대 한국과 러시아문학, 1896~1946』, 이숲, 2017, 140·281면.

데뷔하였다. 그 뒤 그는 『중외일보』에 『불여의不如意』라는 장편소설을 연재하다가 신문사가 경영난으로 문을 닫는 바람에 중단한 적도 있다. 이렇듯 외국문학연구회 회원들은 단순히 외국문학 작품을 번역하고 소개하는 것으로는 만족하지 못하고 직접 소설이나 시, 희곡 또는 수필 같은 창작에 관심을 두고 있었다는 것을 알 수 있다.

정인섭은 외국문학연구회 회원 중에서 희곡 분야에서 활약한 사람으로 유치진과 조용만을 들었다. 유치진은 이미 앞에서 언급했듯이 유치진은 극예술연구회 창립에 앞장서는 등 한국 현대 연극이 발전하는 데 견인차 역할을 맡았다. 이상, 박태원, 김기림, 이효석, 이태준, 정지용 등과 함께 순수문학을 표방하는 '구인회' 멤버로 활약한 조용만은 정인섭이 연구회의 '동반자 회원'이라고 부른 적이 있다. 조용만은 경성제국대학 재학 중 잡지 『동광』에 동학혁명을 다룬 희곡 「가보세」를 발표하면서 문단에 등단하였다. 그러나 그는 지식인을 주인공으로 삼은 소설을 주로 썼다. 한국전쟁 직전에 첫 창작집을 내려고 원고를 인쇄소에 맡겼지만 전쟁이 일어나 원고가 소실되자 창작을 그만 두었다는 일화가 전해온다.

마지막으로 정인섭이 수필 분야에서 두각을 나타낸 외국문학연구회 회원으로 김진섭과 김상용을 언급한다는 점을 눈여겨보아야 한다. 김진섭이 한국 수필 문학에서 이룩한 성과는 이미 앞에서 언급하였다. 김상용은 지금은 시인으로 널리 알려져 있지만 수필 문학에서도 활약하였다. 정인섭은 "최근 동아東亞 지紙에 실린 「무하선생無河先生 방랑기」의 필자 김상용 씨는 그가 재래在來로 시험한 연구문, 시작詩作 또는 번역에 비하[여] 그의 본령적本領的 천분天分이 수필에 있다는 것을 설명하고도 충분하다"[34]고 지적하였다.

한마디로 외국문학연구회 회원들은 귀국 후, 그러니까 '경성 시대'에 이르러 '동경 시대' 못지않게, 아니 어떤 의미에서는 그 시대보다 훨씬 더 활발하게 활동했다고 할 수 있다. 그들의 기관지 『해외문학』이 핵이라면 그 핵이 분열하여 많은 에너지를 발산하였다. 정인섭의 지적대로 연구회 회원들은 그야말로 "모든 방면에 일류 또는 최고의 수준을 점하며" 눈부신 활동을 전개하였다. 그가 위 인용문에서 내린 이 평가는 1930년대 중엽에 이루어진 것이다. 그 뒤 식민지 조국이 일제의 굴레에서 벗어난 나기 전, 그리고 그 굴레에서 벗어난 뒤 연구회 회원들의 활약은 더더욱 눈이 부셨다. 외국문학연구회야말로 한국문단과 문화계에 문예부흥을 가져온 장본인들이라고 하여도 크게 틀리지 않을 것이다.

외국문학연구회에 대한 평가

조국을 빼앗긴 궁핍한 시대 20대 초반의 젊은 외국 문학도들이 식민지 종주국의 수도 도쿄에서 창립한 외국문학연구회와 그 기관지 『해외문학』을 어떻게 평가할 수 있을까? 90여 년의 세월이 지난 지금 연구회와 그 기관지는 한국문학사에서 어떠한 위상을 차지하고 있는가? 정인섭은 「끝없는 나그네」라는 글에서 연구회를 회고하며 "정확한 번역과 건전한 연구와 참된 소식을 한국문학계에 전달하여, 한국 민족이 갖고 있는 전통과 우리의 문화유산에 그것들을 조화시켜 한국에 새로운 국제적인 문예부흥을 이룩하자고 몇몇 동지들과 힘을 합해서 시작한 것이, 한국 현대문학사에 나타나 있는 해외문학파 운동이었다"[35]고 밝혔다.

34 정인섭, 「한국 문단의 현계급과 수준」, 『한국문단논고』, 신흥출판사, 1959, 139~140면.
35 정인섭, 「끝없는 나그네」, 『이제는 하고 싶은 이야기』, 307면.

외국문학연구회는 과연 원대한 목표를 달성했는가?

외국문학연구회는 극단적으로 대립하는 문학 사이에서 균형을 찾으려 하였다. 연구회는 우익의 민족문학 진영에도 속하지 못하고 좌익의 프로문학에도 속하지 못한, 말하자면 새 편에도 쥐 편에도 들지 못하는 박쥐와 같았다. 실제로 정인섭의 지적대로 "우익 진영에서는 [그들의] 주장을 중간파 운동이라고 비평하는가 하면 좌익 계열에서는 그것을 '부르조아지' 운동이라고 도전해"[36] 온 것이 사실이다. 그러나 달리 생각해 보면 외국문학연구회는 이러한 중간자적인 위치 때문에 '제3의 시각'을 견지할 수 있었다는 이점도 있었다. 특정한 이데올로기나 입장에 매몰되어 있는 탓에 생겨나는 사각 지대를 극복할 수 있었기 때문이다. 실제로 연구회 회원들은 흔히 양비론의 입장에서 1920년대와 1930년대 일제 강점기의 한국문학을 좀 더 균형 잡힌 시선으로 바라볼 수 있었다. 외국문학연구회가 일제 강점기에 편협한 보수주의와 국수주의에 갇혀 있던 민족주의 문학과 지나치게 공식적인 계급주의를 내세우던 프로문학 사이에서 새로운 가능성을 찾으려고 한 것은 그들이 이룩한 업적 가운데 하나로 꼽을 만하다. 이 무렵 프로문학이 지나치게 특수성과 개별성에 무게를 실었다면, 이와는 반대로 민족주의 문학은 지나치게 보편성과 일반성에 무게를 실었다. 이렇게 서로 첨예하게 대립되는 한국 문단 상황에서 외국문학연구회는 특수성과 일반성, 개별성과 보편성 사이에서 균형을 꾀하려 하였다. 이 점과 관련하여 정인섭은 "해외문학 운동은 그 두 가지를 다 비판하여 제3자적 위치에서 자유민주주의적 문학

36 정인섭, 「해외문학파의 다방 카카듀」, 『이제는 하고 싶은 이야기』, 55면.

론을 지향하였다"[37]고 지적하였다. 또한 그는 연구회의 위상을 "종합적 문학론"으로 자리매김하기도 하였다.

외국문학연구회는 민족문학과 프로문학 사이에서 가교 역할을 했을 뿐만 아니라 더 나아가 한국문학과 세계문학 사이에서도 가교 역할을 하려고 하였다. 연구회는 『해외문학』 창간 권두언에서 내세운 목표, 즉 "무릇 신문학의 창설은 외국문학 수입으로 그 기록을 비롯한다. 우리가 외국문학을 연구하는 것은 결코 외국문학 연구 그것만이 목적이 아니오 첫재에 우리 문학의 건설, 둘재로 세계문학의 호상互相 범위를 넓히는 데 잇다"고 천명한 그 목표를 어느 정도 달성하였다. 외국문학연구회는 세계문학의 범위를 넓히는 데도 어느 정도 이바지하였다. 특히 국가와 국가 사이에 놓여 있던 높다란 장벽이 허물어지고 국경이 없어지다시피 한 오늘날 문학은 '민족문학'과 '세계문학'을 변별적으로 구분 짓는 것이 이제 점점 더 어렵게 되었다. 민족문학이 제국주의와 식민주의가 큰 힘을 떨치던 근대성의 산물이라면 세계문학은 이제 지구촌 시대, 정보를 돈을 주고 사고판다는 세계화의 시대를 특징짓는 문학이다. 일제 식민주의 지배를 받던 암울한 시대에 외국문학연구회는 일찍이 민족문학과 세계문학의 접점을 찾아 상호 범위를 넓히려고 노력하였다.

그렇다고 외국문학연구회는 보편주의에 경도되어 특수성에 입각한 한국문학을 저버리고 세계문학을 추구하려 하지 않았다. 연구회 회원들에게 한국문학의 특수성이나 개별성을 무시한 채 세계문학의 일반성이나 보편성을 추구하는 것은 바람직하지 않았다. 그들은 세계문학을 제대

37 정인섭, 「자서(自序)」, 『한국문단논고』, 3면.

로 받아들이기 위해서는 반드시 한국문학을 올바른 이해해야 한다고 생각하였다. 정인섭의 지적대로 국경이나 민족적 특징을 무시하고 모든 인류가 한 가족 같은 공동체가 되려는 코즈모폴리터니즘은 한낱 유토피아의 헛된 꿈에 지나지 않는다. 정인섭이 세계를 단일한 언어로 묶으려는 에스페란토에 의구심을 보내는 까닭이 바로 여기에 있다. 각각의 민족은 얼마든지 자신의 고유 언어를 유지하면서도 세계문학에 동참할 수 있다.

이러한 과정에서 외국문학연구회 회원들은 그동안 깊이 잠들어 있던 한국어 어휘를 일깨워 부단히 갈고 닦았다. 가령 한국어에서 별로 사용하지 않는 고어나 폐허 등을 발굴하거나 번역어를 새로 만들어 내었다. 여기서 연구회 회원들의 번역 수준이 높은 것이냐 하는 것은 일단 별개의 문제로 볼 수 있다. 그들은 아직 외국문학을 공부하고 있던 20대의 젊은 문학도였다는 점을 고려해야 할 것이다. 한글을 좀 더 다듬고 한글 연구의 필요성을 제고한 것은 외국문학연구회가 이룩한 업적 가운데 결코 작지 않다. 외국문학의 번역과 모국어에 대한 관심은 떼려야 뗄 수 없을 만큼 서로 깊이 연관되어 있기 때문이다.

그러나 외국문학연구회의 업적이 처음 내세웠던 의욕에 비하여 기대에 미치지 못하는 것도 부정할 수 없는 사실이다. 이 무렵 그들의 나이 기껏 20대의 젊은이였다는 사실을 염두에 두면 어느 정도 이해가 갈 것이다. 그런데도 그들은 식민지 지식인으로 패배 의식에 매몰되지 않고 오히려 자신들의 전공 분야인 외국문학에서 그들 나름대로 조국 광복을 준비하기 위하여 노력했다는 점은 높이 살 만하다. 물론 그들은 민족 해방이나 정치 이념 같은 거창한 목표를 전면에 내세우지 않았다. 적어도 이 점에서 연구회가 지향하던 목표는 백낙청白樂晴이 말하는 외국문학 연구의 목표와는 조금 거리가 있었다.

> 외국문학 연구도 한마디로 자유・평등・우애의 정신에서 행해져야 한다는 것이 필자의 신념이다. 이러한 생각은 "항상 사회의 모순과 사회의 부정, 즉 자본주의사회의 병폐・결점을 정면으로 적발하여서 새로운 전환을 위한, 새로운 문화건설을 위한 일인으로서 행동"하는 것이 그 첫째 임무라고 했던 문단 '해외문학파'의 주장에도 나타나 있었던 셈이지만(이헌구 「해외문학인의 임무와 장래」, 1932), 그들의 실제 업적은 이에 미달하는 바가 많으며 학계의 서양문학 연구는 대체로 시민정신과 거리가 더욱 멀었던 셈이다.[38]

외국문학연구회도 백낙청이 신념으로 내세우는 자유・평등・우애의 정신을 표방하지 않은 것은 아니다. 다만 그들은 그러한 정신을 명시적으로 문학의 전면에 내세우지 않고 오히려 묵시적으로 드러냈을 따름이다. 다시 말해서 연구회 회원들은 정치 이념이나 인류의 보편적 가치를 '날것으로' 드러내는 대신 그것을 예술적으로 '숙성'하고 형상화하는 데 온힘을 쏟았다. 일찍이 1927년에 양주동은 「문예비평가의 태도」에서 "문학이 만일 문학으로서의 내용과 형식을 갖추지 못할진댄 그것은 당초부터 문학이 아니다. 하물며 그것이 사회적 의의로서 평가되기에는 너무나 무의미할 것이 아니냐!"[39]고 일갈하였다. 번역 방법론에서는 외국문학연구회 회원들과 입장이 크게 달랐으면서도 문학의 본질이나 성격을 규정 짓는 점에서 양주동은 외국문학연구회와생각이 같았다. 적어

38 백낙청, 『민족문학과 세계문학』 1(인간 해방의 논리를 찾아서), 창비, 2011, 42면.
39 양주동, 「문예 비평가의 태도」, 『양주동 전집』 11, 동국대 출판부, 1998, 185면.

도 이 점에서 백낙청의 주장은 외국문학연구회가 지양하려던 민족문학과 프로문학의 변증법적 종합과는 조금 거리가 멀다.

더구나 백낙청은 외국문학이 자본주의 사회의 병폐와 결점을 '적발'하여 새로운 문화 건설의 발판으로 삼아야 한다는 이헌구의 글을 인용한다. 그러나 이헌구는 외국문학연구회의 창립 회원도 아니라 두 번째로 영입한 회원이었다. 또한 이 글은 『해외문학』이 창간된 지 5년이 지나고 회원들이 거의 모두 유학을 마치고 귀국한 뒤에 쓴 것이다. 1929년 11월 광주학생 사건은 아직 일본에 남아 있던 이헌구를 비롯한 유학생들에게 엄청난 충격을 주었다. 연구회의 창립 회원들과 비교하여 이헌구는 일본 제국주의와 자본주의 사회에 대한 반감이 훨씬 더 클 수밖에 없었다. 그러므로 이헌구의 글은 백낙청의 주장대로 외국문학연구회의 '첫째 임무'로 볼 수 없다. 또한 초기 단계의 외국문학연구회에 적잖이 '불만과 반발'을 품고 있던 이헌구는 연구회의 주요 회원들이 귀국하고 난 뒤 도쿄에서 '신흥문학연구회'라는 모임을 만들기도 하였다.

한마디로 외국문학연구회와 그 기관지 『해외문학』이 좁게는 한국 번역사, 더 넓게는 한국문학사에서 이룩한 업적은 결코 작지 않다. 연구회 회원들은 좀처럼 희망의 빛이 보이지 않는 암울한 식민지 시대에 20대의 젊은 나이로 조국의 미래를 생각하며 문학과 문화 영역에서 그 나름대로 민족 갱생의 길을 모색하였다. 그들에게는 외국문학을 올바로 받아들여 한국문학의 토대를 튼튼히 다지는 것이야말로 한국의 문예부흥 운동이요 조국 광복을 앞당기는 독립운동과 크게 다름없었다. 조국은 일본 제국주의의 칼과 총에 의하여 식민지로 전락했지만 이제 젊은 유학생들은 총칼로 빼앗긴 조국을 펜과 붓의 힘으로 다시 되찾으려고 했던 것이다.

참고문헌

1. 한국어 단행본 저서 및 역서

김근수, 『한국 잡지사 연구』, 한국학연구소, 1992.
김남천, 『김남천 문학 평론집』 4, 키메이커, 2005.
김병익, 『한국문단사』, 일지사, 1974.
김병철, 『한국 근대번역문학사 연구』, 을유문화사, 1974.
______, 『한국 근대서양문학 이입사 연구』 상하권, 을유문화사, 1980 · 1982.
김영민, 『한국 근대문학 비평사』, 소명출판, 1999.
김욱동, 『강용흘—그의 삶과 문학』, 서울대출판부, 2004.
______, 『번역인가 반역인가』, 문학수첩, 2007.
______, 『번역과 한국의 근대』, 소명출판, 2010.
______, 『근대의 세 번역가—서재필, 최남선, 김억』, 소명출판, 2010.
______, 『번역의 미로—번역에 관한 열두 가지 물음』, 글항아리, 2011.
______, 『한국계 미국 이민 자서전 작가』, 소명출판, 2012.
______, 『부조리의 포도주와 무관심의 빵』, 소명출판, 2013.
______, 『오역의 문화』, 소명출판, 2015.
김윤식, 『한국 근대문예 비평사 연구』, 일지사, 1976.
김진섭, 『교양의 문학』, 진문사, 1955.
김진영, 『시베리아의 향수—근대 한국과 러시아문학, 1896~1946』, 이숲, 2017.
박경수 편, 『안서 김억 전집』, 한국문화사, 1987.
박진영, 『번역가의 탄생과 동아시아 세계문학』, 소명출판, 2019.
백낙청, 『민족문학과 세계문학』 1(인간해방의 논리를 찾아서), 창비, 2011.
백 철, 『신문학 사조사』 개정판, 신구문화사, 2003.
소천 이헌구 선생 송수기념논총 편찬위원회 편, 『소천 이헌구 선생 송수기념논총』, 1970.
순성 추모문집 발간위원회 편, 『순성 진학문 추모문집』, 1975.
심훈, 『심훈 전집』 8(영화 평론 외), 김종욱 · 박정희 편, 글누림, 2016.
야나부 아키라(柳父章), 김옥희 역, 『번역어의 성립』, 마음산책, 2011.
양주동, 『양주동 전집』 4, 동국대 출판부, 1998.
______, 『양주동 전집』 11, 동국대 출판부, 1998.

______, 『양주동 전집』 12, 동국대출판부, 1998.
외국문학연구회, 『해외문학』 창간호, 1917, 1월.
____________, 『해외문학』 2, 1927, 7월.
윤병로 편, 『한국 근현대 비평의 흐름』, 성균관대 출판부, 2000.
윤세평, 『해방전 조선문학』, 조선작가동맹출판사, 1958; 한국문화사, 1998.
이광수, 『이광수 전집』, 삼중당, 1962~1964.
이하윤, 『이하윤 선집－평론·수필』, 한샘출판사, 1982.
이헌구, 『문화와 자유』, 청춘사, 1958.
______, 『미명을 가는 손』, 서문당, 1973.
______, 김준현 편, 『이헌구 선집』, 현대문학사, 2011.
이호룡, 『한국의 아나키즘』, 지식산업사, 2001.
임화, 『임화 전집』, 박이정, 2001.
___, 『임화문학예술전집』 4, 소명출판, 2009.
전진한, 『이렇게 싸웠다』, 무역연구원, 1996.
정규웅, 『글 속 풍경, 풍경 속 사람들－문단 뒤안길』, 이가서, 2010.
정병준, 『현앨리스와 그의 시대』, 돌베개, 2015.
정인섭, 『대한 현대시 영역 대조집』, 문화당, 1948.
______, 『한국문단논고』, 신흥출판사, 1959.
______, 『버릴 수 없는 꽃다발』, 이화출판사, 1968.
______, 『이제는 하고 싶은 이야기』, 신원문화사, 1980.
______, 『이렇게 살다가』, 가리출판사, 1982.
______, 『못 다한 이야기』, 휘문출판사, 1989.
조동일. 『한국문학통사』 전 6권, 제4판, 지식산업사, 2005.
조선사회주의인민공화국 사회과학원 문학연구소 편, 『조선 문학통사－현대문학편』, 1959.
조선사회주의인민공화국 사회과학원 문학연구소 편, 『조선문학통사－현대문학편』(1959), 인동(1988 재출간).
조연현, 『한국현대문학사』, 인간사, 1961.
마루야마 마사오(丸山眞男)·가토 슈이치(加藤周一), 임성모 역, 『번역과 일본의 근대』, 이산, 2000.
후쿠자와 유키치(福澤諭吉), 남영신 역, 『학문의 권장』(일본학총서 70), 소화, 2003.

2. 한국어 논문

김성학, 「일제시대 해외 유학생 집단의 교육연구 활동과 서구 교육학 도입」, 『교육학연구』 34, 한국교육학회, 1996.

김윤기, 「남기고 싶은 이야기」, 『대한건축학회지』, 대한건축학회, 1975.8.

김진영, 「일본 유학생과 러시아문학－조선의 1세대 노문학도를 찾아서」, 『러시아 연구』 25-1, 서울대 러시아연구소, 2015.

안남일, 「재일본 한국유학생 잡지 연구」 『한국학연구』 55, 고려대 한국학연구소, 2015.

유재소, 「타도! 해외문학」, 『전선』, 1933.4.

이동매, 「동아시아의 예로센코 현상」. 『한국학연구』 45, 인하대 한국학연구소, 2017.

이하윤, 「해외문학 시대의 문우들」, 『소천 이헌구 선생 송수기념논총』, 1970.

이호룡, 「일제 강점기 국내 아나키스트들의 선전 활동」, 『역사와 현실』 44, 한국역사연구소, 2002.

이홍재, 「이익 균점의 보장과 우촌 전진한의 사상 및 역할」, 『서울대학교 법학』 46-1, 서울대 법학연구소, 2005.

정종현, 「동경제국대학의 조선유학생 연구」, 『한국학연구』 42, 인하대 한국학연구소, 2016.

현인(이갑기), 「해외문학파와 그의 기본적 동향」, 『조선일보』, 1933.2.18.

홍선표, 「일제하 미국유학 연구」, 『국사관 논총』 96, 진단학회, 2001.

홍효민, 「해외문학파의 근거와 임무, 조선 문학과 해외문학론」, 『삼천리』 4-5, 1932.

3. 외국 문헌

Arokay, Judit, Jadranka Gvozdanovic, Darja Miyajima, eds., *Divided Languages? Diglossia, Translation and the Rise of Modernity in Japan, China, and the Slavic World*, New York : Springer International, 2014.

Baker, Mona, ed., *Routledge Encyclopedia of Translation Studies*, London : Routledge, 1998.

Bell, Roger T., *Translation and Translating : Theory and Practice*, London : Longman, 1991.

Carr, E. H., *What Is History?*, London : Penguin, 1961, 1987.

Gottlieb, Vera, *Chekhov and the Vaudeville : A Study of Chekhov's One-Act Plays*, Cambridge : Cambridge University Press, 1982.

Hermans, Theo, ed., *Manipulation of Literature : Studies in Literary Translation*, London : Groom, 1985.

Hervey, Sandor, and Ian Higgins, *Thinking Translation : A Course in Translation*, London : Routledge, 1992.

Hill, Michael Gibbs, *Lin Shu, Inc. : Translation and the Making of Modern Chinese Culture*, Oxford University Press, 2012.

Jakobson, Roman, "A Postscript to the Discussion on Grammar of Poetry", *Diacrtics* 10 : 1 (1980), 21~35.

Kim, Wook-Dong, *Translations in Korea : Theory and Practice*, London : Palgrave Macmillan, 2019.

__________, *Global Perspectives on Korean Literature*, London : Palgrave Mac-millan, 2019.

Liu, Lydia H, *Translingual Practice : Literature, National Culture, and Translated Modernity — China, 1900-1937*, Stanford : Stanford University Press, 1995.

__________, *Tokens of Exchange : The Problem of Translation in Global Circulations*, Durham : Duke University Press, 2000.

__________, *The Clash of Empires : The Invention of China in Modern World Making*, Cambridge : Harvard University Press, 2006.

Ortabasi, Melek, *The Undiscovered Country : Text, Translation, and Modernity in the Work of Yanagita Kunio*, Cambridge : Harvard University Asia Center, 2014.

Sato-Rossbert, Nana, and Judy Wakabayashi, eds., *Translation and Translation Studies in the Japanese Context*, New York Continuum, 2012.

Snell-Hornby, Mary, *Translation Studies : An Integrated Approach*, Amsterdam : John Benjamins, 1988.

Venuti, Lawrence, *The Translator's Invisibility*, London : Routledge, 1995.

__________, ed., *The Translation Studies Reader*, London : Routeldge, 2000.

Whitehead, Alfred North, *Process and Reality*, New York : Free Press, 1979.

Vinay, Jean-Paul, and Jean Darbelnet, *Stylistique Comparee du Francais et de l'Anglais*, Paris : Didier, 1958

__________, *Comparative Stylistics of French and English : A Methodology for Translation*, ed. and trans. Juan C. Sager and M. J. Hamel Amsterdam : John Benjamins, 1995.